C'ÉTAIT MARIE-ANTOINETTE

Du même auteur

Histoire de la guerre d'Algérie, 1954-1962, en coll. avec Bernard Droz, Paris, Le Seuil, « Points », 1982 ; éd. revue et augmentée en 1991.

Louis XVI, Paris, Fayard, 1985.

Louis XVIII, Paris, Fayard, 1988 (ouvrage couronné par l'Académie française).

Marie-Antoinette, Paris, Fayard, 1991.

Mémoires du baron de Breteuil, édition critique, Paris, François Bourin/Julliard, 1992.

Philippe Égalité, Paris, Fayard, 1996.

Madame de Pompadour, Paris, Perrin, 2000 (prix du Nouveau Cercle de l'Union; prix Clio de la ville de Senlis).

Marie-Antoinette, la dernière reine, Paris, Gallimard, « Découvertes », 2000.

Marie-Antoinette, Journal d'une reine, Paris, Robert Laffont, 2002.

L'Affaire du collier, Paris, Fayard, 2004.

Correspondance de Marie-Antoinette, 1770-1793, Paris, Tallandier, 2005.

Les Dernières Noces de la monarchie (volume réunissant *Louis XVI* et *Marie-Antoinette*), Paris, Fayard, coll. « Les Indispensables de l'histoire », 2005.

Évelyne Lever

C'ÉTAIT MARIE-ANTOINETTE

Fayard

Chapitre premier

Fille de Marie-Thérèse

Vienne, 2 novembre 1755. Les fenêtres largement ouvertes malgré les rigueurs de la saison, comme à son habitude, l'impératrice Marie-Thérèse travaille sans relâche. Elle annote les rapports, paraphe les décrets, dicte ses ordres lorsque soudain les premières douleurs la font tressaillir. Pour la quinzième fois de sa vie, cette souveraine de trente-huit ans qui dirige un empire s'apprête à accoucher. La nature reprend ses droits et la femme-chef d'État n'a plus qu'à attendre stoïquement sa délivrance. Mais comme Marie-Thérèse déteste perdre son temps, elle tire parti de l'incommodité du moment pour se faire arracher une dent gâtée. Cette opération expédiée, elle s'installe, suivant la coutume allemande, sur le fauteuil bas où naîtra son enfant. En toute hâte, on prévient François-Étienne de Lorraine, son époux, que la naissance est imminente. Avec son fils Joseph, ce prince assistait à la messe des morts en l'église des Augustins. Après avoir pris le soin de faire reconduire le jeune homme dans ses appartements, de peur qu'il n'entende « des choses inconvenantes », il accourt au chevet de sa femme. Le travail est laborieux, mais vers sept heures et demie du soir, une petite fille parfaitement constituée voit le jour. Dès le lendemain, on la baptise sous les noms de Marie Antoine Josèphe Jeanne. Toutes les archiduchesses étant prénommées Marie, on les désignait généralement par leur second prénom. Marie-Thérèse parlera de sa dernière fille en disant « l'Antoine ». Ce sont les Français qui l'appelleront Marie-Antoinette.

Pour lors, l'Antoine n'est qu'un nouveau-né vagissant, dûment emmailloté, qu'on a transporté dans l'aile du palais de la Hofburg réservée aux enfants du ménage impérial. Elle y retrouve ses plus jeunes frères et sœurs, Jeanne Gabrielle qui a tout juste cinq ans, Joséfa qui en a quatre, Caroline deux et Ferdinand qui vient de fêter son premier anniversaire. Les aînés sont installés à d'autres étages : Marie-Anne, de santé fragile compte déjà dix-sept printemps et Joseph quatorze. Marie-Christine et Élisabeth, nées en 1742 et 1743, sont presque des jeunes filles. On songe déjà à les marier. Quant à Charles-Joseph, Amélie et Léopold, qui ont dépassé l'âge de raison, ils jouissent pleinement de l'insouciance de l'enfance. Marie-Thérèse est très fière de cette belle progéniture, son « poulailler », comme elle se plaît parfois à l'appeler. Fait exceptionnel à une époque où la mortalité infantile frappe gravement toutes les familles, le couple impérial n'a perdu que trois enfants en bas âge. Et l'impératrice aura encore un fils en 1756, Maximilien François, futur archevêque de Cologne. Meytens, le peintre officiel de la cour de Vienne, a représenté la ribambelle d'archiducs et d'archiduchesses entre les deux époux assis en tenue d'apparat sur de somptueux fauteuils. Le tableau était retouché régulièrement : l'artiste ajoutait les nouveaux venus et tenait compte de l'évolution des aînés.

Depuis qu'elle avait succédé à son père l'empereur Charles VI de Habsbourg en 1740, Marie-Thérèse s'efforçait de concilier l'exercice du pouvoir avec ses devoirs d'épouse et de mère. À dix-neuf ans, en 1736, elle avait épousé François-Étienne de Lorraine. Éduqué à la cour de Vienne, ce prince passait pour l'un des plus beaux hommes de son temps. Son visage plein et régulier annonçait une personnalité équilibrée et une égalité d'humeur dont il ne se départit jamais. Aimable, franc, dépourvu d'ambition et d'autorité, il avait eu l'art de plaire à cette princesse qui l'aimait et le dominait tout à la fois. Dans l'espoir qu'il n'éprouvât jamais quelque sentiment d'infériorité à son égard, elle se comportait avec lui en épouse soumise. Jamais elle n'opposa la moindre résistance à son ardeur amoureuse, dût-elle se trouver régulièrement enceinte, ce qui dura près de vingt ans.

Dès son plus jeune âge, elle se savait destinée à la fonction suprême. Au mépris de toutes les traditions, l'empereur son père avait décidé par la *Pragmatique sanction* que sa fille (il n'avait pas de fils) lui succéderait. Non sans difficultés, le monarque était parvenu à faire reconnaître cet acte par ses propres États et par les puissances étrangères. Cependant, lorsqu'il mourut, ses peuples ne saluèrent pas l'avènement de Marie-Thérèse comme ils l'eussent fait d'un prince. Qu'une femme pût les gouverner les troublait profondément. Quant aux souverains européens, ils oublièrent leurs promesses. Ils convoitaient tous une part d'un empire livré aux mains d'une jeune personne de vingt-trois ans, dépourvue d'expérience et que l'on croyait incapable de présider aux destinées d'une partie de l'Europe centrale. Peuplés de nationalités parlant des langues différentes et ne relevant pas tous de la même législation, ses États étaient certes très dispersés : ils comprenaient ce qui constitue aujourd'hui l'Autriche proprement dite, la Bohême [1] (Prague), la Hongrie [2] (Budapest), une partie de l'Italie du Nord (Milan, Mantoue, Plaisance, Florence) et l'actuelle Belgique que l'on appelait les Pays-Bas autrichiens. Sans se laisser décourager par une conjoncture aussi défavorable, Marie-Thérèse prit effectivement le pouvoir avec le titre de reine de Bohême et de Hongrie. Elle y associa son époux comme co-régent, mais, convaincue de la légitimité de ses droits de souveraine absolue, elle ne lui accorda jamais que les apparences de la puissance monarchique.

Deux mois après son accession au trône, elle dut faire face à l'invasion d'une de ses provinces et affronter une coalition européenne. « Je ne suis qu'une pauvre reine mais j'ai le cœur d'un roi », s'écria-t-elle. Avec une énergie indomptable, un sens aigu des réalités, jamais intimidée, jamais ébranlée, jamais découragée, elle réussit à rallier ses sujets à sa cause. Elle leva des armées, négocia des alliances et divisa ses ennemis. Après huit ans de guerre, nul ne contesta plus sa légitimité. La *Pragmatique sanction* fut

---

1. Ce royaume dont Prague était la capitale comprenait l'actuelle République tchèque ainsi que la Slovaquie.

2. Beaucoup plus étendu que l'actuelle Hongrie, ce royaume dont la capitale était Budapest comprenait une partie de la Roumanie d'aujourd'hui ainsi que la Croatie.

définitivement reconnue. Marie-Thérèse feignit alors de s'effacer devant son époux. Elle laissa couronner François-Étienne qui se vit attribuer le titre d'empereur, mais elle continua de gouverner seule avec les conseillers qu'elle choisissait. Elle allait désormais se consacrer entièrement à garantir l'indépendance et la sécurité de son empire.

Au cours de ces années troublées, François-Étienne n'avait presque jamais quitté Marie-Thérèse. Malgré les vicissitudes de la guerre, leur vie familiale s'était harmonieusement développée. L'impératrice avait accouché de six enfants, dont les futurs empereurs Joseph II et Léopold II. À cette époque, le couple impérial avait adopté le style de vie qui devait demeurer le sien jusqu'à la mort de l'empereur. L'impératrice se levait très tôt chaque matin : à six heures en hiver, à quatre heures en été. Bien qu'absorbée par ses hautes fonctions, elle ne négligeait pas sa famille. Contrainte de déléguer son autorité maternelle aux gouverneurs et gouvernantes qui veillaient sur la cohorte des archiducs et des archiduchesses, elle ne laissait rien au hasard. Elle entretenait avec leurs maîtres une correspondance journalière et précise. Ils ne devaient rien lui cacher de ce qui concernait ses enfants. Au reste, elle exigeait d'être appelée si quelque événement grave – ou considéré comme tel – survenait à l'un d'eux. Sensible aux progrès de la science, elle avait engagé à son service l'un des médecins les plus réputés d'Europe, le docteur van Swieten. Lui seul avait le droit de prendre une décision concernant les jeunes princes en l'absence de leurs parents. Marie-Thérèse ordonnait à ses subordonnés de faire suivre à la lettre les traitements et les régimes qu'il leur prescrivait. Comme son confrère helvétique, le célèbre Tronchin, van Swieten préconisait une vie saine au grand air ; les exercices physiques tels que la marche et l'équitation tenaient une grande place dans son programme. Il essayait également d'imposer à ses illustres patients une hygiène alimentaire qui n'était pas encore entrée dans les mœurs. Les enfants impériaux devaient se nourrir de potages, d'œufs, de légumes et de fruits. Il ne mangeaient que peu de viandes faisandées et de ragoûts. Ils prenaient généralement leur repas sans témoins, tout comme l'empereur et l'impératrice, lesquels avaient tendance à négliger pour eux-mêmes les conseils de van Swieten. L'honnête médecin les mit plusieurs fois en garde contre une alimentation trop riche, préjudiciable à leur bien-être physique. Marie-Thérèse considérait sans doute que sa vie était suffisamment difficile pour ne pas avoir à faire de sacrifices sur les innocents plaisirs de la table. Douée d'une solide santé, elle s'accordait, en toutes saisons, quelques heures de détente qu'elle consacrait à des chevauchées aux environs de Vienne. Elle se rendait ainsi dans ses diverses résidences ou faisait visite à de grands serviteurs de la couronne très flattés de la recevoir.

La famille impériale aimait les joies simples de l'intimité. Une gouache assez naïve de l'archiduchesse Marie-Christine nous fait pénétrer au sein de ce foyer pour la Saint-Nicolas de 1762, jour où les enfants reçoivent des cadeaux. Rien ne rappelle ici le tableau de Meytens évoqué plus haut. Dans un petit salon aux murs clairs, dont les meubles de bois ciré passeraient pour ceux d'un bon bourgeois, l'empereur est en train de lire devant un feu qui pétille. Assis en robe de chambre, un bonnet de nuit sur la tête, les pieds dans ses pantoufles, il se fait servir du chocolat (ou du thé) par son épouse debout derrière lui, resplendissante dans une simple robe de laine bleu ciel. À leurs côtés s'égayent quatre enfants, deux filles et deux garçons. Maximilien, le dernier des archiducs, mange des friandises et joue avec un cavalier monté sur un destrier de carton bouilli ; Ferdinand, qui n'a trouvé que des verges dans sa chaussure, pleure à chaudes larmes, tandis que sa sœur aînée, Marie-Christine, qui a presque l'air d'une jeune mère, lui tend une assiette de gâteaux pour le consoler. Enfin, émergeant des jupes de Marie-Thérèse, une petite fille radieuse et fière exhibe une splendide poupée : c'est la petite Antoine ! Elle a tout juste sept ans.

À Vienne, dans l'ancien palais de la Hofburg, qui avait encore un peu l'air d'une forteresse médiévale, Marie-Thérèse avait fait aménager des appartements confortables. Mais, la belle saison venue, l'impératrice préférait s'installer avec tous les siens dans son château de Schönbrunn. Inspiré par le modèle versaillais qui fascinait les souverains européens depuis plus d'un demi-siècle, ce palais avait été édifié à deux lieues de Vienne. À partir de 1749, l'impératrice multiplia les séjours dans cette résidence aimable, relativement petite, qu'elle se plaisait à transformer selon son goût – un goût très sûr et très féminin. Elle choisit des décors de boiserie dans les essences les plus rares, commanda aux artistes des paysages clairs remplis de fleurs et d'oiseaux, voulut que les allégories illustrant son règne fussent traitées avec plus de grâce que de grandeur. Elle se plut aussi à aménager quantité de cabinets précieux : cabinets chinois, cabinets des laques, cabinets des porcelaines... La famille impériale vivait dans des pièces aux couleurs vives ornés de miroirs baroques reflétant à l'infini des pastels aux tons délicats.

Si l'impératrice aimait à se reposer des contraintes du pouvoir dans la simplicité de la vie familiale, elle ne dédaignait pas le faste. À Vienne, elle présidait une cour brillante dont les fêtes sont restées légendaires. Dès qu'ils tenaient à peu près sur leurs jambes, archiducs et archiduchesses participaient aux divertissements. Antoine fait sa première apparition officielle à l'occasion de la fête de l'empereur, le 5 octobre 1759. Sanglée dans une robe de cour décolletée, elle chante quelques couplets en français ; Ferdinand bat du tambour, Maximilien récite un compliment en italien, Joseph joue du violoncelle, Charles du violon, Marie-Anne et Marie-Christine du piano. L'année suivante, malgré son âge très tendre, la petite archiduchesse assiste aux fêtes du mariage de Joseph, qui épouse Isabelle de Parme. Un immense tableau conservé au Kunsthistorisches Museum de Vienne représente un concert donné en l'honneur des jeunes mariés. Assis sagement au premier rang de chaque côté de leurs parents, les enfants impériaux, en tenue de gala, écoutent la musique. Plusieurs d'entre eux sont encore si petits que leurs pieds ne touchent pas le sol. Discrètement surveillée par sa gouvernante, Antoine, coiffée et poudrée, se tient droite et gracieuse dans sa robe à paniers.

La musique tenait une place importante parmi les divertissements de l'auguste famille. Excellent claveciniste, Charles VI, le père de Marie-Thérèse, ne dédaignait pas de diriger parfois l'orchestre de la cour. Marie-Thérèse chantait volontiers ; François-Étienne aimait sa voix chaude de contralto. Ainsi le ménage impérial encourageait-il les musiciens. Wagenseil était maître de chapelle du palais, mais on préférait à ses œuvres celles de Haydn et de Gluck. Lorsqu'on parla d'un certain Mozart, enfant prodige de

Salzbourg qui passait par Vienne, en 1762, la souveraine l'invita à la Hofburg. Entourés de leur progéniture, Marie-Thérèse et François-Étienne écoutèrent le jeune Mozart et sa sœur pendant trois heures. Ensuite, ils les interrogèrent longuement et simplement sur leur art. Les princes se montrèrent particulièrement affables. « Nous avons été accueillis de Leurs Majestés avec tant de faveur que, si je vous racontais en détail, on ne manquerait pas de prendre mon récit pour une fable », devait écrire le père de Mozart à l'un de ses amis. Dans la famille de l'artiste, on raconta qu'ayant glissé sur le parquet bien ciré du salon, le petit garçon était tombé de tout son long. Antoine, la plus jeune des archiduchesses – qui avait tout juste le même âge que lui, – se précipita pour le relever et l'embrassa. « Vous êtes bonne, je veux vous épouser », lui dit-il. « Par reconnaissance », répondit-il à l'impératrice qui riait et lui demandait pourquoi il voulait se marier avec sa fille. L'anecdote a été maintes fois rapportée. Rien ne permet de l'authentifier, mais elle est parfaitement vraisemblable. À Vienne, on savait prendre ses distances avec le protocole et l'éducation que recevaient les archiducs ne brisait pas la spontanéité.

Antoine menait la vie la plus insouciante qu'on pût imaginer. L'indulgente comtesse de Brandeiss chargée de son éducation se contentait de lui inculquer les principes religieux et moraux que toute archiduchesse devait posséder. Pour faire plaisir à sa charmante élève, elle abrégeait les heures de lecture et d'écriture. Avec sa sœur aînée Caroline et les princesses de Hesse et de Mecklembourg, Antoine préférait les courses folles dans les parcs ou les promenades en traîneau l'hiver. Elle ne pensait qu'à s'amuser. Sa mère se préoccupait peu de son éducation. Quant à son père, s'il veillait soigneusement sur la formation de ses fils, il se montrait beaucoup moins exigeant pour ses filles. Pourvu qu'elles fussent vertueuses et capables de pratiquer un certain nombre d'arts d'agrément, elles en sauraient toujours assez pour se montrer des épouses accomplies. Que leur demander de plus ? Alors qu'il était dans la force de l'âge, l'empereur rédigea une sorte de testament spirituel à l'intention de ses enfants. Inspiré par les principes de la religion catholique à laquelle le ménage impérial était dévotement attaché, il leur rappelait que leur naissance illustre ne devait pas leur faire oublier qu'ils étaient sur la terre pour faire leur salut. En outre, cet épicurien débonnaire les mettait en garde contre toutes les vanités du monde et les adjurait de se méfier des flatteurs et des faux amis.

L'année 1765 marque une rupture dans la vie de la famille impériale. On commença par célébrer tristement les secondes noces de l'archiduc Joseph avec Josèphe de Bavière alors que le prince pleurait encore sa première épouse morte de la variole en 1762. On prépara ensuite le mariage de Léopold avec une fille du roi d'Espagne dont l'impératrice était enchantée. Au début du mois d'août, le couple impérial et ses enfants se rendirent à Innsbruck pour la célébration de cette union. Là, tout se gâta rapidement. Léopold fut pris d'inexplicables malaises qui firent craindre pour sa vie. On vécut plusieurs jours dans l'angoisse. Le 17 août, le prince paraissant sauvé, Marie-Thérèse décida d'aller au théâtre avec tous les siens. Incommodé pendant la représentation, l'empereur quitta sa loge sans rien dire, suivi par Joseph. Arrivé dans ses appartements, il s'effondra dans les bras de son fils. On tenta de le ranimer. En vain. Il était mort.

En proie à une insurmontable douleur, pour la première fois de son existence, l'impératrice ne savait plus que faire. Elle refusa de voir qui que ce fût pendant plusieurs heures. Elle voulait se retirer au couvent et abandonner l'empire à Joseph. Mais, reprenant rapidement ses esprits, elle résolut de poursuivre sa tâche. Ses enfants étaient trop jeunes pour qu'elle les confiât, fût-ce aux serviteurs les plus dévoués. Et surtout, elle ne pouvait laisser l'empire, l'une de ses raisons de vivre, à Joseph qui manquait trop d'expérience. Elle décida de l'associer à son pouvoir avec le titre de co-régent. Il succédait donc à son père. Mais on pouvait supposer que ce jeune homme de vingt-quatre ans n'allait pas faire preuve de la même soumission que François-Étienne. Autoritaire, novateur, formé pour exercer la puissance suprême, il risquait de s'opposer à cette mère qu'il révérait et redoutait tout à la fois.

On ne sait rien des sentiments qui agitèrent la jeune Antoine lors de la mort de ce père qui la chérissait comme tous ses autres enfants. Sa vie quotidienne changea cependant. Les moments d'intimité familiale devinrent plus rares. Elle vit moins souvent sa mère qui lui apparut soudain comme une vieille dame imposante et lointaine. Plus accaparée que jamais par la gestion de ses États, Marie-Thérèse se réfugia dans un deuil ostentatoire. Tout de noir vêtue, le visage encapuchonné dans un bonnet de dentelles nouées sous le menton, elle ne voulait plus entendre parler ni de concerts ni de fêtes. Pendant de longs mois, un silence de mort s'abattit sur la Hofburg et sur Schönbrunn. En 1766, pourtant, l'impératrice voulut célébrer dans l'allégresse le mariage de sa fille Marie-Christine avec le prince Albert de Saxe-Teschen. C'était la conclusion d'une véritable histoire d'amour. La joie fut de courte durée. Une épidémie de variole ne tarda pas à décimer Vienne. La famille impériale ne fut pas épargnée. Ce n'était d'ailleurs pas la première fois que la terrible maladie frappait à la Hofburg. Elle avait déjà enlevé l'archiduc Charles Joseph, l'archiduchesse Jeanne Gabrielle et la première femme de Joseph. Cette fois le mal atteignit en même temps Marie-Thérèse, Josèphe de Bavière, Marie-Christine et Albert de Saxe-Teschen ainsi que l'archiduchesse Élisabeth. Bien que son épouse fût à la dernière extrémité, l'empereur ne quitta pas le chevet de sa mère. Marie-Thérèse fut sauvée mais sa belle-fille expira. Personne ne la pleura. Marie-Christine et Albert survécurent, Élisabeth se remit mais son beau visage demeura irrémédiablement grêlé.

Dès qu'elle fut rétablie, l'impératrice dut songer à préparer le mariage de sa fille Joséfa avec le roi de Naples. C'était l'aboutissement de savantes combinaisons diplomatiques menées magistralement par la souveraine. Avant de célébrer la cérémonie par procuration qui devait avoir lieu à Vienne, l'impératrice exigea que sa fille se recueillît, dans l'impressionnante crypte des Capucins, sur la tombe de sa belle-sœur récemment décédée. Saisie d'un pressentiment funeste, Joséfa regarda cet ordre comme un arrêt de mort. Avant de partir pour sa funèbre visite, elle prit dans ses bras sa sœur Antoine et lui fit ses adieux. À son retour à la Hofburg, elle frissonna : la variole se déclara. Quinze jours plus tard, toutes les églises de Vienne sonnaient le glas. Joséfa n'était plus. Elle avait tout juste seize ans. Jamais Antoine ne devait oublier cette mort tragique.

À peine Joséfa avait-elle rejoint son innombrable parentèle dans la nécropole des Habsbourg que le roi d'Espagne, « sans balancer, ni perdre un moment », demandait à Marie-Thérèse une autre archiduchesse pour son fils, le roi de Naples. Faisant taire ses états d'âme, l'impératrice lui laissa le choix entre Amélie ou Caroline. Il choisit Caroline, la plus jeune. Rien ne pouvait davantage attrister Antoine. Une profonde affection liait les deux sœurs. Entre elles ce n'était que chuchotements mêlés d'éclats de rire. Elles observaient les travers des uns, les ridicules des autres et s'en divertissaient sans pitié. Marie-Thérèse avait d'ailleurs voulu séparer les deux adolescentes pour éviter les froissements d'amour-propre que suscitait leur attitude. Mais les deux complices avaient poursuivi leurs jeux. Au mois d'avril 1768, le départ de Caroline pour Naples mit fin à cette douce connivence. Ayant trouvé « un mari très laid de figure », au comportement souvent étrange, la nouvelle reine de Naples connut un début de vie conjugale affligeant[3]. Dans ses lettres à la comtesse de Lerchenfeld, sa gouvernante, elle demandait sans cesse des nouvelles d'Antoine qu'elle disait « aimer extraordinairement. Quand je pense que son sort sera peut-être comme le mien, disait-elle, je voudrais lui écrire des volumes entiers là-dessus [...]

---

3. Filleule de Louis XV et de son épouse, la reine Marie Leszczinska, Marie-Caroline de Naples sera l'adversaire de la Révolution et de Napoléon. Cependant, grand-mère de l'archiduchesse Marie-Louise (qui fut la seconde femme de Napoléon) elle tint son arrière-petit-fils, le roi de Rome, sur ses genoux, lors d'un voyage à Vienne en 1814. En 1808, sa fille Marie-Amélie épousa à Palerme le duc d'Orléans qui régna en France de 1830 à 1848 sous le nom de Louis-Philippe Ier.

car j'avoue qu'on souffre un martyre qui est d'autant plus grand que l'on doit toujours paraître contente. » En traçant ces lignes, au mois d'août 1768, Caroline savait que les tractations du mariage d'Antoine avec le petit-fils de Louis XV allaient bon train.

Chapitre II

Brillantes espérances

Depuis son veuvage, l'idée du bonheur n'effleurait plus l'impératrice. Uniquement préoccupée par l'avenir de ses États, elle considérait que ses enfants étaient voués au service de la dynastie. Chacun selon ses moyens devait contribuer à consolider son œuvre. Ayant associé Joseph – devenu ainsi l'empereur Joseph II – à son gouvernement, elle espérait le façonner à son image pour en faire un souverain digne d'elle. Elle avait confié à Léopold le gouvernement de la Toscane. Quant aux archiduchesses, elles étaient appelées à nouer des liens profitables à leur Maison ou bien à consolider des alliances existant déjà. À cet égard, Marie-Thérèse agissait comme les autres souverains européens. Cependant, aucun d'eux n'avait érigé en système une politique matrimoniale. Par leurs mariages, les jeunes princesses étaient sacrifiées à la diplomatie maternelle. Peu importait la personnalité du mari pressenti, du moment que l'impératrice le considérait comme une pièce majeure sur l'échiquier politique. Désirant que les Habsbourg fussent représentés à Naples, elle avait donc offert l'une de ses filles à un souverain qui passait pour débile. « Pourvu qu'elle fasse son devoir envers Dieu et son époux et qu'elle fasse son salut, dût-elle être malheureuse, je serais contente, » écrivit Marie-Thérèse à propos de la jeune femme. En 1769, elle donna Amélie à Ferdinand, duc de Parme, un prince niais et jouisseur, de cinq ans son cadet. Qu'importait puisque la présence d'une Habsbourg à Parme allait renforcer la puissance de l'illustre Maison en Italie.

Mais voilà plus dix ans que Marie-Thérèse caressait un projet qui devrait être le couronnement de sa politique matrimoniale : l'union d'une archiduchesse avec l'héritier du trône de France. En 1756, elle avait réussi un tour de force en obtenant l'alliance du roi de France, Louis XV, contre le roi de Prusse et le roi d'Angleterre. La France avait ainsi réorienté sa politique étrangère qui visait, depuis deux siècles, à l'abaissement de l'Autriche. Fort attachée à ce lien qui avait servi ses intérêts – au détriment de ceux de Louis XV –, l'impératrice voyait dans un mariage le moyen d'en assurer la durée. Dès 1764, à l'initiative de l'Autriche, les deux cours avaient engagé de vagues pourparlers à ce sujet. Sa mère avait désigné Antoine pour ce grand destin, tout simplement parce que son âge était parfaitement assorti à celui du dauphin Louis Auguste, destiné à succéder à Louis XV, son grand-père. Qu'Antoine devînt reine de France, tel était le plus cher désir de Marie-Thérèse.

Mais Louis XV se fait prier. Vivement critiquée en France, l'alliance avec l'Autriche demeure fort impopulaire. Lorsqu'ils vivaient encore, les parents de Louis Auguste n'avaient pas caché au souverain la répugnance qu'ils eussent éprouvé à la concrétisation de cette union. Louis XV semble hésiter. À Vienne, l'impératrice cajole l'ambassadeur de France, ne manque jamais de lui faire admirer cette gracieuse petite fille blonde au teint de porcelaine dans l'espoir que celui-ci prononcera quelques paroles décisives au nom de son maître. Fidèle aux instructions qu'il a reçues, le diplomate se tient dans une prudente réserve. Lors d'une réception, l'un des ministres autrichiens lui demande, à brûle-pourpoint, comment il trouve l'archiduchesse Antoine. « Parfaitement bien », répond simplement l'ambassadeur. « M. le dauphin aura là une charmante femme », poursuit son interlocuteur. « Le morceau est friand, et sera en bonnes mains, si cela est », réplique le Français un peu énigmatique. On n'avance guère. Marie-Thérèse enrage.

En 1768, le soudain veuvage de Louis XV fait germer un nouveau projet dans l'esprit de l'impératrice : pourquoi ne pas organiser un double mariage ? Elle donnerait sa fille Élisabeth au monarque qui n'a pas encore soixante ans et Antoine au petit-fils de celui-ci. Cette combinaison ne trouble guère la pieuse souveraine qui n'hésiterait pas à marier l'une de ses filles à un souverain vieillissant dont les mœurs libertines défraient la chronique. Cependant, à Versailles, Louis XV vient de prendre pour maîtresse une certaine comtesse du Barry, jeune personne experte en voluptés, qui affole ses sens de jouisseur blasé. Pas question de remariage pour le roi de France, surtout avec une princesse dont le visage est à jamais marqué par la petite vérole.

Marie-Thérèse concentre désormais toute son attention sur le mariage de la benjamine dont il faut obtenir l'assurance. Elle décide alors de parfaire son éducation. En réalité, il conviendrait plutôt de commencer cette éducation car si le charme et la grâce sont l'apanage de cette jeune fille de treize ans, si elle tient parfaitement son rôle dans les manifestations auliques, Antoine sait à peine lire et écrire les trois langues que l'on pratique indifféremment à la cour de Vienne, l'allemand, le français et l'italien. Afin de parer au plus pressé dans la perspective qui lui tient à cœur, Marie-Thérèse lui fait donner des leçons de diction par deux comédiens français qui séjournent dans la capitale autrichienne. Il n'en faut pas davantage pour que Louis XV s'émeuve. Confier la future dauphine à des histrions, voilà qui ne manque pas de choquer ce monarque. Marie-Thérèse exulte. Le mécontentement du roi de France prouve qu'il n'a pas renoncé au grand projet. On peut donc lui demander d'envoyer à Vienne le précepteur idéal pour la future dauphine.

Quelques semaines plus tard, débarque à la Hofburg l'abbé de Vermond. Demander à cet ecclésiastique à la mine insignifiante, féru de belles-lettres, de retenir l'attention de la pétulante et paresseuse archiduchesse qui ne pense qu'à s'amuser relève de la gageure. Mais contrairement à toute attente, la jouvencelle et l'abbé s'entendent à merveille. La petite princesse ne tarde pas à charmer son maître qui réussit à lui imposer un programme comprenant l'étude de la religion, de la langue et de la littérature françaises ainsi que celle de l'histoire. Très subtil, l'abbé comprend d'emblée qu'il ne pourra jamais instruire l'archiduchesse qu'en l'amusant. Aussi improvise-t-il la méthode éducative qui lui convient. Il écourte les heures d'étude pour les remplacer par de longues causeries. Il s'efforce de lui raconter des anecdotes qui lui permettent de mémoriser les habitudes de la cour et l'histoire des grandes familles qu'elle rencontrera. Et l'abbé de s'étonner des résultats encourageants de son élève qui se révèle plus douée qu'il ne l'avait tout d'abord imaginé. « Elle m'entend bien lorsque je lui présente des idées éclaircies ; son jugement est toujours juste mais je ne peux l'accoutumer à approfondir un objet, quoique je sente qu'elle en est capable », constate-t-il, séduit. De son côté, Antoine apprécie si bien la compagnie de l'abbé qu'elle veut qu'il assiste à ses jeux. L'impératrice est la première à se féliciter de cette belle entente. Elle flatte Vermond, l'admet dans l'intimité de la famille impériale et le comble d'attentions. Elle compte bien se servir de lui lorsque sa fille sera en France. À l'insu de la petite princesse, il restera à Versailles son mentor-espion au service de l'Autriche. Devenue dauphine et reine, elle ne se doutera jamais du double jeu de son confident.

Pour lors Antoine s'épanouit. Elle grandit et se développe harmonieusement. Jamais sa mère n'a pris autant soin d'elle. Vêtue avec élégance, elle ne manque ni un bal ni un concert ni une réception ni une représentation à l'opéra. À la Hofburg, une fois par semaine, on la voit au jeu de l'impératrice, auquel elle préfère sans aucun doute les parties de cavagnole[4] et les loteries qu'on organise dans les appartements des archiducs. Mais tout cela n'est rien à côté des joyeuses promenades en traîneau dans les environs de Vienne pendant l'hiver de 1768-1769. Toutes ces mondanités lui feraient presque oublier son futur mariage et son

4. Le cavagnole était une sorte de loto qui faisait alors fureur dans les cours d'Europe.

départ pour cette France lointaine et inconnue, pour ce château de Versailles mythique que l'abbé lui dépeint sous les couleurs les plus flatteuses. S'il n'y avait les séances imposées par le dentiste français venu de Paris pour lui redresser ses belles dents mal rangées, la vie serait vraiment un conte de fées.

Au mois d'avril 1769, vêtue d'une délicieuse robe de soie bleue rehaussée de rubans de la même étoffe agrémentés de dentelles blanches, l'archiduchesse pose pour le pastelliste Ducreux venu tout exprès de Paris. L'artiste a beaucoup de mal à rendre l'éclat de cette peau transparente qui prend si facilement la lumière. Avec son visage ovale, ses grands yeux bleus, sa petite bouche un peu dédaigneuse, ses cheveux poudrés relevés en boucles retenues par des perles, l'adolescente semble savoir déjà qui elle est et ce qu'on lui doit. Mais l'expression encore enfantine, la douceur qui se dégage de toute sa petite personne plaident pour l'indulgence. Elle a posé pour ce qu'elle doit paraître non pour ce qu'elle est réellement. « On peut trouver des figures plus régulièrement belles, écrit Vermond, je ne crois pas qu'on puisse en trouver de plus agréables. »

Les négociations entre les deux cours se poursuivent activement. Le 13 juin 1769, l'impératrice reçoit enfin la demande officielle du roi de France. Elle lui répond avec empressement, l'assurant de la joie qu'elle éprouve à lui donner sa fille pour son petit-fils auquel Antoine aura, espère-t-elle, « le bonheur de plaire ». En attendant, on fixe la date du mariage au 16 mai de l'année suivante. Antoine aura quatorze ans et demi et le dauphin, né le 23 août 1754, n'aura pas encore fêté son seizième anniversaire.

Mais qui est donc ce dauphin, héritier d'un si fabuleux royaume ? Il semble qu'on ait encore peu parlé de lui à sa jeune fiancée. En fait, les rapports que reçoit Marie-Thérèse à son sujet auraient de quoi affliger sa future épouse. « La nature semble avoir tout refusé à M. le dauphin. Ce prince par sa contenance et ses propos n'annonce qu'un sens très borné, beaucoup de disgrâce et nulle sensibilité. » Ainsi s'exprime le comte de Mercy-Argenteau, ambassadeur de l'impératrice auprès de Louis XV. Ce diplomate, qui allait jouer un rôle important dans la vie de la future reine, avait plutôt tendance à dénigrer la famille royale de France et se montrait souvent très critique à l'égard de la politique de son souverain. Cependant, si le dauphin lui avait paru séduisant, Mercy se serait fait un devoir de le décrire de façon flatteuse.

Il est vrai que le futur Louis XVI ne brille guère à la cour de son grand-père. Malgré sa haute taille, ce jeune homme, grandi trop vite, n'impose pas par sa prestance. Bien qu'il n'ait pas encore acquis le moindre embonpoint, il marche en se dandinant, comme embarrassé par un corps sans grâce. Avec ses yeux bleus doux et myopes, son visage aux traits réguliers attirerait la sympathie si Louis Auguste voulait bien regarder ses interlocuteurs en face, mais il n'ose pas. Lorsqu'il parle, sa voix sourde et nasillarde et son rire guttural surprennent désagréablement. Triste, timide et complexé, le dauphin semble porter sur ses frêles épaules le poids d'inavouables tourments. Mal aimé par ses parents qui lui ont préféré son aîné, enfant paré de toutes les qualités du prince idéal, mais mort en bas âge, il se croit indigne de son destin royal comme s'il avait usurpé son rang. La mort prématurée de son père et de sa mère, victimes de la tuberculose, l'a livré aux mains d'un gouverneur prétentieux et borné, le duc de La Vauguyon. Ce dernier a achevé de « castrer » la personnalité de ce garçon qui avait déjà tendance à se replier sur lui-même dès sa petite enfance. Persuadé qu'il n'intéresse personne, qu'il est l'objet de toutes les moqueries de la cour, Louis Auguste n'ose aimer qui que ce soit, ne se confie jamais et se retranche dans un silence qui paraîtrait offensant à ses interlocuteurs si ceux-ci ne s'imaginaient pas avec une certaine condescendance que l'héritier du trône est un sot. Et pourtant Louis Auguste connaît parfaitement l'histoire de France et des États européens ; il a acquis de sérieuses notions de droit, traduit convenablement un texte latin, parle l'italien et l'anglais, se passionne pour la géographie, les voyages outremer et les découvertes scientifiques. La perspective de son prochain mariage tourmente cet adolescent inhibé. Ses éducateurs lui ont dépeint les femmes comme la cause de tous les maux publics et privés. Sans connaître en détail la vie dépravée de son aïeul, il a entendu suffisamment de commentaires sybillins à ce propos pour éprouver une crainte mêlée de dégoût pour tout ce qui touche au sexe. Pour comble de malchance, avant de mourir, son père et sa mère ont eu le temps de lui communiquer leur aversion pour l'alliance autrichienne. Et La Vauguyon a poursuivi son éducation dans le même sens.

Naturellement, Antoine ne sait rien de tout cela. Très curieuse de nature, l'archiduchesse a dû poser bien des questions au sujet de cet époux que lui destine la raison d'État. Les réponses ont sûrement été positives. On lui a sans doute dépeint Louis Auguste sous les traits les plus conventionnels d'un excellent prince, attaché à la religion de ses pères, sérieux et travailleur, sensible aux malheurs des humbles – ce qui est d'ailleurs parfaitement exact. Pour combler ses rêves de future dauphine, on s'est contenté de lui envoyer une estampe coloriée représentant l'héritier du trône en train de labourer ! Courbé sur une charrue que conduit un robuste paysan, modeste et pensif, le dauphin creuse un sillon sous le regard satisfait de son gouverneur pendant que ses deux jeunes frères ont l'air de s'ébaudir d'une situation aussi incongrue...

Les derniers mois à Vienne filent comme un songe pour Antoine, étourdie par les fêtes et les projets d'avenir dont on la berce. Le 3 avril 1770, on lui apporte deux portraits officiels de son fiancé. Apparemment ravie de découvrir ce visage qu'elle était jusque-là obligée d'imaginer, l'archiduchesse demande la permission d'installer l'un des tableaux dans sa chambre. Avant le grand départ pour sa nouvelle patrie, l'abbé de Vermond a décidé d'organiser une retraite de trois jours pour son élève. Malgré la fièvre des préparatifs, elle réussit à se recueillir. « Il me faudrait plus de temps pour vous exposer toutes mes idées », soupire-t-elle après ses méditations. Mais voici l'échéance, et Marie-Thérèse s'émeut maintenant à l'idée de laisser partir cette enfant innocente et naïve pour la cour la plus corrompue d'Europe. Comme pour rattraper les heures qu'elle n'a jamais pu lui consacrer, elle la fait coucher dans sa chambre pendant les dernières nuits qu'elle doit passer à la Hofburg.

Le 15 avril, jour de Pâques, commencent les cérémonies officielles. Chargé de représenter Louis XV, l'ambassadeur de France fait une entrée publique dans la capitale afin de demander l'archiduchesse en mariage pour la seconde fois.

Il s'agit aujourd'hui d'une démonstration fastueuse destinée à affirmer la puissance du monarque français : un cortège de quarante-huit carrosses à six chevaux accompagnés de cent dix-sept valets de pied, emprunte les rues de la capitale jusqu'à la résidence impériale. Au balcon d'un palais aristocratique, la petite Antoine assiste à ce défilé impressionnant organisé en son honneur. Le soir, arborant sur sa poitrine la miniature du dauphin, elle participe à la réception de gala donnée par sa mère. Un peu plus tard, Marie-Thérèse entraîne ses invités à la représentation de *La Mère confidente* de Marivaux suivie d'un ballet réglé par le chorégraphe Noverre. Ce dernier a d'ailleurs initié Antoine aux subtilités des danses françaises.

Le 17 avril, l'archiduchesse renonce à ses droits à la succession maternelle. Deux jours plus tard, à six heures du soir, vêtue d'une robe de brocart d'argent à longue traîne, radieuse et bouleversée, l'archiduchesse suit sa mère et son frère Joseph qui la précèdent dans l'austère église des Augustins. Elle s'agenouille à côté de son frère Ferdinand qui représente le dauphin pour la célébration du mariage par procuration qui se déroule à Vienne. Après la messe, la jeune épousée, considérée déjà comme la dauphine de France, est assise à la droite de l'empereur son frère, au somptueux festin donné en son honneur.

Antoine vit fiévreusement ses dernières heures viennoises. On écrit des lettres. Pour la dernière fois, l'archiduchesse signe de son prénom « Antoine » la missive affectueuse et soumise qu'elle adresse à Louis XV, sous la dictée de l'impératrice. On l'appellera désormais Marie-Antoinette. Marie-Thérèse écrit, elle aussi, au roi de France pour le prier d'avoir de l'indulgence pour l'étourderie et la jeunesse de sa fille. On se fait d'ultimes confidences. On échange encore des baisers... Et le lundi 21 avril, devant toute la cour, la dauphine monte dans un carrosse pareil à un écrin et prend la route du royaume de France.

Le voyage sera long. Il faut traverser une partie des États des Habsbourg, plusieurs principautés et villes libres germaniques avant de parvenir à Strasbourg, première cité française où la nombreuse suite autrichienne qui accompagne la dauphine sera contrainte de la quitter. Pour toujours. Seul l'abbé de Vermond et le prince de Starhemberg sont autorisés à poursuivre le voyage jusqu'à Versailles, la résidence des rois de France. Sous une pluie battante, la longue file de carrosses sillonne les routes d'Allemagne. Sur le passage des voitures ce ne sont que vivats, applaudissements et fêtes, mais les étapes durent huit heures. Chaque soir, après une route harassante, il faut paraître, sourire, répondre aux compliments. Fatiguée, très enrhumée, la dauphine s'endort parfois sur son fauteuil lors des représentations théâtrales ou des concerts qu'on lui offre – ou qu'on lui impose – partout où elle passe. Marie-Antoinette raffole des divertissements, mais cette fois on a outrepassé sa capacité d'endurance.

Le 6 mai au soir, on s'arrête à Schütter devant Strasbourg. La princesse s'endort pour la dernière fois en territoire allemand. Le lendemain, à onze heures et demie, le carrosse impérial franchit un pont nouvellement construit sur le Rhin. Il mène à l'île des Épis, considérée comme zone neutre, pour la remise de la dauphine aux autorités françaises. En quelques semaines, on a édifié un pavillon de bois auquel on a donné toutes les apparences d'un petit château. Il comprend cinq pièces : deux antichambres du côté autrichien, deux autres du côté français, de chaque côté d'un salon central. On a meublé le tout comme on a pu, en faisant appel à la générosité des familles alsaciennes qui ont prêté meubles, tableaux et tapisseries.

Avant de se retirer dans un cabinet pour changer de tenue, Marie-Antoinette fait ses adieux à tous ceux qui l'ont accompagnée jusque-là. Elle enlève ses vêtements de voyage pour revêtir une robe de cour d'étoffe d'or. Qu'on nous permette de préciser ici que la princesse n'eut pas à se déshabiller publiquement, offrant ainsi sa virginale nudité aux regards concupiscents des dignitaires de sa suite, comme l'ont raconté certains historiens inspirés par une imagination quelque peu libidineuse. La gorge serrée par l'émotion, parée à la mode française, Marie-Antoinette voit s'ouvrir devant elle la porte du grand salon illuminé. Enlevée à la délégation autrichienne qui pénètre à son tour dans ce lieu solennel, la princesse est conduite jusqu'à un majestueux fauteuil placé sous un dais. Les Français la dévorent des yeux pendant que les discours de bienvenue se succèdent et que l'on procède aux formalités de la « remise ». Son regard se porte-t-il alors sur les tapisseries évoquant les dramatiques amours de Jason et Médée et qui, la veille, ont horriblement choqué un jeune étudiant encore inconnu du nom de Goethe ? C'est peu probable. Marie-Antoinette connaît mal la mythologie. Elle a été sûrement plus sensible à un incident tragi-comique : le déluge qui s'est répandu par les fissures du plafond sur les vêtements d'apparat et les coiffures des dames françaises venues l'accueillir... Ce n'est pourtant pas le temps de rire. Les actes signés, les compliments récités, s'ouvre la porte du côté français qui laisse apparaître aux yeux de notre ingénue une foule de nobles étrangers : ses futurs sujets. Marie-Antoinette se retourne. Les Autrichiens ont disparu. Désemparée, elle court vers la première des dames et se jette dans ses bras en sanglotant. Ce moment d'émotion passé, cette personne, qui n'est autre que la comtesse de Noailles, sa dame d'honneur, lui présente tous ceux qui sont venus l'accueillir et l'escorter en France.

Le spectacle qu'offre à la dauphine la ville de Strasbourg la rassérène bien vite. Précédé par les jeunes filles des meilleures familles d'Alsace en costume local qui jettent des pétales de rose sur son passage, le carrosse de la princesse traverse une cité en liesse. La foule acclame Marie-Antoinette qui salue aimablement ces inconnus venus lui rendre hommage. Pour fêter son arrivée, on a exposé les plus belles tapisseries aux fenêtres, des orchestres jouent aux carrefours, des bœufs rôtissent sur la place de l'hôtel de ville et des fontaines de vin coulent dans les rues. Voilà de quoi faire oublier fatigue, rhume et désarroi intime...

CHAPITRE III

Mariage royal

Partout des foules en délire accourent au-devant de la jeune princesse qui commence à prendre goût à ces vibrants hommages. Le cœur battant, coiffée à la mode française, vêtue d'une superbe robe à paniers, elle approche du château de Compiègne[5] où l'attendent le roi, le dauphin et la cour. À l'orée de la forêt, quelques écuyers cavalcadent vers son carrosse. Ils précèdent le duc de Choiseul qui vient complimenter Madame la dauphine. Principal ministre de Louis XV, il a été le grand négociateur de son mariage. « Je n'oublierai jamais, monsieur, dit-elle, que vous avez fait mon bonheur. – Et celui de la France », répond Choiseul.

Le grand moment approche. Le roi et son petit-fils attendent Marie-Antoinette un peu plus loin, près du pont de

5. La construction de ce château, édifié d'après les plans de l'architecte Gabriel, n'était pas complètement achevée en 1770.

Berne. Le cortège se remet en route. La princesse aperçoit bientôt dans une clairière l'imposante stature du monarque. À ses côtés, un jeune homme qu'elle distingue encore mal ; un peu plus loin, quelques silhouettes de femmes et, à une distance plus respectueuse, un grand concours de personnages en habits de cour. Le carrosse s'arrête, deux gentilshommes aident la princesse à descendre. Rien dans sa tenue n'a bougé. Elle jette un regard émerveillé vers le souverain et après une seconde d'hésitation, faisant fi du protocole, elle s'élance vers lui en courant aussi vite que le lui permettent sa robe monumentale et ses petites chaussures de soie. Rougissante, elle ploie dans une parfaite révérence devant Louis XV qui la relève doucement et l'embrasse. Tant de jeunesse, de naturel et de spontanéité ont conquis le roi qui présente aussitôt cette charmante dauphine à Louis Auguste. Follement intimidé, le prince pose un petit baiser sur la joue de cette jeune fille inconnue qui doit partager son lit dans trois jours. Marie-Antoinette fait alors connaissance avec trois princesses d'âge mûr, les filles du roi, Madame Adélaïde, Madame Victoire et Madame Sophie. La quatrième, Madame Louise, vient de se retirer au couvent... pour expier les péchés de son père.

Dans le carrosse royal où elle a pris place entre le roi et le dauphin, Marie-Antoinette s'exprime avec aisance, sourit sans contrainte. Grand amateur de femmes, Louis XV est sous le charme de cette petite fille venue d'Autriche pour laquelle il éprouve aussitôt une infinie tendresse. La dauphine n'est pas insensible à l'aura de ce majestueux grand-père qui passe encore pour le plus bel homme du royaume. En réalité, elle est beaucoup plus à l'aise avec lui qu'avec son futur époux qui a l'air de bouder et qui ne la regarde même pas. « Entrevue avec Mme la dauphine », notera-t-il simplement dans son agenda, ce soir-là.

Au château de Compiègne qui sert généralement de résidence d'été à la cour, la princesse rencontre les autres membres de la famille royale, tout d'abord les deux jeunes frères de Louis Auguste, le gros comte de Provence qui, malgré ses quinze ans, a déjà l'air plein de suffisante componction et le comte d'Artois, son cadet. À treize ans et demi, il ressemble à son grand-père. Avec son air vif et mutin, son regard espiègle, il attire d'emblée la sympathie de Marie-Antoinette. Puis vient le tour du bon gros duc d'Orléans, premier prince du sang, et de son fils Louis Philippe Joseph, duc de Chartres. Cet homme à la taille bien prise, de sept ans l'aîné du dauphin, se fait remarquer par sa mine avantageuse et son air conquérant. À ses côtés, sa femme paraît effacée, perdue dans la contemplation de ce mari dont elle est follement éprise.

Le lendemain, les carrosses se dirigent lentement vers Paris. Louis XV ne veut pourtant pas pénétrer dans la capitale. Le dauphin et la dauphine y feront plus tard une « entrée » solennelle. Aujourd'hui, après une halte au carmel de Saint-Denis pour faire visite à Madame Louise, l'imposant cortège royal contourne la grande ville et se dirige vers le petit château de La Muette[6] au bois de Boulogne. Le long du chemin, stationnent des centaines de voitures dont les occupants sont venus voir la nouvelle dauphine et rendre ainsi hommage à leur souverain.

---

6. Ce pavillon avait été donné au jeune Louis XV par le Régent. Le roi en fit une retraite pour ses plaisirs. Il fut démoli au milieu du XIXe siècle.

Le soir, seuls les membres de la famille royale sont conviés au souper de La Muette. Marie-Antoinette aperçoit cependant une ravissante jeune femme que personne ne songe à lui présenter. Très embarrassée par les questions de l'archiduchesse, Mme de Noailles lui répond que c'est une dame chargée de distraire le roi. Et la jeune fille de répondre étourdiment qu'elle veut devenir sa rivale ! Devant la mine consternée de son chaperon, Marie-Antoinette se rend compte qu'elle vient de commettre un impair : la jolie femme n'est autre que Mme du Barry, la maîtresse officielle du roi. Au reste, toute la cour criera bientôt au scandale en apprenant que Louis XV a invité sa favorite pour une telle occasion. Après le souper, le roi et les princes regagnent Versailles tandis que la princesse se retire dans les appartements préparés à son intention. La plus magnifique des surprises l'attend. Sur sa coiffeuse sont étalés les inestimables joyaux de la feue dauphine qu'elle mettra le lendemain, 16 mai 1770, jour de son mariage.

Madame la dauphine s'est levée tôt ce matin. Un doux soleil de printemps éclaire la route qui mène de La Muette à ce Versailles tant de fois décrit, tant de fois imaginé. Dès l'aurore les routes se sont remplies de monde et les rivières de bateaux. Sur son chemin, la princesse côtoie une foule joyeuse et affairée car le peuple, lui aussi, est convié aux noces royales. On laissera entrer dans le château et les jardins toutes les personnes habillées décemment. Dans les rues, sur les places, on distribuera des vivres, et des fontaines de vin désaltéreront tous ceux qui voudront boire à la santé de la famille royale.

Vers dix heures, lorsqu'elle franchit les grilles du célèbre palais, charpentiers, tapissiers, artificiers, menuisiers, cuisiniers s'affairent à l'extérieur comme à l'intérieur du palais qui ressemble à une ruche bourdonnante. Est-elle étourdie par tout ce va-et-vient ? La relative austérité de la cour de marbre la surprend-elle ? S'attendait-elle à plus de magnificence ? L'entrée du côté de la ville est certes loin d'avoir la grandeur de la façade donnant sur le parc. Compare-t-elle Versailles à Schönbrunn ? Nul ne saurait le dire. Arrivée dans les appartements qui lui sont provisoirement destinés au rez-de-chaussée, la dauphine se sent un peu perdue mais ses dames d'honneur, les femmes de chambres, les coiffeurs qui s'emparent de sa personne ne lui laissent guère le temps d'approfondir ses premières impressions. Sa toilette durera près de trois heures ! Pendant qu'on l'habille, le roi se fait annoncer. Il tient à présenter à sa nouvelle petite-fille les deux sœurs cadettes du dauphin, deux enfants, Madame Clotilde à l'embonpoint déjà imposant, et Madame Élisabeth qui n'a que six ans.

À une heure, dans sa robe de brocart blanc, Marie-Antoinette pénètre dans le cabinet du roi où l'attend déjà le dauphin, plutôt embarrassé dans son habit de drap d'or rehaussé de diamants. Louis XV sourit. Voilà longtemps qu'il n'a pas contemplé une aussi jolie mariée. Avec ses grâces d'adolescente et ses yeux bleus candides, elle ne peut qu'attirer tous les cœurs. Cependant son port de tête un peu hautain et sa réserve naturelle laissent entrevoir la femme majestueuse qui deviendra reine de France. Le dauphin, quant à lui, affiche toujours l'air aussi triste que les jours précédents. Comme le veut le protocole, il prend la main de la dauphine et le jeune couple apparaît aux yeux éblouis des courtisans qui attendant dans cette immense galerie des Glaces dont parle toute l'Europe. Suivis par le roi, les princes, les princesses et une soixantaine de nobles triés sur le volet, Louis Auguste et Marie-Antoinette avancent lentement jusqu'à la chapelle remplie de monde. Ils prennent place au pied de l'autel sur deux coussins de velours rouge. Un peu en retrait, sur son prie-Dieu, le roi contemple d'un air attendri ces deux enfants qu'on va unir pour le meilleur et pour le pire. Les grandes orgues retentissent ; l'archevêque de Reims célèbre la messe. Très grave, Louis Auguste passe l'anneau nuptial au doigt de la dauphine qui conserve l'air radieux qu'elle arbore depuis le matin. À deux heures la cérémonie s'achève ; alors que les invités peuvent prendre quelque repos, la nouvelle mariée reçoit les serments des officiers de sa maison, c'est-à-dire de tous les gentilshommes et de toutes les dames qui font partie de son entourage direct et qui sont appelés à la servir.

On s'assemble bientôt dans la galerie pour le jeu du roi en attendant la fête de nuit : des lampions illumineront les bosquets du parc. Des arcs de triomphe construits au-dessus du grand canal feront une voûte flamboyante pour les gondoles à baldaquins qui promèneront les invités. Un feu d'artifice grandiose embrasant les cieux achèvera la soirée. Mais vers la fin de l'après-midi, le ciel se couvre brusquement et un violent orage répand des cataractes d'eau sur les jardins. Il faut renoncer à la féerie que le roi remet au surlendemain, s'il fait beau.

Pendant que les gens du peuple venus par milliers s'en retournent chez eux bien déçus, la famille royale suivie de tous les courtisans se dirige vers l'opéra que l'architecte Gabriel vient d'achever. Dès l'ouverture des portes, un murmure d'admiration parcourt cette assistance pourtant blasée. Dans une salle ovale de proportions parfaites, des tentures de soie bleue brodées d'or tombent des loges et des portiques de glace reflètent à l'infini des sculptures d'or mat. Le parquet de la salle, haussé au niveau de la scène qui recouvre la fosse d'orchestre, donne l'impression d'un immense salon. Au centre est dressée la table où seule la famille royale prendra place. En effet, ce soir, les courtisans resteront debout et auront pour tout spectacle le festin des noces. Tous les yeux sont fixés sur la dauphine et son époux, placés de chaque côté du roi. Marie-Antoinette touche à peine aux mets qu'on lui présente mais le solide appétit dont fait preuve Louis Auguste surprend son grand-père qui lui conseille de se modérer. « Je dors toujours mieux quand j'ai bien soupé », lui répond benoîtement le jeune homme.

Le repas achevé, il convient de procéder à l'antique cérémonial du coucher. L'usage voulait que la cour assistât au coucher des princes de la Maison de France. À ce propos courent encore bien des légendes. Les princes et les princesses ne se déshabillaient pas publiquement, comme on l'a trop souvent répété. Le roi – insigne honneur – remettait sa chemise au dauphin mais celui-ci, allait l'enfiler dans un cabinet et revenait en tenue de nuit devant le lit. La reine – en son absence la princesse du sang[7] la plus proche de la mariée – donnait la chemise à la jeune épouse qui se retirait, elle aussi, pour se changer. Ce protocole fut tout naturellement adopté pour Louis Auguste et Marie-Antoinette. Louis XV donna la chemise à son petit-fils et la duchesse

7. On appelle « princes du sang » les princes de la lignée royale qui ne sont pas fils ou petits-fils du roi. Leurs épouses ont droit au titre de princesse du sang.

de Chartres, belle-fille du premier prince du sang, remit la chemise à la dauphine.

Les deux époux étant prêts à se coucher, l'archevêque bénit le lit. Pendant tout ce cérémonial, si Marie-Antoinette, parfaitement maîtresse d'elle-même, continue de sourire comme une bonne actrice, Louis Auguste, auquel le roi murmure quelques propos gaillards, a l'air de plus en plus triste et contraint. Enfin, devant la foule des courtisans, les époux s'installent dans le grand lit dont on ferme les rideaux. Mais Louis Auguste et Marie-Antoinette ne sont pas encore seuls : on ouvre les rideaux pour montrer à la cour et ainsi au monde entier que le dauphin de France partage bien la couche de la fille de Marie-Thérèse. On referme les rideaux. Tout le monde se retire. Cette fois, on ne dérangera plus les jeunes mariés. « Rien », écrira le dauphin dans son *Journal* pour la journée du 16 mai. De fait, il ne s'est rien passé pendant cette nuit de noces. La dauphine ne tardera pas à confier à son cher abbé de Vermond que le prince ne l'a pas embrassée une seule fois et ne lui a même pas pris la main.

Le lendemain matin, il ne s'agit pas de traîner au lit même si on est fatigué. La journée est consacrée à présenter à Madame la dauphine des centaines de personnes auxquelles il faut sourire et dire quelques paroles aimables. Étourdie par cet interminable défilé, le soir, la princesse manque de s'endormir en feignant d'admirer le *Persée* de Quinault et Lulli donné à l'opéra qui a retrouvé sa fonction de salle de spectacle.

Le surlendemain, on se retrouve encore à l'opéra devenu cette fois salle de bal. Cette soirée marque l'apothéose des réjouissances. Marie-Antoinette, qui danse avec grâce, ne sait pourtant pas qu'un scandale a éclaté peu de temps avant l'ouverture du bal : une affaire de préséance comme il en arrive souvent à Versailles où chacun tient à son rang plus qu'à tout autre chose. Puisque la dauphine est fille d'un prince lorrain, les représentants français de la Maison de Lorraine ont sollicité du roi l'honneur de danser immédiatement après les princes et les princesses du sang, ce qui les place avant les ducs et les duchesses ! Ayant accédé à leur demande, Louis XV a causé une véritable révolution de palais. Offusqués par cette dérogation qui bouleverse tous les usages, les ducs se sont gravement concertés et ont convaincu une bonne partie de la cour de ne pas prendre part au bal ! Pour la première fois – bien malgré elle – Marie-Antoinette mécontente la noblesse de cour. Elle ne tardera pas d'ailleurs à connaître la ténacité des rancunes. Pour l'heure, la dauphine ignore tout de ce drame aulique. Elle sait qu'on l'admire et en éprouve une indicible joie.

Pendant qu'on danse à l'opéra, une foule de plus en plus nombreuse se presse dans le parc illuminé où toutes les fontaines offrent le spectacle des grandes eaux comme au temps de Louis XIV. Des orchestres installés dans les bosquets invitent à la danse des milliers de gens venus de Paris et des environs et qui espèrent bien jouir pleinement aujourd'hui de cette féerie nocturne. Encouragés par les vivats, des comédiens jouent de brèves saynètes ; bateleurs, funambules, jongleurs exécutent parades, cabrioles, voltiges et mille autres tours en attendant le fameux feu d'artifice auquel le roi et la famille royale assistent des fenêtres du château. Au comble de l'excitation, la dauphine bat des mains et voudrait descendre dans les jardins, se mêler à la foule. Mais Louis XV, qui redoute un excès de fatigue pour la frêle adolescente, lui conseille d'aller se coucher car les fêtes continuent les jours suivants : il y a encore un bal masqué auquel la dauphine paraît en domino et une série de représentations théâtrales qui la familiariseront avec le répertoire français.

Les réjouissances se poursuivaient également à Paris. Un gigantesque feu d'artifice et des illuminations devaient les clore le 30 mai. La dauphine, qui rêvait de découvrir la capitale, réussit à obtenir l'autorisation du souverain pour s'y rendre avec Mesdames Adélaïde, Victoire et Sophie, devenues désormais pour elle Mesdames tantes. Elle monta joyeusement en carrosse avec les filles du roi ; le dauphin avait préféré rester dans ses appartements. Sur leur chemin les princesses virent quelques fusées s'élever dans le ciel. L'impatience de Marie-Antoinette grandissait lorsque la voiture arriva au cours la Reine [8] qui longe la Seine et conduit à la toute nouvelle place Louis-XV (actuelle place de la Concorde), marquant ainsi l'entrée de Paris du côté ouest. Mais une étrange rumeur montait de la ville. L'équipage ralentit. L'inquiétude saisit les gardes du corps lorsqu'ils aperçurent quelques hommes dépenaillés courant comme des fous. On les interrogea : un drame venait d'éclater. Sur la place Louis-XV, après le feu d'artifice, une foule trop dense, résolue à gagner le plus vite possible la fête des boulevards, s'était trouvée prise dans un abominable piège. Dans l'obscurité, des dizaines de personnes étaient tombées dans les fossés non comblés de la rue Royale encore en travaux.

8. Bordée d'arbres, cette avenue longeant la Seine commençait à la hauteur de l'actuelle place de l'Alma et menait au Louvre.

Dans l'affolement, elles avaient été étouffées, écrasées, piétinées tandis que des cochers, en tentant de forcer le passage, avaient mis le comble à la confusion et à l'horreur...

Il fallut rentrer à Versailles. Le lendemain, le dauphin et la dauphine apprirent qu'on dénombrait cent trente-trois morts. Ils envoyèrent aussitôt des secours aux familles des victimes, endeuillées pour avoir voulu célébrer leur hymen.

Chapitre IV

La cour de Versailles

Éblouie par cette succession de fêtes, Marie-Antoinette n'a guère eu le temps de méditer les instructions remises par sa mère avant son départ de Vienne. Cependant l'impératrice serait sûrement satisfaite de sa fille : la débutante n'a commis aucun impair. Marie-Thérèse se contenterait simplement de froncer les sourcils en apprenant que Madame la dauphine n'a pas fait chaque matin une petite lecture spirituelle après ses prières. Il aurait fallu pour cela bouleverser le sacro-saint protocole qui ne laisse pas de place pour l'intimité et le recueillement, même si l'on va à la messe tous les jours.

La princesse n'a pas encore fini de découvrir le monde étrange et fascinant de Versailles. Voilà maintenant près d'un siècle que Louis XIV a décidé de faire de ce palais non seulement sa résidence mais aussi le siège du gouvernement et de la cour. Construit pour la plus grande gloire du Roi-Soleil, le château est devenu le temple de la majesté royale où l'on célèbre chaque jour le culte du monarque. Le souverain et sa famille y vivent en perpétuelle représentation dès leur réveil. Introduits selon un ordre de préséance extrêmement précis, les courtisans assistent au lever du roi qui s'habille devant eux. Le soir, la cérémonie du coucher rassemble les mêmes personnages qui se disputent l'honneur de lui donner sa chemise ou de lui tenir le bougeoir. Pendant la journée, le maître du royaume est rarement seul. S'inspirant d'un certain nombre de règles élaborées par Henri III à la fin du XVIe siècle, Louis XIV a imposé à sa cour et s'est imposé à lui-même une étiquette rigoureuse qu'il ne considérait pas comme une simple affaire de cérémonial, mais comme un instrument de domination. Estimant que le respect témoigné au souverain était proportionnel à la distance qu'il mettait entre ses sujets et lui, il usait des exigences protocolaires pour marquer clairement cette distance tout en déterminant le rang qu'il entendait donner à chacun.

Louis XV subit douloureusement ce rituel monarchique qu'il continue d'accomplir avec une consciencieuse lassitude. Mais, à la différence de son prédécesseur, il mène, en quelque sorte, une double vie. Sa vie officielle se déroule dans les grands appartements et il s'est ménagé une vie privée à l'abri des regards indiscrets dans les petits appartements. Une porte dissimulée dans la boiserie de sa chambre de parade conduit à une enfilade de cabinets et de salons meublés avec un goût recherché donnant sur les cours intérieures du château. Seuls quelques rares élus y sont admis. Tout aussi raffiné, l'appartement de sa maîtresse communique avec le sien par un escalier intérieur. Ainsi Louis XV échappe-t-il aux pesanteurs de sa vie de souverain. Quant aux membres de sa famille, ils habitent tous de confortables et élégants appartements redistribués au gré des mariages et des deuils.

Le château n'abrite pas que le roi et les siens. Près de dix mille personnes s'y pressent chaque jour. La demeure royale est ouverte à tous. À condition d'être convenablement habillé, n'importe qui peut pénétrer dans le saint des saints. Toutefois, les hommes sont tenus d'arborer une épée au côté – on loue cet accessoire dans une échoppe près des grilles. Au reste, dans la cour, on découvre, non sans surprise, quantité de petites baraques. Le roi tolère que l'on y vende souvenirs ou bricoles sans importance qui alimentent un fructueux commerce.

On pénètre à l'intérieur du palais par un escalier de marbre qui s'ouvre sur une impressionnante succession de salons et d'antichambres. Rien ne fait moins penser à un musée que ces pièces immenses. Ainsi la salle des gardes, où vivent jour et nuit des militaires, ressemble plus à une chambrée qu'à un salon. Lits, paravents, armes s'y entassent dans un désordre qui n'a rien de royal ! Dans l'antichambre du roi, appelée *Œil-de-bœuf*, à cause d'une fenêtre de forme ovale, vit un suisse carré et colossal. Il boit, mange et dort dans cette pièce où se bousculent tous les grands du royaume. C'est lui qui est chargé d'ouvrir la porte des appartements royaux donnant sur la galerie des Glaces. Douze mots sonores ornent sa mémoire et composent son service : « Messieurs, passez ! Messieurs, le roi ! Retirez-vous. On n'entre pas, Monseigneur ! » Et Monseigneur file sans mot dire. Sa voix sonore et bien timbrée met en fuite des nuées de comtes, de marquis et de ducs. Personne n'impressionne ce roturier descendu des montagnes helvétiques qui parle au nom du maître.

Étourdi par le va-et-vient permanent de cette immense maison, le visiteur admire cependant les plafonds peints, les monumentales cheminées, la richesse des sculptures. Dans la galerie des Glaces, il est ébloui par les jeux de lumière qui rehaussent encore la magnificence du décor. Il croise les personnages les plus importants du royaume qui se promènent avec nonchalance. Avec un peu de chance, il pourra voir le roi se rendre à la chapelle pour la messe et assister au repas public de Sa Majesté, les jours dits de « grand couvert ». Outre cette foule de curieux et de solliciteurs qu'on reconnaît au premier coup d'œil, s'empressent administrateurs et serviteurs de tous rangs qui se glorifient de l'emploi qu'ils exercent.

Trois à quatre mille courtisans paradent en permanence et se pressent sur les pas du souverain. La cour que l'on décrie, où l'on prétend s'ennuyer demeure pour ces aristocrates le lieu de tous les prestiges. Pour y être « présenté », il faut que le généalogiste du roi atteste, preuves à l'appui, que la noblesse du postulant remonte au moins à l'an 1400 ! Ce n'est pas pour autant que l'on entrera dans l'intimité du monarque qui se cantonne généralement dans la société des plus anciennes familles du royaume. Mais la faveur, le caprice du prince peuvent changer une destinée... Chacun rêve en secret d'être distingué par le maître tout-puissant. En attendant, le « présenté » a le droit de monter dans les carrosses du roi, de chasser avec lui, d'être invité aux bals et aux divertissements qu'il donne. Mais tout cela coûte cher car il faut vivre selon son rang, c'est-à-dire fastueusement. Pas question pour une femme d'être vue plusieurs fois avec la même robe et les mêmes pierreries. Il faut suivre la mode, disposer d'un carrosse, recevoir dignement. Avec beaucoup de chance – et quelques relations –, on obtient l'un des 226 appartements du château ou plus modestement l'une des 500 chambres. Aménagés sous les combles, minuscules, sans confort, froids en hiver, étouffants en été, ces logements où l'on s'entasse avec les inévitables domestiques feraient fuir, en toute autre circonstance, ces mêmes courtisans. Mais occuper ne fût-ce qu'un galetas dans le château de Versailles est considéré comme la marque de la plus insigne faveur et situe d'emblée l'heureux bénéficiaire parmi les privilégiés les plus en vue. Cependant les plus riches disposent d'un hôtel particulier en ville et n'occupent le château que pour certaines occasions ; d'autres encore préfèrent faire la navette entre Paris et Versailles, considérant leur appartement au château comme un simple pied-à-terre. Ainsi font les princes du sang et les grands du royaume qui sont pourtant les mieux logés.

« La vie de cour est un jeu sérieux, mélancolique. [...] Il faut avoir un dessein, le suivre, parer celui de son adversaire, hasarder quelquefois et jouer de caprice ; et après toutes ses rêveries et toutes ses mesures on est échec, quelquefois mat. » Ainsi parlait le moraliste La Bruyère, un siècle plus tôt. Sous Louis XV rien n'a vraiment changé. Une étiquette contraignante règle la vie du courtisan. Il connaît tous les détails du cérémonial qu'il respecte scrupuleusement. Il salue distraitement, interroge sans regarder, glisse sur le parquet avec une légèreté incomparable, parle d'un ton élevé. Mais cela ne suffit pas pour obtenir la faveur royale qui est le seul but vers lequel tend toute son énergie. Par tous les moyens, il essaiera d'entrer dans la familiarité du souverain. Tout dépend du monarque qui élève l'un ou rabaisse l'autre selon son humeur. Celui qui parvient à ses fins se montre attentif aux moindres désirs du souverain ; mieux encore, il les prévient. Sans lui tenir de propos véritablement sincères, il sait d'instinct lui dire ce qu'il aime entendre, ce qui le rassure ou le distrait car l'ennui guette toujours les existences princières. Conserver cet inappréciable honneur que tant de gentilshommes lui envient devient l'obsession de celui qui l'a obtenue, car la faveur royale est changeante.

Nul ne peut échapper aux contraintes du protocole qui a ses bizarreries et qui gêne encore plus les princes que ceux qui les servent car ceux-là ne sont importunés que momentanément. Mme de Noailles essaie d'expliquer à la dauphine toutes ces subtilités, mais, exaspérée par ces leçons dont elle ne perçoit guère l'utilité, Marie-Antoinette a tôt fait de surnommer sa dame d'honneur « Mme l'Étiquette ». Au reste, il lui est difficile d'admettre que tout ce qui concerne la famille royale constitue le principal sujet d'intérêt de la cour.

Oisif, intrigant, il n'existe pas de public plus avide de ragots, de scandales que celui des courtisans de Versailles. Le nouveau couple formé par le dauphin et la dauphine alimente aujourd'hui toutes ses conversations. Louis Auguste va-t-il bientôt consommer son mariage avec la blonde archiduchesse ? Telle est la question qui brûle toutes les lèvres. Ici tout se sait. Dès le lendemain de la nuit de noces, on a appris par les domestiques, soudoyés pour faire part de l'état des draps, que le prince n'avait pas honoré sa femme. Au reste, la froideur du jeune époux n'a échappé à personne. S'il partage le même lit que sa femme, on sait qu'il l'abandonne de bon matin pour aller chasser pendant des heures. « Avez-vous dormi ? » lui demande-t-il en rentrant. « Oui », répond-elle simplement. Et il s'en va tandis qu'elle joue avec son petit chien. « J'en ai le cœur navré », soupire l'abbé de Vermond qui s'empresse – à l'insu de la princesse – de faire son rapport à l'ambassadeur d'Autriche chargé d'informer l'impératrice des moindres détails de la vie de sa fille. Marie-Thérèse, qui entend diriger depuis Vienne la conduite de Marie-Antoinette, a chargé le diplomate de lui adresser des rapports détaillés à ce sujet. Ainsi échangent-ils des lettres secrètes qui doublent la correspondance officielle.

Fidèle serviteur de l'impératrice, le comte de Mercy-Argenteau a mis en place tout un système d'information dont l'abbé de Vermond constitue le rouage essentiel. Avec beaucoup de candeur, Marie-Antoinette fait ses confidences à l'abbé et reçoit avec plaisir M. de Mercy. Lui seul peut lui parler au nom de sa mère. Cet homme de quarante-trois ans, grand et maigre, toujours élégant, à la contenance impassible a su éveiller l'amitié de la princesse malgré une réserve qui lui donne parfois un air de hauteur un peu déplaisant. Jeune et naïve, elle voit en lui une sorte d'ami paternel. Elle ignorera toujours que Vermond et Mercy sont les premiers à la trahir. Mais comment pourrait-elle les soupçonner puisque Mercy lui transmet des lettres que l'impératrice se refuse à confier aux courriers ordinaires ?

« Le vrai bonheur dans ce monde est un heureux mariage. Tout dépend de la femme si elle est complaisante, douce et amusante », lui a-t-elle écrit dans sa première missive. Sans doute Marie-Antoinette sait-elle par cœur cette petite phrase-talisman puisqu'elle vient de cette mère toute-puissante, qu'elle aime et qu'il faut contenter à tout prix.

Et pourtant Marie-Thérèse ne se fait aucune illusion sur le mari qu'elle a voulu donner à sa fille. La lettre que lui a envoyée le prince de Starhemberg, resté à Versailles pour les fêtes du mariage, a dissipé ses dernières illusions – si elle en avait jamais eu – à l'égard du dauphin. « Les premières nuits se sont passées sans aucun événement intéressant. Il est assez naturel de n'attribuer la cause de cette froideur qu'à l'embarras, timidité et à une sorte d'imbécillité que ce prince annonce dans toute sa contenance », lui a-t-il froidement déclaré.

Les uns parlent de « frigidité morale », les autres d'impuissance. Le roi, qui ne s'inquiète pas outremesure de l'avenir du jeune ménage, reconnaît pourtant que son petit-fils « n'est pas très caressant ». Mais le père de Louis Auguste n'avait-il pas mis six mois avant de consommer son mariage ? Il faut laisser le temps au dauphin et à la dauphine de faire connaissance. Alors, suivant les conseils de sa chère maman, Marie-Antoinette tente d'apprivoiser ce timide époux qui demeure insensible à son charme.

C'est au cours d'un séjour à Marly[9] où Louis XV aimait à se retirer avec une suite assez peu nombreuse que la glace commence à se rompre entre les deux jeunes gens. Située non loin de Versailles, cette résidence composée de douze pavillons répartis autour du petit château royal, symbolisait le soleil, emblème de Louis XIV, et les douze signes du zodiaque. À Marly, comme à Choisy[10] où l'on se rendit

9. Construite à huit kilomètres au nord de Marly, cette résidence fut détruite pendant la Révolution. Seuls demeurent encore aujourd'hui les jardins.

10. Le château de Choisy avait été acquis et embelli par Louis XV qui aimait y donner des parties fines. Il se composait de plusieurs bâtiments, détruits également pendant la Révolution.

aussitôt après, on vivait presque sans contrainte. Dans ce calme relatif, pour la première fois, Marie-Antoinette et Louis Auguste se parlent franchement. Très gravement le dauphin déclare à sa femme « qu'il n'ignore rien de l'état de mariage » et qu'il vivra maritalement avec elle lors du grand séjour d'été que la cour effectue traditionnellement à Compiègne. « Puisque nous devons vivre dans une amitié intime, lui répond-elle, il faut que nous parlions de tout avec confiance. » Elle a conquis la sympathie sinon l'amour de cet étrange garçon aux manières brusques qui s'est empressé de confier à ses tantes qu'il trouvait sa femme « très aimable ».

Cependant, lorsqu'ils arrivent à Compiègne, le dauphin, victime d'une sérieuse indigestion, décide de faire chambre à part, délaissant ainsi son épouse avec laquelle il se montre pourtant plus attentif qu'auparavant. Peut-être secrètement soulagée d'échapper à des étreintes dont elle redoute la maladresse, Marie-Antoinette chante à sa mère les louanges de Louis Auguste. « Pour mon cher mari, lui écrit-elle, il est changé de beaucoup et tout à son avantage. Il marque beaucoup d'amitié pour moi. » De telles considérations exaspèrent Marie-Thérèse. Encore une fois, peu lui importe le bonheur de sa fille. Elle n'a qu'un seul but : le maintien de l'alliance franco-autrichienne. La non-consommation du mariage met en péril ce qu'elle considère comme le chef-d'œuvre de sa diplomatie. Que le dauphin ne brille pas par son intelligence ne l'inquiète nullement. Bien au contraire. Elle veut que sa fille se montre assez habile pour prendre de l'ascendant sur lui. Ainsi pourra-t-elle lui dicter aisément ce qu'elle attend de la France. Mercy-Argenteau se montre à cet égard plein d'espoir. « Il n'est pas douteux que

Mme l'archiduchesse parviendra à subjuguer entièrement M. le dauphin », écrit-il à l'impératrice. Mais il faudrait pour cela que le prince voulût bien abandonner sa nonchalance amoureuse ! Soucieuse de ne rien brusquer, Marie-Thérèse accable sa fille de recommandations, lui prêche la patience et lui conseille de « redoubler de caresses ».

Les jeunes époux continuent de vivre séparés comme deux bons parents dont les goûts sont différents, voire opposés mais qu'une imprescriptible volonté familiale a réunis. Pour l'heure, Louis Auguste et Marie-Antoinette se sentent assez seuls. L'un et l'autre éprouvent un irrésistible besoin de tendresse. Louis Auguste parce qu'il n'a jamais été aimé ; Marie-Antoinette parce qu'elle ressent la nostalgie du foyer familial. Elle s'est bien vite rendu compte que Louis XV n'était pas « le plus tendre des pères », comme le lui avait annoncé sa mère. Le roi aime ses enfants et ses petits-enfants, mais, tout à sa passion pour Mme du Barry, reste distant avec eux. La spontanéité de la dauphine lui plaît, sa jeunesse l'amuse, bien qu'il la trouve « vive et un peu enfant ». Il lui témoigne sans doute plus d'intérêt qu'à ses autres petits-enfants et ses démonstrations d'affection ne sont pas dépourvues d'une certaine galanterie lorsqu'il la prend sur ses genoux ou baise ses petites mains. Cependant, sa liaison ostensible avec une jeune femme de trente ans sa cadette et que l'on dit sortie du ruisseau choque profondément Marie-Antoinette. Ce sémillant grand-père, qui l'avait tout d'abord séduite, lui inspire maintenant un inavouable dégoût. Elle évite les rencontres avec lui et manifeste une certaine gêne en sa présence. Habituée à vivre dans une société où le moindre écart concernant les mœurs était sévèrement châtié, la dauphine juge sévèrement le roi. « C'est à faire pitié, la faiblesse qu'il a pour Mme du Barry qui est la plus sotte et la plus impertinente créature », écrit-elle scandalisée à sa mère laquelle avait soigneusement omis d'évoquer avec elle un sujet aussi scabreux.

Docile aux conseils de l'impératrice qui lui avait vanté la piété et la vertu des vieilles demoiselles, Marie-Antoinette s'est rapprochée de ses tantes. Peu aimées, dépourvues d'influence, avides d'intrigues, les trois filles de Louis XV, qui ont toujours régenté le dauphin, ont apparemment bien accueilli son épouse. Pourtant l'aînée, Madame Adélaïde, qui domine ses cadettes, hostile à l'alliance avec Marie-Thérèse, n'a pas caché son dépit lorsque le roi lui a annoncé sa résolution de marier Louis Auguste avec une archiduchesse. Elle l'a d'emblée surnommée « l'Autrichienne ». Cette jolie petite fille pétulante qui joue avec ses chiens et les enfants des femmes de chambre, qui se cache derrière son éventail pour pouffer de rire et qui refuse de porter un corset agace la princesse engoncée dans ses principes et jalouse d'une éclatante jeunesse. Imaginer qu'un jour cette gamine désinvolte puisse monter sur le trône la révulse. Mais, désireuse de conserver son influence sur son neveu, le futur monarque, Madame Adélaïde s'est montrée affectueuse avec Marie-Antoinette. Aussi n'a-t-elle n'a pas tardé à lui donner la clé de ses appartements pour qu'elle lui fasse visite quand bon lui semblerait. Marie-Antoinette s'est laissé prendre à ses feintes manifestations de tendresse. Le domaine de Mesdames est devenu bien vite pour le jeune couple une sorte de havre d'intimité. La dauphine s'est abandonnée aux confidences les plus intimes devant les trois sœurs fort émoustillées par les histoires d'alcôve. « Vous êtes mon mari, quand serez-vous mon homme ? », s'est-elle risquée à demander à Louis Auguste en leur présence. Investies de la confiance de leur nièce, elles encouragent sa paresse naturelle. Lorsque la dauphine se plaint de devoir « tenir sa cour », elles lui proposent de la remplacer, ce qui leur permettra de jouer un rôle beaucoup plus flatteur. Que leur nièce vive dans leur ombre, que le jeune ménage demeure sous leur tutelle, tels sont les vœux des trois princesses.

Enfin Mesdames prennent un extrême plaisir à entretenir ouvertement l'animosité de Marie-Antoinette et de Louis Auguste contre Mme du Barry. Ce sont elles qui ont révélé à Louis Auguste les turpitudes de son grand-père. Si la condamnation tacite de la vie privée du souverain rapproche les deux époux, elle contribue gravement à les éloigner de lui. Aucune attitude ne peut être plus dangereuse dans monde où tout dépend d'un maître unique, le monarque absolu. Excitée par les propos de Mesdames, Marie-Antoinette a décidé de snober la favorite : elle s'est juré de l'ignorer superbement et de ne plus jamais lui adresser la parole.

Adorée par Louis XV, Mme du Barry règne alors sur la cour dont elle organise tous les divertissements. Elle supervise également les travaux qu'on effectue au château. Ainsi, lorsque la dauphine souhaite quelques aménagements pour ses appartements, ses demandes sont examinés attentivement par la toute-puissante comtesse. Lorsque le roi de Suède vient en visite à Versailles, il s'attarde beaucoup plus longuement près d'elle que de la dauphine. On fait antichambre chez la comtesse pour solliciter des grâces. Le souverain n'hésite pas à recevoir ses ministres dans son appartement. Elle semble bien usurper le rôle de quasi-reine qui reviendrait de droit à la jeune princesse.

Les querelles politiques achèvent d'aigrir les relations entre l'ancienne archiduchesse toujours vierge et l'hétaïre royale. Les deux jeunes femmes sont devenues, bien malgré elles, les égéries de deux factions rivales : celle de Choiseul qui préconise une monarchie tempérée par ce que l'on appelle « les corps intermédiaires[11] » et celle du duc d'Aiguillon qui se déclare favorable à un renforcement de l'absolutisme. La première défend l'alliance autrichienne et la seconde la combat. Les partisans de Choiseul, lequel détient le pouvoir depuis 1758, portent la dauphine aux nues tandis que ses adversaires font une cour assidue à la favorite. Ceux qui flattent Mme du Barry veulent obtenir le renvoi du ministre en place, tandis que les admirateurs de la dauphine voient en elle la future souveraine capable de soutenir Choiseul et ses principes. Ces enjeux de pouvoir passent pourtant bien au-dessus de ces deux jolies têtes pour lesquelles la politique se résume à des intrigues de palais.

À la grande surprise de Marie-Antoinette qui ne suivait guère la marche des affaires politiques, le 24 décembre

11. Il s'agit là d'un réseau de contre-pouvoirs dont les parlements constituaient le rouage essentiel. Les parlements étaient à la fois cours de justice et chambres d'enregistrement des édits royaux. À côté du parlement de Paris, le plus important par l'étendue de sa juridiction et de son ressort, il en existait une douzaine d'autres dans le royaume de France. Depuis le XIVe siècle, ils adressaient au roi des « remontrances » sur des questions administratives et sur la politique générale. Suspendu sous Louis XIV, exilé à plusieurs reprises sous Louis XV, démembré en 1771 par le chancelier Maupeou, le parlement de Paris sera rétabli par Louis XVI, lors de son avènement en 1774. Le jeune roi pensait en faire un allié.

1770, Louis XV renvoie Choiseul sous prétexte qu'il risquait d'entraîner la France dans une guerre hasardeuse contre l'Angleterre à propos des îles Malouines. Sur ces entrefaites, le roi appelle les représentants du clan adverse pour remplacer le ministère disgracié. Alors que Mme du Barry se rengorge, Marie-Antoinette est assez habile pour cacher sa tristesse. D'autre part, si le dauphin et Mesdames sont navrés d'assister au triomphe de la maîtresse royale, ils se réjouissent ouvertement du départ de Choiseul qu'ils détestent... entre autres choses parce qu'il est responsable de la fameuse alliance et dont Marie-Antoinette représente le gage innocent ! Aussi naïve qu'elle puisse être encore, la princesse commence à se rendre compte qu'elle est loin de remporter tous les suffrages à Versailles ; le traité que sa mère défend de toutes ses forces n'est pas aussi populaire qu'on a pu le lui laisser croire. Elle comprend que Louis Auguste ne l'a épousée que contraint et forcé. Ainsi s'explique peut-être l'étrangeté d'un comportement qui entretient chez elle un indicible malaise.

Chapitre V

Madame la Dauphine

Jusqu'à présent, Louis XV a feint d'ignorer la guerre que la dauphine livre ostensiblement à sa maîtresse. Conscient des carences de son petit-fils, il tient à ce que Marie-Antoinette s'amuse. Avec sa permission et contre la volonté de sa mère toujours aussi attentive au moindre de ses gestes, elle apprend à monter à cheval. Ainsi peut-elle suivre les chasses royales. À cette occasion, elle invite la jeunesse à des repas champêtres où l'on bannit tout protocole, au grand scandale de Mme de Noailles que la dauphine se garde bien de convier. Marie-Antoinette s'émancipe. Louis XV lui permet de donner un bal chaque lundi dans ses appartements. Les femmes y portent un domino blanc et les hommes l'habit de cour. En son honneur Mme de Noailles organise, elle aussi, des soirées. Marie-Antoinette y vient pour la première fois accompagnée de son mari, très fier d'avoir pris des leçons de danse dans l'espoir de faire bonne figure en public. Mais dans l'intimité le prince reste toujours aussi inhibé. Après quelques tentatives infructueuses pour consommer son union, il est retombé dans son apathie habituelle. Au mois de mai 1771, le mariage du comte de Provence ne l'encourage guère à l'accomplissement du devoir conjugal. Il invoque toujours de bons prétextes pour retarder le moment fatidique. Ayant trouvé sa femme en larmes dans son lit, le soir des noces de son frère, « il lui promet qu'elle sera entièrement son épouse et que si des raisons de santé en ont suspendu le moment, elle ne doit en avoir aucune inquiétude. [...] Il croit qu'un homme, en consommant son mariage dans un âge trop tendre, s'expose à devenir libertin et que d'ailleurs les enfants procréés par un père trop jeune sont d'une constitution faible et ne vivent pas longtemps ». C'est du moins ce que rapporte Mercy d'après les confidences de la princesse à l'abbé de Vermond ! Si Marie-Antoinette a pu redouter que sa nouvelle belle-sœur fût mère avant elle et portât ainsi les espoirs de la dynastie, elle est vite rassurée. Le comte de Provence se révèle aussi peu doué que Louis Auguste pour les jeux de l'amour, bien qu'il se soit vanté d'avoir été « quatre fois heureux » pendant sa nuit de noces. C'est là pure fanfaronnade et tout le monde le sait. De lui aussi, on rit sous cape. Et ce n'est pas la triste princesse de Piémont, Marie-Joséphine de Savoie, qui pourra jamais éveiller son éros endormi.

Le comte et la comtesse de Provence n'inspirent pas de sympathie à la dauphine. Son beau-frère ne lui plaît guère. Doué d'un physique encore moins agréable que celui du dauphin, ce gros prince imbu de sa personne respire l'hypocrisie. Caustique et parfois spirituel, Louis Stanislas Xavier jalouse la situation de son aîné auquel il ne prête aucune des qualités propres à un futur souverain. Il usurperait volontiers sa place. Aussi les rapports des deux frères sont-ils souvent assez tendus, le cadet prenant un malin plaisir à affirmer par rapport au dauphin ce qu'il prend pour de la supériorité intellectuelle. Son mariage avec une princesse effacée, que la cour tiendra toujours pour quantité négligeable, l'a profondément mortifié bien qu'il n'en laisse rien paraître. Au reste, la nullité de cette belle-sœur a parfaitement rasséréné la dauphine qui avait craint de trouver en elle une rivale. Elle essaie donc de s'en faire une alliée sinon une amie. Mais, plus subtile qu'on ne pouvait l'imaginer, Marie-Joséphine trompe son monde. Suivant aveuglément les conseils d'un mari qui ne lui épargne pas son dédain, elle fait sa cour au roi et à la favorite qui la cajole.

Attisée par Mesdames, la petite guerre se poursuit entre la princesse et la maîtresse du roi. Marie-Antoinette ne manque pas une occasion de dénigrer Mme du Barry et de lui faire sentir tout le poids de son mépris. À l'égard des nouveaux ministres, qui passent pour les créatures de la favorite, elle adopte une attitude pleine de morgue. Cette fois, le roi s'impatiente. « On donne de mauvais conseils à Mme la dauphine », soupire-t-il. Le moment est certes mal choisi pour de pareilles incartades : la princesse indispose Louis XV au moment où sa mère a besoin d'elle. La neutralité bienveillante de la France est en effet indispensable à l'impératrice qui s'apprête à démembrer la Pologne de concert avec la Prusse et la Russie. Que la dauphine ose mécontenter Louis XV dans de pareilles circonstances relève de la haute trahison aux yeux de la souveraine autrichienne. Mercy a beau sermonner la jeune femme et Marie-Thérèse tempêter à Vienne, Mme la dauphine reste inflexible. Elle ne veut solliciter aucun entretien du roi et refuse de dire quelques mots anodins à Mme du Barry pour détendre la situation. S'abaisser à parler à cette femme à laquelle elle tient tête depuis des mois lui semblerait le comble de l'humiliation. Pendant des semaines elle résiste à Mercy qui la supplie de parler à la favorite. Il faudra pour cela que la chaste Marie-Thérèse lui adresse une terrible semonce. Bouleversée par le ton de sa mère, la malheureuse princesse tente de se défendre. « Vous pouvez être assurée que je n'ai pas besoin d'être conduite par personne pour tout ce qui est de l'honnêteté », lui déclare-t-elle bravement, avant de décrire par le menu toutes les intrigues au milieu desquelles elle se débat.

Cependant, vaincue par la mercuriale maternelle et les objurgations de Mercy, qui a voulu la persuader que son obstination mettait l'alliance en péril, elle avoue à l'ambassadeur : « L'impératrice sait bien que je ferai tout ce qu'elle voudra. » La capitulation est désormais inévitable. Le 1er janvier 1772, alors que plusieurs femmes de la cour accompagnent Mme du Barry chez la princesse, la dauphine se tourne négligemment vers la favorite. « Il y a bien du monde aujourd'hui à Versailles », dit-elle à son ennemie. Il n'en faut pas davantage pour que la dame reparte triomphante chez son amant. Et la nouvelle se répand dans Versailles comme une traînée de poudre. « J'ai parlé une fois, déclare Marie-Antoinette à Mercy, mais je suis bien décidée à en rester là, cette femme n'entendra plus jamais le son de ma voix. »

La petite phrase lancée par la dauphine à l'adresse de la favorite avait fait sensation. Les partisans de la maîtresse royale, qu'on appelait les « barrystes », mirent momentanément fin aux propos peu amènes qu'ils avaient l'habitude de proférer contre la jeune princesse. Cependant, en prenant le parti qu'elle avait adopté, Marie-Antoinette s'était attiré à son insu bien des inimitiés. Les ministres au pouvoir la détestaient, à commencer par le duc d'Aiguillon qui dirigeait les Affaires étrangères. L'ancien gouverneur du dauphin, le duc de La Vauguyon, hostile à la fameuse alliance, ne l'épargnait pas non plus. En refusant une place de dame du palais à Mme de Broglie, sous prétexte que les Broglie n'avaient pas soutenu Choiseul, la dauphine s'était également aliéné cette puissante famille. Il s'agissait là de personnages influents, appartenant aux plus anciennes lignées du royaume, soutenus par de nombreux parents et amis fermement solidaires. Ainsi la dauphine avait-elle dressé contre elle plusieurs coteries à commencer par celle de Mesdames tantes, convaincues désormais d'être trahies.

Marie-Antoinette ne possédait pas l'art de ménager les susceptibilités. Ignorant la profondeur des blessures d'amour-propre, elle avait déjà froissé quelques vieilles duchesses en négligeant de les traiter avec toute la déférence qu'elle leur devait. À plusieurs reprises, on l'avait vu éclater de rire avec insolence derrière son éventail. Les personnes âgées l'ennuyaient. Elle les ignorait, préférant la compagnie bruyante des jeunes gens. Rien ne pouvait produire plus mauvais effet dans une cour habituée au respect des usages dont elle avait décidé de s'affranchir une fois pour toutes !

Cependant, au début de cette année 1772, inconsciente des passions qu'elle suscite, Madame la dauphine est presque heureuse. Jamais le roi ne lui a témoigné autant d'empressement et elle croit avoir reconquis l'amour de sa mère. Depuis qu'elle a bien voulu parler à Mme du Barry, Marie-Thérèse a changé de ton : plus de gronderies mais de l'affection, beaucoup d'affection. Persuadée que l'impératrice ne l'aimait plus lorsqu'elle lui résistait, Marie-Antoinette s'était affolée. Maintenant, elle revit. Une douce émotion s'est emparée d'elle. Désormais convaincue que les relations entre la France et l'Autriche dépendent de sa bonne volonté, elle est prête à obéir aveuglément aux injonctions de Vienne pour combler les vœux de cette mère qui exige d'elle une soumission totale. « Ce serait le malheur de ma vie s'il arrivait de la brouillerie entre mes deux familles », s'écrie-t-elle. Mercy-Argenteau triomphe : « Votre Majesté acquiert de plus en plus la certitude de conduire Mme l'archiduchesse sur tout ce qui tient à l'essentiel de sa position, déclare-t-il, satisfait, à l'impératrice. [...] Il n'y a plus le moindre doute sur les effets que l'on doit s'en promettre par la suite. »

À Vienne, on a compris que la princesse deviendrait une véritable alliée si on la faisait vivre sous la menace de perdre l'amour maternel. Ce chantage au sentiment ne trouble pas plus le chancelier Kaunitz que Marie-Thérèse. Ils ne tiennent compte ni des états d'âme de la jeune femme ni de ses intérêts réels. Ils la considèrent comme un pion au service de l'Autriche sur l'échiquier diplomatique. Marie-Thérèse, elle-même, juge sa fille avec la plus grande froideur. Sa docilité ne lui suffit pas ; son affection ne la touche guère. Marie-Antoinette est trop dépourvue des dons et de l'habileté que l'impératrice eût aimé trouver en elle. Comme Kaunitz, elle estime que « d'un mauvais payeur, il faut prendre ce que l'on peut ». À cette fin, elle jouera toujours à sa fille la comédie des grands sentiments auquel la princesse se montrera incapable de résister.

La correspondance de Marie-Thérèse avec Marie-Antoinette et son ambassadeur restait secrète. Louis XV se doutait cependant qu'on cherchait à manipuler la dauphine. Il ne s'en inquiétait pas. Il savait que sa petite-fille n'avait pas la tête politique et qu'elle n'était pas douée pour l'intrigue. Bien qu'elle demeurât toujours un peu distante avec lui, il aimait bien cette enfant sincère et primesautière dont les accès de gaieté étaient souvent suivis de bouffées de tristesse. L'étrange situation matrimoniale du jeune ménage commençait néanmoins à le préoccuper. Une bonne amitié régnait entre les deux époux bien qu'ils fussent rarement ensemble. Pendant des journées entières, le prince s'adonnait à la chasse. De ses interminables chevauchées, il revenait titubant de fatigue, tout juste capable d'avaler un copieux repas avant de se coucher et de s'endormir aussitôt. Il trouvait sans doute dans cet exercice physique violent un exutoire à ses frustrations. À la grande surprise de sa femme, le dauphin ne dédaignait pas les travaux manuels. Il avait fait installer une forge au-dessus de ses appartements et prenait plaisir à fabriquer des clés et à démonter des serrures sous la direction d'un professionnel de cet art. On le voyait parfois donner un coup de main aux ouvriers qui travaillaient au château et il n'était pas rare qu'il apparût les vêtements en désordre et les doigts noircis par ces basses besognes. Ces activités n'empêchaient pas Louis Auguste de passer des heures à lire des ouvrages d'histoire, des récits de voyages lointains ou à consulter des cartes de géographie. Jamais il n'était aussi malheureux que lorsqu'il devait paraître à la cour. Son épouse ne partageait aucun de ses goûts. La chasse n'était pour elle qu'un passe-temps agréable qui lui donnait l'occasion d'être entourée par un essaim de jeunes femmes et de jeunes gens. Elle ne se plaisait que dans les bals, les fêtes et les promenades avec quelques personnes choisies selon son goût. Elle avait horreur de la solitude et de toutes les activités qui requéraient un peu de sérieux. L'abbé de Vermond éprouvait les plus grandes difficultés à lui faire quelques lectures.

Néanmoins, lorsque Marie-Antoinette retrouve Louis Auguste, elle ne craint pas d'évoquer avec lui leurs problèmes intimes. Les médecins qu'ils ont consultés ont préconisé quelques traitements auxquels le prince s'est soumis de bonne grâce. Il a pris des bains, il a avalé quelques potions et même de la limaille de fer ! Mais toujours rien. D'aucuns ont évoqué l'éventualité d'une petite opération, mais finalement les chirurgiens prétendent que « la consommation du mariage tient à la volonté du jeune prince ; aucun obstacle physique ne s'y opposera quand il y sera déterminé ».

Louis XV n'avait jamais abordé franchement cet épineux sujet avec son petit-fils. Il s'était contenté de lui écrire pour lui demander de s'expliquer « sur le peu d'empressement qu'il marquait à consommer son mariage ». Le dauphin n'avait pas osé répondre. N'y tenant plus, le 28 octobre 1772, le monarque convoqua les deux époux dont il exigea une confession détaillée. Moins gêné qu'on aurait pu le penser, Louis Auguste avoua qu'il avait fait plusieurs tentatives pour consommer son mariage mais que des sensations douloureuses l'avaient empêché d'arriver à parfaite conclusion. Louis XV renvoya les deux jeunes gens, mais, deux jours plus tard, convoqua le dauphin dans son cabinet.

Il voulait s'assurer par lui-même que son petit-fils n'était pas victime d'un défaut de conformation. L'examen le rassura pleinement : « Le très petit obstacle qui subsistait n'était qu'un incident fort commun aux adolescents et n'exigeait pas d'opération. »

À Versailles, on devine pourquoi le roi a voulu s'entretenir avec le dauphin et la dauphine qui sont, de nouveau, le point de mire de toute la cour. Persuadé, à juste titre, qu'on ne s'entretient que de ses défaillances, le malheureux prince continue de se comporter comme le plus maladroit des époux. Humiliée par un mari impuissant, la princesse se prête de moins en moins volontiers à des étreintes aussi laborieuses que décevantes. Et la seule pensée que Mme du Barry connaisse par le roi lui-même toute l'étendue de ses misères intimes ne fait que décupler son désarroi.

Croyant « à de la maladresse et à de l'ignorance entre les deux jeunes gens », Louis XV demande au médecin de la dauphine d'instruire ses petits-enfants. Le praticien multiplie les conseils, encourage le dauphin, assiste aux ébats du jeune couple et constate non sans étonnement, que le prince, malgré sa bonne volonté « est d'une nonchalance et d'une paresse » étonnantes.

Pendant des mois encore Louis Auguste essaie de devenir le véritable époux de Marie-Antoinette. À chacun de ses courriers, la princesse tient sa mère au courant des moindres détails de sa vie sexuelle, exactement comme s'il s'agissait d'affaires courantes. « Mon mari est un peu plus avancé qu'à l'ordinaire », lui dit-elle le 15 mai 1773. Et les petites remarques de ce genre se succèdent au fil des semaines. Enfin, le 22 juillet, à Compiègne, Louis Auguste peut crier victoire. Avant de partir pour la chasse, il se fait annoncer chez le roi afin de lui présenter « sa femme », assurant à son grand-père que la princesse était bel et bien devenue sienne au cours de la nuit précédente. Très ému, le roi prend par la main ses petits-enfants et les embrasse. Aussitôt la princesse annonce à sa chère maman, la grande nouvelle dont « tout le monde », dit-elle, éprouve « beaucoup de joie ».

Il était temps. Quelques mois plus tard, Charles Philippe, comte d'Artois, épousa Marie-Thérèse de Savoie, sœur cadette de Marie-Joséphine et consomma son mariage le soir même des noces bien que la jeune mariée ne fût pas beaucoup plus gracieuse que sa sœur aînée ! Mais le prince passait déjà pour fort galant et il y avait longtemps qu'il avait perdu son pucelage avec de charmantes filles d'opéra. Marie-Antoinette aimait bien ce jeune beau-frère qui ne pensait qu'à se divertir et qui égayait de sa verve et de sa gaieté les réunions de famille. Il y avait désormais trois jeunes couples à Versailles. La plus grande intimité s'établit bientôt entre eux malgré les préventions du dauphin et de la dauphine à l'égard du ménage Provence. Sans se laisser prendre aux compliments obséquieux de ce pédant beau-frère, Marie-Antoinette l'accueillait avec affabilité et feignait de ne pas voir la jalousie qui le dévorait. Avec les deux Piémontaises, elle avait adopté le ton d'une sœur aînée protectrice et autoritaire. Promenades, chasses, bals, représentations théâtrales rythmaient leur existence insouciante. Ils dînaient tous les jours chez la comtesse de Provence et s'amusaient fort bien ensemble. Une lettre de Marie-Joséphine restitue avec assez de bonheur cette ambiance familiale à la veille d'un départ pour Compiègne : « Je ne sais comment je ne deviens pas folle, écrit-elle à ses parents.

[...] Je suis entourée de cassettes, de papiers, de livres par terre ; j'avais déjà fait ma cassette ; la voilà renversée. Il faut recommencer. Je me mets en colère, on rit, on m'arrache le papier. [...] Je suis dans un petit coin entourée de bagages. Mme la dauphine renverse tout, le comte de Provence chante, le comte d'Artois conte une histoire qu'il a recommencée dix fois et crie à tue-tête avec de gros rires et par-dessus le marché, M. le dauphin lit une tragédie tout haut. Je crois qu'il craint que nous soyons sourds. J'ai encore deux oiseaux qui chantent et trois chiens, un à moi, deux à Mme la dauphine qui font un sabbat à ne plus s'entendre. »

Comme Marie-Antoinette, le comte d'Artois éprouvait une véritable passion pour le théâtre. Ils rêvaient tous deux d'obtenir du roi la permission de se rendre dans les grandes salles de la capitale. En attendant, il fallait se contenter des spectacles montés au château et qui n'étaient pas toujours de leur goût. Depuis que Mme de Pompadour en avait lancé la mode, le théâtre de société faisait fureur. Beaucoup d'aristocrates donnaient la comédie à leurs amis dans leurs demeures. Marie-Antoinette et le comte d'Artois qui brûlaient de suivre un tel exemple décidèrent de jouer dans les appartements du dauphin. Louis Auguste et Marie-Joséphine ne se sentant pas doués pour les planches, on leur assigna le rôle du public pendant que la dauphine, le comte de Provence, le comte et la comtesse d'Artois se donneraient en spectacle. Comme Louis XV eût sans doute refusé son autorisation si ses petits-enfants la lui avaient demandée, ils décidèrent de passer outre. Dans le plus grand secret, avec la complicité de deux serviteurs chargés de la régie, la troupe princière se mit à répéter fiévreusement. Les comédiens improvisés jouaient dans un cabinet d'entresol sur un tréteau qu'on dissimulait dans un placard. Ils reprenaient les grandes scènes du théâtre classique français. Provence savait toujours ses rôles à la perfection, Artois les récitait avec grâce et Marie-Antoinette mettait beaucoup de sentiment dans son interprétation. Marie-Thérèse de Savoie était, hélas, exécrable ! Peu importait ! Le dauphin s'amusait comme un fou, applaudissait bruyamment ou sifflait sans indulgence les interprétations qui ne lui convenaient pas.

Ces jeux innocents ne satisfaisaient pas pleinement Marie-Antoinette. Cœur vide et sens inapaisés, elle cherchait sans cesse de nouvelles distractions pour s'étourdir. Depuis son arrivée à Versailles, elle voulait connaître Paris. Cette immense capitale qu'elle n'avait fait qu'entrevoir le soir du feu d'artifice tragique la fascinait. Avec ses 600 000 habitants, Paris était alors la plus grande ville d'Europe, une cité moderne chargée d'histoire où l'on trouvait tous les plaisirs imaginables. La famille royale ne s'y rendait que pour des occasions extraordinaires. À force de supplications, la dauphine obtint du roi d'aller au bal de l'Opéra pendant le carnaval de 1773.

Le 11 février 1773, masqués, vêtus de longs dominos noirs comme tous les participants au bal, le dauphin, la dauphine et les Provence firent une discrète entrée dans l'immense salle illuminée où se nouaient bien des intrigues et où se côtoyaient pêle-mêle toutes les classes de la société. Le bal de l'Opéra ne ressemblait à aucun autre. L'immense cohue de dominos sombres qui se pressaient au rythme de la musique créait une impression étonnante. Les conversations entre les femmes toujours masquées et les hommes qui l'étaient rarement s'y faisaient à mi-voix, chacun essayant de deviner celle qui se cachait sous le déguisement.

Jamais la dauphine n'aurait imaginé pareille ambiance. Jouissant pleinement de n'être point reconnue, elle s'amusa de tout, épuisant par ses caprices son mari et les Provence qui prenaient beaucoup moins de plaisir qu'elle à cette fête surprenante. Redoutant d'indisposer le roi contre elle, la dauphine refusa cependant l'invitation du duc de Chartres qui lui proposait de poursuivre la soirée chez lui, au Palais-Royal. Rentrés à sept heures du matin à Versailles, les jeunes gens entendirent la messe et allèrent se coucher.

Retourner dans la capitale devint le vœu le plus ardent de Marie-Antoinette. Louis XV lui laissa toute liberté d'y aller à sa guise après la traditionnelle « entrée » dans Paris que l'héritier du trône et son épouse devaient faire en grande pompe. Il était d'usage, en effet, que les princes fussent présentés au peuple au cours de solennités rigoureusement codifiées destinées à exalter la grandeur royale au milieu de la liesse populaire. Le dauphin et la dauphine acceptèrent de bonne grâce de se soumettre à ce rituel à la date fixée par le roi, le 8 juin 1773.

Ce jour-là, vers onze heures et demie du matin, les trompettes sonnent et le canon des Invalides tonne lorsque Louis Auguste et Marie-Antoinette, en grand habit de cérémonie, arrivent aux portes de la capitale. Accueillis par le duc de Brissac, gouverneur de Paris, le lieutenant de police, le prévôt des marchands et une délégation des dames de la halle portant des fleurs et des fruits, le jeune couple et sa suite s'installent dans les six carrosses de la ville de Paris sous les acclamations du public. Particulièrement enthousiastes, les poissardes qui ont toujours eu leur franc parler avec les souverains se mettent à crier : « Monsieur le dauphin, faites-nous donc un enfant ! » Certaines n'hésitent pas à tendre leur avant-bras plantureux vers le prince : « Nous vous en souhaitons un comme cela, Monseigneur, hurlent-elles, et ce n'est pas trop pour une aussi jolie femme. Quand on en a une pareille, il faut bien festoyer. » Ces propos grivois excitent l'hilarité du dauphin et de la dauphine qui peuvent apprécier ainsi à leur juste valeur les sentiments de ce qu'ils appellent « leur bon peuple ».

Les festivités se poursuivent par une messe solennelle célébrée à la cathédrale Notre-Dame. De là, le cortège se rend à la nouvelle église Sainte-Geneviève (l'actuel Panthéon) où l'on se recueille devant les reliques de la patronne de Paris. Sur son chemin, la voiture s'arrête devant le célèbre collège Louis-le-Grand où les princes reçoivent les compliments de l'Université fort doctement tournés, comme il se doit. Perdu parmi la foule des grands élèves, un pâle jeune homme au visage tourmenté observe avidement l'héritier du trône : il s'appelle Maximilien de Robespierre ! Louis Auguste et Marie-Antoinette ne peuvent imaginer qu'ils le rencontreront bien des années plus tard, dans les circonstances les plus tragiques de leur existence. Mais pour l'heure tout va pour le mieux dans le meilleur des mondes. Du moins les deux jeunes gens en sont-ils persuadés.

Sous les acclamations des Parisiens, le dauphin et la dauphine se dirigent maintenant vers le palais des Tuileries [12]

12. Élevé à la fin du XVIe siècle à l'ouest du Louvre, ce palais avait été remanié au siècle suivant. Louis XVI et sa famille seront contraints d'y résider du 6 octobre 1789 au 10 août 1792 (voir *infra*, chapitre XXVIII). Napoléon Ier, Louis XVIII, Charles X et Napoléon III en feront leur principale résidence. Incendié par la Commune en 1871, cet édifice fut démoli peu après.

qui sert de pied-à-terre aux rois de France. Après un somptueux dîner, Louis Auguste et son épouse apparaissent au balcon pour saluer la foule innombrable qui s'est massée sous les fenêtres du palais dans l'attente de ce moment privilégié. Avec ce sourire qui sait lui gagner tous les cœurs, Marie-Antoinette répond aux vivats qui redoublent. Moins emprunté que d'habitude, le dauphin salue ses futurs sujets, mais, de toute évidence, il fait pâle figure auprès de sa femme. Bien qu'elle éprouve une certaine répulsion pour la foule, Marie-Antoinette accepte de descendre avec le prince sur la terrasse du jardin des Tuileries. « Vous avez là deux cent mille amoureux », murmure à son oreille le duc de Brissac. Alors, dans un extraordinaire élan, les Parisiens rompent les barrages de police et se ruent au-devant des héros du jour, bientôt submergés par cette marée humaine. Pendant près de trois quarts d'heure, pressés par leurs adorateurs, incapables de bouger, le dauphin et la dauphine demandent instamment aux forces de l'ordre de ne surtout pas prendre de mesures de rétorsion contre les badauds trop enthousiastes.

Épuisés et ravis, les époux regagnent Versailles dans la soirée. Fine mouche, Marie-Antoinette dit au roi : « Sire, il faut que Votre Majesté soit bien aimée des Parisiens, car ils nous ont bien fêtés. » La princesse n'est plus assez innocente pour croire à la popularité de Louis XV. Elle a fort bien compris que les Parisiens ont fêté leurs futurs souverains dont l'avènement représente pour eux la promesse d'un nouvel âge d'or. Grisée par son succès, elle écrit à sa mère : « J'ai eu mardi dernier une journée que je n'oublierai de ma vie ; nous avons fait notre entrée à Paris. Pour les honneurs, nous avons reçu tous ceux qu'on a pu imaginer ;

tout cela, quoique fort bien, n'est pas ce qui m'a touchée le plus, mais c'est la tendresse et l'empressement de ce pauvre peuple qui, malgré les impôts dont il est accablé, était transporté de nous voir. [...] Je ne puis vous dire ma chère maman, les transports de joie, d'affection, qu'on nous a témoignés dans ce moment. Qu'on est heureux dans notre état de gagner l'amitié de tout un peuple à si bon marché. Il n'y a pourtant rien de si précieux ; je l'ai bien senti et je ne l'oublierai jamais. »

Chapitre VI

La fin d'un règne

« Je sens tous les jours ce que ma chère maman a fait pour mon établissement », écrivit la dauphine à l'impératrice. Pour la première fois depuis qu'elle était à Versailles, Marie-Antoinette savourait pleinement les joies de l'existence. Si elle ignorait tout de l'amour, l'accueil des Parisiens avait pansé ses plaies secrètes. Elle venait de ressentir un véritable coup de foudre pour ce peuple qui l'avait fêtée comme une souveraine attendue depuis des lustres. Oubliés les froideurs du dauphin, les mesquineries de Mesdames, l'hypocrisie des Provence, l'absurde rivalité avec la Du Barry, les chuchotements suspects des courtisans, la moue des vieilles duchesses et l'insupportable étiquette de Versailles. À Paris, on la désirait, on ne lui prêtait pas le goût de l'intrigue, on ne l'appelait pas l'Autrichienne. On avait d'ailleurs oublié qu'elle était le gage d'une alliance peu populaire. Il y avait dix ans que la paix était rétablie et aucune guerre ne menaçant, elle apparaissait plutôt comme le symbole de la réconciliation entre les deux puissances. Bref, on l'aimait ; on l'aimait pour sa grâce, pour son charme, pour sa noblesse naturelle, en un mot pour elle-même.

Louis Auguste et Marie-Antoinette ne tardèrent pas à retourner dans la capitale. On les vit à l'Opéra, à la Comédie-Française, au Théâtre italien. Dès qu'ils apparaissaient dans leur loge, ce n'étaient qu'ovations longuement prolongées. Leur simplicité et leur bonne humeur supprimait aussitôt les distances que le protocole imposait. Émue, rose de plaisir, la dauphine répondait toujours aux vivats par de gracieuses révérences et donnait le signal des applaudissements. Si le prince n'avait pas encore acquis beaucoup d'aisance, du moins ne paraissait-il plus ennuyé comme autrefois. Il regardait son épouse avec tendresse et ne manquait pas d'avoir pour elle quantité de petites attentions qu'elle acceptait volontiers. Il ne prenait pas ombrage de son succès qui, de toute évidence, rejaillissait sur lui et sur la monarchie tout entière.

Les soirées parisiennes avec le dauphin ne suffisaient pas à la princesse. Elle voulait pouvoir se promener à sa guise dans la grande ville. Le roi ne se fit pas prier pour lui accorder la permission d'y aller sans cérémonie, accompagnée par ses belles-sœurs ou par Mesdames, qui lui faisaient de nouveau bonne figure. Marie-Antoinette profita pleinement de cette liberté inespérée. Assez simplement habillée, elle fit une apparition à la Bibliothèque royale (actuelle Bibliothèque nationale de France), à la manufacture de tapis de la Savonnerie, elle parcourut le salon de peinture où exposaient les meilleurs artistes... Mais toutes ces visites ne l'amusèrent pas tant que ses courses dans les magasins ou son excursion au milieu des baraques de la foire Saint-Ovide qui se tenait place Louis-XV. Elle découvrait un monde inconnu qui lui donnait l'illusion de commencer une vie nouvelle. Aussi rentrait-elle à Versailles, grisée par ses découvertes et par l'amour des Parisiens qui lui témoignaient toujours la même ferveur dès qu'on la reconnaissait. À Paris, Marie-Antoinette devenait une femme désirée et c'était sa manière à elle d'être comblée. Elle prenait sa revanche.

Sûre de son charme, Marie-Antoinette s'affirmait enfin comme la véritable reine de Versailles. Le roi se félicitait de cet apparent bonheur. Les « barrystes » gardaient un silence prudent. Beaucoup de courtisans, à commencer par les plus puissants, témoignaient désormais à la dauphine tout l'intérêt que l'on porte à une future souveraine. Quant à la favorite, elle devait se contenter des faveurs de son amant. Le roi vieillissait. « Il pourrait manquer dans peu », disait Mercy. Louis XV allait atteindre soixante-quatre ans, un âge avancé pour une époque où l'espérance moyenne de vie ne dépassait guère 45 ans. On épiait le monarque qu'on savait obsédé par l'idée de la mort en dépit de sa bonne santé. Le décès subit de trois de ses proches venait de l'ébranler. On l'avait surpris priant à genoux dans ses appartements. Avertie par les bonnes âmes qui pensaient au salut du souverain, Mme du Barry avait répondu qu'elle quitterait la cour si le roi avait l'intention de consacrer le reste de ses jours à préparer son salut. D'aucuns se prenaient à espérer que le prochain renvoi de la favorite.

Subtil observateur des cabales, Mercy veillait sur la dauphine. À sa manière. Seul maître à penser de la princesse, il continuait de la former pour défendre les intérêts de l'auguste Maison de Habsbourg. Sans lui expliquer clairement les grands enjeux politiques du temps, il instillait en elle des préjugés antifrançais et lui donnait généralement une assez piètre idée du roi et de son gouvernement. En outre, il lui laissait entendre qu'elle serait appelée à jouer un rôle important dans un avenir proche. Persuadé de la nullité de Louis Auguste, il se plaisait à croire que Marie-Antoinette exercerait la réalité du pouvoir après la mort de Louis XV. « Il est indiscutable que Mme l'archiduchesse gouvernera un jour ce royaume », écrivait-il à l'impératrice. Aussi s'appliquait-il à la préparer à ses responsabilités futures. Cependant la dauphine n'était pas une élève aussi docile que le prétendait son Mentor. Elle avait peur de se compromettre et redoutait les fausses manœuvres. « On me tourmente, on m'inquiète mais je finirai par entendre la politique », disait-elle en pleurant. De telles réactions surprenaient le diplomate. « Elle ne se permet pas de penser qu'elle puisse un jour avoir du pouvoir et de l'autorité », soupirait-il.

Inexorablement, Mercy poursuivait ses plans. Pour l'heure, Marie-Antoinette devait enjôler le vieux souverain dévoré par l'ennui et par l'angoisse de la mort. Et Mercy estimait, non sans fatuité, que, sous son habile direction, la dauphine parviendrait à subjuguer Louis XV. C'était sous-estimer la soif de plaisirs qui la tenaillait et son peu d'attirance pour le pouvoir. Elle n'avait guère l'intention de passer des heures à tenter de distraire un grand-père libidineux pour lequel elle n'éprouvait qu'un respect contraint. Elle préférait ses merveilleuses promenades dans Paris, les fêtes de la cour et même ses innocents amusements avec ses beaux-frères et ses belles-sœurs.

Le carnaval de 1774 offrait justement aux jeunes princes de nouvelles distractions. Cette année-là, ils allèrent à ces fameux bals de l'Opéra aussi souvent qu'ils en eurent envie. La dauphine, qui prenait un plaisir extrême à engager la conversation avec des inconnus, se rendait désormais à ces soirées plutôt pour voir du monde que pour danser. Le 30 janvier 1774, masqués, revêtus de leur domino sombre, les trois couples firent, comme de coutume, une entrée discrète dans la grande salle. Savourant particulièrement le plaisir de l'incognito ce soir-là, Marie-Antoinette aborda un fort bel homme qui lui répondit sans la moindre gêne. De toute évidence l'inconnu cherchait fortune. Il y eut cependant quelque chose de singulier à les voir s'entretenir longuement sans se connaître. Pas un instant il ne se douta qu'elle pouvait être la dauphine, bien qu'il fût allé plusieurs fois aux bals de la cour. Le charme fut trop tôt rompu. On fit cercle autour d'eux. Ayant été reconnue, la princesse se réfugia dans une loge, laissant le séduisant gentilhomme tout étourdi par la flatteuse rencontre qu'il venait de faire.

Le comte Axel Fersen, héritier de l'une des plus puissantes familles de Suède, avait tout juste l'âge de Marie-Antoinette, dix-huit ans. Il achevait ce voyage à travers l'Europe, appelé « grand tour », que tous les jeunes aristocrates se faisaient un devoir d'effectuer pour parachever leur éducation. Accompagné de son précepteur, il avait quitté son pays natal, parcouru l'Allemagne, la Suisse et l'Italie avant d'arriver en France où son séjour parisien était tout de délices. L'ambassadeur de Suède, qui le chaperonnait, ne tarissait pas d'éloges à son sujet. Depuis le 1er janvier, Axel Fersen n'avait pas manqué un seul bal de la cour et, sans nul doute, Marie-Antoinette avait remarqué cet étranger d'une beauté exceptionnelle qui n'avait ni l'arrogance ni la fatuité des jeunes courtisans français. « De tous les Suédois qui ont été ici de mon temps, c'est celui qui a été le mieux accueilli dans le grand monde. Il a été extrêmement bien accueilli dans la famille royale », notait l'ambassadeur à l'intention du roi Gustave III.

Fersen retourna régulièrement à Versailles mais son *Journal* ne mentionne aucun entretien avec la princesse. Celle-ci ne le perdait pas de vue, mais son attention se concentrait alors sur le chevalier Gluck, son ancien maître de clavecin. Il voulait faire représenter à Paris un opéra qu'il avait récemment composé, *Iphigénie en Aulide,* directement inspiré de l'œuvre de Racine. Célèbre tout d'abord en Autriche, Gluck avait été joué à Milan, Venise, Prague, Leipzig, Hambourg, Munich et à Londres. Il lui restait à conquérir Paris. Encouragé par l'impératrice et l'empereur Joseph II, il avait écrit son *Iphigénie* sur un livret français et l'avait envoyé aux directeurs de l'opéra de Paris. Ces messieurs n'avaient pas exprimé le moindre enthousiasme pour cette œuvre qui rompait avec la tradition de l'opéra italien, lequel privilégiait la musique aux dépens du texte. Gluck, au contraire, voulait que la musique servît avant tout la poésie. Seul un très haut patronage pouvait avoir raison du refus poli des administrateurs. Après quelques difficultés, Gluck finit par accéder auprès de la dauphine. Elle l'accueillit affablement et se fit un devoir de l'aider à triompher. Deux raisons à cela. Primo, sa mère le lui avait recommandé ; secundo, si elle ne le prenait pas sous sa protection, Mme du Barry, que le maître avait également sollicitée, l'aurait sans doute fait à sa place. Il s'agissait là d'une véritable affaire d'honneur.

Dès qu'elle soutint le compositeur, les difficultés avec l'opéra s'aplanirent comme par miracle et les répétitions commencèrent sous la baguette de ce chef exigeant et ponctuel. Habitué à travailler avec des artistes dociles, préoccupés avant tout de la bonne exécution de l'œuvre, Gluck n'admettait pas les caprices des chanteurs français qui jouissaient tous de hautes protections et se rebellaient devant les exigences d'un maître qui ne les traitait pas avec les égards auxquels ils étaient habitués. Cependant, en dépit des scènes et des colères, le travail progressait. Marie-Antoinette encourageait Gluck, écoutait le récit de ses démêlés avec les musiciens et calmait ses emportements. Elle lui avait naturellement promis d'assister à « la première » qui s'annonçait comme l'événement de la saison.

La veille du grand jour, on apprit que le ténor avait une extinction de voix. Pour la direction de l'opéra, il n'était pas question de remettre le spectacle. On remplacerait le chanteur défaillant par sa doublure. Une sainte colère s'empara du chevalier Gluck. Il n'avait pas fait travailler ce ténor pendant des semaines pour qu'un autre chantât à sa place ! Seule l'intervention de la dauphine pouvait le tirer de ce mauvais pas : elle imposa une autre date pour la représentation et la direction de l'opéra se soumit.

Le 19 avril, dans une atmosphère très tendue, le rideau se leva sur *Iphigénie*. Accompagnée par toute la jeune famille royale, la dauphine donna le signal des applaudissements. Dès qu'on entonnait un récitatif, elle battait des mains avec un tel enthousiasme que le chroniqueur Bachaumont écrivit qu'elle avait l'air de faire partie de la cabale ! Ce fut un beau succès. Tous les amateurs de musique, à commencer par Jean-Jacques Rousseau et Julie de Lespinasse, portèrent aux nues cette dauphine qui avait su imposer une œuvre originale répondant à une nouvelle conception de l'art lyrique.

Très fière de ce triomphe, Marie-Antoinette coulait des jours paisibles, sans crainte de l'avenir. Mais, le 27 avril dans l'après-midi, à sa grande surprise, on vint l'informer que le roi était malade. L'avant-veille, Louis XV avait décidé de s'installer pour quelques jours avec Mme du Barry dans son petit pavillon de Trianon. Frissonnant et fiévreux pendant la nuit, le souverain n'avait pas voulu décommander la chasse du lendemain qu'il avait suivie dans sa voiture, ce qui ne lui arrivait jamais. Se sentant de plus en plus mal, il avait consulté médecin et chirurgien. « C'est à Versailles, Sire, qu'il faut être malade », affirma ce dernier. Le roi obtempéra. Jetant un manteau sur sa robe de chambre, il cria au cocher : « À Versailles, à toutes jambes ! » Princes et princesses étaient aussitôt accourus dans sa chambre. Il les renvoya, prétextant le désir d'être seul, c'est-à-dire avec Mme du Barry. À l'exception des médecins, personne ne s'inquiétait véritablement.

Le 28 avril, la fièvre n'avait pas lâché prise et le patient se plaignait de terribles migraines. Six médecins, cinq chirurgiens et trois apothicaires se tenaient à son chevet. Désemparés, incapables de poser un diagnostic, il lui tâtaient le pouls et lui examinaient la langue à tour de rôle. En désespoir de cause, ils décidèrent de le saigner. Une fois, puis une seconde fois, ce qui laissait augurer que le mal était beaucoup plus grave qu'on ne l'avait pensé jusqu'alors.

Versailles était en émoi. L'après-midi, l'anxiété se mua en angoisse. Le soir, vers dix heures, alors que le dauphin et la dauphine étaient sur le point de quitter la chambre du malade, on approcha un flambeau du visage du roi. Les médecins se regardèrent. Les plaques rouges qui marbraient son front, ses joues et ses mains ne laissaient plus aucun doute : c'était la variole. Personne n'avait pensé porter ce diagnostic, car le souverain était lui-même persuadé d'avoir contracté cette maladie pendant son enfance. On entraîna aussitôt le dauphin hors de la chambre pour lui révéler la terrible nouvelle. Aucun des petits-fils de Louis XV n'ayant été inoculé, ils étaient tous menacés par la contagion. On supplia Louis Auguste et ses frères de se retirer dans leurs appartements. Inoculée à Vienne après l'épidémie qui avait décimé une partie de la famille impériale, Marie-Antoinette proposa courageusement de rester auprès du roi. On lui conseilla – Mercy le premier – de rejoindre son époux. Mesdames, qui n'avaient pourtant jamais été atteintes par ce mal, décidèrent de soigner leur père quoi qu'il dût leur arriver. Quant à Mme du Barry, fidèle à ses devoirs, elle passa la nuit au chevet de son amant qui lui fit caresser son front fiévreux à maintes reprises.

Allait-on dire la vérité au monarque ? Les uns prétendaient que la nouvelle allait le terrasser. Les autres pensaient qu'il fallait lui révéler la nature de son mal afin qu'il se mît en règle avec Dieu. Personne ne songeait à consulter le dauphin et la dauphine. Tout se décida entre Mesdames, le duc d'Aiguillon et le duc de Richelieu. Le parti du silence l'emporta. On laissa croire au roi qu'il souffrait d'une forte fièvre miliaire [13]. Cependant, voyant les pustules apparaître

13. Il s'agit d'une maladie assez fréquente au XVIIIe siècle, qui était caractérisée par une forte fièvre accompagnée d'une éruption de boutons qui se transformaient en pustules.

sur ses mains et sur ses bras, il exprima de l'étonnement : « Si je n'avais pas eu la petite vérole, disait-il, je croirais l'avoir présentement. »

Installé dans un confortable lit de camp dressé au pied de son lit de parade, Louis XV continuait de recevoir les princes du sang et les courtisans qui se savaient immunisés contre la variole. Personne n'osait parler librement. Tout le monde se contraignait et les intrigues allaient bon train. Les « barrystes » se voyaient perdus si le roi venait à mourir. Persuadés que Marie-Antoinette gouvernerait son jeune époux, ils craignaient qu'elle ne fît renvoyer les ministres en place pour leur substituer Choiseul et ses amis. Ils redoutaient, en outre, les petites vengeances qu'elle exercerait à l'encontre de tous ceux qui avaient ouvertement soutenu la favorite. En revanche, les choiseulistes espéraient une issue fatale.

Marie-Antoinette et le dauphin restaient à l'écart de toute cette agitation. Bouleversés par la maladie du roi et par les conséquences qu'elle pouvait entraîner, les trois jeunes ménages s'étaient enfermés dans les appartements du dauphin. Ils n'en sortaient que le soir, lorsque chacun regagnait son appartement. Ils ne recevaient personne à l'exception du duc de Chartres qui, ayant été inoculé, pouvait faire la navette entre la chambre du roi et celle du dauphin pour transmettre les dernières nouvelles. Sur le qui-vive, Mercy et Vermond montaient la garde. Rien n'échappait à leur vigilance. Seuls ceux qu'ils recommandaient avaient accès auprès de la dauphine, qui menait tout le train de la famille royale. Mercy continuait de préparer la princesse à son rôle de reine tel qu'il le concevait. « Il faut qu'elle commence à s'emparer de l'autorité que M. le dauphin n'exercera jamais que d'une façon précaire », disait-il à l'impératrice avant de lui demander instamment d'écrire à Marie-Antoinette afin « qu'elle voulût bien l'écouter sur les grands objets qui intéressaient l'union et le système des deux cours ». On ne pouvait être plus clair. L'ambassadeur avait bien l'intention de gouverner la France – du moins en ce qui concernait les affaires extérieures – par l'intermédiaire de la future reine.

La maladie du roi suivait son cours et personne n'osait dire la vérité au monarque. Pas même l'archevêque de Paris venu célébrer la messe dans sa chambre. Seul l'abbé Maudoux, curé de Saint-Louis de Versailles et confesseur de Marie-Antoinette, avait voulu braver les consignes et s'introduire auprès de Louis XV. Il s'attira les foudres du duc de Fronsac qui le prit par les épaules pour le renvoyer à son église. Sans se troubler, le prêtre répondit que « lorsque le seigneur du château était malade, son curé avait le droit de le voir ». L'abbé se plaignit au dauphin et refusa de quitter le palais, persuadé qu'on finirait bien par l'appeler.

Le 3 mai, le roi comprit ce qu'on avait eu tant de peine à lui cacher. Les médecins ne le détrompèrent pas. Vers minuit, il appela Mme du Barry. « Si j'avais su ce que je sais, lui dit-il, vous ne seriez pas entrée. Je me dois à Dieu et à mes peuples. Ainsi, il faut que vous vous retiriez. » La favorite quitta son amant en sanglotant. Dès le lendemain, le duc d'Aiguillon la conduisit dans son château de Rueil, non loin de Versailles. Si Louis XV se rétablissait, on aurait tôt fait de la rappeler. Cependant à la surprise générale, Louis XV, dont l'état empirait, ne demandait toujours pas les sacrements. L'abbé Maudoux attendait toujours. Enfin, le 7 mai, vers deux heures et demie du matin, le roi fit appeler le prêtre qui resta une vingtaine de minutes tête à tête avec lui. Après sa confession, il demanda à Madame Adélaïde de faire éveiller ses petits-enfants pour la cérémonie du Saint-Viatique[14] qu'il avait donné l'ordre de préparer.

Dès six heures, les troupes du château sont sous les armes. Les gardes du corps et les Cent-Suisses[15] font la haie depuis la chapelle, le long de la cour, jusqu'à l'entrée de l'appartement du roi. Les tambours battent aux champs lorsque apparaît le dais du Saint-Sacrement que suivent le dauphin, ses frères, les princes et les princesses du sang. Désemparé, les yeux gonflés de larmes et de sommeil, Louis Auguste se dirige d'un pas incertain à travers les galeries du palais. Pâle et bouleversée, Marie-Antoinette garde toute sa dignité. Le dauphin s'agenouille bientôt au bas de l'escalier de marbre tandis que son épouse et les princesses prennent place dans le cabinet du Conseil. La maladie qui emporte le monarque tiendra ses petits-enfants éloignés de lui jusqu'à sa mort.

Dans un bruissement de soie et de dentelles le grand aumônier et sa suite s'avancent jusqu'au lit où repose, le visage tuméfié, couvert de croûtes, celui qui fut le plus bel homme du royaume. La volière de Versailles s'est tue. Le temps est suspendu. Avant de donner la communion au monarque, le grand aumônier s'entretient longuement avec lui. « Votre Majesté veut-elle que je rende publiquement ce

---

14. Il s'agit de la cérémonie de la communion donnée aux mourants dans la religion catholique.

15. Les Cent-Suisses (en réalité 127) étaient des hommes d'élite tirés des régiments suisses de l'armée.

qu'elle m'a confié ? » Le mourant acquiesce dans un souffle et le prélat dit que le roi demande pardon à ses peuples du scandale de sa vie privée. La cérémonie s'achève. Louis Auguste et Marie-Antoinette regagnent lentement leurs appartements sous l'œil anxieux et critique des courtisans. Ils savent désormais que le règne de Louis XVI commencera dans quelques heures. Le futur souverain a décidé qu'il partirait avec sa famille et toute la cour pour Choisy dès que son grand-père aurait rendu le dernier soupir. Les voitures sont prêtes, les pages et les écuyers attendent que s'éteignent une certaine bougie allumée près d'une fenêtre : elle leur apprendra que Louis XV a cessé de vivre. Le vieux roi résiste au mal. Son corps se défend. Mais, le 9 mai, son état empire brutalement. Son visage est devenu semblable à un bronze. On dirait un masque de Maure à la bouche ouverte dont l'aspect terrorise ceux qui l'approchent encore. Une odeur pestilentielle s'exhale de sa chambre, infectant l'air du palais. Cette agonie devient pour tous un cauchemar sans fin.

Chapitre VII

Un heureux avènement

Le 10 mai, radieuse journée de printemps ; les cabarets et les guinguettes ne désemplissent pas ; personne dans les églises pour les prières dites à l'intention du roi. Louis XV meurt dans l'indifférence générale. Pendant cette interminable agonie, Marie-Antoinette et Louis Auguste restent confinés chez eux avec leurs frères, sœurs et belles-sœurs, attendant d'une minute à l'autre la fatale nouvelle qui mettra fin à cette épuisante tension.

Soudain, à trois heures et demie, le dauphin et la dauphine perçoivent un bruit diffus qui s'amplifie, se gonfle, se transforme en un grondement puissant. Les portes de l'appartement princier s'ouvrent alors sur l'innombrable foule des courtisans qui viennent saluer l'avènement de Louis XVI. Défaillante, un mouchoir sur les yeux, belle de son trouble et de sa jeunesse, Marie-Antoinette apparaît au bras de son mari. Aussitôt les nouveaux souverains embrassent Mesdames Clotilde et Élisabeth. « Nous ne nous séparerons pas, leur dit le roi. Je vous tiendrai lieu de tout. » Le premier instant d'émotion passé, suivis par le comte et la comtesse de Provence, le comte et la comtesse d'Artois, Louis XVI et Marie-Antoinette s'avancent à travers les galeries entre une haie de courtisans inclinés sur leur passage. Comme dans un songe, la princesse entend qu'on demande « les chevaux de la reine » et ne se rend pas compte que ce titre, qui résonne si étrangement à ses oreilles, semble consterner la plupart des membres de la famille. Se frayant un chemin à travers une foule silencieuse et attendrie, la voiture du couple royal prend la route de Choisy. Ses ors resplendissant au soleil, le carrosse marche lentement au milieu d'un peuple qui rend hommage à cette royauté naissante et témoigne ainsi de ses espérances.

Privés de la présence tutélaire du vieux roi qui leur avait tenu lieu de père en dépit de sa tumultueuse vie privée et qui exerçait encore sur eux une autorité débonnaire mais réelle, les jeunes princes se sentirent brusquement orphelins. Louis XVI plus que les autres, puisqu'il était appelé à exercer les fonctions suprêmes sans y avoir été préparé. Cependant, l'extrême tension qui les brisait depuis le début de la maladie du roi se relâcha brutalement à mi-chemin de Choisy, lorsque la comtesse d'Artois estropia plaisamment un mot. Un rire nerveux, incongru et libérateur, les saisit tous les six. Malgré le deuil imposant qui s'abattait sur la cour, leur arrivée à Choisy fut saluée comme le retour de la vie.

Pendant ce temps, abandonnée à quelques serviteurs qui lui rendent les derniers devoirs à leurs risques et périls, la dépouille de Louis XV est prestement déposée dans un double cercueil de plomb rempli d'esprit de vin. En raison de la contagion, on a renoncé au cérémonial habituel. Le surlendemain, à la nuit tombée, le catafalque quittera le palais déserté et partira à vive allure vers la nécropole royale de Saint-Denis. À Choisy, personne n'y pense déjà plus.

Après ce règne de soixante ans, assombri par bien des déceptions, commence celui de la jeunesse ! Louis XVI est reconnu comme *Louis le Désiré* et les Français manifestent leur joie d'avoir enfin une reine digne de ce nom. La pieuse épouse de Louis XV, décédée en 1766, n'avait laissé aucun souvenir à ses sujets, pas plus que Marie-Thérèse d'Espagne, femme de Louis XIV. Modestes et dépourvues de charme, écrasées par la toute-puissance de leur époux, elles avaient presque vécu en recluses à la cour. Louis XIV et Louis XV, qui les honoraient uniquement pour assurer leur descendance, leur imposèrent des maîtresses officielles qu'elles furent contraintes de traiter avec considération. Comblées de grâces et de faveurs, les favorites s'imposèrent comme les véritables souveraines de Versailles malgré les semonces des ecclésiastiques qui tonnaient en chaire contre ces scandaleux adultères. Accusées d'entraîner le roi dans le péché, de lui souffler les pires conseils pour la gestion du royaume, de faire nommer leurs créatures aux plus hauts emplois, de dilapider les deniers publics pour leur plaisir, elles cristallisaient les haines populaires depuis plus d'un siècle.

Si les Français attendaient naïvement du souverain qu'il leur assurât le bonheur, c'est-à-dire, la paix, l'allégement des impôts, une vie matérielle plus aisée, une justice plus équitable et – du moins pour les plus éclairés – une certaine participation à la vie publique, ils n'auraient su dire ce qu'ils espéraient de son épouse. Aucun pouvoir n'était dévolu à la reine. Les lois fondamentales du royaume, qui tenaient lieu de constitution et auxquelles se référaient les juristes, ne lui accordaient pas la moindre autorité, sauf si le roi, mourant prématurément, laissait un héritier mineur. La veuve du défunt pouvait être appelée à exercer la régence jusqu'à la majorité de son fils. Le cas s'était présenté deux fois au XVIIe siècle et deux reines avaient assuré cette redoutable fonction : Marie de Médicis pendant l'enfance de Louis XIII et Anne d'Autriche pendant celle de Louis XIV. Ces périodes, au demeurant fort troublées, avaient laissé dans la mémoire des Français une piètre idée du gouvernement féminin. Libelles infamants et caricatures grossières avaient flétri l'image de ces deux régentes confrontées aux tâches ingrates du pouvoir.

En réalité, le rôle dévolu à la femme du monarque était plutôt frustrant. Éclatante incarnation de la vertu, douée de tous les attributs de la féminité, elle devait se contenter de donner à son époux une belle et abondante progéniture. Première sujette du souverain, totalement soumise à sa volonté, ayant renoncé à connaître les intérêts de sa patrie d'origine, elle devait se tenir dans une perpétuelle réserve, sans jamais émettre la moindre opinion. Si elle était jeune et belle, comme Marie-Antoinette, elle rehaussait le prestige de la monarchie et on lui concédait bien volontiers un rôle représentatif. On se flattait même qu'elle pût le tenir. Son charme et sa modestie naturelle devaient empêcher toute autre femme de s'emparer de la personne du roi. Ainsi assurerait-elle le triomphe des bonnes mœurs à Versailles, ce que l'on n'avait jamais vu sinon du temps de l'austère Mme de Maintenon, épouse secrète du Roi-Soleil vieillissant.

Mais, avec sa piété étroite et son rigorisme, cette reine sans couronne avait contribué à faire de la cour un insupportable étouffoir. On avait détesté cette éminence grise de Louis XIV à l'égal de ses anciennes maîtresses et on lui avait attribué bien souvent les malheurs de la France.

Dans l'inconscient collectif, on voulait que la reine sût incarner le bonheur populaire en période faste et qu'elle apparût sous les traits d'une compatissante sœur de charité si le malheur s'abattait sur le royaume. C'était quasiment demander l'impossible. Au reste, si Henri IV apparaissait encore comme le modèle du roi bienfaisant, aucune reine n'était restée chère au cœur des Français. L'eût-elle souhaité, Marie-Antoinette ne pouvait essayer de s'identifier à aucune de celles qui l'avaient précédée. Si la fonction existait, le rôle restait à créer et Marie-Antoinette était trop jeune, trop inexpérimentée pour s'en rendre compte. De toute façon, aux yeux de la jeune reine, il n'y avait qu'une souveraine digne d'admiration, sa mère.

Grisée par l'élan d'euphorie qui s'empare de la France, la reine ne se doute pas que sa marge de manœuvre est étroite et sa popularité bien fragile. Sans goût pour le pouvoir, elle s'imagine naïvement que son nouveau statut lui accorde pleine liberté de mener sa vie à sa guise, d'assouvir ses caprices, d'être adulée, aimée. « Je ne puis m'empêcher d'admirer l'arrangement de la Providence, qui m'a choisie, moi, la dernière de vos enfants pour le plus beau royaume de l'Europe. Je sens plus que jamais ce que je dois à la tendresse de mon auguste mère qui s'est donné tant de soins et de travail pour me procurer pareil établissement », écrit-elle à l'impératrice, quatre jours après la mort de Louis XV. Elle est loin de se douter de l'accablement de

Marie-Thérèse : « Le sort de ma fille [...] ne peut être qu'entièrement grand ou bien malheureux. [...] Je compte ses beaux jours finis », confie-t-elle à son ambassadeur.

Alors que Marie-Antoinette éprouve les délices de sa nouvelle puissance, son époux est plongé dans un abîme de perplexité. Il ignore tout des réalités du royaume. Son grand-père n'avait jamais pensé à sa succession. Ignorant superbement son petit-fils, jamais il ne s'était entretenu avec lui du gouvernement de la France ; jamais il ne l'avait invité à siéger au Conseil. Le jeune prince n'avait que rarement parlé avec les ministres qui le tenaient alors pour quantité négligeable. Et voici, pour comble de malchance, qu'il ne peut les rencontrer avant plusieurs jours. Restés trop longtemps auprès de Louis XV, ils risquent d'avoir contracté sa maladie. Le nouveau souverain hésite à prendre un conseiller dans l'entourage du duc d'Aiguillon trop lié avec Mme du Barry. Il sait, en outre, que Marie-Antoinette lui proposera d'appeler Choiseul s'il lui demande son avis. Or, en aucun cas, il ne pardonnera à cet homme d'avoir ouvertement combattu son père, le feu dauphin. Se défiant de ses frères, en particulier du comte de Provence, il voit dans ses tantes un ultime recours.

À force de supplications, Mesdames avaient obtenu de Marie-Antoinette la permission de s'installer à Choisy, et non à Trianon, malgré les risques de contagion qu'elles faisaient courir à la famille royale et à leur entourage. Malgré la semi-retraite qui lui était imposée, Madame Adélaïde ne restait pas inactive. Elle fit bientôt savoir à son neveu qu'elle détenait une liste de personnalités dignes de confiance, établie jadis par le père de Louis XVI. Immunisée contre la variole, très fière de la mission qui lui fut ainsi dévolue,

Marie-Antoinette transmit les messages de ses tantes à son mari. On discuta dans le plus grand secret, et, après mûre réflexion, le roi décida d'appeler auprès de lui le comte de Maurepas, ministre de Louis XV, disgracié en 1740 pour avoir chansonné Mme de Pompadour, alors maîtresse en titre.

Le retour à la cour de ce vieillard qui vivait un exil doré dans son château de Pontchartrain, à une vingtaine de kilomètres de Versailles, avait tout l'air d'un songe. Parfaitement au courant des affaires de l'État, familier des arcanes du pouvoir, il s'entretint longuement avec Louis XVI et lui promit d'être « son homme », c'est-à-dire son conseiller, d'aucuns diront bientôt son Mentor. En fait, sans en avoir le titre, il joua le rôle de premier ministre auprès de Louis XVI jusqu'à sa mort en 1781.

La présence de cet aristocrate âgé, aimable et discret, auprès de son mari ne gênait pas la reine. Au contraire, elle était fort aise qu'il aidât Louis XVI à supporter le poids d'une couronne qui semblait l'accabler. Les discours inquiets de Mercy ne changèrent rien à son intime conviction. L'ambassadeur d'Autriche, dont toute la cour avait deviné les intentions et contre lequel on avait beaucoup murmuré pendant l'agonie de Louis XV, avait jugé plus habile de passer quelques jours à Paris. Mais, alarmé par l'arrivée de Maurepas à Choisy, il revint sans plus tarder auprès de la princesse afin de la mettre en garde contre les premiers ministres dont « le métier, lui dit-il, avait toujours été de ruiner le crédit des reines ». À sa grande surprise, ces mises en garde ne troublèrent guère la jeune femme. Dépité de n'être point entendu comme il le souhaitait, Mercy repartit en l'adjurant cependant de ne « jamais faire lit à part d'avec le roi ».

Les intentions de Vienne se précisaient. Le chancelier Kaunitz venait d'adresser à Mercy un long mémoire relatif à la conduite de la reine. Il souhaitait qu'elle inspirât les décisions de son époux sans que celui-ci pût s'en rendre compte et qu'elle prît rapidement un ascendant total sur le reste de la famille royale. Elle devait éviter de se mêler aux petites intrigues de cour qui risqueraient de ruiner son crédit et user de toute son influence pour faire nommer aux grands emplois, en particulier aux postes ministériels, des hommes qui deviendraient ainsi ses créatures. Kaunitz n'hésitait pas à désigner clairement les ministres qui favoriseraient les intérêts de la cour de Vienne. Ainsi, Choiseul, que Marie-Antoinette était prête à soutenir avec passion, n'était pas le candidat idéal de l'Autriche. Marie-Thérèse et Kaunitz redoutaient qu'il donnât à la France une place prépondérante. En revanche, le duc d'Aiguillon, que détestait la reine et que méprisait Kaunitz, demeurait bien pour lui le meilleur ministre. « Faute de lumières et de courage d'esprit, il n'osera rien de grand et de hardi en matière politique », affirmait cyniquement le chancelier.

Marie-Thérèse voulait être tenue au courant des moindres décisions de Louis XVI. « Il m'importe d'être informée à temps et avec exactitude de ce qui se passe en France dans ces moments décisifs et d'y faire parvenir de la même façon ce qui convient à mes intérêts », écrit-elle à Mercy. « Que la reine ne perde jamais un instant de vue tous les moyens quelconques qui lui assureront un ascendant entier et exclusif sur l'esprit de son époux », avait-elle déjà ordonné. À sa fille, qu'elle enjôle par des messages affectueux, elle n'hésite pas à déclarer : « Mercy est autant votre ministre que le mien. » L'impératrice espère que Marie-Antoinette lui obéira docilement et qu'elle mènera à sa guise ce mari qu'on s'applique à lui dépeindre sous les traits d'un véritable soliveau.

La jeune souveraine est alors trop occupée par les délices des à-côtés du pouvoir pour vouloir jouir du pouvoir lui-même. Elles pressent confusément que son influence grandira, mais, pour l'instant, elle ne le souhaite pas véritablement. De tout son cœur encore naïf, elle désire faire plaisir à sa mère, comme une enfant aimante, reconnaissante et craintive. Mais qu'on ne lui demande pas de se mêler des affaires de l'État. Au reste, elle ne percevra pas toujours clairement ce que sa mère lui demandera par l'intermédiaire de Mercy et elle interprétera souvent maladroitement les injonctions de Vienne. Quant à Louis XVI, qui feint d'ignorer cette correspondance secrète entre l'impératrice, la reine et Mercy-Argenteau, il se retient de faire des confidences d'ordre politique à sa femme. Marie-Thérèse ne tardera pas à s'en rendre compte. « Quelques traits de sa conduite me font aussi douter qu'il sera bien souple et facile à gouverner », ne tardera-t-elle pas à constater, non sans dépit.

Malgré les rodomontades de Mercy qui l'ennuient, Marie-Antoinette savoure son bonheur tout neuf. Le roi vient de lui offrir le petit Trianon, cette maison de plaisance aux proportions parfaites, construite par l'architecte Gabriel pour Mme de Pompadour qui n'avait pu la voir achevée et que Louis XV avait inaugurée avec Mme du Barry. Louis XVI a remis à sa femme la clé de son nouveau royaume, une véritable œuvre d'art ciselée et ornée de pierres précieuses. Dans ce pavillon situé à un quart de lieue du château, Marie-Antoinette pourra rêver loin du monde, ignorer l'étiquette et vivre librement. Elle forme aussitôt mille projets pour réaménager selon son goût les abords de sa nouvelle demeure. En attendant, pour fêter dignement cet heureux événement, elle invite à souper le roi, ses beaux-frères et ses belles-sœurs.

Marie-Antoinette a d'autres sujets de satisfaction. Sur ses instances, le roi vient d'envoyer Mme du Barry à l'abbaye de Pont-aux-Dames. Elle s'emploie maintenant à faire exiler le duc d'Aiguillon, le plus fidèle allié de la favorite. Le 3 juin, indifférente à la mine attristée de Mercy, la reine exulte : le duc a remis sa démission. Elle s'intéresse alors beaucoup moins à son successeur aux Affaires étrangères, le comte de Vergennes, qu'à son cher Choiseul dont elle vient d'obtenir le retour en grâce. Pour complaire à sa femme, Louis XVI a levé l'ordre d'exil qui pesait sur l'ancien ministre. Aussitôt, celui-ci a quitté son château de Chanteloup [16]. Toujours fringant, il se présente à la cour. Si Marie-Antoinette l'accueille avec empressement, le roi se montre plus que réservé. « M. de Choiseul, vous avez bien engraissé, lui dit-il. Vous avez perdu vos cheveux ; vous devenez chauve. » L'ancien ministre comprend d'emblée qu'il n'a aucune chance de revenir au pouvoir. Dès le lendemain, il reprend le chemin de la Touraine, ce qui ne cause pas la moindre tristesse à la reine. N'a-t-elle pas la vie devant elle ?

16. De ce château tourangeau, situé près d'Amboise et qui fut construit par la princesse des Ursins à la fin du XVIIe siècle, il ne reste qu'une pagode dans un parc. L'édifice a été démoli en 1823.

À La Muette, où la cour s'est installée en toute hâte après que la variole se fut déclarée chez Mesdames, l'idylle entre les nouveaux souverains et le peuple se poursuit. Sans escorte, la reine et ses belles-sœurs se promènent dans le bois de Boulogne exceptionnellement ouvert au public. Un jour, au cours d'une brève chevauchée, entre deux rencontres avec les ministres, le roi aperçoit les princesses assises sur l'herbe en train de manger des fraises à la crème. Il descend de cheval, prend la reine par la taille et l'embrasse sur les deux joues comme un bon bourgeois. On applaudit. Jamais la monarchie n'a offert un tel spectacle ! Et lorsque Louis XVI et Marie-Antoinette se joignent à la procession de la Fête-Dieu sur la colline de Chaillot, c'est du délire ! Paris chante les louanges de ce prince vertueux qui a renoncé au droit de joyeux avènement [17] et de cette reine si gracieuse qui vient d'abandonner le droit de ceinture [18]. Tous les poètes rimaillent à cœur joie sur l'ère de prospérité qui s'ouvre pour le royaume. La renommée du jeune couple royal franchit les frontières. Même la pessimiste Marie-Thérèse se joint à ce concert de louanges : « Tout est en extase, tout est fou de vous autres ; on se promet le plus grand bonheur et vous faites revivre une nation qui était aux abois et que son attachement seul pour les princes soutenait. »

17. Impôt prélevé lors de l'avènement d'un nouveau souverain.

18. Droit perçu sur les vins entrant dans Paris et destiné à l'entretien de la maison de la reine.

Chapitre VIII

« Petite reine de vingt ans »

Au milieu de ce concert de louanges, quelques notes discordantes commencèrent à se faire entendre. À la cour, les vieux ennemis de la dauphine n'avaient pas déposé les armes. L'exil de Mme du Barry ne les eût guère contrariés s'il n'avait été suivi de la démission du duc d'Aiguillon. L'acharnement que la reine mit à combattre ce ministre, le cinglant mépris qu'elle lui témoigna ouvertement et sa joie ostensible lorsque sa disgrâce fut officiellement connue ravivèrent les vieilles haines. L'ancien clan « barryste », qui regroupait bon nombre de familles appartenant à la plus ancienne noblesse, était prêt à user de tous les moyens dont il disposait pour combattre la jeune femme.

Dès les premières semaines du règne, bien malgré elle, Marie-Antoinette s'aliéna aussi la redoutable famille de Rohan ainsi que toute sa parentèle et sa clientèle, c'est-à-dire tous ceux qui, de près ou de loin, lui étaient attachés.

Il s'agissait à l'origine d'une affaire diplomatique qui ne la concernait guère. Le cardinal Louis Édouard de Rohan-Guéméné, hostile à l'alliance franco-autrichienne, avait été nommé ambassadeur de France à Vienne sur les instances du duc d'Aiguillon. Ce séduisant prélat, léger et libertin, avait indisposé l'impératrice, qui voyait en lui un adversaire politique et aussi une sorte de diable susceptible de débaucher les chastes Viennoises. Si Marie-Thérèse le détestait, son fils Joseph ne dédaignait pas sa compagnie. Et la vieille impératrice de gémir sur les « turlupinades » du diplomate français dont elle essaya maintes fois d'obtenir le rappel. Dans l'intimité, Rohan ne se privait pas de se moquer de la vertueuse souveraine. Au moment du partage de la Pologne, en 1772, dans une lettre adressée aux amis de la du Barry, il n'avait pas hésité à stigmatiser les larmes de crocodile qu'elle avait versées sur le sort de ce malheureux pays qu'elle n'hésitait pas à envahir. On avait lu cette lettre chez la favorite, en présence de Louis XV, et l'on s'était gaussé de l'impératrice. Marie-Antoinette en avait été ulcérée. Elle savait d'ailleurs que l'ambassadeur commentait fielleusement ses déboires conjugaux et ne l'épargnait pas. Il prétendait que sa coquetterie serait préjudiciable à l'avenir de la monarchie. Lors de l'avènement de Louis XVI, la jeune reine n'eut guère de mal à obtenir la rappel du cardinal qui fut remplacé par le baron de Breteuil. Mais lorsque Rohan revint à la cour, Marie-Antoinette ne daigna pas lui adresser la parole. Jamais elle ne lui pardonna les propos qu'il avait tenus contre sa mère et contre elle-même.

Son insolente jeunesse, la constante présence de Mercy à ses côtés, son mépris affiché pour l'étiquette suscitaient déjà bien des doutes sur sa conduite future. Persuadée que son seul caprice devait l'emporter sur toute autre considération puisqu'elle était reine, Marie-Antoinette refusait de voir les dangers qui l'environnaient. Elle adopta d'emblée l'attitude d'une enfant gâtée sans s'aviser que ses ennemis, aux aguets, ne manqueraient pas d'exploiter les fautes qu'elle allait commettre. À La Muette, la cérémonie des révérences de deuil vint précisément renforcer les préventions de ses détracteurs. À cette occasion, la nouvelle souveraine reçut toutes les femmes présentées à la cour. Vêtues de longues robes noires, coiffées d'un curieux bonnet noir à longues franges, ces dames, pour une fois, ne pouvaient rivaliser d'élégance. Si les plus jeunes riaient de leur accoutrement ridicule, elles parvenaient à en tirer parti tant bien que mal. Mais les plus vieilles avaient l'air de sortir d'un conte fantastique où le pathétique le disputait au comique. Quelques vénérables douairières étaient franchement grotesques. Pendant le défilé, la reine conserva un maintien plein de dignité jusqu'au moment où la jeune marquise de Clermont-Tonnerre, qui se tenait debout derrière elle, excédée par ce spectacle, trouva plus commode de s'asseoir par terre à l'abri des robes de la reine et des autres dames qui formaient rempart. En dépit de la solennité, Mme de Clermont-Tonnerre se livra à mille facéties. Marie-Antoinette, qui entendait parfaitement ses propos, dut plusieurs fois porter son éventail devant son visage pour étouffer d'irrésistibles envies de rire. L'aréopage des vieilles dames ne devait pas oublier cet affront. Dès le lendemain, on murmurait que la reine manquait à toutes les bienséances. Bientôt circula une chanson qui, de toute évidence, venait de la cour. « *Petite reine de vingt ans/ Vous qui traitez si mal les gens/*

Vous repasserez la barrière », disait le refrain. Marie-Antoinette n'y prit pas garde.

Quelques jours plus tard, le roi et ses deux frères décidèrent de se faire inoculer contre la variole. Cette opération, qui n'avait pas toujours été couronnée de succès et qui s'était parfois soldée par de dramatiques échecs, passait alors pour fort dangereuse. Dans la famille royale, seuls les princes d'Orléans l'avaient subie. Que Louis XVI et ses deux frères (alors respectivement premier et second dans l'ordre de la succession au trône), se fissent inoculer en même temps semblait une véritable folie aux yeux de la vieille cour. Marie-Antoinette, qui encouragea son époux à prendre cette résolution, fut sévèrement blâmée pour sa témérité. La triple inoculation se déroula cependant le mieux du monde. Lorsque les trois frères furent déclarés hors de danger, Voltaire n'hésita pas à saluer, à sa manière, ces princes éclairés : « L'Histoire n'omettra pas que le roi, le comte de Provence et le comte d'Artois, tous trois dans une grande jeunesse, apprirent aux Français, en se faisant inoculer, qu'il faut braver le danger pour éviter la mort. La nation fut touchée et instruite. » Le public avait, en effet, suivi avec attention l'évolution de la maladie du roi dont la popularité était à son zénith. Celle de la reine commençait déjà à décliner. On s'en rendit compte pendant le séjour à Marly où le souverain et la cour s'étaient installés pour l'inoculation.

Avec la convalescence du monarque, les distractions autorisées par le deuil reprirent. La reine faisait des promenades à cheval et en calèche avec ses belles-sœurs, la princesse de Lamballe, le comte d'Artois et le duc de Chartres. Plusieurs jeunes seigneurs les suivaient. Le soir, on donnait des concerts. Marie-Antoinette, qui n'avait jamais assisté au lever de l'aurore, proposa à son époux de se rendre à trois heures du matin sur les hauteurs de Marly pour assister à l'incomparable spectacle de la nature. Sans se faire prier, Louis XVI accorda la permission mais refusa de participer à la fête. Il aimait se coucher tôt. Pour sa plus grande joie, la reine, accompagnée de la princesse de Lamballe et de Mme de Noailles, vit le soleil se lever. « Que c'est beau ! Que c'est beau ! » ne cessait-elle de répéter. Quelques jours plus tard, un virulent pamphlet, intitulé *Le Lever de l'aurore,* stigmatisait ses mœurs. Cette promenade nocturne, qui s'accorde si bien avec le goût de la cour pour un retour à la nature, était présentée comme une véritable orgie au cours de laquelle Marie-Antoinette se serait enfuie dans les bosquets en galante compagnie. « On tire à boulets rouges sur la reine, il n'y a pas d'horreurs qu'on ne débite et les plus contradictoires sont admises chez certaines gens » affirme, dès le 13 juillet, un témoin impartial, l'abbé Beaudau. D'après ce chroniqueur, le roi aurait trouvé sous sa serviette quelques écrits anonymes dont une épigramme féroce disant : « *Henri*[19] n'est pas ressuscité mais vraiment la Samaritaine. »

Comme chaque été, la cour partit pour Compiègne où Mesdames, enfin rétablies, rejoignirent leurs neveux. La reine était le centre de tous les plaisirs. Le duc de Croÿ, qui ne l'avait pas vue depuis la mort de Louis XV, la trouva « grandie et engraissée » et remarqua qu'elle exerçait une véritable autorité sur tout le reste de la famille royale.

19. Il s'agit ici du populaire Henri IV. Lors de l'avènement de Louis XVI, on avait écrit *Resurrexit* (il est ressuscité) sur le socle de la statue de ce roi érigée sur le Pont-Neuf, à Paris, près de la fontaine de la Samaritaine.

Marie-Antoinette continuait de s'amuser de façon presque enfantine avec les Provence et les Artois, leur accordant toutes les privautés dont on use ordinairement en famille, mais brusquement, se souvenant qu'elle était la reine, « elle se permettait des remarques sur la supériorité de son rang et des comparaisons un peu mortifiantes pour les autres princes et princesses. » Ils avaient l'impression, surtout les deux Piémontaises, d'être ses jouets et rien de plus. Si la comtesse de Provence et la comtesse d'Artois affectaient une déférence de bon ton à son égard, elles se joignaient à Mesdames, que Marie-Antoinette avait reléguées dans une semi-retraite, pour la dénigrer ouvertement. La comtesse de Provence et la comtesse d'Artois se réfugiaient chez leurs tantes où elles se plaisaient à commenter tous les détails de la vie privée de la reine en les déformant. « Ce que l'une avançait, une autre princesse le confirmait, une troisième rendait les anecdotes incontestables. »

Pendant le séjour à Compiègne, Louis XVI parut fort amoureux de sa femme. À plusieurs reprises, les deux époux dînèrent en tête à tête dans la plus stricte intimité. Cependant lorsqu'ils se retrouvaient dans le lit conjugal, le roi faisait toujours preuve de la même indolence. L'ambassadeur d'Espagne, qui payait des espions pour connaître les moindres détails de « l'état matrimonial » des deux époux, assurait à son maître que Louis XVI souffrait d'un phimosis et qu'un dauphin risquait de se faire attendre encore longtemps. À cette époque, ni la comtesse de Provence ni la comtesse d'Artois ne présentaient le moindre symptôme de grossesse. Au cas où la branche aînée se fût éteinte, le roi d'Espagne aurait pu faire valoir des droits, au demeurant contestables, à la couronne de France, ce qui explique l'acharnement de son ambassadeur à percer les secrets de l'alcôve conjugale. C'est sans doute à ses soins attentifs qu'il faut attribuer un libelle injurieux pour la reine qui venait d'être imprimé à Londres et à Amsterdam et dont le roi voulait à tout prix empêcher la publication. Désignée comme un agent de l'Autriche, Marie-Antoinette était dénoncée comme une femme capable de se livrer aux intrigues les plus criminelles pour donner un héritier au royaume, son mari étant notoirement impuissant. Autrichienne, perfide et libertine, tel était déjà le portrait de la reine, deux mois après l'avènement de Louis XVI. Meurtrie par cette affaire, la jeune femme avait exigé des éclaircissements qu'on avait tenté de lui apporter. Mercy en profita pour l'exhorter à la plus grande circonspection dans sa conduite. Elle savait néanmoins qu'on ne pouvait s'empêcher de jaser sur ses relations avec Louis XVI. Elle en éprouvait toujours une indicible souffrance qu'elle tentait de fuir dans une vie de plaisirs effrénée.

À la grande satisfaction du roi et de Maurepas, la reine ne semblait toujours pas s'intéresser à la vie politique. À la fin du mois d'août, Louis XVI avait renvoyé les ministres de son grand-père et constitué un nouveau cabinet sans qu'elle intervînt une seule fois. Les nouveaux ministres, au nombre desquels se trouvaient deux réformateurs, Turgot et Malesherbes, succédaient à des hommes perdus de réputation. Ils semblaient promettre une ère de prospérité et de justice. En apprenant la nouvelle, le peuple, au dire d'un chroniqueur, « fit des extravagances de joie » alors que Marie-Antoinette menait des cabriolets à toute allure avec le comte d'Artois. Ni l'un ni l'autre ne se préoccupaient de l'avenir du royaume. Au reste, la reine eut bientôt à se louer de Turgot, le nouveau contrôleur général des finances. Il doubla ses revenus annuels sans qu'elle eût rien demandé.

Après le séjour de Compiègne, la cour se rendit, selon la coutume, au château de Fontainebleau pour y passer l'automne. Marie-Antoinette aimait bien cette demeure à l'architecture composite, située à une soixantaine de kilomètres au sud-est de Paris. Lorsqu'elle y était venue pour la première fois, elle s'était particulièrement intéressée à son histoire. Sans doute était-ce parce que Fontainebleau signifie « belle-fontaine », tout comme Schönbrunn. Dauphine, alors qu'elle ne montait pas encore à cheval, elle avait entraîné Mme de Noailles et ses dames d'honneur dans d'interminables chevauchées sur des ânes à travers le parc et la forêt, dont elle revenait ravie et ses suivantes épuisées... Ces temps paraissaient bien lointains.

À Fontainebleau, Marie-Antoinette continua de bouleverser le protocole de la cour. Elle obtint sans difficulté de son mari de supprimer l'usage du dîner quotidien en public, avec pour la servir, ses dames d'honneur agenouillées à ses côtés. Par surcroît, elle refusa désormais d'être suivie par deux de ses femmes lorsqu'elle se déplaçait dans le palais. Un valet de chambre et deux valets de pied furent préposés à cet office. Enfin, sur ses instances réitérées, Louis XVI autorisa la reine ainsi que les princesses du sang à prendre leur repas avec d'autres hommes que ceux de la famille royale. Le roi ayant choisi les invités et la reine les invitées, les jeunes souverains inaugurèrent ce nouveau type de réunion en l'absence de Mesdames, qui se fussent sans doute gravement offusquées d'un tel bouleversement des usages. Louis XVI et Marie-Antoinette furent enchantés de cette réception et décidèrent de renouveler l'expérience deux fois par semaine. Vestales des traditions auliques, Mesdames furent mises devant le fait accompli. Elles enragèrent une fois de plus contre leur nièce qui mettait en péril l'équilibre du royaume avec ses révolutions de palais ! Mais qu'importaient à la gracieuse souveraine les jérémiades de ces vieilles filles aigries et vindicatives !

La reine reprit avec une joie évidente le chemin de Versailles. La fin du deuil approchait. Elle savait que Louis XVI allait lui laisser toute liberté pour organiser les plaisirs de la cour et elle s'en réjouissait à l'avance. Elle avait bien l'intention de réveiller ce palais endormi par deux trop longs règnes et d'imposer son style à la cour. Elle rêvait de fêtes galantes mises en scène à la manière des tableaux de Fragonard tout en souhaitant vivre elle-même, à l'abri des regards indiscrets, dans un cadre raffiné, adapté à ses goûts, au milieu d'une société choisie selon son cœur. Elle pensait aussi à son domaine de Trianon qu'elle voulait transformer. Il n'était pas question de garder le jardin tel que Louis XV l'avait conçu, même s'il faisait l'admiration de l'Europe entière. Indifférente aux plantes exotiques, ananas, caféiers, aloès, géraniums, figuiers de Barbarie, orangers, jasmins, pêchers nains, abricotiers, cerisiers, tout comme aux serres vitrées et chauffées où l'on faisait pousser des fruits prématurés et quantité de plantes rares. Marie-Antoinette, cédant à la mode, rêvait d'un jardin anglo-chinois copié sur la nature. Le duc de Chartres en avait réalisé un dans son domaine de Monceau [20] et le comte de Caraman, rue Saint-Dominique à Paris. La reine y avait passé de longues heures

20. L'actuel parc Monceau à Paris est un vestige de cet ancien domaine.

et avait fini par demander à Richard Mique, successeur de Gabriel, de lui proposer des plans. Elle les attendait avec impatience.

La cour regagna Versailles par un froid vif et précoce. Emmitouflée dans ses fourrures, coiffée d'un extravagant chapeau, Marie-Antoinette faisait de longues promenades en traîneau avec le comte d'Artois et le duc de Chartres. Dès son arrivée, elle avait convoqué Papillon de La Ferté, l'intendant de ce qu'on appelait joliment les Menus-Plaisirs. Ce gentilhomme était chargé d'organiser toutes les festivités de la cour, les déplacements des souverains lorsqu'ils quittaient Versailles, les mariages, les deuils et toutes les manifestations de prestige. Il était alors plongé dans les livres des grands maîtres des cérémonies pour préparer le sacre de Louis XVI qui devait avoir lieu au prochain printemps. Il devait reprendre tous les dossiers relatant les sacres des monarques précédents, proposer au roi un projet pour le déroulement des solennités, veiller à l'aménagement et au décor de la cathédrale, dresser la liste des invités, mettre en état les carrosses, veiller à la confection des vêtements du souverain et de toutes les personnalités officielles laïques ou ecclésiastiques... Bref, Papillon de La Ferté était un homme débordé !

Les préparatifs du couronnement captivaient, certes, la reine, mais celle-ci tenait d'abord à réussir sa saison d'hiver. Dans ce domaine comme dans tous les autres, elle souhaitait innover. Outre les soupers qu'elle donnait deux fois par semaine avec le roi, les spectacles de l'Opéra, de la Comédie-Française et de la Comédie-Italienne qu'on verrait à Paris, par mesure d'économie (!), la reine voulait deux bals par semaine à Versailles. Celui du lundi devait être costumé. Un quadrille exécuté par des danseurs déguisés en Lapons inaugura la soirée du 9 février. Le roi fit son entrée à ce bal vers neuf heures, se promena parmi les convives et se retira beaucoup plus tôt que son épouse, laquelle resta longtemps au milieu d'un grand concours de courtisans. Il y avait longtemps que Versailles n'avait pas connu pareille affluence. La préparation des bals costumés prenait un temps fou. Jamais M. de La Ferté n'avait connu pareil tourbillon. Ses services étaient sur les dents. Il fallait, de toute urgence, confectionner des costumes indiens, tyroliens ou encore des habits du temps de Henri IV, compliqués et fort coûteux. Il fallait subir les caprices de la reine et les factures s'accumulaient dans ses bureaux avec une rapidité incroyable. Mercy tentait de mettre un frein à ces folies. Marie-Thérèse et Joseph grondaient à Vienne. Mais Marie-Antoinette n'en avait cure.

L'impératrice d'Autriche, dont les inquiétudes grandissaient chaque jour, voulait entendre d'autres avis que ceux de Mercy au sujet de sa fille. Son dernier fils, l'archiduc Maximilien, devant faire le « grand tour », elle demanda à son chaperon, le comte Rosenberg, de lui adresser un rapport détaillé sur la conduite de la reine. Maximilien, qui ne brillait ni par son physique ni par son intelligence, arriva à La Muette le 7 février 1775. Toute à la joie de revoir ce frère cadet, Marie-Antoinette l'accueillit avec émotion. Pour égayer son séjour, elle multiplia les réjouissances. Dans les bals, on les voyait rire à gorge déployée avec le comte d'Artois devenu le compagnon de plaisirs de la reine. Un incident protocolaire troubla ce brillant carnaval. Maximilien voyageait incognito sous le nom de comte de Burgau.

En toute simplicité, sa sœur l'avait présenté au roi et à ses frères. Mercy l'avait introduit chez les ministres mais avait négligé de le conduire chez le duc d'Orléans, premier prince du sang, chez son fils le duc de Chartres, ainsi que chez les Condé et les Conti. Ils se tinrent pour offensés. Dans l'espoir de réparer cette maladresse, Louis XVI remit l'affaire entre les mains de la reine. Or elle prit vivement parti contre les princes. Estimant qu'ils devaient la première visite à son frère, elle tint à ce sujet des propos qui « ne furent agréables ni aux princes ni à la nation », écrivit le sage abbé de Véri. Offusqués, le duc d'Orléans et son fils s'abstinrent de venir à la cour et se montrèrent avec ostentation dans la capitale. Ils furent acclamés.

En revendiquant pour son frère un statut exorbitant de l'étiquette en vigueur à Versailles, la reine avait voulu montrer la précellence du sang des Habsbourg sur celui des Bourbons. Sans prendre parti dans cette querelle de cérémonial, la nation décela pour la première fois chez cette princesse un certain mépris pour ce qui était français. On se formalisa d'autant plus de cette attitude que la reine commençait à négliger le roi et à prendre un plaisir certain dans la compagnie de séduisants seigneurs. Peu soucieuse de sa réputation, Marie-Antoinette se permettait, en revanche, de juger sévèrement celle des autres, c'est-à-dire de ceux qui ne faisaient pas partie de ce que l'on appelait déjà sa coterie. On la vit ainsi exclure de ses bals plusieurs personnes, les unes parce qu'elles manquaient de retenue, d'autres parce que leur naissance n'était pas assez prestigieuse. La cour murmurait et la ville commençait à prêter l'oreille aux histoires qu'on débitait sur son compte. Et pourtant elle continuait de s'étourdir. On l'acclamait encore lorsqu'elle paraissait au théâtre. À l'Opéra, où l'on jouait l'*Iphigénie* de Gluck, elle avait été applaudie lorsque le chœur avait entonné cet air enchanteur :

Chantons, célébrons notre reine,
L'hymen qui sous ses lois l'enchaîne
Va vous rendre à jamais heureux.

Le parterre avait repris et les cris de « Vive la reine ! » avaient fusé de toutes parts. Marie-Antoinette avait salué le public les larmes aux yeux et lorsqu'elle avait quitté la salle, une foule immense avait accompagné son carrosse au milieu des ovations. Saluant ses sujets comme la plus charmante des reines de comédie, Marie-Antoinette évoluait dans un monde qu'elle avait tendance à réduire à la plus merveilleuse des scènes de théâtre.

Chapitre IX

Le sacre

Reine de comédie, Marie-Antoinette l'était devenue jusque dans la manière de s'habiller. Être reconnue pour la plus jolie femme du royaume lui paraissait assurément le titre le plus enviable. Dauphine, elle avait suivi la mode de la cour, en portant les robes que sa dame d'atour lui proposait. Elle ne faisait pas de folies pour sa parure. Mais lors de l'avènement de Louis XVI, la duchesse de Chartres lui présenta Rose Bertin, la couturière – on disait modiste – dont raffolaient toutes les élégantes. Cette fille du peuple qu'un talent hors du commun avait promue souveraine de la frivolité déballa devant la reine des toilettes et des chapeaux éblouissants. Ce fut un émerveillement.

Mlle Bertin, qui tenait boutique à Paris à l'enseigne du « Grand Mogol », habillait les actrices richement entretenues, quelques bourgeoises en vue et les plus jolies femmes de la cour. Comme les autres modistes de son temps, elle faisait exécuter dans ses ateliers les robes et les chapeaux qu'elle concevait. On pouvait également trouver chez elle, des « ouvrages faits » : grands bonnets, chapeaux garnis de fleurs ou de plumes, mantelets, pelisses, cols, cravates, mouchoirs de soie, fichus de gaze, manchons, éventails, ceintures, gants, chaussures, pantoufles brodées et mille autres colifichets. On ne ressortait jamais les mains vides d'une visite au « Grand Mogol ».

Au printemps de 1774, Mlle Bertin avait lancé la mode des « poufs » qui faisait fureur. Surmontant les cheveux relevés très haut sur le front, véritables échafaudages de gaze, ces « poufs » étaient parsemés des objets les plus extraordinaires, fleurs, fruits, légumes, oiseaux, bibelots de toutes sortes ; certains soutenaient même de véritables scènes de théâtre, voire des navires. Ainsi Marie-Antoinette avait-elle fièrement arboré l'incroyable « pouf à l'inoculation ». On y voyait un soleil levant, un olivier chargé de fruits autour duquel s'enlaçait un serpent menacé par une massue fleurie. Il fallait lire dans cette délirante composition artistique les symboles d'une ère nouvelle : la science triomphant du mal pour permettre la réalisation de l'âge d'or. Coiffeurs et modistes rivalisaient d'extravagance pour inventer ces coiffures-anecdotes, coiffures-spectacles si représentatives de l'esthétique de l'époque. Les objets les plus inattendus se codifièrent ainsi sur les chevelures féminines devenues elle-mêmes objets d'art. On vit des femmes porter des jardins anglais, des ruines et bien d'autre folies... C'était vraiment pousser jusqu'à l'absurde cette métaphore de la chevelure, si chère aux poètes.

Marie-Antoinette devint la principale cliente du « Grand Mogol » pendant l'été. Elle prit ainsi l'habitude de recevoir sa modiste deux fois par semaine. À chaque rencontre, Mlle Bertin lui présentait des créations originales toujours plus séduisantes. Et la demoiselle n'avait pas sa pareille pour convaincre la reine d'acheter et d'acheter encore. Dans le monde, la Bertin parlait avec arrogance de « son travail avec Sa Majesté » et on ne tarda pas à dénigrer ce ruineux « ministre de la mode », dont les prétentions n'eurent d'égales que les excentricités de ses toilettes. Au cours de la première année du règne, alors que Turgot prêchait pour les économies, la reine s'endetta sérieusement, en partie du fait de ces achats. Cependant ce n'était pas là qu'il fallait chercher la cause du déficit budgétaire de l'État.

Le nouveau style que lui avait imposé Mlle Bertin ravissait la reine. Elle avait l'air d'une princesse telle qu'on les rêve et on eût pu la prendre pour une actrice si elle n'avait pas conservé la grâce assez distante qui devait toujours rester sienne. « Vous savez que j'étais toujours d'opinion de suivre les modes modérément mais de ne jamais les outrer, lui écrivit sa mère. Une jeune et jolie reine, pleine d'agréments, n'a pas besoin de toutes ces folies ; au contraire, la simplicité de la parure est plus adaptable au rang de la reine. » Et l'impératrice de s'étonner que sa fille pût porter une coiffure rehaussée de plumes et de rubans s'élevant depuis la racine des cheveux jusqu'à 36 pouces de haut ! Marie-Antoinette répondit légèrement qu'on venait de diminuer la hauteur des plumes et que puisque « tout le monde en portait, il eût paru extraordinaire qu'elle n'en portât point ».

À Trianon, la reine engouffrait des fortunes. Richard Mique achevait les plans du fameux jardin anglais. Jusque-là, Marie-Antoinette, par un curieux caprice, s'était contentée d'aménager au goût du jour les abords du petit château en faisant construire un étrange jeu de bagues dans le goût chinois. C'était une sorte de manège comportant des paons et des dragons multicolores qu'enfourchaient, à la place des chevaux de bois, les dames de la cour et les gentilshommes admis dans l'entourage de la souveraine.

Toutes ces futilités qui retenaient la reine rassérénaient le roi et ses ministres. Préoccupés par l'application de la nouvelle législation économique et commerciale de Turgot, ils ne souhaitaient pas qu'elle se mêlat des affaires du royaume. Au reste, la conjoncture était délicate. Mal compris, vivement critiqué, le programme du contrôleur général des finances suscitait des troubles graves. Fervent adepte du libéralisme, Turgot avait décidé d'établir la liberté du commerce des grains. En abolissant les douanes intérieures et en permettant d'importer des céréales de l'étranger, le ministre avait l'intention de faire baisser le prix du pain qui demeurait, à cette époque, la nourriture de base de la plupart des Français. Cependant, bien des spéculateurs, intéressés au stockage du blé, firent monter artificiellement le prix du pain au mois d'avril 1775, alors que la récolte de l'année précédente avait été médiocre. Dans presque toute la France, des émeutes éclatèrent sur les marchés et des boulangeries furent pillées. La « guerre des farines », qui faisait rage, n'inquiétait guère la reine. Néanmoins, ces troubles servirent de prétexte à la coterie de Choiseul pour lancer une offensive en faveur de son grand homme. Ses plus zélés partisans remirent à la reine un mémoire attaquant directement la gestion de Turgot et désignant tout naturellement Choiseul comme le seul homme capable de régénérer la France. Marie-Antoinette donna le dossier au roi et tenta de plaider une cause bien compromise auprès de son époux. Il la reçut froidement et lui déclara tout de go que l'ancien ministre n'avait rien à attendre de lui.

À la cour, on parlait plus du sacre que de la « guerre des farines » considérée comme une banale « jacquerie ». Depuis qu'il avait succédé à son grand-père, Louis XVI se préparait à cette cérémonie qui devait célébrer les noces de la monarchie avec l'Église et la Nation. Par la grâce de l'onction sacrée qu'il s'apprêtait à recevoir, le jeune souverain allait devenir le véritable lieutenant de Dieu sur la terre. En France, où s'était imposée depuis des siècles la monarchie absolue de droit divin, ce rite conférait au souverain un caractère supranaturel pour exercer l'autorité civile. Cette sacralisation du pouvoir était alors sérieusement remise en cause. Si certains esprits éclairés toléraient cette tradition surannée dans l'espoir qu'elle fît mieux comprendre au souverain ses devoirs envers la Nation, d'autres voyaient là l'expression d'une magie puérile destinée à maintenir les peuples dans l'obéissance. D'autres encore auraient souhaité que l'on donnât à cette cérémonie le caractère d'une élection nationale, scellée par un pacte entre le roi et le peuple, dont Dieu eût été le seul garant. Mais pour ce prince irrésolu, sincèrement croyant et attaché à la tradition, le sens profond du sacre ne pouvait être remis en question. Il ne deviendrait véritablement roi de France qu'après l'onction sacrée. Les grâces divines qu'il était sûr de recevoir à cette occasion l'aideraient à porter le lourd fardeau de la monarchie.

Pendant que son époux s'interrogeait en monarque chrétien sur le sens du sacre et les engagements qu'il impliquait,

Marie-Antoinette voyait dans cette imposante cérémonie l'occasion de se faire acclamer et admirer, bien qu'aucun rôle ne lui fût officiellement dévolu. N'étant pas associées au pouvoir, les reines n'étaient même pas tenues d'assister au sacre de leur époux. Il fallait remonter au XVIe siècle pour voir une souveraine présente à cette solennité. Montés fort jeunes sur le trône, les trois derniers rois, Louis XIII, Louis XIV et Louis XV avaient d'ailleurs été sacrés avant leur mariage. M. de La Ferté dut reprendre le cérémonial du sacre de Henri II en 1547 pour connaître le protocole qu'on avait adopté pour la reine Catherine de Médicis !

Plus que tout autre, Mercy s'inquiétait de la place qu'on réserverait à Marie-Antoinette. Estimant qu'il fallait absolument tirer parti des circonstances pour augmenter le prestige de la jeune femme aux yeux de la nation, il fit rédiger par un ecclésiastique un traité sur le sacre des reines dont il offrit un exemplaire à la souveraine et un autre au roi. Marie-Antoinette ne fit guère attention à cet ennuyeux livret malgré toute l'énergie que dépensa Vermond à lui montrer les avantages qu'elle pourrait tirer du fait d'être sacrée avec Louis XVI. L'abbé la trouva « d'une grande indifférence à cet égard ». En réalité, Marie-Antoinette n'éprouvait aucune envie de participer directement à cette cérémonie qui ne concernait que son époux. Il fut donc convenu qu'elle y assisterait en simple spectatrice, comme jadis Catherine de Médicis. Mais elle savait fort bien qu'elle attirerait tous les regards à cette fête qui lui semblait la plus admirable des mises en scène de la monarchie.

Traditionnellement, les rois étaient sacrés dans la cathédrale de Reims, en Champagne, mais par mesure d'économie, Turgot souhaitait que cette célébration eût lieu à Paris.

On ne pouvait offrir plus somptueuse réjouissance aux Parisiens. Attirant quantité d'étrangers dans la capitale, le sacre aurait donné un regain d'activité au commerce et le peuple se serait senti plus proche de son roi. Louis XVI préféra cependant que la cérémonie se déroulât à Reims. Malgré leur déception, les Parisiens se précipitèrent en foule, dès les premiers jours de mai, pour admirer l'exposition des ornements royaux préparés pour le sacre. Et beaucoup d'entre eux se demandaient comment gagner Reims afin de participer, même de loin, à la fête.

Le 5 juin, suivis par toute la cour, Louis XVI et Marie-Antoinette quittent Versailles pour Compiègne. Les cloches de toutes les églises carillonnant sur son passage, le somptueux cortège se déroule entre une haie de badauds émerveillés. Pendant plusieurs quarts d'heure, défile devant ces paires d'yeux ébahis une procession de splendeurs, symbole d'un monde inconnu et inaccessible, source de rêves pour les uns, objet d'un sombre étonnement pour les autres.

À Compiègne, le roi, la reine et leur nombreuse suite s'arrêtent pour deux jours consacrés au repos avant les épuisantes solennités de Reims. Le 8 juin, Louis XVI part de bon matin pour faire étape dans la bourgade de Fismes, proche de la ville du sacre. Marie-Antoinette ne l'accompagne pas. Avec ses beaux-frères et la comtesse de Provence[21], elle quitte Compiègne le soir vers huit heures. Commence alors pour elle la plus féerique des promenades. À la lumière des torches et des rayons de lune, vision à

21. Grosse de plusieurs mois, la comtesse d'Artois ne participa pas aux cérémonies du sacre.

demi-réelle, telle une idole parée pour le culte, la gorge ruisselante de pierreries, elle apparaît à tout un peuple qui l'attend pour l'acclamer, sans souci de la nuit qui tombe sur la campagne.

Le lendemain, dès le matin, on s'écrase à l'archevêché de Reims dans le petit appartement de la reine qui fait face à celui du roi. Louis XVI n'étant pas encore arrivé, Marie-Antoinette est seule à recevoir les hommages des courtisans et des représentants de la province de Champagne. Parfaitement à l'aise au milieu de cette élégante cohue, elle salue les uns, complimente les autres, n'oublie personne et trouve toujours le mot juste pour chacun. Elle règne superbement sur ce petit monde d'adulateurs parmi les femmes parées à la dernière mode qui, à la grande surprise des provinciaux, arborent sur leurs coiffures des plumes d'une telle hauteur qu'elles « semblent toutes grandies d'un pied et demi ».

Vers une heure de l'après-midi, la reine s'installe au balcon d'une demeure proche de la cathédrale pour assister à l'arrivée du roi. Guirlandes, arcs de feuillage, statues symboliques habillent les rues. La foule piétine d'impatience lorsque soudain des clameurs venues des faubourgs annoncent le cortège royal qui s'avance lentement tandis que montent les ovations. De son carrosse, le roi salue la reine en passant devant elle. Les vivats redoublent. Accueilli par les plus hautes autorités ecclésiastiques du royaume, Louis XVI pénètre dans la cathédrale où est célébré un *Te Deum* auquel n'assiste pas la reine. Elle attend son époux dans le palais archiépiscopal où ils recevront, l'un après l'autre, toutes les délégations de la province. Un sourire radieux illuminant son visage, Marie-Antoinette écoute les harangues célébrant ses vertus et celles du jeune monarque.

Le lendemain, samedi 10 juin, on se contente d'assister aux vêpres solennelles précédant la journée du sacre. Ce matin-là dès quatre heures, les premiers invités s'installent dans la cathédrale métamorphosée en une sorte d'opéra baroque. Des loges surmontées d'un plafond à caissons se succèdent entre les piliers de la nef dissimulés par des colonnes corinthiennes. On a fait disparaître tout ce que le siècle des Lumières appelle « l'affreux gothique ». Des groupes d'anges vêtus à la grecque supportent de lourdes torchères, des enfants soutiennent des cassolettes de lumière. Tout ce décor polychrome rehaussé par des draperies de velours et de satin violet brochés de fleurs de lys, frangés de passementeries d'or, confère un luxe inouï à cette cérémonie grandiose. Derrière la tribune de la reine, les Menus-Plaisirs ont aménagé un véritable appartement qui comporte toutes les commodités et, suprême raffinement pour l'époque, des « lieux à l'anglaise ». La cérémonie doit en effet durer fort longtemps.

Dès cinq heures et demie, superbement habillée, accompagnée des dames de sa Maison, la reine prend place dans sa tribune. Elle attire tous les regards avant l'entrée du souverain. Les grandes orgues se font bientôt entendre, et la silhouette de Louis XVI se détache dans la lumière du porche de la cathédrale. Vêtu d'une longue robe de toile d'argent, le roi semble transfiguré par la grâce. Entre deux évêques il s'avance vers l'autel avec une mâle assurance tandis que l'orchestre de cent musiciens répond aux grondements des orgues. Marie-Antoinette ne perd pas des yeux cet époux si maladroit d'habitude et qui semble habité par une force qu'elle ne lui a jamais vue. Commence alors l'ancestral rituel au cours duquel le souverain est successivement sacré, couronné et intronisé. Au moment le plus solennel, lorsqu'il reçoit les onctions sacrées, la reine, au comble de l'émotion, laisse couler ses larmes. Levant la tête, son mari la regarde. « Il se peint alors sur la physionomie du monarque un air de contentement auquel on ne peut se méprendre », devait noter le duc de Croÿ. Incapable de dominer plus longtemps son trouble, Marie-Antoinette se retire dans ses appartements afin de pleurer tout à son aise. Lorsqu'elle reprend sa place, des applaudissements éclatent dans l'église, ce qui ne s'était jamais produit en pareil lieu. L'émotion est générale. Même l'envoyé de Tripoli s'effondre en bruyants sanglots. La cérémonie s'achève dans l'allégresse. Au-dehors, les décharges d'artillerie, les salves de mousqueterie, les carillons des églises et des couvents, la clameur de la ville en joie annoncent à la France que Louis XVI est sacré. Radieux, le roi regagne l'archevêché à onze heures. L'étiquette exige encore un dîner auquel la reine ne peut assister que d'un petit balcon situé dans un angle de la salle. Heureusement, aucune autre cérémonie n'est prévue pour l'après-midi. Le roi et la reine peuvent se reposer. Mais, le soir, vers sept heures, les lourds vêtements du sacre abandonnés, le roi prend son épouse par le bras, l'entraîne sur une galerie surplombant le parvis de l'église, descend sur la place et se mêle à la foule qui ovationne le jeune couple pendant plus d'une heure.

Le séjour de Reims n'est pas encore achevé. La reine admire l'évolution du régiment du comte Esterhazy et la charge que conduisent ses beaux-frères à la tête des escadrons. Elle se fait encore une fois applaudir lors d'une ultime cérémonie dans la cathédrale. À chacune de ses apparitions publiques, elle peut savourer l'amour que ses sujets lui témoignent. Aussi regagne-t-elle Versailles persuadée que le cœur du pays bat à l'unisson avec le sien. Non sans condescendance à l'égard de ce peuple qu'elle considère comme une multitude d'hommes et de femmes sans voix ni visage parfois assez inconscients pour se révolter, elle s'empresse d'écrire à sa mère : « Le sacre a été parfait de toute manière, lui dit-elle. Il paraît que tout le monde a été fort content du roi ; il doit bien l'être de tous ses sujets ; grands et petits, tous lui ont montré le plus grand intérêt ; les cérémonies de l'église étaient interrompues au moment du couronnement par les acclamations les plus touchantes. Je n'ai pu y tenir, mes larmes ont coulé malgré moi et on m'en a su gré. J'ai fait de mon mieux pendant tout le temps du voyage pour répondre aux empressements du peuple, et quoiqu'il y ait eu beaucoup de chaleur et de foule, je ne regrette pas ma fatigue qui n'a d'ailleurs pas dérangé ma santé. C'est une chose étonnante et bien heureuse en même temps, d'être si bien reçu deux mois après la révolte et malgré la cherté du pain, qui malheureusement continue. C'est une chose prodigieuse dans le caractère français de se laisser emporter aux mauvaises suggestions et de revenir tout de suite au bien. Il est bien sûr qu'en voyant des gens, qui dans le malheur, nous traitent aussi bien, nous sommes encore plus obligés de travailler à leur bonheur. Le roi m'a paru pénétré de cette vérité ; pour moi, je sais bien que je n'oublierai de ma vie (dût-elle durer cent ans), la journée du sacre. »

L'émotion de Marie-Antoinette n'était sans doute pas feinte mais la reine ne disait pas toute la vérité à l'impératrice. Elle omettait soigneusement de lui raconter sa longue entrevue avec Choiseul. Rêvant toujours de voir revenir au pouvoir l'ancien ministre, encouragée par sa petite coterie, elle avait absolument tenu à le rencontrer. Sachant que son mari ne pouvait rien lui refuser dans un moment de bonheur aussi parfait, elle lui avait demandé la permission de donner cette audience. Louis XVI, qui n'y vit pas malice, céda tout naturellement au désir de sa femme. « Vous ne devinez pas l'adresse que j'ai mise pour ne pas avoir l'air de demander permission, écrit-elle au comte Rosenberg. J'ai dit au roi que j'avais envie de voir M. de Choiseul et que je n'étais embarrassée que du jour. J'ai si bien fait que *le pauvre homme* m'a arrangé l'heure la plus commode où je pouvais le voir. Je crois avoir assez usé du droit de femme en ce moment. »

Quelle différence de ton entre les deux lettres ! Tout laisse à penser que la reine parle avec plus de sincérité au comte Rosenberg qu'à sa mère ! Marie-Antoinette ne pèche pas là par étourderie. Pour la première fois elle exprime ses véritables sentiments à l'égard de cet époux, ce *pauvre homme,* imposé par la raison d'État.

Chapitre X

Le cercle de la reine

Que sa propre fille, la reine de France eût traité son mari de « pauvre homme », Marie-Thérèse ne pouvait l'admettre. La vieille impératrice était scandalisée. « Quel style ! Quelle façon de penser ! Cela ne confirme que trop mes inquiétudes ; elle court à grands pas à sa ruine », confiait-elle à Mercy. Rosenberg avait en effet jugé la conduite de la jeune femme trop grave pour garder le secret de la lettre et l'affaire avait fait le tour de la famille impériale. C'est à l'empereur que revint la désagréable tâche d'adresser une mercuriale à sa sœur. « Peut-on écrire quelque chose de plus irraisonnable, de plus inconvenant que ce que vous marquez au comte Rosenberg ? fulminait-il. Si jamais une lettre comme celle-là s'égarait, si jamais, comme je n'en doute presque point, il vous échappe des propos et des phrases pareilles vis-à-vis de vos intimes confidents, je ne puis qu'entrevoir le malheur de votre vie, et j'avoue que, par l'attachement que je vous ai voué, cela me fait une peine infinie. Ce sont vos ennemis et ce sont ceux qui désirent le plus voir détruite toute l'influence que vous pourriez avoir qui vous poussent à de pareilles démarches. » Après avoir sérieusement tancé Marie-Antoinette, Joseph l'adjurait de se rapprocher du roi afin de gagner son estime et sa confiance. « Lisez, occupez-vous, ornez votre esprit, donnez-vous des talents et rendez-vous propre à trouver des ressources en vous-même dans un âge plus avancé et dans le cas où cette grande approbation du public qui fait tous vos désirs et plaisirs actuels vous quitterait, comme cela ne peut manquer d'arriver. »

Les lettres de Vienne affectèrent beaucoup la reine. Si elle entendit comme une enfant obéissante les remontrances de sa mère, en disant : « Quand elle parle, il ne me reste qu'à baisser la tête », en revanche elle se mit en colère contre son frère. Elle l'accusait de vouloir la gouverner et ne tolérait pas la dureté du ton qu'il avait adopté à son égard. Témoin de son mécontentement, Mercy-Argenteau la calma et la fit revenir à la raison, tout en essayant de lui montrer les dangers que représentait ce qu'il appelait ses « entours », si pauvres en bons conseillers. En moins d'un an, la reine s'était en effet constitué un cercle d'amis qui formaient une véritable petite coterie l'isolant du reste de la cour.

Tant que Louis XV avait régné, elle n'avait pu se lier intimement qu'avec Marie-Thérèse de Savoie-Carignan, princesse de Lamballe, jeune veuve dont l'époux, connu pour ses débauches, avait été emporté par la syphilis. Mme de Lamballe partageait sa vie oisive entre les nombreux châteaux de son beau-père, le duc de Penthièvre, la cour de

Versailles et celle du Palais-Royal où elle se plaisait en la compagnie de la duchesse de Chartres, sœur de son défunt mari. Marie-Antoinette avait éprouvé d'emblée une vive attirance pour cette petite femme discrète, aimable et sensible au point de s'évanouir pour un rien. La dauphine avait besoin d'une compagne de son âge et la docile princesse de Lamballe avait parfaitement rempli ce rôle. Mais cette fidélité sans fantaisie commençait à lasser la reine. Elle s'ennuyait avec Mme de Lamballe qui manquait d'esprit et dont la vie privée était aussi peu excitante que la sienne. Depuis qu'elle se croyait libre de vivre comme elle l'entendait, plutôt qu'une confidente éplorée Marie-Antoinette recherchait une société capable de la distraire. Cependant, touchée par l'affection de la princesse et soucieuse de prouver le crédit dont elle croyait disposer, elle insista beaucoup auprès du roi pour qu'il rétablît en faveur de son amie la charge de surintendante de la Maison de la reine. Il s'agissait d'une fonction honorifique qui valait à sa titulaire de riches émoluments et que l'épouse de Louis XV avait préféré supprimer. Avec toute la diplomatie dont il était capable, Turgot, soutenu d'ailleurs par Mercy-Argenteau, essaya de s'opposer au dispendieux projet de la reine. En vain. Louis XVI finit par céder à sa femme qui triompha. « Jugez de mon bonheur, écrivit-elle à Rosenberg ; je rendrai mon amie intime heureuse et j'en jouirai encore plus qu'elle. »

Cependant l'étoile de Mme de Lamballe pâlissait. Elle ne gardait que les droits apparents de l'intimité. La reine se plaisait davantage en compagnie de la princesse de Guéméné et de Mme Dillon. Mme de Guéméné, qui avait hérité de la princesse de Marsan la charge de gouvernante des Enfants de France, n'avait que peu d'obligations à remplir, Madame Élisabeth, la dernière sœur du roi, ayant déjà onze ans. La vie privée de Mme de Marsan, précédente gouvernante, avait été au-dessus de tout soupçon. Telle n'était pas celle de la nouvelle gouvernante, qui entretenait officiellement une liaison avec le duc de Coigny, sans pour autant mécontenter son époux. Le prince de Guéméné vouait un amour passionné à la charmante Mme Dillon. Au reste, ces deux dames étaient les meilleures amies du monde et se voyaient quotidiennement. Dans son petit château de Montreuil très proche de Versailles ou dans ses appartements des Tuileries à Paris, Mme de Guéméné donnait des fêtes qui brillaient par leur raffinement. Les meilleurs acteurs et les meilleurs musiciens de Paris jouaient dans son petit théâtre et l'on rêvait de se promener dans son jardin anglais dont une allée menait jusqu'à un tertre d'où l'on jouissait d'une vue splendide sur la capitale.

Cette grande femme altière frappait par sa singularité. Donnant dans l'illuminisme, elle se prétendait en rapport avec l'au-delà par l'intermédiaire de ses chiens qui ne la quittaient jamais. On intriguait beaucoup dans son salon où se réunissaient les choiseulistes dont elle était l'égérie. Dès l'avènement de Louis XVI, Marie-Antoinette leur apparut comme une proie idéale. Ils voulurent s'emparer de l'esprit de cette jeune reine désœuvrée, dépourvue d'expérience et qui avait toujours manifesté beaucoup d'intérêt à l'égard de Choiseul. Mme de Guéméné n'eut aucun mal à l'attirer chez elle et Marie-Antoinette prit l'habitude de passer ses soirées chez la gouvernante qui, à la surprise générale, traitait la souveraine en égale. Cette dernière ne s'en formalisait guère et témoignait autant d'intérêt à l'étrange princesse qu'à la douce et fragile Mme Dillon.

La société de Mme de Guéméné comptait plusieurs gentilshommes séduisants. Le chevalier de Luxembourg était de ceux-là. Extravagant, plein d'esprit, s'adonnant à la magie, il piqua la curiosité de la reine. Mais ses projets fantasques – il voulait mettre le comte d'Artois sur le trône électif de Pologne – la détournèrent assez rapidement de lui. On prêta à la jeune souveraine quelque penchant pour le duc de Coigny qui eût pu être son père. Mais elle appréciait surtout en lui la parfaite galanterie d'un seigneur de la vieille cour habile à tourner les compliments. Le baron de Besenval, colonel des gardes suisses, s'imposa d'emblée auprès d'elle. Ce protégé de Choiseul, qui avait dépassé la cinquantaine, brillait par sa conversation émaillée d'anecdotes savoureuses, ses reparties mordantes et sa gaieté railleuse. Doué d'un beau talent d'écrivain, auteur de deux romans à succès, il a laissé des *Mémoires* qui ne manquent pas d'intérêt sur la cour de Louis XV et celle de Louis XVI. Parfait observateur des mœurs de cette petite société, il se dépeint lui-même comme un courtisan amateur d'intrigues. Assez dominateur sous des dehors enjoués, il sut attirer les confidences de la reine dont il devinait fort bien les frustrations. « En lui parlant le langage convenable à une femme de vingt ans, je ne m'occupai qu'à lui donner la consistance la plus convenable à sa gloire et à assurer son bonheur », prétend-il. Ce sont ses amis et lui qui inspirèrent à Marie-Antoinette la fameuse entrevue de Reims avec Choiseul. Et l'on peut supposer que la souveraine se laissait aller à des propos imprudents avec ce don Juan sur le retour qui ne vivait que pour monter des cabales.

Aucun homme n'avait encore profondément troublé la reine. Bien qu'on les vît souvent ensemble, ce n'était pas le comte d'Artois qui pouvait émouvoir son cœur et ses sens. Brillant de santé et d'étourderie, incapable de réflexion, ne songeant qu'à s'amuser, il passait pourtant pour son compagnon favori. À Versailles, le prince lançait toujours les idées de fête. Il accompagnait la reine dans ses promenades ; au bal, il lui tenait lieu de chaperon et de cavalier attitré. Mercy déplorait qu'il ne « s'occupât que de frivolité » et le taxait, à juste titre, de libertinage : Artois négligeait sa femme et passait beaucoup de temps avec des filles d'opéra. L'ambassadeur d'Autriche s'inquiétait de le voir sans cesse associé à la reine. Au reste, les mauvaises langues commençaient à jaser sur une telle intimité qui n'était que complicité fraternelle dans la frivolité. Toutefois, dans la correspondance très détaillée qu'il adressait à l'impératrice, le diplomate se gardait bien d'évoquer les relations de la reine avec le duc de Lauzun.

À trente ans, ce gentilhomme était l'incarnation même de la séduction masculine. Aristocrate de haut lignage, jadis chérubin de la marquise de Pompadour, il s'était plus illustré dans les alcôves que dans la carrière diplomatique où il s'était engagé. La renommée de ses amours romanesques avait passé les frontières et l'auréolait d'un prestige sans pareil auprès des femmes. Revenu de Russie au mois de mars 1775, il était pressé de repartir pour Saint-Pétersbourg, porteur d'un traité liant Louis XVI et la tsarine Catherine II. Retrouver la princesse Czartoryska qu'il aimait passionnément contribuait en grande partie à sa hâte. En attendant une réponse du ministre des Affaires étrangères, il reprit ses habitudes de grand seigneur français.

À peine arrivé à Paris, il fut prié par son vieil ami le duc de Chartres de participer à une course de chevaux dans la plaine des Sablons. Le roi et la reine y assistaient. Au dire de Lauzun, Marie-Antoinette était « belle comme le jour et le jour était charmant »... La souveraine remarqua ce visage nouveau et avenant. Le cheval de Lauzun ayant remporté la victoire, elle vint féliciter l'heureux propriétaire qu'elle avait rencontré pour la première fois en 1770. Le même soir, elle retrouva le héros du jour chez Mme de Guéméné dont il était l'un des familiers. La reine brûlait de connaître ce charmeur dont la gouvernante et Mme Dillon lui avaient souvent conté les exploits amoureux.

Marie-Antoinette pouvait-elle résister au charme de cet homme auquel tant de femmes avaient déjà succombé ? Attiré par elle à la cour, il devint son chevalier servant. Il l'accompagnait à la chasse et dans ses promenades en forêt. Bien entendu, la reine était toujours suivie d'un écuyer et de plusieurs dames de sa Maison, mais il lui prenait souvent la fantaisie de donner quelques coups d'éperon à sa monture pour prendre les devants avec un aimable cavalier. C'est ce qu'elle faisait avec Lauzun. En quelques semaines, il passa pour son favori. Extrêmement réservé avec la souveraine, il ne voulait pas prêter le flanc à la calomnie. Aussi se montrait-il assidu auprès de Louis XVI dont il ne manquait aucune chasse. Mais le soir, il retrouvait Marie-Antoinette chez Mme de Guéméné, où le roi venait rarement. Lorsque les troubles de « la guerre des farines » l'obligèrent à quitter Versailles pour regagner son régiment en province, la reine lui proposa de le faire revenir près de Paris. Il refusa, prétextant que ce déplacement eût été désavantageux pour sa légion. « Vous êtes un imbécile », lui dit-elle en riant. Elle insista encore. Sans succès. Ils chassèrent ensemble au bois de Boulogne. « Elle ne cessa de me parler, dit-il, et de ce moment ma faveur fut tellement remarquée qu'il fut peut-être heureux pour moi de partir dans la nuit même. » Il gagna donc sa garnison et n'assista pas au sacre de Reims. Pendant son exil provincial, sa belle princesse polonaise lui ayant adressé une lettre de rupture, il se consola dans les bras d'une baronne allemande, mais son cœur était libre.

À la fin de l'été, après avoir accompli ses obligations militaires, il retrouva la reine à Fontainebleau. Dès son arrivée à la cour, Marie-Antoinette lui témoigna le même intérêt qu'au printemps et ils reprirent leurs apartés. La souveraine, qui ne pouvait se passer de sa présence, marquait de l'humeur à toute personne qui venait troubler leurs entretiens. Elle fit inviter Lauzun chez Mme de Lamballe en disant à cette dernière : « Je vous demande d'aimer comme votre frère l'homme que j'aime le mieux et à qui je dois le plus : que votre confiance en lui soit sans bornes, comme la mienne. » Afin de s'attacher définitivement ce gentilhomme qui l'attirait irrésistiblement, elle voulut lui offrir une importante charge à la cour. Les désirs de la reine étaient des ordres, mais Lauzun préféra décliner une proposition aussi flatteuse. Comme elle lui demandait la cause de son refus, il répondit : « C'est, Madame, que je désire être le maître de m'en retirer lorsque je cesserai d'y être bien traité, lorsque Votre Majesté ne me marquera plus les mêmes bontés. » Marie-Antoinette protesta, Lauzun lui jura fidélité, mais ils en restèrent là. En réalité, il aimait trop la liberté pour rester à la cour au service d'une femme inaccessible et qu'il troublait trop visiblement. Il la trouvait charmante, sans doute désirable, mais il ne l'aimait pas. Un libertin aussi volage que lui ne pouvait envisager de liaison avec une reine dont la vertu devait rester insoupçonnable. C'était s'exposer aux plus grands dangers.

Mme de Guéméné et ses amis le pressaient pourtant de jouir de ses avantages. Si la reine avait cédé à Lauzun, elle eût été à leur merci. Ils auraient pu la manipuler tout à leur aise et en obtenir ce qu'ils souhaitaient. Mais Lauzun ne voulait pas se prêter à ce jeu indigne d'un gentilhomme. Il n'avait tenté de se servir de la reine qu'une seule fois, lorsqu'il avait compris que Vergennes ne donnait pas suite à son projet de traité franco-russe. Il avait alors demandé à Marie-Antoinette d'intercéder auprès de Louis XVI. Mais elle avait montré tant « d'effroi » à cette idée qu'il avait aussitôt battu en retraite. Cependant, les langues allaient bon train. Un jour, les insinuations de la princesse de Guéméné et de la princesse de Bouillon furent telles que Lauzun préféra s'en expliquer personnellement avec la reine qui le reçut dans ses petits appartements. Il lui confia que les bontés dont elle l'honorait prêtaient à la médisance et la supplia de lui permettre de s'éloigner quelque temps pour faire taire la calomnie. « Ne m'abandonnez pas, je vous en conjure, que deviendrai-je si vous m'abandonnez ? » murmura-t-elle au bord des larmes. Lauzun se jeta à ses pieds, elle lui tendit sa main qu'il « baisa plusieurs fois avec ardeur ». « Elle était dans mes bras lorsque je me relevai, je la serrai contre mon cœur qui était fortement ému ; elle rougit mais je ne vis pas de colère dans ses yeux », affirme Lauzun. La reine s'arracha doucement à son étreinte. « Vous êtes ma reine, vous êtes la reine de France ! » balbutia-t-il. « Ses regards semblaient me demander encore un autre titre, je fus tenté de jouir du bonheur qui paraissait s'offrir », ajoute encore Lauzun qui s'en remit aux ordres de la reine pour l'avenir.

Marie-Antoinette continua de marquer la même faveur à Lauzun, lequel avait l'intention de retourner en Russie offrir ses services à la tsarine. Elle lui proposa de nouveau un emploi à la cour, son premier écuyer, le comte de Tessé, étant sur le point de résigner sa charge. Pour la seconde fois, Lauzun refusa d'entrer au service de la souveraine, prétextant qu'un tel honneur prêterait encore davantage à la médisance. La reine pleura. Elle lui fit miroiter ensuite la charge de gouverneur du dauphin, si elle avait un jour la chance d'avoir un fils. Lauzun répondit qu'il n'était pas doué des talents nécessaires à l'éducation d'un grand roi. En désespoir de cause, elle lui fit demander par Mme de Guéméné s'il voulait bien lui offrir la splendide plume de héron qu'il arborait sur son casque le jour où il était venu prendre congé d'elle. Lauzun répondit qu'il n'oserait la lui donner mais qu'il se trouverait heureux qu'elle voulût la recevoir des mains de Mme de Guéméné. Le lendemain, Marie-Antoinette arbora ostensiblement la plume pour le dîner. « Jamais je ne me suis trouvée si parée, dit-elle à Lauzun, il me semble que je possède des trésors inestimables ! »

L'affaire s'ébruita. On jasa si bien que Lauzun jugea plus prudent de s'éloigner. Il partit pour Chanteloup où les Choiseul lui réservèrent le meilleur accueil. Admirablement informée de tout ce qui se passait à Versailles, la duchesse de Gramont, sœur de l'ex-ministre, était persuadée que la faveur de Lauzun allait permettre le retour au pouvoir de son frère. « Le goût de la reine pour vous est évident et il aura les suites qu'il doit naturellement avoir, lui dit-elle.

Quand le moment propice sera venu, vous ferez rappeler M. de Choiseul au ministère. » Exaspéré par les attaques importunes de Mme de Gramont qu'il savait dévorée d'ambition, Lauzun repartit pour la cour où il continua de jouir d'une faveur qui excitait de plus en plus de jalousies.

Marie-Antoinette se laissait aller chaque jour davantage au tourbillon de plaisirs qu'était devenue sa vie. Malgré une forte épidémie de grippe, la saison d'hiver s'annonçait brillante. Comme l'année précédente, la reine présidait à l'organisation des bals et des fêtes avec Papillon de La Ferté, de plus en plus affolé par l'avalanche de ses ordres impatients et parfois contradictoires. La jeunesse régnait à Versailles. Les moqueries de la souveraine, ses goûts jugés extravagants et son mépris de l'étiquette faisaient fuir les courtisans du temps de Louis XV. La jeune étourdie avait osé dire qu'elle ne comprenait pas qu'après trente ans on pût encore se présenter à la cour et elle parlait des femmes d'âge mûr en les traitant de « siècles » ou de « collets montés ». Aussi Mme de Noailles s'était-elle retirée, tout comme la princesse de Marsan et la duchesse de Cossé, sa dame d'atour. Beaucoup d'autres avaient suivi leur exemple. Ces départs n'affligèrent nullement la reine, heureuse de ne plus voir que des visages avenants.

La perpétuelle agitation de la reine, ses caprices, ses engouements, ses crises de fausse autorité cachaient un grand désarroi. La princesse s'abandonnait à ce *spleen* déjà à la mode. Elle rêvait de revoir Vienne, sa mère, ses frères, ses sœurs... Elle avait dû se retenir de pleurer lorsqu'elle avait appris que le comte et la comtesse de Provence partaient pour Chambéry afin d'accompagner Madame Clotilde à l'occasion de son mariage avec le prince de Piémont.

Ainsi Marie-Joséphine allait-elle retrouver sa famille pendant deux semaines. « Qu'il est affreux pour moi de ne pouvoir espérer le même bonheur », confiait-elle à sa mère. Elle enviait son frère Ferdinand qui avait passé plusieurs jours à Vienne avec sa femme. L'Autriche restait bien la patrie de la reine de France qui semblait avoir abandonné dans son pays natal tous ses rêves d'enfant et cette impression de sécurité si douce malgré les gronderies de sa redoutable mère. Vienne lui apparaissait comme le lieu protecteur, comme le refuge par excellence.

Déçue par un époux qui ne pouvait la satisfaire et par une famille dépourvue de charme, elle recherchait désespérément la personne qu'elle pût aimer véritablement et qui répondît à ses sentiments sans que cette liaison causât le moindre scandale. Puisque l'amour lui était interdit, elle chercha refuge dans l'amitié. Elle voulait être aimée pour elle-même et non pour ce qu'elle représentait. Il lui fallait retrouver une autre princesse de Lamballe qui convînt mieux à sa vie nouvelle. Tout en lui conservant son affection, elle considérait la princesse comme ces amies d'enfance avec lesquelles on n'a plus guère de goûts communs. Marie-Antoinette, qui privilégiait par-dessus tout les douceurs de la vie privée, n'avait jamais connu de véritables moments d'abandon avec Mme de Dillon ou Mme de Guéméné. Bien qu'elle appréciât leur compagnie, ces femmes étaient trop mondaines, trop blasées et trop intrigantes pour qu'elle pût en faire des confidentes. Bien qu'elle fût éblouie par le milieu de Mme de Guéméné, elle avait confusément compris qu'elle pouvait être le jouet de bien des cabales. Son *flirt* avec Lauzun le lui prouvait.

Elle fut persuadée d'avoir enfin trouvé une amie selon son cœur en la personne de la troublante comtesse Jules de Polignac. Avec son visage d'ange qui eût inspiré Raphaël, ses grands yeux bleus candides, son sourire innocent et sa voix mélodieuse, cette jeune femme de vingt-six ans fascina la reine par sa grâce nonchalante. Mme de Polignac ne brillait guère par une intelligence hors du commun ni par ses reparties spirituelles, mais elle avait toujours le mot juste. D'une humeur égale et enjouée, elle savait mener agréablement une conversation à laquelle elle participait sans se mettre en avant. Sensible, indolente, d'une extrême simplicité, elle restait parfaitement naturelle. Sa modeste fortune l'empêchait de venir souvent à la cour, aussi demeurait-elle la plupart du temps sur sa terre de Claye[22] en compagnie d'un époux fort complaisant qui acceptait sa liaison avec le comte de Vaudreuil. L'expérience de l'amour donnait à cette femme délicieuse une incontestable supériorité aux yeux de la reine qui ne pouvait éprouver certaines émotions que par procuration.

Marie-Antoinette se prit d'un goût très vif pour elle au cours de l'été de 1775. Besenval encouragea cette inclination dont il fut le premier à s'apercevoir. Assez lié avec les Polignac, il envisagea d'emblée tous les avantages qu'il pouvait tirer d'une telle liaison, bien qu'il prétende le contraire dans ses *Mémoires*. Si Mme de Polignac devenait l'amie intime de la reine, il espérait gouverner aisément la souveraine et inspirer ses démarches par l'intermédiaire de la

22. Cette propriété était située à une quarantaine de kilomètres au sud-est de Paris.

charmante comtesse. Marie-Antoinette refusait d'écouter les incessantes mises en garde de Mercy. En l'absence de Lauzun, elle n'était heureuse qu'auprès de Mme de Polignac avec laquelle les entretiens intimes devinrent de plus en plus fréquents, au grand dam de la princesse de Lamballe qui souffrait de se voir ainsi négligée. D'ailleurs, la reine retrouvait plus souvent sa nouvelle amie dans le salon de Mme de Guéméné que chez la surintendante. Elle se partageait entre ces deux cercles qui affectaient pour elle le plus grand dévouement mais qui étaient surtout avides de faveurs toutes plus exorbitantes les unes que les autres. Heureuse de dispenser des grâces, la reine intervenait désormais auprès des ministres pour satisfaire ceux qui l'adulaient.

À la fin du séjour de Fontainebleau, Mme de Polignac prétexta de ses faibles moyens financiers pour quitter la cour et retourner dans ses terres. Elle vint prendre congé de la reine. « Nous ne nous aimons pas encore assez pour être malheureuses si nous nous séparons, lui dit-elle. Je sens que cela arrive déjà. Bientôt je ne pourrai plus vous quitter : prévenons ce temps-là. Laissez-moi partir de Fontainebleau. Je ne suis pas faite pour la cour. » La voiture de Mme de Polignac était prête à partir. Désemparée, « la reine pleura l'embrassa, lui prit les mains, la conjura, la pressa, se jeta à son cou ». En voyant la scène par la porte entrouverte, le comte d'Artois se mit à rire et sortit en disant : « Ne vous gênez pas ! » Cette anecdote, que rapporte le prince de Ligne, fut aussitôt connue de toute la cour. On la commenta d'autant plus méchamment que Mme de Polignac céda aux instances de la reine. Quelques jours plus tard, elle était installée avec son mari dans un appartement du château de Versailles. Marie-Antoinette songeait déjà à tous les bienfaits dont elle allait gratifier son amie qu'elle traitait en favorite. L'amitié passionnée qu'elle lui témoignait éveilla encore une fois les médisances. « Nous sommes dans une épidémie de chansons satiriques, écrit-elle à sa mère le 15 décembre. On en fait sur toutes les personnes de la cour, hommes et femmes, et la légèreté française s'est même étendue sur le roi. Pour moi, je n'ai pas été épargnée. » Ces *Nouvelles de la cour* prêtaient à la reine à la fois le goût des femmes et celui des amants !

CHAPITRE XI

Vénus et Vulcain

« Mes goûts ne sont pas les mêmes que ceux du roi, qui n'a que ceux de la chasse et des ouvrages mécaniques. Vous conviendrez que j'aurais assez mauvaise grâce auprès d'une forge ; je n'y serais pas Vulcain et le rôle de Vénus pourrait lui déplaire beaucoup plus que mes goûts qu'il ne désapprouve pas. » Ainsi Marie-Antoinette se confiait-elle au comte Rosenberg auquel elle tenait décidément un tout autre langage qu'à sa mère. Après la période d'euphorie qui avait suivi l'avènement de Louis XVI, les relations entre les deux époux s'étaient singulièrement distendues. Ils se voyaient de plus en plus rarement, le roi étant accaparé par les affaires de l'État et la reine par ses plaisirs.

Chaque matin, Marie-Antoinette s'éveille assez tard dans la chambre qui a jadis été celle de Marie Leczinska et que Louis XV a fait moderniser pour la dauphine, peu de temps après son arrivée à Versailles. Elle n'aime guère cette immense pièce solennelle dont les moindres détails rappellent la place éminente qu'elle détient : les armes de France et les aigles d'Autriche qui s'inscrivent sur les hauts-reliefs des plafonds ; le somptueux lit couvert de brocart, exposé sur une estrade derrière une balustrade dorée où des amours sculptés jouent avec des lys dans les guirlandes du baldaquin. Quant aux tapisseries qui ornent le fond de la pièce et aux trois trumeaux de glace encadrés de festons de fleurs en bronze doré, ils contribuent à donner encore davantage de majesté à cette chambre. Pour l'instant, la reine s'est contentée de remplacer les anciens portraits par ceux de l'impératrice sa mère et de l'empereur son frère.

Après avoir flâné au lit pour boire son café ou son chocolat tout en grignotant une tartine de pain viennois, Marie-Antoinette se lève. Les jours où elle prend un bain, elle revêt une longue robe de flanelle boutonnée jusqu'au cou avant de se tremper dans une baignoire qu'on traîne au milieu de la chambre. Ses ablutions terminées, tandis que deux baigneuses l'aident à sortir de l'eau, elle exige qu'on tienne un drap devant elle pour empêcher ses femmes de l'apercevoir. Commence alors la cérémonie de l'habillement. « C'était un chef-d'œuvre d'Étiquette, nous dit Mme Campan [23]. Tout y était réglé. La dame d'honneur, la dame d'atour, toutes deux si elle s'y trouvaient ensemble, aidées de la première femme et deux dames ordinaires, faisaient le service principal ; mais il y avait entre elles des distinctions.

23. Mme Campan, qui a laissé des Mémoires intéressants sur la cour de Louis XVI, était la première femme de chambre de Marie-Antoinette.

La dame d'atour passait le jupon, présentait la robe. La dame d'honneur versait l'eau pour laver les mains et passait la chemise. Lorsqu'une princesse de la famille royale se trouvait à l'habillement, la dame d'honneur lui cédait cette dernière fonction, mais ne la cédait pas directement aux princesses du sang ; dans ce cas, la dame d'honneur remettait la chemise à la première femme »...

La reine souffre de ce protocole tatillon qui règle ses moindres gestes et empoisonne sa vie quotidienne. Si elle l'avait suivi sans protester, elle n'aurait pas eu le droit de recevoir Mlle Bertin. Elle aurait dû commander ses robes aux couturières détentrices d'une charge leur imposant d'habiller la souveraine. Il en alla de même pour le coiffeur. Elle préféra confier ses cheveux au célèbre Léonard qui venait chaque matin à Versailles tout en continuant d'exercer son art auprès des femmes les plus élégantes de Paris. Ainsi la reine était-elle sûre de rester à la dernière mode. Et Léonard devait s'entendre avec Mlle Bertin pour faire tenir en équilibre sur le chef de son auguste maîtresse les plus incroyables échafaudages !

Une fois habillée et coiffée, la reine franchit la porte située à la tête de son lit pour pénétrer dans ses petits cabinets qu'elle a bien l'intention de transformer en appartements privés chauds et confortables où nul ne pénétrera s'il n'a pas été convié. Dans ces cabinets aménagés pour la feue reine, elle reçoit en fin de matinée son « ministre de la mode », les peintres qui veulent faire son portrait, des musiciens ou quelques amis auxquels elle accorde un entretien. Le temps passe vite. Il ne faut pas être en retard pour la messe. Suivie par toute les dames de sa Maison qui l'attendent dans sa chambre, la reine traverse le salon de la Paix qui donne dans la galerie des Glaces : c'est toute une forêt de plumes qui se déplace. Marie-Antoinette salue les uns, sourit légèrement aux autres tout en se dirigeant vers la chapelle où est déjà installée la famille royale, à l'exception de Louis XVI qui arrive le dernier, comme il se doit.

Il est près d'une heure. À ce moment, la reine voit son époux pour la première fois de la journée s'il ne lui a pas rendu une discrète visite chez elle, ce qui est alors plutôt rare. Le souverain a travaillé toute la matinée. Il s'est éveillé dans la chambre des petits appartements occupés naguère par Louis XV. Après un copieux déjeuner, il s'est assis devant son bureau dans l'embrasure de la fenêtre de sa bibliothèque, papiers épars autour de lui, plusieurs ouvrages gisant sur le plancher. Par la fenêtre, il aperçoit de loin la foule qui se presse dans la cour du palais. Il est là loin du monde, loin de l'infernal cérémonial de Versailles qu'il déteste, lui aussi. Il compulse ses dossiers pour le Conseil. Si l'ordre du jour n'est pas trop chargé, il s'accorde quelques distractions : il dévore des récits de voyages, étudie ses cartes de géographie, fait ses comptes personnels et prépare la chasse de l'après-midi. La chasse est bien sa passion dominante. Seuls des événement graves ou des conditions atmosphériques exceptionnellement mauvaises peuvent l'empêcher de se livrer à ce passe-temps royal par excellence, auquel ses ancêtres se sont fougueusement adonnés avant lui. La chasse ne s'improvise pas. Le roi veille lui-même à sa préparation. Dans le silence de son cabinet, il savoure à l'avance l'émotion violente qui va l'étreindre lorsqu'il courra le cerf, parfois pendant plusieurs heures. Il lit les rapports qu'il a fait rédiger sur les forêts royales pour mieux connaître les cachettes de l'animal ; il note les meilleures stratégies de poursuite et d'attaque et prépare le plan de chasse comme s'il s'agissait d'une bataille. Sur le terrain, il est infatigable, poursuivant sa proie dans une quête éperdue jusqu'à ce qu'elle se rende, épuisée...

Pendant ces matinées tranquilles, Louis XVI passe quelques moments à admirer les mécanismes de son cabinet d'horlogerie ainsi que les multiples appareils de son cabinet de physique. Et souvent ce solitaire aime à se réfugier dans une retraite où peu d'élus sont admis à pénétrer, la forge aménagée au-dessus de sa bibliothèque. Dans cet antre où il se plaît à jouer les Vulcain, il fabrique de temps à autre une clé ou un cadenas. Les murs de la pièce sont couverts de splendides serrures, modèles inégalables que le roi ne sera jamais en mesure de reproduire. Son savoir-faire, faute de temps, demeure limité malgré les conseils de Gamain, « serrurier des cabinets du roi », et ceux d'Ambroise Poux-Landry, ancien soldat des gardes-françaises, qui a porté l'art de la serrurerie à un haut degré de perfection.

Les contemporains, à commencer par la reine, s'étonnaient de voir le roi s'adonner à une pratique aussi plébéienne. Cependant, on a rarement songé à expliquer cette inclination. Pourquoi la serrurerie plutôt que l'ébénisterie ou la cuisine ? Les psychiatres prétendent que la manie des travaux manuels chez un homme dont ce n'est pas le métier relève de la névrose obsessionnelle. Cette hypothèse est parfaitement vraisemblable pour Louis XVI qui avait bien d'autres manies comme celle des récapitulations chiffrées : il comptait le nombre de nuits passées hors de Versailles, celui de ses promenades à pied ou en voiture par mois et par année, les prises de chasse depuis les hirondelles jusqu'aux cerfs sans oublier un chien ou un écureuil tués par accident...

Il est toutefois possible de proposer d'autres interprétations propres à éclairer le comportement du roi. Deux psychanalystes français, Nicolas Abraham et Maria Torok, ont désigné sous le terme de *cryptophorie* l'état d'un être qui porte en lui (dans sa crypte) le fantôme d'un parent mort, le plus souvent celui d'un frère ou d'une sœur. Enseveli au plus profond de l'être, ce fantôme se repaît de la vie de celui qui l'habite, l'inhibant totalement si « l'hôte » ne parvient pas à l'expulser. Or on se souvient que le souverain avait eu un frère aîné, le duc de Bourgogne, enfant d'une beauté radieuse et d'une intelligence précoce, qui mourut de la tuberculose, à peine âgé de six ans. Désespérés, ses parents tinrent inconsciemment rigueur au futur Louis XVI, qui se substituait au duc de Bourgogne dans l'ordre de succession au trône, de vivre en lieu et place de l'enfant défunt. Nul ne peut dire comment le jeune prince vécut profondément ce drame, mais sans doute crut-il usurper une place qui n'appartenait qu'à un frère aîné paré de toutes les vertus royales ; il ressentit toute son indignité, le poids de ses disgrâces que son entourage prit un plaisir pervers à lui faire éprouver. On peut donc se demander si ce maniement des serrures et des clés ne correspondait pas, chez Louis XVI, à quelque quête éperdue, à la fois inconsciente et symbolique, d'un homme à la recherche du *sésame* libérateur.

Mais retournons à la forge que le roi doit bientôt quitter afin de se rendre dans sa chambre de parade où se déroule immuablement la cérémonie du grand lever en présence des princes du sang, des grands dignitaires de la couronne et de tous ceux qui sont admis à assister à la toilette royale, simple achèvement, en réalité, de la véritable toilette. Une fois habillé, coiffé, poudré, le souverain franchit la balustrade de son lit, récite une brève prière avant que ne pivote la porte de miroir de la grande galerie : le roi paraît.

Louis XVI s'impose par sa haute stature mise en valeur maintenant par un léger embonpoint qui, loin de lui donner de l'élégance, lui confère cependant une sorte de majesté. Malgré les leçons de danse qu'il a prises pour plaire à la reine, il continue de se dandiner en marchant et son extérieur paraît toujours négligé en dépit des soins dont il est l'objet. Ses mains noircies par la forge étonnent toujours ceux qui le voient pour la première fois. On ne peut néanmoins s'empêcher d'être frappé par l'expression noble, mélancolique et lointaine de ses yeux bleus, doux, un peu myopes, qui ne se fixent nulle part, comme perdus dans un rêve sans fin.

Quel singulier contraste présentent les deux époux ! Tout les oppose ou presque tout. Grande, bien faite, la gorge déjà pleine, offrant aux regards une carnation éblouissante, la reine se déplace avec grâce. Malgré une bouche dédaigneuse et des yeux bleus un peu proéminents, Marie-Antoinette, sans être régulièrement belle, est ce que l'on a coutume d'appeler une jolie femme. Plaire, voilà bien le rêve de la reine, qui a pourtant, au dire de son page, le comte de Tilly, « ce qui vaut mieux sur le trône que la beauté parfaite, la figure d'une reine de France, même dans les instants où elle cherche le plus à ne paraître qu'une jolie femme ». Le spirituel, le sceptique Tilly, qui a laissé des *Mémoires* admirés par Stendhal, n'était pourtant pas de ceux qui se pâmaient devant elle comme Horace Walpole, lequel n'hésitait pas à écrire : « On ne peut avoir d'yeux que pour la reine ! Les Hébés et les Flores, les Hélènes et les Grâces ne sont que des coureuses de rue à côté d'elle. Quand elle est debout ou assise, c'est la statue de la beauté ! » Tilly, dont la lucidité ne peut être mise en doute, avoue pourtant : « Si je ne me trompe, comme on offre une chaise aux autres femmes, on aurait presque toujours voulu lui approcher son trône. »

Cette grâce majestueuse impressionne aujourd'hui Louis XVI autant que le charme acidulé de la petite archiduchesse tombant gracieusement aux pieds de Louis XV dans la clairière de la forêt de Compiègne l'avait mis mal à l'aise lorsqu'il n'avait que quinze ans. « Le roi la craint plutôt qu'il ne l'aime car on ne le voit jamais aussi gai et même plus à son aise dans les parties où elle ne se trouve pas. Cette impression mécanique de crainte, quelque absurde qu'elle soit, a souvent plus d'effet que celle de l'affection », affirme alors l'abbé de Véri, confident de Maurepas et ami de Vermond. La présence de cette femme coquette et sûre d'elle-même achève de lui faire perdre ses moyens. Élevée par la souveraine la plus rigoriste d'Europe, cette Marie-Antoinette au caractère fantasque et primesautier n'a pas la réserve des précédentes souveraines. Celles-ci, dont les modestes charmes ne pouvaient contrebalancer la puissance de leurs époux, n'osaient respirer que dans l'ombre du monarque révéré. Rien de tel chez la jeune reine qui voudrait vivre comme une héroïne des romans de son temps. Elle a confusément retenu de ses lectures une certaine idée du bonheur : un royaume qui se réduirait aux jardins de Trianon, domaine que lui a donné le roi, des amis choisis selon son cœur, un prince charmant qui la surprendrait toujours, l'arrachant à elle-même sous les yeux ravis de cette petite cour idéale et aimante.

Le prince charmant, voilà bien ce qui manque cruellement à Marie-Antoinette. Malgré tous les efforts qu'elle a faits depuis son arrivée à Versailles, son cœur n'a jamais été touché par cet époux dont elle reconnaît pourtant la droiture, la sincérité et le sérieux. Son manque d'aisance et son indécision l'exaspèrent. Elle le juge avec condescendance, s'oubliant, comme on sait, à le traiter de *pauvre homme.* À peine le considère-t-elle comme un souverain. Elle a, il est vrai, bien des excuses. Depuis des années, sa mère l'impératrice et Mercy-Argenteau, sans lui dévoiler clairement leurs desseins, l'ont persuadée de prendre de l'ascendant sur son mari, tout en lui prêchant la plus grande soumission à son égard. Avec des intentions différentes, Choiseul a eu l'audace, lors de sa fameuse audience, de lui conseiller « de gagner le roi par la douceur ou de le subjuguer par la crainte ». Quant à Besenval et à ses entours, ils lui laissent croire qu'elle est appelée à jouer un grand rôle dans l'État. Tous ces conseils contribuent à persuader la jeune reine de sa supériorité sur cet époux qu'elle ne peut admirer et que sa maladresse amoureuse continue d'humilier. Cette incapacité de Louis XVI à se comporter en mari véritable, à faire d'elle la génitrice des Bourbons, semble la maintenir dans un perpétuel état d'enfant gâtée.

Jusqu'au printemps de 1775, Louis XVI avait régulièrement partagé le lit de sa femme. Mais leurs étreintes n'avaient jamais été couronnées de succès. À plusieurs reprises, on avait évoqué l'éventualité d'une petite opération de nature à libérer le roi d'un frein qui le faisait souffrir dans ses rapports avec la reine et l'empêchait de procréer. Le roi malheureusement ne se décidait pas. Lorsqu'il apprit la grossesse de la comtesse d'Artois, il se résolut toutefois à consulter de nouveau Lassonne. Ce dernier, constatant de « grands changements en mieux », n'estimait plus l'opération nécessaire. Il pensait que « les obstacles tenaient uniquement à une défiance de soi-même, à une peur, à une timidité puérile augmentée par un tempérament froid et tardif mais qui donnait des indices certains de se former peu à peu et qui ne laissaient aucun doute sur une puissance physique réelle qui se développait ». Mais le lit conjugal était devenu pour Marie-Antoinette le lieu d'une épreuve qu'elle résolut d'éviter le plus souvent possible. Elle profita d'un gros rhume pour demander à son mari de ne plus la rejoindre dans sa chambre. On était alors en pleine « guerre des farines » et la reine commençait de témoigner un certain intérêt à Lauzun. La séparation entre les deux époux persista après la guérison de Marie-Antoinette qui ne manifesta aucun empressement à reprendre la vie conjugale. Mercy tenta de la ramener à la raison en lui répétant que sa désinvolture risquait bien de lui aliéner l'affection et la confiance du roi. Elle ne l'écouta pas. Dans l'espoir de resserrer une intimité qui lui paraissait menacée, l'ambassadeur suggéra d'aménager un corridor souterrain entre l'appartement du roi et celui de la reine. Ils applaudirent tous deux à cette proposition. Les deux appartements ne communiquant pas, lorsqu'il voulait rejoindre sa femme, Louis XVI devait, après son coucher officiel, traverser en robe de chambre le salon de l'Œil-de-bœuf où se trouvaient encore bien des courtisans. Grâce au passage secret, les époux pourraient se rencontrer quand bon leur semblerait et sans que personne n'en fût averti.

Au retour de Reims, un couloir capitonné relie donc les deux chambres. Mais Louis XVI ne l'emprunte pas souvent.

Marie-Antoinette se couche de plus en plus tard et le roi ne peut souffrir d'être réveillé en pleine nuit. Dès lors, ils continuent donc de vivre quasiment séparés. Marie-Antoinette avait pourtant ressenti une vive déception lorsque la comtesse d'Artois avait mis au monde un fils, le 6 août 1775. L'enfant, titré duc d'Angoulême, détenait désormais la troisième place dans l'ordre de succession à la couronne de France[24]. Si la reine ne se trouvait pas bientôt enceinte, la progéniture du comte d'Artois risquait de monter sur le trône dans les décennies à venir, car il y avait fort peu de chances pour que la comtesse de Provence eût des enfants. « Il est inutile de dire à ma chère Maman combien j'ai souffert de voir un héritier qui n'est pas de moi », soupire Marie-Antoinette qui a dû subir l'assaut des dames de la halle la poursuivant jusqu'à ses appartements pour lui réclamer un dauphin !

Alors, on reparle d'une opération pour le roi, mais personne ne semble pressé de la voir accomplie. Pas même les intéressés. Bien que Marie-Antoinette soutienne à sa mère que « la nonchalance n'est pas de son côté », « l'état matrimonial » n'évolue guère. L'indécision et l'angoisse de Louis XVI s'aggravent tandis que la reine s'éloigne de lui. Marie-Thérèse et Mercy ont beau gronder et répéter à Marie-Antoinette que la situation d'une reine sans enfants

---

24. En vertu des lois fondamentales de la monarchie, la dévolution de la couronne se faisait par ordre de primogéniture mâle. Ainsi, si Louis XVI était mort, le comte de Provence lui aurait immédiatement succédé. Si celui-ci avait également succombé, la couronne serait passée au comte d'Artois. Et, à la mort de ce dernier, au petit duc d'Angoulême.

a toujours été assez précaire à la cour de France, elle fait la sourde oreille et continue de s'étourdir. Elle redoute tant de se retrouver dans les bras de son mari qu'elle en vient à souhaiter qu'il prenne une maîtresse pour acquérir l'expérience dont il manque. C'est ainsi que le vieux duc de Richelieu, ancien confident des amours de Louis XV et dont les conseils eussent été précieux au roi croit avoir trouvé la solution : présenter au roi Mlle Contat, comédienne qu'il prenait plaisir à voir jouer. Peine perdue. Une affaire galante n'intéresse pas le jeune monarque. Seule le retient cette épouse qu'il ne parvient pas à satisfaire. Incapable de lui exprimer son amour, il la comble de largesses. Exerçant un petit despotisme très féminin sur son mari, elle le harcèle à maintes reprises afin d'assouvir ses caprices et ceux de ses amis. Quant à ses relations intimes avec lui, elle est désormais décidée à « s'en remettre à la Providence et attendre avec soumission quelque heureux dénouement ».

Chapitre XII

La reine intrigue

Une véritable frénésie de plaisirs s'était emparée de la reine. On la voyait dans tous les lieux à la mode. Elle ne manquait pas un bal, pas une soirée à l'opéra ou au théâtre. Bien souvent, elle quittait Versailles lorsque le roi se couchait et courait jusqu'à Paris où elle restait jusqu'à l'aube. Elle rentrait au château pour entendre la messe et dormait jusqu'à midi. Une nuit, une roue de son carrosse s'étant cassée, elle avait poursuivi sa course en fiacre. Le lendemain, elle se vanta de cette escapade, en s'esclaffant : « Moi en fiacre ! » Bien entendu, l'histoire fit le tour de la cour et de la ville. On raconta que Marie-Antoinette était en réalité allée à un rendez-vous galant avec le duc de Coigny dont la faveur semblait alors l'emporter sur celle de Lauzun. À la cour, elle s'entourait ostensiblement de jeunes gens et le duc de Croÿ, qui l'observait, remarquait tristement qu'elle « ricanait » volontiers au nez des courtisans, en écoutant ce vieux roué de Besenval qui savait la distraire mieux que quiconque.

Le baron suisse était parvenu à ses fins : il menait à sa guise la reine et la comtesse de Polignac, son amie inséparable. La souveraine se plaisait dans la société que Mme de Polignac réunissait dans son salon où le très discret comte de Polignac laissait tenir le rôle de maître de maison au comte de Vaudreuil, l'amant en titre de son épouse. Homme d'esprit, aimant les lettres et les arts, ce dernier jouait volontiers au mécène et savait parler aux femmes. Mme de Polignac ne lui résistait guère. D'une avidité sans bornes, Vaudreuil profita souvent de la situation de sa maîtresse. Marie-Antoinette lui faisait bonne figure mais ne l'aimait guère. Certains prétendaient qu'elle en était jalouse. Elle préférait assurément le duc de Coigny, qui négligeait désormais Mme de Guéméné pour la courtiser discrètement. Le comte d'Adhémar, assez agréable pour charmer, mais trop peu brillant pour effaroucher, faisait un causeur agréable. Le comte de Guines, qui venait d'être rappelé de son ambassade de Londres, était l'un des hôtes les plus assidus de la comtesse. Elle aimait également recevoir des étrangers tels que le spirituel prince de Ligne, aristocrate belge qui soupirait en silence pour la reine dont il défendra toujours « l'âme blanche », et le comte Esterhazy, qui jouira de la confiance de Marie-Antoinette jusque dans les pires moments de sa vie. Mme de Polignac ne manqua pas d'attirer à Versailles toute sa parentèle, à commencer par sa tante, la comtesse d'Andlau de réputation sulfureuse, ses belles-sœurs, la comtesse Diane de Polignac, intrigante, libre et galante, perpétuel bout-en-train et l'évanescente comtesse de Polastron qui fixera le cœur du comte d'Artois.

L'amitié de plus en plus exclusive que la reine portait à son amie excitait bien des jalousies. Mercy était le premier à s'offusquer de cette faveur qui lui semblait imméritée et dont les conséquences risquaient de porter préjudice à la reine. À ses yeux, Mme de Polignac n'était qu'une jeune dame dont la présence à la cour ne se justifiait pas et dont une conduite assez équivoque entachait la réputation. Il la jugeait « fort mince pour l'esprit », capable seulement d'entraîner la reine encore plus loin sur le chemin de la dissipation. Sans la moindre méfiance, Marie-Antoinette ouvrait son cœur à son amie et lui confiait ses pensées les plus intimes « avec une franchise sans réserve ». Si Mme de Polignac quittait la cour pour Paris ou pour sa campagne, la reine lui écrivait et Mercy craignait que le contenu de ses lettres ne fût divulgué. « De pareilles lettres ne restent point secrètes. [...] J'ai des preuves très complètes de bien des abus qui en résultent, mais il serait inutile de songer à arrêter la reine sur ce point », disait-il à l'impératrice. L'ambassadeur l'avait compris : le crédit dont jouissait Mme de Polignac lui conférait une parcelle de pouvoir que son entourage commençait à exploiter sans vergogne. On la courtisait déjà pour obtenir faveurs et grâces par son intermédiaire. Quant à la famille de la comtesse, elle cherchait à se placer.

Vermond, qui avait l'habitude de parler franchement à la reine, tenta de la mettre en garde contre ce dangereux engouement. « Vous êtes devenue fort indulgente sur les mœurs et la réputation de vos amies et amis, lui dit-il. Je pourrais prouver qu'à votre âge cette indulgence, surtout pour les femmes, fait mauvais effet ; mais enfin, je passe que vous ne preniez garde ni aux mœurs ni à la réputation d'une femme, que vous en fassiez votre société, votre amie, uniquement parce qu'elle est aimable, certes, ce n'est pas la morale d'un prêtre ; mais que l'inconduite en tout genre, les mauvaises mœurs, les réputations tarées et perdues soient un titre pour être admis dans votre société, voilà qui vous fait un tort infini. Depuis quelque temps, vous n'avez même plus la prudence de conserver liaison avec quelques femmes qui aient réputation de raison et de bonne conduite. » Marie-Antoinette écouta le sermon de la meilleure grâce du monde, convint presque en riant que l'abbé n'avait pas tort et retourna tout aussi légèrement à ses occupations habituelles.

Ses amis ne se contentaient pas de la distraire. Ils voulaient qu'elle fût au centre des intrigues nouées pour ramener Choiseul au pouvoir. Peu importait à l'aimable société le programme de gouvernement de leur grand homme (d'ailleurs en avait-il un ?), seuls comptaient à leurs yeux les bienfaits qu'ils en obtiendraient. En compromettant Marie-Antoinette dans leurs cabales, ils contribuaient gravement à ternir son image aux yeux de l'opinion tout en faisant preuve d'un manque de sens politique évident. L'influence de la reine auprès de son époux demeurait limitée et si le roi pouvait souvent être taxé de faiblesse, sa haine pour l'ancien ministre était telle qu'il n'y avait pas à espérer son retour au pouvoir. Au reste, Choiseul l'avait parfaitement compris. À deux reprises, il avait pu mesurer la force du mépris royal à son égard : la première fois lorsque la reine était intervenue pour faire lever l'ordre d'exil qui pesait sur lui, la seconde à l'occasion du sacre. Cependant, ses partisans ne s'avouaient pas vaincus. On se souvient qu'à l'occasion de la « guerre des farines », ils avaient tenté de circonvenir le souverain en se servant de la reine, qui s'était alors attirée les foudres de Louis XVI. Mais c'est grâce à leurs conseils que celle-ci était parvenue à faire exiler le duc d'Aiguillon. Depuis lors, toutes leurs intrigues aboutissaient immanquablement à solliciter son intervention auprès du roi pour obtenir nominations, pensions et autres avantages. Et Marie-Antoinette s'engageait souvent à la légère, tout simplement pour complaire à une petite société dont elle était loin de mesurer l'avidité.

La coterie Polignac affichait alors le plus vif mépris à l'égard de Turgot qui passait pour l'homme fort du ministère. Au moment des troubles du printemps de 1775, il avait pris les mesures nécessaires au maintien de l'ordre, alors que Maurepas faisait preuve d'autant de mollesse que d'indécision. Le roi écoutait son contrôleur général des finances qui le conduisait sur la voie de réformes novatrices et hardies. Non seulement Turgot préparait des projets économiques et fiscaux, mais il songeait aussi à inspirer des mesures sans lien direct avec son ministère : il voulait donner un état civil aux protestants, laïciser l'enseignement et l'assistance publique. Toutes ces propositions menaçaient bon nombre de privilèges et le ministre ne cachait pas qu'il voulait imposer une politique d'économies drastiques dont la cour devait être la première victime. Aussi les amis de la reine étaient-ils en émoi. Il fallait que Marie-Antoinette servît leurs desseins.

Depuis plusieurs mois déjà, Besenval portait de violentes attaques contre Turgot qu'il prétendait ironiquement « dévoré par la rage du bien public ». Il n'hésitait pas à déclarer à l'innocente princesse qu'avec « son caractère vain », ce ministre faisait preuve « d'incapacité réelle ». Le vieux roué n'eut guère de mal à la dégoûter de cet « homme à système, philosophe arrogant, médiocre et faible » qui s'était plusieurs fois opposé à ses projets : il n'avait pas voulu débloquer les crédits nécessaires aux aménagements de son jardin de Trianon et avait osé refuser d'accorder des pensions à quelques-uns de ses protégés ! Marie-Antoinette ne pardonnait pas facilement ce qu'elle considérait comme des « crimes de lèse-majesté ». La persuader de la nécessité de renvoyer Turgot pour faire nommer à sa place un successeur qui lui fût tout dévoué, ne présenta guère de difficultés au baron. Pour Marie-Antoinette, qui ne s'intéressait à la politique que par le biais de ses amis, le renvoi de Turgot devint une sorte de jeu. Elle mit tout son amour-propre à le gagner.

Au début de l'année 1776, Turgot achevait de mettre au point quatre projets de loi qui tendaient, dans des délais plus ou moins longs, à bouleverser les structures de la monarchie. Dirigée contre les privilèges, la nouvelle législation aurait abouti, à terme, à la reconnaissance de l'égalité des droits entre tous les Français. Au sein même du ministère, Turgot se heurtait à une forte opposition de ses collègues. Maurepas, le « Mentor » du roi, éprouvait une sourde jalousie à l'égard de cet homme encore jeune qui semblait mener le monarque sur la voie de réformes contraires à ses principes. Louis XVI était en effet persuadé qu'il devait léguer à ses successeurs le royaume tel qu'il l'avait reçu. S'il admettait par principe les réformes de conjoncture, il répugnait à adopter des réformes de structure. Or c'était bien de cela qu'il s'agissait avec les projets de Turgot. Dominant ses craintes, le monarque imposa cependant les édits de son contrôleur général.

À la cour, on crie au scandale. Personne n'a de mots assez durs contre « le Turgot » qui menace, dit-on, l'ordre établi. La reine est la première à vilipender le ministre. Les frères du roi et tous ses amis font chorus avec elle. Effrayé par son audace et par la tempête qu'il vient de soulever, Louis XVI donne bien vite des signes de découragement. Si, par hasard, il dit un mot de l'actualité politique devant la reine, c'est pour s'entendre dire pis que pendre de son ministre et de ses mesures. Aiguillonnée par ses amis, Marie-Antoinette a déclaré une guerre sans merci au contrôleur général dont elle n'a pourtant pas lu les édits. À ce propos, elle se contente de répéter tous les propos de salon qu'elle entend ici et là. Un jour, galopant à ses côtés par une pluie battante dans le bois de Boulogne, le prince de Ligne l'entend se plaindre amèrement de Turgot : « Madame, lui dit-il, rentrons et chassons-le plutôt que le daim, car il fait un temps affreux. » Et la reine de pouffer de rire.

D'autres influences hostiles au contrôleur général s'exerçaient sur le roi. Maurepas, qui occupait l'ancien appartement de Mme du Barry et pouvait ainsi communiquer avec Louis XVI à l'insu de tous, dénigrait systématiquement son collègue. Les autres ministres ne cachaient pas leur désapprobation. Il ne manquait certes pas d'observateurs lucides pour défendre les réformes, mais ils ne pesaient pas lourd devant la cohorte des privilégiés tout entière dressée contre Turgot. La masse du peuple, directement intéressée par les édits, restait amorphe, trop préoccupée par les difficultés quotidiennes et la cherté du pain. Louis XVI n'eut bientôt plus la force de soutenir Turgot. Après bien des atermoiements, il résolut de le renvoyer.

Ce fut une explosion de joie dans les rangs choiseulistes lorsqu'on apprit cette disgrâce, le 10 mai 1776. La reine exultait, ses amis se congratulaient. Une seconde nouvelle semblait confirmer le triomphe de la petite coterie : le comte de Guines était fait duc. Convaincu de fautes graves lors de son ambassade en Angleterre, ce diplomate avait été vivement critiqué auprès du roi par Vergennes, ministre des Affaires étrangères, et aussi par Turgot. Mais, en secret, la reine avait plaidé devant son mari la cause de ce choiseuliste convaincu. Voyant en lui une victime du contrôleur général qu'elle accusait de tous les maux, elle avait abusivement lié deux affaires sans rapport l'une avec l'autre : le renvoi du ministre et l'éclatante réhabilitation du diplomate. « Le projet de la reine était d'exiger du roi que le sieur Turgot fût chassé et même envoyé à la Bastille le même jour que le comte de Guines serait déclaré duc, et il a fallu les représentations les plus fortes et les plus instantes pour arrêter les effets de la colère de la reine qui n'a d'autres motifs que les démarches que Turgot a dû devoir faire pour le rappel du comte de Guines, écrivit Mercy à l'impératrice. [...] Votre Majesté sera sans doute surprise que ce comte de Guines, pour lequel la reine n'a ni ne peut avoir aucune affection personnelle, soit cependant la cause de si grands mouvements. » En usant de cajoleries et de menaces, Marie-Antoinette avait fini par obtenir que le roi adressât à Guines une sorte de certificat de bonne conduite assorti d'une nomination au titre de duc. Elle l'avait même obligé à refaire deux fois cette lettre, estimant que les deux premières versions n'étaient pas assez chaleureuses.

Marie-Antoinette était certes responsable de l'indigne élévation de Guines, mais son rôle avait été négligeable dans le renvoi du contrôleur général. Pendant des mois, elle s'était faite le porte-parole des privilégiés auprès de son mari qu'elle avait harcelé de ses diatribes contre son ministre. Mais c'est Maurepas qui, à force d'insinuation et de persuasion, avait obtenu la disgrâce du contrôleur général. Il était parvenu à convaincre le jeune monarque que Turgot mettait en péril les lois fondamentales de la monarchie, auquel il était viscéralement attaché. L'opinion, qui prêtait à la reine plus d'influence qu'elle n'en avait, lui attribua cependant cette funeste décision.

Au grand désappointement de ses amis, la reine ne se mêla point de la nomination du nouveau contrôleur général. L'aurait-elle voulu que son mari lui eût imposé silence. Brillant par son incompétence, le successeur direct de Turgot ne demeura pas longtemps aux affaires. Marie-Antoinette s'en soucia fort peu mais sombra dans une profonde mélancolie. Elle s'ennuyait, trouvant Versailles triste et désert. Et Mercy de lui dire que ses courses incessantes loin du château et ses perpétuelles moqueries décourageaient bon nombre de courtisans. Et c'est alors que, pour la première fois depuis son arrivée en France, elle fut prise d'un accès de dévotion. On la vit s'attarder longuement dans les églises de Versailles. Elle se rapprocha du roi, l'accompagna dans ses chasses, dîna plusieurs fois tête à tête avec lui et partagea sans doute sa chambre en quelques occasions.

Cet été-là, Louis XVI renonça au traditionnel séjour de Compiègne jugé trop dispendieux. La cour s'installa à Marly où la reine coulait des jours paisibles, entourée de ses chers amis. Ceux-ci s'évertuaient avec constance à dénigrer habilement le beau Lauzun car elle restait toujours attachée à cet homme, malgré les assiduités du duc de Coigny qui prenait visiblement ombrage de cette préférence ostensible. Une fois de plus, les amours de Lauzun défrayaient la chronique. Depuis plusieurs mois, il entretenait une tumultueuse liaison avec la belle lady Barrymore dont il partageait les faveurs avec le comte d'Artois. Courtisan assidu, il demeurait pourtant fidèle aux ordres de sa souveraine qui feignait d'ignorer ses amours, dont la publicité ne pouvait que la faire souffrir. Ayant appris que Mme de Lamballe était victime d'une grave rougeole dans la ville d'eaux de Plombières, il proposa aussitôt à la reine de se rendre auprès de son amie afin de lui donner des nouvelles exactes de la princesse. Marie-Antoinette craignait en effet qu'on ne lui cachât la vérité sur la gravité de sa maladie.

Le départ de Lauzun permit à la petite société d'intriguer tout à son aise. Mme de Polignac sollicita pour son mari la charge de premier écuyer de la reine, naguère proposée à Lauzun. S'estimant encore engagée à l'égard de celui-ci, Marie-Antoinette lui demanda si elle pouvait en disposer en faveur du comte de Polignac. Quoique légèrement atteint dans son amour-propre, Lauzun répondit qu'il était heureux de pouvoir satisfaire sa souveraine. Les Polignac triomphaient, mais lorsque Lauzun revint de voyage, la reine l'accueillit plus gracieusement que jamais et lui parla tout bas pendant longtemps, scandalisant ainsi l'aimable compagnie. « Vous n'avez pas tenu votre parole ; vous aviez promis de ne pas lui parler beaucoup et de le traiter comme tout le monde », murmura Coigny à la reine. Lauzun l'entendit, ce qui lui permit de dire à la souveraine qui s'approchait de nouveau de lui : « Prenez garde, vous vous ferez gronder encore une fois. » Un peu embarrassée, elle finit par convenir en riant qu'il avait raison.

Pendant le séjour de Fontainebleau, au grand désappointement des Polignac, la faveur de Lauzun ne se démentit pas. Pour distraire la cour, le duc de Chartres organisa une course de chevaux. Anglomane à ses heures, ce prince avait été converti à cette mode nouvelle par Lauzun lui-même. Chartres, Artois, Lauzun et quelques gentilshommes français avaient pris l'habitude de faire courir leurs magnifiques pur-sang à Spa et à Ipswich avant de pouvoir le faire en France. La reine avait bientôt partagé leur engouement pour les courses et les paris. Mercy s'indignait de la voir grimper dans un méchant pavillon de bois, à la fois tribune et bureau d'enregistrement, où elle évoluait au milieu d'une jeunesse bruyante trop peu respectueuse de la majesté royale.

Le 13 novembre 1776, le cheval du comte d'Artois devait courir contre celui du duc de Chartres. Un notaire enregistra des paris fabuleux. Marie-Antoinette joua contre le duc de Chartres et Lauzun contre le comte d'Artois. Le jockey de Chartres l'emporta. Après la course, la reine se dirigea vers Lauzun. « Oh ! Monstre ! Vous étiez sûr de gagner ! » lui dit-elle. On l'entendit. Cette manière de parler, qui laissait supposer une certaine intimité entre eux, acheva d'alarmer la société Polignac qui, au dire de Lauzun, jura sa perte.

La reine ne se contenta pas de parier aux courses. Au cours de ce même séjour à Fontainebleau, elle s'adonna à une nouvelle passion, celle du jeu. Comme les reines qui l'avaient précédée, Marie-Antoinette avait « tenu son jeu », en pratiquant le loto ou le cavagnol qui n'exposaient les joueurs qu'à de faibles pertes. Le lansquenet et le pharaon, interdits même chez les princes du sang qui menaient joyeuse vie, lui paraissaient infiniment plus excitants. À force de cajoleries, elle vint à bout de l'opposition de son mari et obtint que l'on fît venir des « banquiers-joueurs » de Paris. Ravi de plaire à son épouse, le roi prétendit que cela ne tirerait pas à conséquence pourvu que l'on ne jouât qu'une seule soirée. Les banquiers arrivèrent le 30 octobre et taillèrent jusqu'à cinq heures du matin chez la princesse de Lamballe. Le lendemain, Marie-Antoinette joua depuis le soir jusqu'à trois heures du matin. C'était la Toussaint, jour de fête solennelle. Dans le public, l'effet fut déplorable. « La reine se tira de là par une plaisanterie, en disant au roi qu'il avait permis une séance de jeu sans en déterminer la durée, qu'ainsi on avait été en droit de la prolonger pendant trente-six heures, raconte Mercy. Le roi se mit à rire et répondit gaiement : Allez, vous ne valez rien tous tant que vous êtes ! » La reine avait perdu beaucoup d'argent mais s'était follement amusée. Attentif aux moindres désirs de sa femme, surmontant son aversion pour les jeux de hasard, Louis XVI proposa bientôt de faire revenir les banquiers. Le 11 novembre, on recommença les parties de pharaon. Marie-Antoinette passa encore une fois la soirée et la nuit à jouer. Le jeu attirait autour d'elle quantité de jeunes gens hardis, oublieux du protocole, qui n'hésitaient pas à lui adresser la parole comme à une simple particulière. Rose d'excitation, elle leur répondait en riant sans se préoccuper davantage des personnes de haut rang qui se tenaient respectueusement en cercle, attendant qu'elle leur parlât. Pour Marie-Antoinette, les résultats proclamés par le banquiers et les réflexions de tous ces freluquets avaient autrement d'importance ! L'habitude de jouer gros jeu se prit donc à Fontainebleau cette année-là. Faire sa cour à la reine devint extrêmement dispendieux car il fallait désormais soutenir son jeu.

Jamais le séjour de Fontainebleau n'avait été aussi brillant. Fêtes, bals, divertissements de toutes sortes se succédaient à un rythme fou. La mélancolie de la reine semblait parfaitement dissipée. Elle avait retrouvé son insatiable appétit de plaisirs que ses amis entretenaient savamment. Ils lui tenaient les propos les plus libres, jetaient l'anathème contre les uns, intriguaient contre les autres. Tous ces caquetages élégamment tournés ne manquaient pas de troubler et d'influencer l'imprudente princesse. Sa coquetterie, son manque de gaieté naturelle l'empêchaient, selon Besenval qui la connaissait bien, d'offrir l'image d'elle-même qu'annonçaient son physique et ses qualités essentielles. « Sa familiarité, ajoutait-il, nuisait à sa considération. De là venait que chacun en était quelquefois mécontent et qu'on en disait souvent du mal en s'étonnant d'en dire. »

Chapitre XIII

La visite du frère

Subjuguée par sa petite société, Marie-Antoinette n'écoutait plus ni Vermond ni Mercy. Les lettres qu'elle adressait à sa mère étaient de plus en plus brèves. Insignifiantes. Elle oublia même, cette année-là, de lui souhaiter sa fête ! L'abbé songeait à quitter Versailles et Mercy avait toutes les peines du monde à rendre compte de la conduite de la jeune reine à son auguste maîtresse. Il en était réduit à vanter les incomparables qualités mondaines de la souveraine, laquelle improvisait de fort beaux compliments lorsqu'elle recevait de nouveaux ambassadeurs ou des hôtes de marque. Mais que dire de plus en sa faveur ? Le malheureux diplomate cachait soigneusement à Marie-Thérèse les bruits désobligeants qui couraient sur sa fille et que l'on colportait aussi bien à la cour de Berlin qu'à celle de Turin. On prétendait en effet que le duc de Coigny avait ses entrées, la nuit, dans ses appartements et que l'une de ses femmes de chambre avait préféré donner sa démission plutôt que de cautionner une telle ignominie. Évitant soigneusement d'aborder de tels sujets, Mercy était bien obligé de rapporter à l'impératrice qu'on se plaignait des dépenses excessives de la reine. En un an, elle avait doublé le nombre des chevaux de son écurie qui en comptait maintenant 300. Elle engloutissait toujours beaucoup d'argent dans l'aménagement de ses jardins de Trianon ainsi que dans les fêtes et les soupers qu'elle donnait régulièrement. Elle exigeait de son mari et des ministres le versement de pensions exorbitantes pour ses amis et les amis de ses amis. Ainsi le frère de Mme de Lamballe, la comtesse d'Andlau, tante de Mme de Polignac, le marquis de Polignac, le cardinal de Polignac, le chevalier de Luxembourg et bien d'autres étaient-ils devenus les heureux bénéficiaires de la manne royale, sans qu'ils l'eussent méritée. Sans renoncer à ses folies pour la mode, Marie-Antoinette s'était pris de passion pour les bijoux. Après avoir acheté de somptueuses girandoles de diamants qu'elle essayait, tant bien que mal, de payer à tempérament, elle fit l'acquisition de deux bracelets dont la valeur équivalait à celle d'un hôtel particulier à Paris !

On commençait à reprocher à la reine tout ce qu'on reprochait jadis aux maîtresses royales. Et Louis XVI, incapable de résister aux caprices de sa femme, se conduisait avec elle comme le courtisan le plus attentif. Il lui avait même offert de régler sur sa cassette personnelle les dettes qu'elle ne parvenait plus à éponger. Que sa fille pût se comporter sur le trône de France comme une favorite indignait Marie-Thérèse. D'une lucidité qui ne laissait place à aucun attendrissement, elle ne faisait pas mystère de ses sentiments à son égard : « Je l'ai toujours trouvée légère, disait-elle à Mercy, sans réflexion, sans goût pour les occupations solides, susceptible d'attachement pour les personnes qui ont l'adresse de se faire à ses inclinations et dissipations. » Elle supplia cependant Vermond de ne pas abandonner la reine. Flatté et touché par la requête de l'impératrice, l'ecclésiastique se rendit à ses vœux et tenta, lui aussi, de défendre la jeune femme. « Sa jeunesse et le goût de tout effleurer sans rien approfondir, voilà la source de ses torts. Elle en reviendra », prophétisait-il.

Avec la reine, la vieille impératrice conservait pourtant le ton d'une mère un peu grondeuse, mais très affectueuse. « Ne perdez pas par des frivolités le crédit que vous vous êtes acquis », se contentait-elle de lui dire presque tendrement. « Voilà que mes bracelets sont arrivés à Vienne », lança, un peu piquée, la charmante écervelée à la lecture de cette lettre. Loin de soupçonner Mercy, Marie-Antoinette était persuadée que Marie-Thérèse était informée de ses moindres faits et gestes par les gazettes belges qu'elle jugeait d'une malveillance inouïe à son égard. Dans ses réponses à sa mère, elle se défendait mollement, invoquant toujours l'exagération des nouvelles colportées sur son compte.

De plus en plus inquiète sur le sort de sa fille, auquel étaient liées les destinées de la fameuse alliance, Marie-Thérèse poussait son fils Joseph à faire un voyage en France. Elle voulait qu'il fît entendre raison à sa sœur, tout en resserrant les liens entre l'Autriche et la France. On commença de parler sérieusement de ce séjour dès l'automne 1776. Marie-Antoinette était alors partagée entre la joie de revoir enfin un membre de sa famille et la peur que cette rencontre ne tournât pour elle au désastre. Elle connaissait le caractère de son frère. Autoritaire, austère, sérieux jusqu'à la pédanterie, l'empereur affichait une extrême simplicité de manières mais reprenait vite un ton cassant à la moindre contradiction. Deux fois veuf, il méprisait les femmes et prenait plaisir à exercer sur ses sœurs une sorte de magistère moral qui les exaspérait. Marie-Antoinette n'avait pas oublié les lettres cinglantes qu'il lui avait adressées.

Dès qu'elle comprend que le voyage de Joseph est autre chose qu'un vague projet, elle prend les devants pour assurer sa mère que « son plus grand bonheur serait qu'après avoir vu les choses comme elles étaient, il pût désabuser sa chère maman des préventions qu'on cherchait à lui donner contre elle ». Or Marie-Antoinette sait fort bien que son frère ne pourra s'empêcher de lui faire bien des critiques. Jusqu'où ira-t-il dans ce domaine ? Elle s'en ouvre à Mercy. Et l'ambassadeur de faire part de ses inquiétudes à Vienne.

À la Hofburg, ce ne sont que conciliabules entre Marie-Thérèse, Joseph et le chancelier Kaunitz. Ce dernier ne pense qu'au maintien de l'alliance. Peu lui importe la conduite privée de la reine, pourvu que la diplomatie autrichienne n'ait pas à en souffrir. Aussi met-il l'empereur en garde contre des semonces fraternelles qui risqueraient d'avoir des conséquences fâcheuses sur les relations entre les deux États. Mieux vaut s'attirer les bonnes grâces de Marie-Antoinette par une attitude conciliante. « Ou ma fille gagnera l'empereur par ses complaisances et ses agréments, ou il l'impatientera », gémit l'impératrice. Néanmoins les jeux sont faits. Joseph viendra en France au printemps suivant.

Le cœur battant, Marie-Antoinette s'est levée tôt ce 18 avril 1777. Elle attend son frère qui tient à conserver un incognito absolu. Comme il se fait passer pour le comte de Falkenstein, on ne lui rendra pas les honneurs dus à son rang. Il refuse même de s'installer au château et préfère loger à l'auberge comme un simple particulier. À neuf heures et demie du matin, sa voiture franchit les grilles du palais. L'abbé de Vermond, qui est allé à la rencontre de l'illustre visiteur, l'introduit par un escalier dérobé jusque dans les cabinets de la reine sans traverser les antichambres pleines de monde. Le frère et la sœur tombent aussitôt dans les bras l'un de l'autre et restent silencieusement embrassés pendant un long moment. Que de souvenirs affluent à la mémoire de la reine ! Voilà sept ans qu'elle n'a pas revu les siens. Ce n'est pas la visite de ce lourdaud de Maximilien, au début du règne, qui lui a rendu l'affection de sa famille et l'atmosphère de Vienne. D'habitude parfaitement maître de lui, l'empereur est gagné, lui aussi, par l'émotion de ces retrouvailles. La reine de France lui paraît une bien jolie personne. Il badine avec elle : si elle n'était pas sa sœur, il l'épouserait bien volontiers.

Marie-Antoinette l'entraîne dans un autre cabinet et, pendant près de deux heures, elle lui ouvre son cœur, déversant pêle-mêle les menus faits et gestes de sa vie, ses joies, ses désillusions. Il l'écoute, séduit par le charme de cette conversation sautillante et sa morosité s'évanouit. Le censeur est devenu un frère attendri. Bientôt, la reine entraîne l'empereur chez le roi. Les deux souverains qui ne se connaissent pas, s'embrassent de bon cœur. Surmontant sa timidité, Louis XVI se montre confiant et cordial et Joseph, aimable. La reine conduit ensuite son frère chez les princes et les princesses. Il verra les ministres plus tard.

Pour une fois l'immuable protocole de Versailles est bouleversé. En présence des courtisans, les souverains français déjeunent avec l'empereur sur une table dressée au pied du lit de la reine. Fait unique dans les annales de la cour de France, la souveraine prend un repas avec un homme qui n'appartient pas à la famille royale. Juchés sur deux hauts pliants adossés au lit, Louis XVI et Marie-Antoinette font face à leur hôte tout aussi inconfortablement installé. La reine, d'habitude très soucieuse de son apparence, trop excitée par la visite de son frère, n'a pas pris le temps d'achever sa toilette. Elle porte une simple robe de petit deuil (le roi de Portugal vient de mourir) et ses cheveux sont à peine coiffés. En revanche, le roi a fait un effort d'élégance. Il a belle allure dans son habit violet et pour une fois ses cheveux sont parfaitement poudrés. Quant à l'empereur, vêtu de drap noir, il a l'air d'un étranger respectueux et guindé. Le vieux duc de Croÿ, comparant son maître à Joseph II, constate, non sans satisfaction, que « le ton du roi fut très bon, très noble et simple, et au moins aussi bon que celui de l'autre ».

À Versailles et à Paris, l'empereur veut tout voir, tout connaître, tout comprendre, un peu à la manière d'un inquisiteur qui rendra ultérieurement ses jugements sans aucune aménité. Ainsi reprochera-t-il à son beau-frère de ne pas être allé aux Invalides[25] et à l'École militaire. Il s'étonnera qu'il n'ait jamais voyagé dans le royaume. Il se fera expliquer les mécanismes des finances françaises, observera avec circonspection les mœurs des citoyens de toutes

25. L'hôtel des Invalides, fondé par Louis XIV pour abriter les mutilés de guerre, fut construit d'après les plans de Jules Hardouin-Mansart. En 1840, on y reçut les cendres de Napoléon Ier. Aujourd'hui, cet hôtel est le siège du musée de l'Armée.

les classes de la société. Il visitera l'administration des Ponts et Chaussées, le garde-meuble du Louvre, l'Imprimerie royale, la manufacture des Gobelins[26], la Savonnerie[27], l'établissement de l'abbé de l'Épée créé pour rééduquer les sourds-muets. Il s'entretiendra avec les ministres et honorera de sa présence la plupart des salons parisiens... Bref, en quelques semaines il fera plus pour connaître la capitale de la France que Louis XVI en plusieurs décennies.

L'empereur voit tout, note tout, critique tout. Ces visites aussi intéressées qu'intéressantes ne l'empêchent pas de passer plusieurs heures chaque jour en compagnie de sa sœur. La reine s'est engagée très vite sur la voie des confidences. Elle ose dire à ce frère tout ce qu'elle a caché à sa mère. Joseph écoute et se garde bien d'émettre le moindre jugement, encourageant ainsi la jeune femme à des confessions de plus en plus intimes. Et soudain, le 9 mai, Joseph passe à l'attaque. Maintenant que Marie-Antoinette lui a dit ce qu'il juge essentiel, il commence à la rudoyer. Il se demande en effet « s'il n'y a pas moyen d'obtenir plus par la force que la douceur ». Pendant la soirée, en présence de la comtesse de Polignac et du duc de Coigny, il lui intime l'ordre d'aller chercher son époux. L'empereur n'admet pas que sa sœur puisse passer ses soirées sans se soucier de lui. Peut-être lui a-t-on dit qu'il y avait souvent quelqu'un dans l'aimable société qui se faisait un malin plaisir d'avancer la

26. Manufacture royale de tapisserie créée par Louis XIV.

27. Créée en 1604, cette manufacture, destinée à tisser des tapis dans les goût de ceux de l'Orient, s'installa dans le quartier de Chaillot, dans une ancienne savonnerie, d'où le nom de manufacture de la Savonnerie.

pendule pour que le souverain regagne ses appartements le plus tôt possible. En tout cas, ce soir-là, la reine file doux et se rend dare-dare chez son époux. Le lendemain, l'empereur entreprend de critiquer acerbement les entours de la reine. Mme de Polignac n'est à ses yeux qu'une insignifiante jeune personne aux mœurs faciles ; Mme de Lamballe une sotte de bonne naissance ; Mme de Guéméné une intrigante qui tient un véritable « tripot ». Toute cette société frivole et médisante indispose l'empereur qui ne cache pas à sa sœur le dégoût que lui inspirent ses amis. Profondément ulcérée par ses jugements abrupts, elle lui tient tête, continue ostensiblement d'aller chez Mme de Guéméné où l'on joue un jeu d'enfer et de traiter Mme de Polignac avec autant d'affection. Cependant, malgré ces altercations, Marie-Antoinette ne se lasse pas d'écouter son frère qui veut la ramener à ses devoirs d'épouse et de reine.

Après trois semaines passées à Versailles, Joseph a pu mesurer la gravité des différends qui séparent Louis XVI et Marie-Antoinette. Il est désormais prêt à aborder avec son beau-frère le plus épineux des problèmes : ses rapports avec la reine. Et curieusement, le roi, pourtant si secret, abandonne toute pudeur avec cet étranger, cet homme que toute l'Europe redoute et admire. Il parvient à lui avouer l'inavouable. Les lettres de Mercy et celles de Joseph révèlent clairement le ton et la nature de ces confidences. « L'empereur a réussi à ôter de l'esprit du roi l'idée extraordinaire qu'il avait d'exposer sa santé à des dangers en remplissant ses devoirs conjugaux », rapporte Mercy à l'impératrice. Mais c'est dans une lettre adressée à son frère Léopold que Joseph révèle le triste secret de la couche royale, livrant ainsi avec la froideur d'un homme de l'art, les détails les plus précis sur « l'état matrimonial » des souverains français : « Dans son lit conjugal, il a des érections fort bien conditionnées ; il introduit le membre, reste là sans se remuer deux minutes peut-être, se retire sans jamais décharger, toujours bandant, et souhaite le bonsoir. Cela ne se comprend pas car avec cela, il a parfois des pollutions nocturnes, mais en place ni en faisant l'œuvre jamais ; et il est content, disant tout bonnement qu'il ne faisait cela que par devoir et qu'il n'y avait aucun goût. Ah ! si j'avais pu être présent une fois je l'aurais bien arrangé ; il faudrait le fouetter pour le faire décharger de foutre comme les ânes. Ma sœur avec cela a peu de tempérament et ils sont deux francs maladroits ensemble. »

On ne pouvait être plus clair. Cette lettre écrite dans le rocailleux français de l'empereur permet d'évaluer toute l'étendue de la mésentente du couple royal. On comprend mieux ainsi le démon qui poussait Marie-Antoinette à passer ses nuits loin d'un pareil époux. Les infructueuses tentatives de ce dernier relèveraient aujourd'hui d'une sérieuse psychothérapie. Par la force des choses, ce fut l'empereur qui assuma le rôle du thérapeute avec le roi de France. Il lui parla longuement. Fraternellement, amicalement. Tout en estimant que « paresse, maladresse et apathie étaient les seuls empêchements » à la réalisation de relations sexuelles normales, il eut l'habileté de laisser croire à Louis XVI que ses difficultés seraient résolues grâce à une petite intervention chirurgicale. Ainsi soulageait-il le roi de toute culpabilité inhibitrice.

Joseph portait un jugement sévère sur cet étrange beau-frère. « Il n'est maître absolu que pour passer d'un esclavage à l'autre disait-il à Léopold. Il est mal élevé ; il a l'extérieur contre lui mais il est honnête, faible pour ceux qui savent l'intimider et par conséquent mené à la baguette. Cet homme est un faible mais point un imbécile. Il a des notions, du jugement mais c'est une apathie de corps comme d'esprit. Enfin le *fiat lux* n'est pas encore venu ; la matière est encore en globe. » On ne peut être plus méprisant.

À l'égard de sa sœur, l'empereur ne péchait pas par indulgence. Malgré tous les bruits fâcheux qui couraient sur sa réputation, il reconnaissait que sa « vertu était restée intacte ». Il critiquait néanmoins cet insatiable appétit de plaisirs futiles et dangereux qui pouvait cependant s'expliquer par les confidences qu'il avait reçues des deux époux. Il lui reprochait « de ne remplir ni ses devoirs d'épouse ni ses devoirs de reine de manière satisfaisante. [...] C'est une tête-à-vent qui est entraînée toute la journée à courir de dissipation en dissipation, disait-il. Elle ne pense qu'à s'amuser. Elle ne sent rien pour le roi. C'est une aimable et honnête femme, un peu jeune, peu réfléchie mais qui a fond d'honnêteté et de vertu. »

À la fin de son séjour à Versailles, Joseph remit à sa sœur une longue *Instruction* récapitulant ses devoirs d'épouse et de reine. Présenté sous forme d'examen de conscience, ce document en dit encore plus sur le caractère, les sentiments et le comportement de la reine que les lettres de Mercy et les Mémoires du temps. S'adressant directement à Marie-Antoinette, l'empereur lui demande de rentrer en elle-même afin de considérer lucidement sa situation. Les questions qu'il lui pose à cet effet, permettent aisément d'en induire les réponses. « Examinez-vous, lui dit-il. Employez-vous tous vos soins à lui plaire ? Étudiez-vous ses désirs, son caractère, pour vous y conformer ? Tâchez-vous de lui faire goûter, préférablement à tout autre objet ou amusement, votre compagnie et les plaisirs que vous lui procurez et auxquels sans vous, il ne devrait trouver que du vide ? Vous rendez-vous nécessaire à lui ? Le persuadez-vous que personne ne l'aime plus sincèrement et n'a sa gloire et son bonheur plus à cœur que vous ? Voit-il votre attachement uniquement occupé de lui ? » On sait à quoi s'en tenir sur ce chapitre. D'autre part, Joseph met sa sœur très sérieusement en garde contre la désinvolture qu'elle manifeste à l'égard de Louis XVI : « Vis-à-vis de lui, vous ne pouvez avoir que des désirs, et lui, tant sur votre personne que sur les affaires de son pays, peut seul avoir des volontés. D'un mot, il peut disposer de votre sort. N'oubliez pas cela », lui dit-il, en homme et en souverain. De toute évidence, pour l'empereur, la reine doit s'incliner devant la volonté du roi, celui-ci fût-il le prince le moins éclairé de son temps. La personnalité est sublimée par la fonction dont Joseph, monarque absolu lui-même, a naturellement la plus haute idée.

Sans fausse pudeur, l'empereur aborde les relations intimes du couple. Insensible aux traumatismes d'une épouse sexuellement frustrée, voire humiliée, il la rappelle aux devoirs de la femme dans le sens le plus strict du terme, comme s'il la tenait pour seule responsable de l'impuissance de son mari. « N'êtes-vous pas froide ou distraite lorsqu'il vous caresse, vous parle ? Ne paraissez-vous pas ennuyée, dégoûtée même ? Comment, si cela était, voudriez-vous qu'un homme froid et qui n'a pas senti les plaisirs charnels, s'approche, s'excite et enfin vous aime et parvienne à terminer la grande œuvre ou au moins goûter les plaisirs possibles à son état avec vous ? Ce point exige toute votre attention et tout ce que vous ferez pour obtenir ce grand but sera le lien le plus fort que vous mettrez au bonheur de votre vie. Ne vous rebutez jamais et soutenez-lui l'espérance qu'il pourra encore avoir des enfants, que jamais il n'y renonce ou désespère. Vous devez éviter cette idée et toute séparation de lit de toutes vos forces qui ne consistent que dans vos charmes et votre amitié. »

On regrette de ne pas connaître les conseils de Joseph à son beau-frère. On peut toutefois supposer qu'ils ne prenaient pas en considération les problèmes de Marie-Antoinette. Le roi, l'homme devait s'imposer à la femme, née pour satisfaire les désirs de son maître et lui donner une belle progéniture ! Ainsi tout devait-il être pour le mieux dans le meilleur des mondes.

Dans sa longue épître, Joseph abordait le chapitre des amitiés de la reine et de ses folies les plus remarquées ; il la mettait en garde contre une société superficielle, égoïste et de mœurs trop légères. Il lui demandait si elle avait réellement pesé les « affreuses inconséquences de sa passion pour le jeu ». Enfin, il évoquait clairement ses folles nuits à l'opéra, « de tous les plaisirs, assurément le moins convenable. Daignez penser un moment aux inconvénients que vous y avez rencontrés et aux aventures que vous m'avez racontées vous-même là-dessus, lui disait-il. Qu'y voulez-vous ? Être inconnue et jouer un personnage différent du vôtre ? Pourquoi donc des aventures, des polissonneries ? Pourquoi vous mêler parmi des tas de libertins, de filles, d'étrangers, d'entendre leurs propos en tenant d'autres qui leur ressemblent ? Quelle indécence ! Le roi abandonné toute une nuit à Versailles et vous confondue avec toute la canaille de Paris ! »

Il l'adjurait de s'instruire, et d'abandonner la lecture des ouvrages licencieux auxquels elle prenait un vif plaisir : « Oubliez les saloperies [*sic*] dont vous vous êtes rempli l'imagination par ces lectures », grondait-il. Joseph ne lui cache pas ses inquiétudes pour l'avenir. Aussi l'exhorte-t-il à « arracher le bandeau qui l'empêchait de voir son devoir et son vrai bonheur ».

Bouleversée par cette longue épître, Marie-Antoinette essaya de se justifier. Cependant, elle convint bientôt que son frère avait raison et lui promit de s'amender. Sa présence tutélaire l'avait ramenée sur le chemin de son devoir. Elle pleura beaucoup lorsque l'empereur la quitta. « Son départ m'a causé une cruelle secousse, écrivit-elle à sa mère. J'ai souffert tout ce qui est possible et je ne puis me consoler qu'en pensant qu'il a partagé ma peine. Je serais bien injuste si ma douleur et le vide que j'éprouve ne me laissaient que des regrets. Rien ne peut payer le bonheur dont j'ai joui et les marques d'amitié qu'il m'a données. J'étais bien sûre qu'il ne voulait que mon bonheur et tous ses conseils en sont la preuve. »

Très sagement, la reine mit en pratique les conseils de Joseph. Elle tint sa cour d'une manière parfaite, évitant les démonstrations de faveur exclusive et songeant à distinguer tous ceux qui le méritaient. Elle se rapprocha du roi qui lui manifestait une tendresse inaccoutumée. Ils s'enfermaient deux heures chaque jour dans leurs appartements. De nouveau, la cour chuchotait. On était à l'affût du moindre indice. Le 18 août au matin, Louis XVI vint à dix heures chez son épouse qui sortait du bain et réussit enfin ce que Joseph appelait « le grand œuvre ». Le 30, Marie-Antoinette écrivit à sa mère : « Je suis dans le bonheur le plus essentiel de toute ma vie. Il y a déjà plus de huit jours que mon mariage est parfaitement consommé ; l'épreuve a été réitérée et encore hier plus complètement que la première fois. [...] Je ne crois pas être grosse encore, mais au moins j'ai l'espérance de l'être d'un jour à l'autre. »

Une semaine plus tard, la reine donna une fête en l'honneur du roi pour l'inauguration des jardins de Trianon. Le parc était transformé en une immense foire avec des boutiques tenues par les dames de la cour qui vendaient des objets précieux. Travestie en limonadière, Marie-Antoinette offrait à boire dans un café pendant que jouaient les musiciens des gardes-françaises. Bref éblouissement d'une fin d'été. Le roi et la reine ont la satisfaction d'avoir accompli leur devoir. Mais rien de plus !

Chapitre XIV

Maternité

L'embellie fut de courte durée. Jamais Louis XVI et Marie-Antoinette ne devaient être un couple d'amants. Mais il leur fallait procréer et le devoir conjugal était pour eux une véritable épreuve. Le roi « n'a guère le goût de coucher à deux », affirmait la reine. Bien vite lassée par les exploits de son mari, elle saisissait de nouveau tous les prétextes pour fuir la couche conjugale. Elle avait repris sa vie de plaisirs et veillait de plus en plus tard. Par une étrange complaisance, Louis XVI semblait applaudir à toutes ses dissipations. Certains insinuaient même qu'il était le premier à les provoquer. Quand par hasard elle se couchait tôt, Marie-Antoinette se refusait à lui. On en eut la preuve lors du voyage de Fontainebleau. Louis XVI se heurta à la porte close de son appartement et regagna tranquillement sa propre chambre devant la foule des courtisans aussi surpris que gênés. Ce n'était sûrement pas la première fois que lui arrivait pareille mésaventure, mais à Versailles, le passage secret évitait la publicité de telles déconvenues.

Marie-Antoinette ne cachait pas la répulsion qu'elle éprouvait à satisfaire les désirs d'un époux qui restait d'une extrême maladresse. Elle se prenait même à rêver qu'il prît momentanément une maîtresse afin d'acquérir le savoir-faire qui lui manquait. Au grand dam de Mercy, elle fit part de ses vœux à ses amis les plus proches. Les dangers qu'elle risquait de courir si le roi était entraîné à la galanterie ne la troublaient guère. Elle était prête à tout pour éviter les assauts d'un aussi piètre amant qui, de surcroît, n'était guère séduisant. Cependant, aucune autre femme que la sienne ne tentait le roi. Il s'était juré de parvenir à ses fins et de remplir ses devoirs de souverain en la rendant mère. Au reste, il était désormais persuadé d'avoir « fait ce qu'il fallait et espérait que l'année prochaine ne se passerait pas sans avoir donné un neveu ou une nièce » à l'empereur. « C'est à vous que nous devons ce bonheur, lui dit-il, car, depuis votre voyage, cela a été toujours de mieux en mieux jusqu'à parfaite conclusion. » Quelques semaines plus tard, vers le milieu du mois d'avril 1778, Marie-Antoinette était enceinte.

Lorsque les premiers soupçons de grossesse se manifestèrent, la reine resta confinée dans ses appartements. Elle ne se permettait plus que quelques petites promenades dans le parc du château et évitait soigneusement de monter en voiture. Dans la journée, elle partageait son temps entre la musique et la conversation, bavardant inlassablement avec Mme de Polignac dont la compagnie continuait de la charmer. Elle se couchait tôt et menait une vie parfaitement réglée. Elle éprouvait un immense soulagement que le roi eût interrompu tout commerce charnel avec elle, et dès que l'espérance de l'heureux événement fut confirmée, elle donna libre cours à sa joie. « Je crois que tout cela n'est qu'un songe, mais ce songe se poursuit pourtant », confiait-elle à sa mère. Cette grossesse souhaitée depuis si longtemps la consacrait en tant que souveraine et lui donnait une importance considérable puisqu'elle portait désormais les espoirs de la dynastie. Marie-Thérèse ne s'y trompait pas : elle voyait ainsi sa fille « plus solidement établie pour l'avenir ». Les compliments et les démonstrations d'affection que la vieille impératrice lui prodigua à cette occasion n'étaient cependant pas exempts d'arrière-pensées. Marie-Thérèse et Joseph avaient besoin de Marie-Antoinette.

L'affaire qui les occupait était complexe. Soucieux d'agrandir ses États, Joseph II avait décidé de s'emparer de la Basse-Bavière, principauté allemande indépendante dont le souverain venait de mourir sans héritier direct. Au nom d'accords signés du vivant de ce prince, l'empereur avait envahi son territoire au mois de janvier 1778. Mettant en danger l'équilibre des puissances européennes, son initiative se heurtait à l'hostilité du roi de Prusse, Frédéric II. Ce dernier menaça Joseph II d'un conflit armé s'il refusait de retirer ses troupes de Bavière. Pour l'empereur et l'impératrice, c'était le moment d'éprouver l'alliance avec la France. Or ni Louis XVI ni son ministre des Affaires étrangères, le comte de Vergennes, n'avaient l'intention de soutenir ce qu'ils appelaient une « politique de brigandage armé ». Ils firent savoir à leur allié qu'il ne devait pas compter sur la France. Furieux de se voir opposer un refus par un beau-frère qu'il méprisait cordialement, Joseph sollicita l'intervention de Marie-Antoinette. À ses yeux, l'alliance était un simple instrument au service des ambitions impériales que la reine devait servir.

Marie-Antoinette hésitait sur l'attitude qu'elle devait adopter. Redoutant que son frère « ne fît des siennes » (comme elle le dit à Mme de Polignac), elle ne se décidait pas à agir malgré les pressantes sollicitations de Mercy. Il fallut pour cela que l'impératrice reprît avec elle la vieille antienne de l'amour maternel. « Un changement dans notre alliance me donnerait la mort », lui écrivit-elle, plus pathétique que jamais. La reine blêmit à la lecture de cette lettre. Bouleversée par les angoisses de sa mère, elle écouta très docilement les explications de Mercy. Avec une mauvaise foi qu'elle était loin de soupçonner, l'ambassadeur parvint à convaincre de la légitimité des ambitions autrichiennes cette jeune femme restée viscéralement attachée à sa famille et parfaitement ignorante des enjeux européens.

À sa grande surprise, Marie-Antoinette se heurta à la volonté inébranlable de son époux. Cet homme d'habitude si faible avec elle lui opposa une résistance inattendue. « L'ambition de vos parents va tout bouleverser, j'en suis désolé pour vous », lui dit-il simplement, dénonçant ainsi la politique de Joseph II. La reine ne savait plus à quel saint se vouer. Son mari et ses ministres lui tenaient des propos rigoureusement contraires à ceux de l'impératrice et de son ambassadeur. Harcelée par sa mère et par Mercy, elle multiplia les démarches en faveur des siens auprès de Maurepas et de Vergennes. À chaque fois, elle haussait le ton dans l'espoir de se faire mieux entendre mais n'obtenait que des réponses aussi respectueuses qu'évasives. Mercy l'engagea à passer toutes ses nuits auprès de son époux. Au mois de mars, elle suivit ses conseils et on sait ce qu'il en advint.

Marie-Thérèse et Joseph II virent dans la grossesse de la reine une occasion inespérée. La princesse allait enfin pouvoir « faire bon usage de l'ascendant qu'elle avait sur le roi ». Cependant les espoirs des Habsbourg furent déçus. Parvenu à se conduire en véritable mari avec son épouse, Louis XVI n'avait nullement l'intention de se comporter en allié complaisant de l'Autriche par amour pour elle. Il refusa encore de céder à ses demandes. Marie-Antoinette se désolait. Son frère n'hésitait pas à la culpabiliser pour son « inaction », tandis que sa mère lui témoignait plus de tendresse que jamais. « Que je suis inquiète par rapport à ma mère », soupirait-elle. « C'est la faiblesse affreuse des ministres et la grande méfiance que le roi a en lui-même qui font tout le mal », prétendait-elle. Ses lettres à l'impératrice étaient le parfait reflet des leçons de l'ambassadeur. Habilement manipulée par ce Mentor aux ordres des Habsbourg, la reine de France embrassait le parti de l'Autriche. La chaleur avec laquelle elle parlait de l'alliance, ses longs entretiens avec Mercy, sa véhémence dans ses propos contre le roi de Prusse, ses sollicitations auprès de Vergennes et de Maurepas, ses liens avec les choiseulistes qui continuaient de vitupérer le ministère contribuaient à la discréditer aussi bien à la cour que dans le public. On lui prêtait, bien à tort, un pouvoir et une influence qu'elle n'avait aucunement. Déjà, au mois de février, à l'Opéra, un grand nombre de spectateurs étaient parvenus à imposer silence à ceux qui l'applaudissaient. L'ambassadeur de Sardaigne faisait part à son maître de l'impopularité naissante de la reine qu'on accusait maintenant de « ne pas aimer les Français ». Ceux qui la surnommaient « l'Autrichienne » étaient de plus en plus nombreux.

Pourtant Marie-Antoinette ne voulait penser qu'à l'enfant qu'elle portait. Elle se surveillait, voyait sa taille s'arrondir et s'étonnait, au début du mois de juin, d'avoir pris « quatre pouces et demi ». Elle s'émerveillait de ne pas ressentir le moindre malaise. Sa vie quotidienne restait toujours aussi calme, ce dont elle ne paraissait pas souffrir le moins du monde. Comme toutes les femmes dans sa situation, elle parlait des premiers mois de la vie des nouveau-nés et s'enquérait des meilleures méthodes pour les élever, ce que n'avait jamais fait jusqu'alors une seule reine de France. Celles qui l'avaient précédée s'étaient contentées de donner des héritiers au trône, sans trop se préoccuper des soins qu'on leur prodiguerait. Assistée par un nombre impressionnant de sous-gouvernantes et de domestiques, la gouvernante des Enfants de France prenait totalement en charge la progéniture royale, les garçons jusqu'à six ans, âge auquel ils étaient confiés à un gouverneur choisi par le roi, et les filles jusqu'à quinze ou seize ans. Les reines s'occupaient peu de leurs enfants avant qu'ils n'eussent atteint l'âge de raison ; elles ne les voyaient que lorsque leurs obligations leur en laissaient le loisir. Telle n'était pas l'intention de Marie-Antoinette. Elle se jurait bien « d'avoir le plus grand soin de son enfant. À la manière dont on les élève à cette heure, disait-elle à sa mère, ils sont bien moins gênés ; on ne les emmaillote pas, ils sont toujours dans une barcelonnette et sur les bras et du moment qu'ils peuvent être à l'air, on les y accoutume petit à petit et ils finissent par y être toujours. Je crois que c'est la manière la plus saine et la meilleure de les élever. Le mien logera en bas, avec une petite grille qui le séparera du reste de la terrasse, ce qui pourra lui apprendre plus tôt à marcher sur les parquets. »

La reine se demandait alors si elle allait allaiter elle-même son premier-né plutôt que de le confier à une nourrice, comme c'était la coutume.

Ces douces préoccupations réjouissaient le roi. Louis XVI s'épanouissait. Il n'avait plus à l'égard de sa femme cet air de soumission craintive qu'il avait si souvent affiché en sa présence. En revanche, Mercy s'impatientait. Il se faisait un devoir de tirer la reine de ses rêves bourgeois, déplorant de la voir tomber dans ce qu'il appelait l'inaction. Perpétuellement secouée par l'ambassadeur qui voulait la convaincre qu'elle perdrait tout son crédit si elle cessait d'intervenir auprès du roi et des ministres, Marie-Antoinette se résolut à parler de nouveau contre Frédéric II. Cette fois, la guerre paraissait imminente entre la Prusse et l'Autriche. Furieux, l'empereur ne se privait pas de traiter d'« imbéciles » Maurepas et Vergennes qui se gardaient bien d'intervenir en faveur de l'Autriche.

Lorsque Frédéric II envahit les États autrichiens, le 7 juillet, Marie-Antoinette éclata en sanglots. Elle « eût voulu mêler ses larmes à celles de sa mère ». Égarée par ses entours, elle estimait que la tendresse de son époux devait se traduire par une soumission à sa volonté personnelle pour les affaires privées comme pour celles de l'État. Elle n'avait d'autre excuse que son ignorance des réalités de la politique internationale, qu'elle réduisait toujours à des combinaisons familiales. Elle ne pouvait mettre en doute les discours volontairement simplificateurs de Mercy, cet homme que sa mère lui avait désigné comme le plus dévoué des conseillers. On avait tant fait, depuis des années, pour la persuader de sa supériorité sur son époux, pour dénigrer la légèreté française, pour avilir les ministres de Louis XVI, qu'elle se croyait réellement en droit d'imposer les vues de sa famille, seules justes à ses yeux. Elle conservait à l'égard de sa mère, de son frère, de l'Autriche même des sentiments de tendresse, d'admiration, de soumission qu'elle ne parvenait pas à éprouver pour son mari et pour le royaume de France.

Dans l'attente des nouvelles de l'impératrice, la reine voulait renoncer à tous ses amusements tant que la situation de l'Autriche semblerait critique. Le roi de Prusse avait en effet réussi à regrouper bon nombre d'alliés en Allemagne et son armée était deux fois plus puissante que celle de l'empereur. Il fallut que Mercy insistât auprès de la jeune femme pour qu'elle continuât de vivre comme à son habitude. Une lettre de sa mère, datée du 6 août, mit le comble à ses angoisses. Marie-Thérèse suppliait sa fille de « soutenir Mercy pour sauver sa Maison et ses frères ». Chaque courrier de Vienne apportait à Marie-Antoinette le même débordement de tendresse inquiète, accompagné d'impérieux appels au secours.

Mêlant sans vergogne les contingences familiales aux intérêts de l'État, dramatisant à plaisir la situation, l'impératrice insistait sur les dangers et les souffrances auxquels la guerre exposait ses fils et suppliait sa fille d'intervenir encore auprès du roi. Cependant, l'intérêt et la gloire de la France que l'impératrice aimait tant à invoquer auprès de sa fille, ne réclamaient-ils pas de maintenir l'équilibre européen, fût-ce au risque de mécontenter une alliée dont la collaboration n'avait jamais été heureuse pour la France ? Se porter au secours de l'Autriche pour défendre ses ambitions immodérées eût été la plus grave des fautes que pouvait commettre Louis XVI. Et l'on s'étonne que cette mère si clairvoyante, que cette souveraine pessimiste et lucide qui savait donner à sa fille de judicieux conseils pour son métier de reine, ait pu l'entraîner à commettre de telles fautes.

C'est finalement la menace de la tsarine de Russie, Catherine II, d'entrer en guerre aux côtés de la Prusse qui convainquit les souverains autrichiens de négocier une paix qui ne leur fut d'ailleurs pas entièrement défavorable. L'Autriche obtint, en effet, une partie des territoires qu'elle revendiquait. Marie-Antoinette fut soulagée. Les affres qu'elle avait éprouvées au cours de ces derniers mois l'avaient rapprochée de sa famille autrichienne et excité en elle une rancœur teintée de mépris à l'égard des ministres de son mari. « Je suis née pour devoir tout à ma chère maman, je lui dois encore la tranquillité que renaît dans mon âme, par sa bonté, sa douceur et j'ose dire sa patience envers ce pays-ci », n'hésitera-t-elle pas à écrire à sa mère lors de la conclusion de la paix.

L'affaire de Bavière lui porta gravement préjudice. Cette jeune femme, qu'on avait coutume de considérer jusque-là comme une charmante évaporée, apparaissait brutalement aux yeux de l'opinion comme une archiduchesse d'Autriche plutôt que comme une reine de France. On avait critiqué sa légèreté et ses dépenses. Désormais flottait l'idée de la trahison…

Bien des bruits calomnieux couraient alors sur la légitimité de l'enfant qu'elle attendait. Les mauvaises langues prétendaient que le duc de Coigny en était le véritable père. Pourtant Louis XVI et Marie-Antoinette se souciaient peu de ces injurieux racontars. Le roi le prouva de manière inattendue en plein Conseil. On venait de lire une dépêche de Suède tendant à accréditer la rumeur selon laquelle le roi

Gustave III, homosexuel notoire, avait poussé son écuyer favori dans le lit de sa femme afin d'assurer la descendance royale. Assez gênés, les ministres ne purent s'empêcher de regarder le roi. Ils virent, par la façon dégagée dont il traitait l'anecdote, qu'elle ne pouvait pas faire référence à sa propre situation. Cocu le roi de France ? Sûrement pas. Les interminables correspondances échangées entre Versailles et Vienne, les rapports secrets des ambassadeurs étrangers nous prouvent tout le contraire. Au reste, le comte de Provence et le comte d'Artois eussent été trop heureux de faire éclater pareil scandale. Mais il n'est pas impossible que l'hypocrite comte de Provence, alors héritier présomptif du trône, ait grassement payé quelques libellistes pour répandre la calomnie.

Malgré sa gravité, l'affaire de Bavière n'avait pas altéré les relations plutôt affectueuses qui s'étaient établies entre les deux époux. Le roi était satisfait de ne pas avoir cédé à sa femme, contrairement à une habitude qu'on lui reprochait trop souvent. Il lui avait résisté sans lui tenir le moindre propos blessant et elle lui en savait gré. L'assurance qu'avait prise le monarque depuis le début de cette grossesse tellement désirée ne manquait pas de frapper tous ses familiers. Il témoignait beaucoup tendresse à Marie-Antoinette et s'efforçait de la distraire de toutes les façons possibles, laissant organiser quantité de fêtes pour son plaisir.

La santé de la reine était excellente. Depuis le 31 juillet, elle sentait son enfant remuer fréquemment, « ce qui lui causait une grande joie », chaque mouvement « ajoutant à son bonheur. » Curieusement, elle ne semblait pas redouter la terrible épreuve de l'accouchement, si souvent fatale aux jeunes femmes, même à celles qui jouissaient des meilleurs soins. Sans doute l'exemple de sa mère était-il rassurant pour elle. Marie-Antoinette avait choisi pour accoucheur Vermond, le frère de l'abbé, dont les talents étaient reconnus. Il passait cependant pour cupide et vaniteux, n'hésitant pas à abandonner une bourgeoise pour venir délivrer une duchesse. Il suivait la grossesse de la reine depuis son début.

Le moment de la délivrance approchait. L'accouchement des reines de France, qui s'accompagnait d'un cérémonial assez barbare, était une épreuve redoutable. Assistées de l'accoucheur, des médecins et des sages-femmes, elles accouchaient publiquement, car il ne fallait pas que le moindre doute pût subsister sur la légitimité de leur enfant : on devait voir le nouveau-né encore attaché à sa mère par le cordon ombilical. Malgré son rejet de l'Étiquette, Marie-Antoinette ne protesta pas contre cette coutume pourtant plus contraignante que toutes les autres.

Pendant la seconde semaine du mois de décembre, plus de deux cents personnes de qualité qui séjournaient habituellement à Paris vinrent s'installer à Versailles pour les couches de la reine. La ville et le château ne désemplissaient pas. Le 18 décembre, Marie-Antoinette se coucha vers onze heures et commença de souffrir vers minuit et demie. À une heure et demie, elle fit prévenir le roi. Mme de Lamballe, surintendante de sa maison, avertit aussitôt la famille royale, les princes et les princesses qui étaient à Versailles et envoya des courriers à ceux qui se trouvaient à Paris ou dans leurs châteaux des environs. Lorsque Louis XVI arriva au chevet de son épouse, elle était encore dans son grand lit. Elle se leva et se promena dans sa chambre jusqu'à huit heures. Les douleurs ayant repris à ce moment, elle se coucha sur le petit lit de travail spécialement dressé près de la cheminée. La nouvelle de l'accouchement s'était répandue dans tout Versailles. L'antichambre de la reine, le cabinet du roi, la galerie des Glaces regorgeaient de monde. Vers onze heures, lorsqu'on ouvrit les deux battants de la porte de la chambre, un flot de curieux se rua jusqu'au pied du lit. Stoïque, Marie-Antoinette se retenait pour ne pas crier. « La reine va accoucher », annonça bientôt Vermond.

Pendant quelques instants, l'enfant ne criant pas, on crut qu'il était mort. Mais quelques vagissements se firent bientôt entendre. Selon l'habitude que la reine avait établie un peu partout, on applaudit, ce qui laissa croire que c'était un garçon. Hélas ! Ce n'était qu'une fille qu'on conduisit dans une autre pièce pour faire sa toilette. Tandis que le roi accompagnait le nouveau-né, la reine perdit connaissance. Elle gisait inanimée, la bouche révulsée sans que la moindre contraction permît les suites naturelles de l'accouchement. Il fallait la saigner de toute urgence. Vermond hurla pour qu'on apportât de l'eau chaude. Mais, comme il était impossible de passer un bassin à travers une foule aussi dense, un chirurgien saigna à sec. Marie-Antoinette revint à elle et l'accouchement se poursuivit normalement. Elle pleura beaucoup lorsqu'elle apprit le sexe de l'enfant.

Louis XVI, qui avait assisté à la messe après la naissance de sa fille, n'apprit que plus tard le danger couru par sa femme. Dès qu'il la vit, il lui marqua beaucoup de tendresse et toute la joie qu'il éprouvait d'avoir un enfant. On apporta la petite princesse à sa mère qui la reçut fort bien. « Un fils eût plus particulièrement appartenu à l'État. Vous serez à moi ; vous aurez tous mes soins ; vous partagerez mon bonheur et vous adoucirez mes peines », aurait dit la reine à l'enfant, si l'on en croit Mme Campan. Un langage aussi solennel ne ressemble guère à celui de Marie-Antoinette, mais Mme Campan a sans doute traduit en termes un peu pompeux ce que la jeune mère avait dû dire spontanément avec plus de simplicité. La reine semblait heureuse. Prénommée Marie-Thérèse, l'enfant reçut le titre de Madame Royale ou encore de Madame, fille du roi, pour qu'on ne la confondît pas avec la comtesse de Provence qu'on avait coutume d'appeler Madame, de même que l'on disait Monsieur frère du roi en parlant du comte de Provence.

Très éprouvée par cet accouchement difficile, Marie-Antoinette se reposa pendant plusieurs jours. On jugeait alors dangereux de faire lever les jeunes accouchées avant trois semaines. N'entraient dans la chambre de la reine – outre les médecins et les domestiques à son service – que Mme de Lamballe et Mme de Polignac qui se relayaient à son chevet. Au comble de la joie, le roi passait de longs moments auprès de son épouse qu'il comblait de toutes les attentions possibles. Il n'éprouvait aucune honte à s'installer auprès de la petite Marie-Thérèse à laquelle « il marquait la tendresse la plus touchante », assure Mercy. L'enfant, comme le voulait la tradition, fut remise entre les mains de la fantasque princesse de Guéméné qui détenait la charge de gouvernante des Enfants de France. D'un commun accord, le roi et la reine souhaitaient pour leur fille une éducation plus simple que celle que recevaient d'habitude les princesses de France. Ils avaient réduit le nombre de domestiques attachés au service de l'enfant et voulaient qu'on ne la soumît pas à un protocole suranné. Ainsi refusèrent-ils qu'elle fût haranguée par les grands corps de l'État et que les ambassadeurs et les dignitaires de la cour lui fussent présentés. Pour une fois, Marie-Antoinette ne tint pas compte des objurgations de sa mère. L'impératrice estimait, en effet, qu'il fallait accoutumer les princes dès leur plus jeune âge à la vie de représentation.

La fin de l'année se passa très tranquillement à Versailles. Le 3 janvier 1779, à demi allongée sur un sopha, la reine reçut toutes les dames de la cour qui défilèrent devant elle pour la féliciter. À l'issue de cette cérémonie, Marie-Antoinette leur offrit un spectacle de comédie, le roi ayant fait aménager un théâtre dans le salon de jeu. Un mois plus tard, le 8 février, Louis XVI et Marie-Antoinette se rendirent solennellement à Paris, à la cathédrale Notre-Dame pour assister à la messe de *Te Deum* célébrée en l'honneur des souverains à l'occasion de la naissance de Madame Royale. Cependant, malgré la munificence des festivités organisées dans la capitale, malgré les poignées d'argent généreusement distribuées dans la foule et les fontaines de vin qui coulaient aux carrefours, la reine ne fut pas chaleureusement accueillie. L'empressement populaire tenait plus à la curiosité qu'à des mouvements d'affection. Tout à leur joie, les jeunes souverains ne semblaient pas se rendre compte que l'opinion leur devenait défavorable.

CHAPITRE XV

Fersen

La reine était heureuse. Mais la maternité n'était pas la seule cause de ce bonheur. Depuis l'été précédent Marie-Antoinette était amoureuse. Au mois d'août, un gentilhomme suédois de haute taille, au visage régulier, qui avait tout l'air d'un héros de roman, avait demandé à lui être présenté. C'était là chose courante à Versailles. Mais la reine reconnut d'emblée le comte Axel Fersen avec lequel elle avait badiné lors d'un bal de l'opéra quelques semaines avant la mort de Louis XV. « Ah ! C'est une ancienne connaissance ! » s'écria-t-elle. Et tandis que Fersen s'inclinait respectueusement devant elle, l'écuyer qui lui donnait la main sentit qu'elle était prise d'un irrésistible tremblement.

Tout juste âgé de vingt-trois ans, déçu par la vie oisive qu'il menait à la cour de Gustave III, Fersen avait résolu de mettre son épée au service du monarque européen qui voudrait bien l'employer. Son père avait jadis servi Louis XV. Sa famille ayant conservé d'excellentes relations en France, il avait décidé de tenter sa chance auprès de Louis XVI. Toujours très bien traités par la reine, les Suédois étaient alors fort à la mode. Flatté par l'accueil de la souveraine, Fersen vint pourtant rarement lui faire sa cour. Elle s'en plaignit à l'ambassadeur de Suède, le comte Creutz, et le jeune homme fut bientôt assidu à Versailles. Ayant entendu parler de l'extraordinaire uniforme que Gustave III avait imposé à ses officiers, Marie-Antoinette pria Fersen de venir la voir ainsi vêtu. Il fit sensation avec sa tunique blanche ouvrant sur un pourpoint bleu, les jambes moulées dans des culottes de chamois, les pieds chaussés de bottines à la hongroise, le chef coiffé d'un shako noir surmonté d'une aigrette bleu et jaune. Paraître ainsi habillé devant la reine de France ne pouvait davantage flatter son amour-propre. Grand amateur de femmes, il trouvait charmante cette jeune souveraine dont la grossesse avançait. « C'est la princesse la plus aimable que je connaisse », dit-il à son père. Ainsi Fersen était-il bien vite devenu l'homme à la mode. « Tout Versailles ne parle que d'un comte Fersen qui est venu à la cour portant l'habit national suédois que la reine, d'après ce qu'on m'a dit, a examiné soigneusement », écrivait alors un voyageur suédois qui ne connaissait pas Fersen, mais qui se trouvait en France en même temps que lui.

Lorsque le jeune homme arriva à Versailles, Lauzun partait à la conquête du Sénégal, alors possession britannique. Sa faveur s'était éteinte, Marie-Antoinette ayant fini par céder aux attaques perfides dirigées contre lui par les Polignac. Le cœur de la reine était disponible. L'irruption de cet étranger dans sa vie, monotone à force de frivolité, devait la bouleverser. Dès qu'elle fut parfaitement rétablie, elle attira Fersen le plus souvent possible à Versailles et le fit entrer dans sa société particulière. Le soir, elle l'invitait aux petits soupers dans ses cabinets. Très réservé, il restait d'une parfaite simplicité et répondait sans affectation à ses questions. Elle voulait tout savoir de lui et lui témoignait un tel intérêt qu'elle lui demandait déjà des nouvelles de son père. Au début de 1779, il faisait figure de favori bien que la reine ne le traitât pas comme un Lauzun ou un Coigny. Différent de ces séduisants courtisans rompus à toutes les intrigues, qui cherchaient avant tout à plaire, à trouver le bon mot pour égayer toute la compagnie, Fersen avait l'art d'être lui-même. Sa présence s'imposait sans qu'il eût besoin de feindre, de jouer un rôle ou même de parler. Sa beauté virile et le mystère émanant de sa personne captivaient les femmes. Elles ne lui résistaient guère, mais, jusqu'alors, aucune n'avait fixé son cœur. Comme la plupart des aristocrates de son rang et de son âge, il songeait à se marier. Il lui fallait trouver un beau parti, c'est-à-dire une jeune fille de son rang, de surcroît fort riche. Les sentiments n'entraient pas en ligne de compte dans ce projet d'union et un mariage ne l'eût pas empêché de prendre des maîtresses.

Incapable de dominer le trouble qui s'emparait d'elle en présence du jeune Suédois, la reine fut encouragée par sa coterie, et surtout par Mme de Polignac et Besenval, à suivre cette douce inclination. D'après le comte de Saint-Priest, futur ministre de Louis XVI, Fersen « fixa le cœur de la reine. [...] Vaudreuil et Besenval combinèrent sans doute pour elle qu'un étranger isolé, peu entreprenant de caractère, leur convenait sans doute beaucoup mieux qu'un Français entouré de parents qui enlèverait pour eux toutes les grâces et finirait peut-être chef d'une clique qui les éclipserait tous ».

Depuis la naissance de sa fille, la reine n'avait manifesté aucune envie de reprendre la vie conjugale. Gardant un fort pénible souvenir de ses couches, elle déclara à son époux qu'elle n'avait pas l'intention de se retrouver enceinte avant plusieurs mois. Heureusement, Louis XVI n'était pas exigeant ! Il ne semblait d'ailleurs pas s'apercevoir du penchant que Marie-Antoinette éprouvait pour le beau Suédois. Qu'il n'eût aucune disposition pour la galanterie rassurait pleinement la jeune femme. Aussi laissait-elle gronder Marie-Thérèse. L'impératrice ironisait : faudrait-il attendre encore huit ans la naissance d'un dauphin ? Elle n'écoutait pas davantage les sermons de Mercy et de Vermond qui voulaient la pousser dans le lit du roi.

Fersen ne se laissait pas éblouir par l'exceptionnelle faveur dont il jouissait. Il tenait à réaliser ses ambitions militaires. L'heure semblait propice. Louis XVI venait de s'engager dans la guerre d'Indépendance américaine et beaucoup de jeunes gentilshommes français rêvaient d'aller combattre en Amérique au secours des *Insurgents* révoltés contre l'Angleterre. Fersen était prêt à se joindre à eux. Le 6 février 1778, le roi de France avait reconnu les États-Unis d'Amérique et conclu avec la jeune république une alliance militaire ainsi que des accords commerciaux. Le 13 mars suivant, les relations diplomatiques furent rompues entre la France et l'Angleterre. Alors que l'ambassadeur d'Angleterre regagnait Londres, Louis XVI recevait Franklin, Silas Deane et Arthur Lee à Versailles.

La réception des Américains dans la galerie des Glaces avait provoqué une véritable révolution à Versailles. « Substituer, le jour de son départ, Franklin, le révolté et chef de la révolte, à l'ambassadeur d'Angleterre, reconnaître des révoltés qui n'étaient pas encore tout à fait libres, les reconnaître les premiers, quel exemple ! » Le duc de Croÿ « n'en revenait pas d'étonnement ». Ce descendant d'une vieille lignée d'aristocrates attachés aux traditions salua pourtant Franklin en lui disant qu'« il n'appartenait qu'à celui qui avait trouvé l'électricité d'électriser les deux mondes ». Avec son crâne luisant entouré d'une maigre couronne de cheveux longs et son habit rustique sous les lambris dorés du palais de Louis XIV, au milieu des courtisans aux vêtements rebrodés, garnis de joyaux, Franklin se trouva parfaitement à l'aise. Il étonnait Versailles plus que Versailles ne l'étonnait. Louis XVI avait adressé de chaleureuses paroles de bienvenue aux Américains devant une cour haletante, surprise et finalement ravie. La vertu « romaine » du vieux sage, citoyen du Nouveau Monde, la vertu austère du jeune roi, héritier de l'une des plus vénérables monarchies d'Europe, offrirent le spectacle le plus attendrissant et le plus insolite à cette foule aussi blasée que médisante.

Les hostilités entre la France et l'Angleterre commencèrent le 17 juin suivant. Au début de 1779, Fersen voulut rejoindre le corps expéditionnaire français qui devait partir pour l'Amérique. Grâce à l'intervention du roi de Suède, il fut nommé aide de camp du comte de Vaux qui devait exercer le commandement en chef. Avant d'embarquer, Fersen vint faire ses adieux à la reine. Bouleversée par ce départ auquel elle ne semblait guère préparée, Marie-Antoinette ne put cacher son émotion. D'une voix tremblante, elle se mit à chanter l'air de *Didon* en s'accompagnant au clavecin : « Ah, que je fus bien inspirée quand je vous reçus dans ma cour. » Chacune de ses paroles s'adressait à Fersen qu'elle ne quittait pas des yeux. Parfaitement conscient de la folie qu'elle commettait publiquement, il l'écouta les yeux baissés. « Ceux qui les voyaient à cet instant ne purent plus conserver de doute sur la nature de leurs sentiments », devait écrire dans ses *Souvenirs* sir Richard Barrington.

Le trouble de la reine n'avait échappé à personne. « Je dois confier à Votre Majesté que le jeune comte Fersen a été si bien vu de la reine que cela a donné de l'ombrage à plusieurs personnes, écrivit l'ambassadeur de Suède à Gustave III. J'avoue que je ne puis m'empêcher de croire qu'elle avait du penchant pour lui : j'en ai vu des indices trop sûrs pour en douter. Le jeune comte Fersen a eu dans cette occasion une conduite admirable par sa modestie et par sa réserve et surtout par le parti qu'il a pris d'aller en Amérique. En s'éloignant, il écartait tous les dangers, mais il fallait évidemment une sagesse et une fermeté au-dessus de son âge pour surmonter cette séduction. La reine ne pouvait pas le quitter des yeux les derniers jours ; en le regardant, ils étaient remplis de larmes. Je supplie Votre Majesté d'en garder le secret pour elle et pour le sénateur Fersen [28]. » Lorsqu'on sut le départ du comte, tous les favoris en furent enchantés. La duchesse de Fitz-James lui dit : « Quoi ! Monsieur, vous abandonnez ainsi votre conquête ? – Si j'en avais fait une, je ne l'abandonnerais pas, répondit-il. Je pars libre, et malheureusement sans laisser de regrets. »

Dès le lendemain du départ de Fersen, la reine tomba malade : elle avait la rougeole. La poitrine oppressée, la gorge en feu, la peau rougie, elle s'abandonna à la maladie.

---

28. Le père d'Axel Fersen.

La fièvre ayant lâché prise au bout de quelques jours, elle ressentit un impérieux besoin de distraction. Mme de Polignac étant victime du même mal, elle ne pouvait se livrer avec elle à la douceur des confidences. Aussi décida-t-elle que quatre gardes-malades se relaieraient à son chevet de onze heures du matin à onze heures du soir. À la surprise indignée de la cour, elle désigna les ducs de Coigny et de Guines, le comte Esterhazy et l'inévitable baron de Besenval. Prenant prétexte de la contagion, elle avait fermé sa porte au roi. L'aimable quatuor venait ainsi lui conter les dernières anecdotes de la ville et de la cour. Ces messieurs décriaient les uns, encensaient les autres. Ensemble, ils riaient beaucoup et le temps passait plus vite en leur compagnie qu'en celle de tous les autres. À contre-cœur, Marie-Antoinette dut pourtant recevoir la visite de la comtesse de Provence et de quelques courtisans qui l'ennuyaient à périr. Tout en lui insinuant leurs mesquines volontés, ses quatre sigisbées osèrent lui insinuer que le roi manquait à tous ses devoirs en ne bravant pas les interdits qu'elle lui avait imposés pour venir la voir. Elle eut la faiblesse de les croire et conçut des ressentiments à l'égard de son époux.

Une fois encore, Marie-Antoinette scandalisait la cour. On demandait perfidement quelles dames choisirait le roi pour le soigner s'il tombait malade à son tour. Mercy et Vermond durent rappeler l'étourdie à la raison. Ils l'engagèrent à écrire à son mari, ce qu'elle fit sans plus tarder. Elle lui dit qu'« elle avait beaucoup souffert mais que ce qui la contrariait le plus était de se voir privée encore pour plusieurs jours du plaisir de le voir ». Louis XVI fut-il dupe de ces bons sentiments ? Néanmoins, quelques jours plus tard, à l'instigation de Mercy, elle parut sur un balcon pour parler à son époux qui s'installa juste en dessous pour lui parler. Ce tendre duo ne devait pas se reproduire.

Sa maladie achevée, la reine décida de passer sa convalescence à Trianon où elle s'installa le 12 avril, accompagnée de ses inévitables gardes-malades. Elle y mena une vie relativement calme : « De petites fêtes simples dans un lieu charmant, dans une belle saison, des promenades en calèche ou sur l'eau, point d'intrigues, point de gros jeu ; seule la grande magnificence qui y régnait pouvait faire soupçonner qu'on fût à la cour », rappelle Esterhazy dans ses *Mémoires*. Pendant ce temps, le roi ne demandait guère de ses nouvelles. On complotait pour lui donner une maîtresse. Sur les instances de Mercy et de Vermond, l'insouciante jeune femme se résolut enfin à regagner Versailles et à reprendre la vie commune avec Louis XVI, ce qui n'était pas arrivé depuis un an. À force de cajoleries, elle obtint de lui des aveux amoureux qu'elle confia triomphalement à l'ambassadeur. « Il lui dit qu'il l'aimait de tout son cœur et qu'il pouvait lui jurer de n'avoir éprouvé ni sensation ni sentiment pour aucune femme, hors pour elle seule. »

La reine continua de se soumettre au devoir conjugal. « Je sens trop la nécessité d'avoir des enfants pour rien négliger sur cela, dit-elle à sa mère. Si j'ai eu anciennement des torts, c'était enfance et légèreté, mais à cette heure ma tête est bien plus posée. » Néanmoins, les bonnes intentions du ménage royal n'étaient pas couronnées de succès. Les médecins, qui s'inquiétaient de cette stérilité, ordonnèrent à la reine un traitement à la limaille de fer. Comme il se révéla infructueux, ils évoquèrent l'éventualité d'une cure thermale. La reine passait alors de longs moments à s'occuper de sa fille dont elle suivait attentivement les progrès. « Cette pauvre petite commence à marcher fort bien dans son panier. Depuis quelques jours, elle dit papa ; ses dents n'ont pas percé encore, mais on les sent toutes. Je suis bien aise qu'elle ait commencé à nommer son père, c'est pour lui une attache de plus. » Lorsque Marie-Antoinette écrivait ces lignes, Madame Royale avait tout juste huit mois.

La reine s'était prise d'un intérêt soudain pour la guerre d'Amérique. La visite de Franklin et des représentants de la jeune république des États-Unis l'avait pourtant laissée parfaitement indifférente l'année précédente. Mais depuis que Fersen s'était engagé avec les officiers français dans le corps expéditionnaire qui devait débarquer en Angleterre, elle était à l'affût des moindres nouvelles. Elle rêvait d'une paix qui eût ramené le beau Suédois à Versailles. Marie-Thérèse proposait justement sa médiation entre la France et l'Angleterre. Jamais Marie-Antoinette n'avait soutenu avec autant d'enthousiasme les propositions maternelles. Elle parlait avec émotion de cette paix qui lui apporterait « le plus grand bonheur. Mon cœur la désire plus que tout au monde », disait-elle à l'impératrice. Avec une sollicitude inattendue, elle évoquait la destinée de ceux qui allaient se battre. « Ils sont donc dans la Manche ! Et je ne pense pas sans frémir que d'un moment à l'autre, tout leur sort sera décidé. Je suis effrayée aussi de l'approche du mois de septembre, où la mer n'est plus praticable ; enfin c'est dans le sein de ma chère maman que je dépose toutes mes inquiétudes. Dieu veuille qu'elles soient nulles ! Mais sa bonté m'engage à lui parler comme je pense. » Marie-Thérèse dut croire que sa fille se prenait d'un intérêt bien nouveau pour les relations internationales. Elle s'en félicita sans doute... Naturellement Mercy avait soigneusement tu l'inclination que la reine éprouvait pour le comte Fersen.

Le roi et son ministre des Affaires étrangères avaient bien l'intention d'en découdre avec l'Angleterre en se portant au secours des États-Unis. Ils refusèrent la médiation de Marie-Thérèse mais renoncèrent à un débarquement dans les îles Britanniques. La reine en éprouva un soulagement d'autant plus vif qu'elle avait tremblé en apprenant qu'une épidémie de dysenterie décimait les troupes. Assez déçu de ne pas aller se battre, Fersen revint à la cour. La reine l'accueillit avec effusion. Et pendant tout l'hiver, on les vit ensemble à Versailles comme à Paris. À maintes reprises, elle l'entraîna aux bals de l'Opéra où elle s'installait dans une loge pour parler longuement avec lui. Elle le fit même inviter aux soupers dans les petits cabinets du roi. Afin de faire taire les mauvaises langues, elle feignit de distinguer un autre Suédois, le comte de Stendingk. Naturellement, Fersen était de toutes les soirées chez Mmes de Lamballe et de Polignac. La reine ne pouvait pas organiser la moindre fête sans lui et il se distinguait particulièrement... au jeu de colin-maillard.

Une idylle sérieuse s'ébaucha entre Marie-Antoinette et Fersen pendant cet hiver 1779-1780. Toutefois, le jeune homme connaissait trop les risques d'une telle liaison pour s'engager davantage. Ivre de liberté, il tenait à recevoir le baptême du feu et à connaître les réalités de la vie militaire. Les démarches qu'il faisait auprès de Maurepas et de Vergennes finirent par aboutir. Il partit donc pour la seconde fois. La reine cacha son désarroi aussi bien qu'elle le put. Elle trouva un moyen détourné pour exprimer ses angoisses à sa mère : « Il est bien certain que nous ne pouvons pas risquer ce gros convoi sans être bien sûrs de la mer, lui dit-elle ; il serait affreux d'essuyer encore des malheurs par là ; j'avoue que je ne peux penser à cela de sang-froid. » Marie-Antoinette espérait sans doute que la guerre serait courte et que son héros reviendrait vite. Nul ne sait ce qu'ils se dirent au moment des adieux. Bien que leurs lettres aient été détruites, nous savons qu'ils se sont écrit et que la reine veilla sur l'avancement de l'homme qu'elle aimait.

Chapitre XVI

Reine de Trianon

La reine, qui n'avait pas encore vingt-cinq ans, était alors dans tout l'éclat de sa beauté. Mme Vigée-Lebrun qui devint son peintre attitré l'a immortalisée, à cette époque, dans un portrait resté célèbre sous le nom de *Marie-Antoinette à la rose*. Dans un décor champêtre qui évoque les frondaisons de Trianon, une jeune femme, vêtue d'une robe de soie bleue à paniers rehaussés de dentelles, tient dans ses longues mains une rose épanouie, symbole de l'éphémère. Elle offre cette fleur comme elle semble offrir sa gorge voluptueuse dont un léger volant de mousseline laisse apercevoir les contours délicats. Un long cou flexible orné de deux rangs de perles confère à son élégante silhouette une grâce majestueuse. Marie-Antoinette a-t-elle l'air heureuse ? Nul le pourrait l'affirmer. Dans son visage à l'ovale allongé, la bouche charnue est mutine mais son regard bleu, qui pouvait exprimer avec une intensité singulière la bienveillance ou l'aversion, ne manque pas de mélancolie. Cette image que Mme Vigée-Lebrun lui renvoyait d'elle-même plut beaucoup à la reine. L'artiste l'avait représentée comme une femme désirable sans faire allusion à la grandeur royale. Bien que le peintre eût quelque peu flatté son modèle, les contemporains s'accordaient à trouver le portrait parfaitement ressemblant.

Souvent célébrée, la beauté de la souveraine tenait surtout à sa splendide carnation de blonde, à une taille élevée et à un air imposant que ses admirateurs appelaient de la dignité et ses détracteurs de la morgue ou du dédain. Le moindre de ses gestes était empreint d'une douce féminité. « Elle avait deux espèces de démarches, l'une ferme, un peu pressée et toujours noble, l'autre plus molle et plus balancée, presque caressante, mais n'inspirant pourtant pas l'oubli du respect. On n'a jamais fait la révérence avec tant de grâce, saluant dix personnes en se ployant une seule fois, et donnant de la tête et du regard à chacun ce qui lui revenait », affirme le comte de Tilly, l'un de ses pages.

Marie-Antoinette continuait de mener sa vie comme elle l'entendait, consacrant le minimum de temps à ses obligations de représentation. Revendiquant pour une reine le droit à une existence privée, elle entendait se comporter aussi librement que les premiers de ses sujets dont la société faisait ses délices. Considérant l'Étiquette comme le symbole d'un temps barbare, elle ne pouvait admettre qu'elle ne s'appartenait pas mais qu'elle appartenait tout entière au royaume de France ; que, placée au-dessus des mortels dans une société hiérarchisée à l'extrême, le moindre de ses gestes avait valeur d'acte public.

Ennemie de toute contrainte, elle affirmait toujours son indépendance. Elle était non seulement parvenue à alléger le cérémonial mais aussi à se constituer, à Versailles même, un domaine dont elle s'estimait la seule et unique maîtresse. Quoiqu'il fût bien difficile de vivre à l'abri des regards indiscrets dans le château, elle y avait presque réussi. Puisque seules comptaient les pièces d'apparat dans ce palais conçu comme le temple du culte monarchique, la reine conserva ses appartements officiels mais entreprit de les rajeunir, tout en respectant leur structure immuable. Pour imaginer sa chambre telle qu'elle l'a conçue et telle qu'elle est aujourd'hui reconstituée, il faut se pencher sur le tableau du miniaturiste Gautier-Dagoty représentant Marie-Antoinette, en déshabillé du matin, posant devant son peintre, pinçant les cordes d'une harpe, entre sa marchande de modes et quelques proches appelés à donner leur avis. Pour cette chambre d'apparat qu'elle n'aimait pas, la reine a tout d'abord choisi un brocart bleu et blanc à décor de fleurs et de papillons proposé par le soyeux lyonnais Pernon. Déçue par cette première réalisation, elle ordonne de transporter ce décor, qu'on appelle « meuble », dans sa chambre de Fontainebleau et le remplace par un gros de Tours[29] blanc, broché et brodé de bouquets de fleurs, de rubans et de plumes de paon, exécuté par Desfarges, soyeux tout aussi réputé que le précédent. Afin d'atténuer la solennité de l'antichambre du Grand Couvert, où elle donne ses bals et ses concerts, elle enlève les tapisseries à la gloire de Louis XIV et en accroche d'autres aux sujets plus aimables comme la *Galerie de Saint-Cloud,* d'après Mignard. Vers

29. Étoffe de soie dont la chaîne et la trame sont plus fortes que dans un taffetas.

1786, elle voudrait bien rénover le célèbre salon de la Paix qui achève la galerie des Glaces et qui lui sert de salon de jeu, quand ce n'est pas de théâtre, grâce à quelques aménagements amovibles. Désirant « par tous les moyens possibles donner de la propreté et de la gaieté » à cette pièce somptueuse, elle demande aux services des Bâtiments de lui suggérer des projets de modernisation. Il faudra toute la détermination du comte d'Angiviller[30] pour convaincre la reine de sauver les plafonds de Le Brun, le grand ovale de Le Moyne, la cheminée de Louis XIV et les marbres avec leur ornements de bronze. La reine doit se contenter de renouveler le mobilier et les tentures.

Louis XVI et Marie-Antoinette ont alors sérieusement songé à reconstruire Versailles. Dès 1780, à la demande du roi, plusieurs architectes dressent des plans[31] grandioses qui eussent bouleversé l'architecture du château et donné à la reine des appartements aussi vastes que ceux du roi. Seuls les impératifs financiers empêchèrent de telles réalisations. Il fallut donc se limiter aux travaux d'entretien et de réaménagement.

Dans ses petits appartements, Marie-Antoinette peut davantage laisser libre cours à ses désirs de changement. Elle commence par transformer les anciens cabinets de la reine Marie Leczinska, qui tournent autour d'une cour

30. Le comte d'Angiviller fut directeur des Bâtiments du roi de 1774 à 1789. L'administration des Bâtiments était chargée de l'entretien et de l'édification des résidences royales tout en étant également l'instrument du mécénat.

31. Louis XVI et Marie-Antoinette préféraient ceux de l'architecte Paris conservés en France à la bibliothèque de Besançon.

triste et sans soleil. Pour donner une impression de clarté, elle joue sur les boiseries claires et sur les effets de miroirs, en particulier dans son boudoir appelé « méridienne », petit salon à pans coupés, où s'ouvre une niche de glaces au milieu de laquelle s'étend un sofa. Autour des glaces, grimpent les tiges d'un rosier dont les feuillages de bronze se retrouvent sur les boiseries, avec l'aigle des Habsbourg et les attributs de l'Amour. La « méridienne » donne sur la bibliothèque, composée par les soins de M. Campan, secrétaire du cabinet de la reine. On pourrait presque dire que le contenant intéresse plus Marie-Antoinette que le contenu de cette pièce lambrissée d'armoires vitrées où l'on peut admirer d'impressionnants alignements de reliures en maroquin à ses armes : beaucoup de romans, des poèmes légers et toutes les nouveautés littéraires offertes en hommage à la jeune souveraine. Suit la pièce principale de cet appartement privé, « le cabinet de la reine », revêtu de boiseries blanc or, qui comporte, lui aussi, une niche de glaces dont le cintre est drapé de soie. Au milieu des fauteuils et des très nombreuses tables surchargées de bibelots trônent un clavecin et une harpe. Dans ce cabinet dont nul ne peut franchir le seuil sans une autorisation particulière, Marie-Antoinette donne ses audiences privées, reçoit le roi ou les amis chers à son cœur, chante de sa voix mal assurée en s'accompagnant de ses instruments favoris, pose pour Mme Vigée-Lebrun ou tout simplement se repose. Quelques salons minuscules et raffinés ainsi que des cabinets d'entresol complètent cet appartement privé, beaucoup plus exigu que celui du roi. Marie-Antoinette s'y est toujours sentie trop à l'étroit. C'est pourquoi, en 1782, lors de la mort de Madame Sophie, elle prendra possession de son logement donnant au rez-de-chaussée sur la cour de marbre et fera communiquer les deux appartements par un escalier intérieur. Désormais la reine préférera dormir dans le lit de damas vert de sa nouvelle chambre, assez spacieuse mais sobrement décorée. On parlera dès lors du « nouveau logement de la reine » à Versailles.

À Fontainebleau, qu'elle aime plus que les autres résidences royales, Marie-Antoinette refait entièrement ses appartements dont le boudoir est considéré comme un chef-d'œuvre de l'époque Louis XVI, avec ses trumeaux décorés d'arabesques pompéiennes sur fond d'or vert, encadrés d'une marge d'or fauve et ses quatre portes en pans coupés surmontés de groupes de stuc. Entre autres innovations, elle fait aménager un second boudoir, dit « boudoir turc », qui excite la convoitise de toutes les comédiennes. « Il était meublé dans le goût oriental et éclairé soit par des lampes placées dans une garde-robe, séparée par une grande glace doublée d'un taffetas dont on changeait la couleur à volonté », raconte Félix d'Hézecques, l'un des pages du roi. Par mesure d'économie, la cour ayant renoncé au séjour d'automne à Fontainebleau en 1785, Marie-Antoinette ne verra jamais l'achèvement des travaux qui s'y poursuivent. Elle aura encore tout juste le temps de faire des projets pour le château de Saint-Cloud, que le roi achète pour elle au duc d'Orléans en 1784.

Aucun détail du décor et de l'ameublement ne lui échappe. Pourtant la peinture n'exerce sur elle aucun attrait particulier. Elle la considère comme un art purement décoratif. Au début de son règne, elle laisse plusieurs artistes médiocres exécuter son portrait. Elle ne voyait dans un portrait que le seul mérite de la ressemblance. Lorsqu'elle allait au Louvre, pour l'exposition de peinture, elle passait rapidement en revue les petits tableaux de genre et sortait, sans avoir levé les yeux vers les grandes compositions, raconte Mme Campan. Le talent de Mme Vigée-Lebrun la séduit parce qu'il correspond à sa propre sensibilité. Elle dédaigne les froides représentations inspirées par l'Antiquité romaine à des artistes tels que Vien, Suvée et David qui font du Salon de 1785 un Salon véritablement révolutionnaire. Elle accorde une certaine attention à Greuze, Lépicié ou Aubry, mais leur préfère Hubert Robert. Si la reine commande quantité de boiseries peintes pour les châteaux royaux à des maîtres de qualité, elle n'enrichit pas les collections de la Couronne par des acquisitions importantes. En revanche, elle manifeste une prédilection certaine pour le mobilier nouveau. Elle aime les lignes pures, voire géométriques, dont la rigueur doit être tempérée par des bronzes aux formes douces imitant le drapé. Elle fait parfois décorer ses commodes de plaques de porcelaine de Sèvres vivement colorées. Fidèle à ses fournisseurs, elle passe la plupart de ses commandes à Riesener, le plus célèbre ébéniste de Paris, formé par Œben. Généralement secondé par le bronzier Gouthière, il exécute à son intention un nombre impressionnant de commodes, secrétaires, encoignures, tables aux formes les plus variées. Évoquons simplement l'admirable table mécanique livrée au mois de décembre 1778 pour les petits appartements du château, qui se trouve aujourd'hui au Metropolitan Museum de New York, et le secrétaire à abattants, particulièrement volumineux, conçu pour Trianon que l'on peut admirer à la Wallace Collection de Londres. Quelques meubles à la mécanique subtile sont également commandés à Mercklein, comme un lit à dossier réglable, lors de la naissance de Madame Royale. Il arrive également à la reine de faire acheter à des collectionneurs ou à des particuliers des pièces rares. Lors de la vente après décès du duc d'Aumont, elle acquiert des tables de métal somptueusement ouvragées, soutenant des plaques de jaspe vert. Pour les sièges, elle passe ses commandes à Georges Jacob dont elle apprécie la facture sobre. Mais elle lui demande parfois de renoncer à son style habituel pour se lancer dans la fantaisie champêtre, comme en témoigne ce qui reste du mobilier de la « chambre à coucher du treillage », conçu pour Trianon. Cet ensemble de sièges à la sculpture polychrome surchargée de muguet, de jasmin, de pommes de pin et d'autres motifs agrestes, s'accompagnant de fleurs rebrodées en laine sur la tapisserie, correspond au rêve pastoral de la reine. La nature la plus riante est toujours présente dans tous les décors composés à son intention. Souhaitant vivre au milieu des fleurs, elle les veut tissées ou brodées sur ses tentures, ses rideaux, ses courtepointes. Elle en fait également exécuter en porcelaine, en gaze, en émail et les dispose dans ses cabinets qu'elle aime emplir, voire surcharger de bibelots. Elle collectionne les laques, les porcelaines de Chine, les coquillages enchâssés dans des montures de bronze doré, les cristaux, les jaspes, les sardoines, les bois pétrifiés... Grancher et Daguerre restent ses principaux fournisseurs. À Robin, elle commande des pendules appelées à sonner les heures radieuses de sa vie de souveraine. Soucieuse de parfaire un décor intime, elle aime les rideaux et les tentures de brocart rehaussées de passementeries, de franges, de glands et affectionne les bouquets de plumes pour orner les ciels de lit. Le bleu, le vert, le lilas resteront ses couleurs préférées.

Mais c'est surtout au petit Trianon, que Marie-Antoinette est réellement parvenue à créer le décor d'intimité qui lui convient. Trianon reste le symbole de son goût et le lieu privilégié de sa légende. Plus que le chef-d'œuvre architectural de Gabriel, c'est le jardin qui l'intéresse tout d'abord. Au début du règne, elle ne pense pas encore séjourner dans ce pavillon, comme le faisait Louis XV. Elle veut tout simplement se promener dans un cadre qui réponde à sa conception du paysage. Rien de plus triste à ses yeux que la monotone ordonnance des allées et des parterres du parc de Le Nôtre. À la place du célèbre jardin botanique conçu par Louis XV, Marie-Antoinette rêve d'une nature vivante qui ne soit pas emprisonnée dans des serres. Depuis 1778, elle est comblée. Son jardin anglais est pratiquement terminé. Rien n'y manque, ni les chemins contournés, ni les pièces d'eau, ni les cascades, ni les statues. Le *Temple de l'Amour* construit au milieu d'une île plantée de rosiers, relié aux pelouses par deux ponts rustiques et le *Belvédère,* pavillon octogonal érigé sur une colline, gardé par quatre couples de sphinx marmoréens, parachèvent le paysage dont elle rêvait. Il ne reste plus qu'à aménager une grotte dans un rocher ombragé de pins, de thuyas et de mélèzes. On pénètre dans cet antre destiné aux tendres apartés par une entrée basse auprès de laquelle tombe une petite cascade. Ceux qui s'installeront sur le profond divan de mousse ne seront jamais surpris par d'importuns visiteurs : une baie pratiquée dans le rocher permet de voir sans être vu et de fuir par un étroit escalier donnant de l'autre côté du jardin...

Marie-Antoinette ne se sent véritablement chez elle qu'à Trianon où le roi continue de venir en simple visiteur. Tout le service de Trianon appartient à la reine. Dans son petit domaine, où elle oublie la grandeur royale, elle règle et décide de chaque chose. Au grand scandale de tous les courtisans, des règlements sont affichés à l'intérieur des jardins. Ils portent « Par ordre de la reine » et non « Par ordre du roi ». Alors que le château et le parc de Versailles sont, comme on le sait ouverts au public, nul ne peut pénétrer sans invitation spéciale de la souveraine dans le domaine de Trianon. On commence à se demander quelles turpitudes peut bien abriter un lieu si bien gardé. Et lorsqu'on apprend que la reine a fait aménager le « cabinet des glaces mouvantes », où elle peut masquer ses fenêtres par un ingénieux système de miroirs s'élevant des parquets, les langues vont bon train ! On jase d'autant plus que, depuis sa fameuse rougeole, Marie-Antoinette a pris l'habitude de faire de fréquents séjours à Trianon pendant la belle saison. Bien qu'une chambre soit aménagée à son intention, le roi n'y couche jamais. Il se contente de venir souper chaque soir avec sa femme. Seules Madame Élisabeth et la chère Polignac restent dormir chez elle.

À Trianon, Marie-Antoinette veut se comporter comme une simple châtelaine. « Ici, je suis moi », se plaît-elle à répéter. Au cours de l'été 1780, elle abandonne les tenues de cour compliquées, les plumes et les pompons et lance la mode des robes blanches en linon retenues à la taille par un large ruban de soie. Elle arbore désormais une simple capeline de paille sur ses cheveux laissés en liberté. Lorsqu'elle entre dans le salon, personne ne doit se lever. Les conversations se poursuivent, les dames n'abandonnent pas leur broderie, leur tapisserie ou leur partition. La reine s'installe au milieu de ses invités, là où elle le désire, se joint aux causeurs ou prend elle-même un ouvrage. Personne ne doit se contraindre. « Si vous voulez venir à midi, je vous donnerai à déjeuner. Je serai toute seule ; ainsi je vous demande en grâce de ne point venir parée, mais comme on est à la campagne », écrit-elle à la princesse de Hesse-Darmstadt, une amie d'enfance de passage en France. Cependant, ses proches se font toujours un heureux devoir de renouveler ses plaisirs. Dans la journée, on se promène, s'il fait beau on déjeune sur l'herbe. On se livre à tous les jeux de société parmi lesquels on affectionne toujours le colin-maillard. Le soir, si on ne joue pas gros jeu comme à Versailles, on fait de la musique.

La reine reçoit des artistes à Versailles comme à Trianon où elle donne souvent des concerts. Après avoir contribué à imposer Gluck, elle a continué de le protéger mais cela ne l'empêche d'accueillir Piccinni, son grand rival, dont elle trouve l'œuvre fort agréable. La première fois qu'il lui fit visite, elle voulut l'honorer en lui demandant de l'accompagner au clavecin. Étourdiment, elle choisit un air de l'*Alceste* de Gluck. Malgré son dépit, le musicien dut s'exécuter. Le lendemain, Marie-Antoinette en rougissait tout en riant. Elle accorde également sa protection à Grétry, à Salieri et à Sacchini mais semble avoir ignoré Mozart qui avait charmé quelques heures de son enfance viennoise.

On se souvient du vif plaisir qu'avait éprouvé la dauphine à jouer la comédie avec ses beaux-frères et ses belles-sœurs, en cachette du roi. Dix ans plus tard, le « théâtre de société » fait toujours fureur : la duchesse de Bourbon donne des spectacles pour ses amis, Mme de Montesson, épouse morganatique du duc d'Orléans, tient admirablement les grands rôles classiques et l'on joue la comédie chez beaucoup d'autres femmes de la cour. Jusqu'alors, seules les grandes troupes officielles avaient joué à Versailles. L'utilisation de l'Opéra de Gabriel, inauguré pour leur mariage, se révélant trop onéreuse, le roi et la reine avaient fait aménager une salle dans l'orangerie du château. Marie-Antoinette obtint bientôt de son époux qu'il fît construire un petit théâtre dans les jardins de Trianon. On l'inaugura le 1er juin 1780. Avec ses ornementations dorées et ses trompe-l'œil en clinquant, ses murs tendus de moire bleue, son rideau gros-bleu de Tours et son plafond illustré d'un Apollon voguant dans les nuages, avec sa population de Muses, de Grâces et d'Amours, cette salle minuscule conçue par l'architecte Mique, faisait penser à une copie modeste et intime de l'Opéra de Versailles.

Marie-Antoinette ne put résister à l'envie de monter sur les planches d'une scène édifiée à son intention. Embrigadant ses beaux-frères et ses amis les plus proches, elle constitua une troupe qu'on appela bientôt « la troupe des seigneurs ». Au mois de juin, après avoir épluché tout le répertoire, on décida de donner pour le 1er août *Le Roi et le Fermier* et *La Gageure imprévue* de Sedaine. Comédie mêlée d'ariettes, la première de ces deux pièces met en scène un roi, égaré pendant la chasse et recueilli par un fermier qui lui fait la satire de la cour ! Le comte d'Adhémar représentait le roi et Marie-Antoinette une bergère amoureuse du fermier-Vaudreuil, mais poursuivie par les assiduités d'un jeune seigneur libertin. Dans *La Gageure imprévue,* elle campait Gotte, soubrette complice d'une marquise désœuvrée qui a recueilli un charmant cavalier et l'a enfermé dans un placard lors du retour inopiné du mari.

« Nous nous plaignons, nous autres domestiques », déclarait-elle d'entrée de jeu au public, avant de se mettre à broder des manchettes pour son amoureux, le valet Lafleur, interprété par le comte d'Artois. La comtesse Diane de Polignac tenait le rôle de l'épouse volage et la jeune princesse Élisabeth jouait les utilités. Les acteurs improvisés répétèrent des journées entières sous la direction de comédiens et de chanteurs professionnels. Campan faisait office de souffleur, au grand dam du duc de Fronsac qui estimait que cette fonction lui revenait de droit, en tant que gentilhomme de la chambre du roi chargé officiellement des Menus-Plaisirs de la cour. « Vous ne pouvez être premier gentilhomme quand nous sommes les acteurs, lui aurait répondu la reine ; d'ailleurs, je vous ai fait connaître mes volontés sur Trianon ; je n'y tiens pas de cour : j'y vis en particulière et M. Campan y sera toujours chargé des ordres relatifs aux fêtes intérieures que je veux y donner. »

La « troupe des seigneurs » ne s'accorde pas un instant de répit. Le 10 août, elle donne *On ne s'avise jamais de tout* et *Les Fausses Infidélités* ; le 6 septembre *L'Anglais à Bordeaux* et *Le Sorcier* ; le 19 septembre *Rose et Colas ;* le 12 octobre, *Le Devin du village* et de nouveau, *Le Roi et le Fermier.* La reine et ses amis n'ont plus un instant de répit. Tout le temps se passe à apprendre et à répéter les pièces dans une atmosphère d'excitation extrême. Par la magie de la scène, Marie-Antoinette échappe à ce rôle de souveraine qui semble parfois tant lui peser. Et ce n'est pas un hasard si on la voit interpréter les ingénues bourgeoises ou les soubrettes, comme Lise, d'*On ne s'avise jamais de tout* qui reçoit sur la tête le contenu d'une boîte à ordures ou comme Agathe du *Sorcier,* où elle apparaît en train de repasser des monceaux de linge tout en essayant d'échapper aux galantes sollicitations d'un villageois entreprenant.

Présent à tous les spectacles, le roi s'y amusait beaucoup. Contrairement à ce que Mercy laissait entendre à l'impératrice, la reine n'invitait pas que le roi et la famille royale à ces représentations. Elle faisait distribuer des billets à tous ceux qu'elle voulait honorer, froissant ainsi bien des susceptibilités. Elle préférait favoriser les protégés de ses amis plutôt que quelque courtisan au nom illustre qui n'avait pas le bonheur de lui plaire. Elle ne se rendait pas compte qu'elle s'aliénait une noblesse jalouse de ses prérogatives . La plupart des courtisans commençaient à se sentir offensés par tant de désinvolture. Certains désertèrent la cour. En essayant de vivre comme une princesse sans royaume, elle se soustrayait au regard d'un peuple admis à pénétrer au cœur même du château de Versailles. Son absence ou sa présence ennuyée contribuaient à donner consistance aux rumeurs qui couraient déjà sur sa vie de dissipation et de luxure. C'était pour mieux assouvir ses penchants, pour mieux s'adonner à d'inavouables plaisirs, murmurait-on, qu'elle se cachait aux yeux de tous ! Ainsi se tissait la légende noire d'une reine qui ne rêvait qu'aux douceurs de l'intimité.

Chapitre XVII

Naissance d'un dauphin

L'été s'acheva aussi gaiement qu'il avait commencé. La reine prolongea son séjour à Trianon jusqu'au début du mois de septembre en compagnie de Mme de Polignac dont la faveur atteignit son zénith. Marie-Antoinette, incapable de l'éloigner, lui consacrait la meilleure partie de son temps, ce qui alimentait les ragots de la cour.

Au mois de mai précédent, n'avait-elle pas imposé un voyage à La Muette tout simplement parce que la charmante comtesse avait accouché d'un fils dans le village de Passy ? La situation était d'autant plus scabreuse que le comte de Polignac, absent depuis de longs mois, ne pouvait en être le père. Mais peu importait à la reine puisque sa favorite affichait un air de parfait bonheur. Marie-Antoinette lui fit visite chaque jour. Elle réussit même à entraîner Louis XVI à son chevet. Comme le roi ne se rendait jamais chez ses sujets, cette faveur fit sensation. Mme de Polignac avait obtenu encore bien davantage de son auguste amie : une dot fabuleuse pour sa fille de treize ans qui épousait le duc de Guiche, le paiement des dettes de son époux, la nomination de l'abbé de Polignac à un évêché, une place honorifique pour sa belle-sœur, de sérieux dédommagements pour Vaudreuil dont les intérêts dans les îles se trouvaient lésés par la guerre d'Amérique... La manne royale semblait inépuisable pour les Polignac et leurs protégés. À une époque où l'on commençait sérieusement à parler d'économies, ces largesses imméritées firent scandale. Et, pour comble, au mois d'octobre 1780, le mari de la favorite fut nommé duc, ce qui donna à son épouse le privilège de prendre tabouret à la cour. Cette distinction insigne, qui permettait aux duchesses de s'asseoir en présence des souverains, était l'une des plus recherchées. « Il est peu d'exemples d'une faveur qui, en si peu de temps, soit devenue aussi utile à une famille », se désolait Mercy.

À Vienne, l'impératrice s'affligeait de voir sa fille devenir le jouet d'une volée d'intrigants. Elle essayait doucement de la mettre en garde, évitant d'adopter avec elle le ton autoritaire d'autrefois. De son côté, Marie-Antoinette minimisait l'influence de sa petite société et rassurait sa mère en lui promettant de reprendre la vie de cour avec tout ce qu'elle pouvait impliquer de contraintes. « Je suis bien aise que vous comptiez reprendre toute la représentation à Versailles, lui répondit Marie-Thérèse. J'en connais tout l'ennui et le vide ; mais, croyez-moi, s'il n'y en a pas, les inconvénients qui en résultent sont bien plus essentiels que les petites incommodités de la représentation. » Depuis des mois, la vieille souveraine, qui se sentait décliner, réclamait à cor et à cri un dauphin à sa fille. De guerre lasse, la reine avait fini par avouer à sa chère Maman qu'elle ne partageait plus le lit de Louis XVI depuis longtemps. « C'est un usage fort général ici entre mari et femme et je n'ai pas cru devoir tourmenter le roi sur cet article qui contrarierait beaucoup sa manière d'être et son goût personnel. J'aurais d'autant plus de tort à m'y obstiner que nous vivons très maritalement ensemble », ajoutait-elle pour se justifier. Fort déçue, l'impératrice avait répondu qu'elle regrettait que le couple royal eût adopté de telles habitudes et vantait à sa fille les avantages du lit conjugal « à l'allemande » pour l'intimité qu'elle permet entre les époux.

La jeune femme ne soupçonnait pas que l'impératrice était à la dernière extrémité. Marie-Thérèse se plaignait de rhumatismes et les médecins avaient diagnostiqué ce qu'ils appelaient « un endurcissement des poumons ». Joseph lui-même ne voulait pas croire à la gravité d'une telle affection qui n'empêchait pas sa mère de travailler, en dépit des maux qui l'accablaient. Entourée de plusieurs de ses enfants, Marie-Thérèse mourut pieusement le 29 novembre 1780. Quelques jours plus tard, Louis XVI apprit le décès de cette belle-mère qu'il ne connaissait pas et à laquelle sa femme restait très attachée. Il n'eut pas le courage de lui annoncer la triste nouvelle. Peut-être ne se sentait-il pas assez proche d'elle, pas assez intime, en un mot, pour lui parler de ce qui allait la frapper en plein cœur. Il chargea de cette mission l'abbé de Vermond. L'homme d'Église le plus proche de Marie-Antoinette n'était-il pas destiné à remplir ce genre d'office ? Le roi se trouva cependant auprès de sa femme un quart d'heure après que l'abbé lui eut parlé. Bien qu'apparemment lourdaud, Louis XVI était capable de délicatesse. Marie-Antoinette le savait et lui en sut gré, tout particulièrement à cette occasion. Bouleversée par la mort de sa mère, elle eut une crise de convulsions et resta prostrée plusieurs heures. Dès qu'elle eut recouvré ses esprits, elle écrivit à Joseph : « Accablée du plus affreux malheur, ce n'est qu'en fondant en larmes que je vous écris. Oh ! mon frère, Oh ! mon ami, il ne me reste que vous dans ce pays qui m'est et me restera toujours cher ! Ménagez-vous, conservez-vous ; vous le devez à tous. [...] Adieu, je ne vois plus ce que j'écris. Souvenez-vous que nous sommes vos amis, vos alliés. Aimez-moi. Je vous embrasse. »

Pendant plusieurs jours, elle s'abîma dans sa douleur. Pathétique dans son chagrin – fait si rare chez les princes –, Marie-Antoinette était touchée par les prévenances de son époux. Elle lui manifesta plus d'affection que d'habitude. Sans doute éprouvait-elle un certain sentiment de culpabilité à l'égard de cet homme si indulgent. Comme si elle avait voulu combler les vœux de sa mère par-delà la mort, Marie-Antoinette se rapprocha de son mari et, dès le mois de février, on parla de nouveau de grossesse : la reine attendait un heureux événement pour le mois d'octobre 1781. Sa santé était excellente et elle se serait totalement abandonnée à la joie de sa future maternité si son frère l'empereur, relayé par Mercy-Argenteau, ne l'avait obligée d'intervenir dans les affaires politiques.

Désormais seul maître de son empire, Joseph II voulait inaugurer son règne par une action d'éclat. Il rêvait d'apparaître comme l'arbitre de l'Europe. La guerre d'Indépendance américaine, qui opposait la France et l'Espagne à l'Angleterre, pouvait lui en fournir l'occasion. Il souhaitait présider un congrès européen où il eût imposé sa médiation aux belligérants. Ainsi l'empereur reprenait-il un plan déjà proposé par Marie-Thérèse au début du conflit et soutenu avec enthousiasme par Marie-Antoinette. Et de nouveau, il sollicita les bons offices sa sœur. Appelant de ses vœux une issue rapide au conflit afin de retrouver son cher Fersen, la reine était bien décidée à soutenir son frère.

À Versailles, les propositions de l'empereur ne rencontrèrent un écho favorable qu'auprès de Necker, alors directeur général des Finances. La poursuite de la guerre lui semblait dangereuse, car trop coûteuse. Mais Louis XVI et son ministre des Affaires étrangères ne partageaient pas ses craintes. Refusant une paix sans vainqueurs ni vaincus, ils tenaient absolument à l'emporter sur l'Angleterre. Ils venaient d'ailleurs d'accepter le nouveau plan de campagne navale proposé par le ministre de la Marine. Ce dernier s'engageait à régler l'indépendance américaine par une épreuve de force. Son projet, qui consistait à porter un coup décisif aux Anglais là où ils auraient concentré la majeure partie de leurs troupes, nécessitait une opération conjointe des forces navales et terrestres.

Louis XVI et Vergennes répondirent donc évasivement à l'empereur. Et lorsqu'ils furent seuls, le roi éluda affectueusement les pressantes demandes de sa femme. Ne s'avouant pas battu, Joseph décida de faire un nouveau voyage en Europe, voyage qui, tout naturellement, devait le conduire à Versailles. Gênante pour le roi et ses ministres, cette visite causa une grande joie à la reine.

Le séjour de Joseph dura moins longtemps que le précédent. Il arriva le 29 juillet à Versailles pour repartir le 5 août. Le roi vit peu son beau-frère et laissa son épouse s'entretenir avec lui. Vêtue des simples robes blanches qu'elle affectionnait en été, Marie-Antoinette passa des après-midi entiers à se promener au bras de l'empereur.

Joseph lui parla franchement et ne se priva pas de critiquer durement ses amis. Elle le laissa dire, essayant mollement de défendre cette petite société dont elle appréciait tant la compagnie. Son frère lui fit des reproches beaucoup plus nuancés qu'en 1777. La reine lui paraissait plus sage. Il se réjouissait de la voir espérer donner un dauphin à la France. En outre, l'empereur avait besoin de son concours pour ses projets diplomatiques. Elle lui promit son aide.

Pour Marie-Antoinette, ces journées passèrent trop vite. La veille du départ de son frère, elle lui offrit une fête raffinée à Trianon. La soirée commença, dans son petit théâtre, par une représentation de l'*Alceste* de Gluck avec le concours des artistes de l'Opéra. La reine accueillit ensuite personnellement ses deux cent soixante-trois invités pour une promenade dans les jardins illuminés. Suivit un somptueux souper. Et encore une fois, elle froissa bien des susceptibilités en écartant de cette réception une partie de la cour. Au diable les mécontents ! C'est en l'honneur de son frère qu'elle donnait une soirée. Et cette soirée-là lui était infiniment plus agréable qu'une réception officielle. Lorsque Joseph partit, elle s'enferma dans ses appartements pour pleurer tout à son aise. Quelques jours plus tard, elle fut assez contrariée d'apprendre que le roi avait officiellement refusé la médiation de l'empereur. Des propos rassurants de son époux sur l'avenir de l'alliance franco-autrichienne contribuèrent à la rasséréner.

Les derniers mois de sa grossesse se passèrent tranquillement. Elle ne manifestait aucune angoisse à la perspective de cette naissance malgré le pénible souvenir de son premier accouchement. Le roi, du reste, ne voulait pas qu'elle eût à subir une épreuve aussi douloureuse que lors de la naissance de Madame Royale. Aussi bouleversa-t-il le protocole. Seuls les membres de la famille royale, quelques dames de la maison de la reine et le garde des Sceaux devaient être présents dans la chambre. Le reste du public attendrait dans les salons et galeries attenants.

Le matin du 22 octobre, la princesse de Lamballe, surintendante de la maison de la reine, fit avertir princes et princesses que « le travail » avait commencé. Marie-Antoinette ne souffrit pas longtemps. Au bout de cinq quarts d'heure, elle mit au monde le dauphin tellement désiré. Mais, au moment où le garde des Sceaux se pencha sur l'enfant pour constater le sexe, il se fit un tel silence que tout le monde s'imagina que c'était encore une fille. Épuisée, la reine ne soufflait mot. Le roi sanglotait de joie. On emporta le nouveau-né pour le laver et l'habiller et la reine n'apprit l'heureuse nouvelle que lorsque Louis XVI, bouleversé, lui dit que « M. le dauphin demandait à entrer ».

Dans les salons voisins, l'excitation était à son comble. On avait vu une femme échevelée sortir de la chambre de la reine. Un doigt sur la bouche, elle avait murmuré : « Un dauphin, mais défense d'en parler encore. » Elle avait aussitôt disparu. Déjà on se congratulait, on s'embrassait : le roi avait un héritier ! La nouvelle se répandit comme une traînée de poudre. Lorsque le souverain apparut avec Mme de Guéméné, portant l'enfant déjà somptueusement paré, ce fut du délire. On voulait toucher le nouveau-né et on le suivit jusqu'à la chapelle où le cardinal de Rohan, grand aumônier, le baptisa sous les noms de Louis Joseph Xavier.

Le petit duc d'Angoulême, fils aîné du comte d'Artois, s'étonna : « Mon Dieu, papa, qu'il est petit mon cousin ! – Il viendra un jour où vous le trouverez bien assez grand, mon fils », répondit le prince qui voyait la couronne échapper à ses propres enfants. Jusque-là héritier présomptif du trône, le comte de Provence ne partageait pas davantage l'allégresse générale ! Le roi pleura beaucoup pendant la cérémonie, attendrissant l'assemblée entière par sa sensibilité. Quant à la reine, elle se reposait. On remit son fils, qui pesait 13 livres et mesurait 22 pouces, aux bras d'une plantureuse paysanne choisie pour ses qualités de nourrice. Son nom semblait prédestiné : elle s'appelait madame Poitrine. Elle avait dû revêtir une tenue de nourrice digne de Versailles, mais gardait l'air de sa campagne, ce qui, dans cette cour amoureuse de la nature, conférait à sa fonction un charme ineffable.

La naissance du dauphin fut bientôt connue dans Paris. La joie éclata de toutes parts. On s'arrêtait dans les rues, on s'embrassait. Les fêtes commencèrent. Trois jours durant, la capitale fut illuminée aux frais du roi et des fontaines de vin coulèrent à flots aux carrefours. À Notre-Dame, un *Te Deum* fut célébré en présence du roi, que des acclamations saluèrent tout au long de sa traversée de Paris.

Selon la coutume en de pareilles circonstances, les représentants des métiers de la ville vinrent à Versailles rendre hommage au nouveau-né et complimenter les heureux parents. Ce fut un immense défilé dans la cour de marbre du château. La reine ne put pas y assister. Toutes les corporations rivalisèrent d'ingéniosité pour fêter la naissance de l'héritier du trône. Bouchers et pâtissiers avaient composé d'extraordinaires amoncellements de viandes et de gâteaux ; les ramoneurs portaient une belle cheminée d'où sortit un jeune garçon qui débita un compliment de circonstance à l'adresse du souverain ; les porteurs de chaise avaient placé dans l'un des véhicules une nourrice allaitant un enfant ; connaissant la passion du roi pour leur art, les serruriers avaient conçu une serrure à secret : il en sortait un dauphin lorsqu'on parvenait à l'ouvrir...

Habillées de soie noire, les dames de la halle furent reçues par la reine, encore au lit, comme le voulait l'usage. L'écrivain La Harpe avait rédigé à leur intention le discours que l'une d'elles récita avec aisance, jetant simplement quelques coups d'œil furtifs sur son éventail où était écrit le texte. Les poissardes récitèrent ensuite quelques couplets de leur cru. Leur grivoiserie égaya le roi et la reine qui réclamèrent plusieurs *bis* avant de faire servir un copieux repas à toutes ces femmes. La reine s'amusait ; elle était heureuse. Elle avait accompli le plus sacré de tous ses devoirs en donnant un héritier au royaume.

Le bonheur de Marie-Antoinette fut de courte durée. On ne put lui cacher longtemps une floraison de pamphlets injurieux qui mettaient en doute la légitimité du dauphin et désignaient, pour la plupart, le duc de Coigny comme le père réel de l'enfant. Étaient-ils commandités par l'Angleterre, par les princes, par quelques aristocrates haineux ? L'enquête exigée par Louis XVI n'aboutit à rien. Cependant, déjà singulièrement entachée par les commérages que suscitait sa désinvolture, la réputation de la reine en sortit encore plus atteinte.

Mercy, de son côté, avait quelques bonnes raisons de ne pas laisser la jeune souveraine en paix. Maurepas était alors à l'article de la mort. Toujours soucieux de défendre les intérêts autrichiens, l'ambassadeur espérait la nomination d'un ministre favorable à l'alliance et qui, de surcroît, devrait son élévation à la reine. Le repos forcé qu'elle devait prendre donnait au diplomate tout le temps souhaité pour l'endoctriner. Il lui présenta la mort de Maurepas comme une conjoncture intéressante et lui suggéra de faire nommer à la place du défunt l'archevêque de Toulouse, Loménie de Brienne, prélat philosophe et ami de l'abbé de Vermond. Marie-Antoinette, hésitante, répondit que rien ne pressait. Sur ces entrefaites, Joseph II fit savoir à sa sœur qu'il était préférable que le roi gouvernât seul. La reine, qui s'était plusieurs fois opposée à Maurepas, se rangea à cet avis qui lui convenait fort bien. Elle encouragea son époux dans la voie qu'il avait d'ailleurs choisie lui-même. Louis XVI se jugeait capable de se passer d'un premier ministre.

Lorsque Mercy comprit que Marie-Antoinette se ralliait aux vues de son frère et que Maurepas n'aurait pas de successeur, il entrevit tout ce que l'Autriche pouvait retirer d'une telle aubaine. Il chapitra donc la reine encore plus que de coutume : elle devait se montrer assez attentive et habile pour imposer ses propres choix au roi sans lui donner l'impression qu'elle voulait le gouverner. Et Mercy se prit à rêver de voir les Habsbourg régenter la France grâce à une courroie de transmission nommée Marie-Antoinette. Il n'allait pas tarder à déchanter.

Louis XVI et Vergennes avaient, en effet, tout lieu d'être satisfaits. Après plusieurs mois d'opérations incertaines, Français et Américains venaient de remporter une victoire décisive qui permettait de négocier une paix avantageuse sans avoir recours à la médiation autrichienne ! Les Anglais s'étaient rendus à Yorktown. Dans la presqu'île située à l'entrée de la baie de Chesapeake, le général Cornwallis s'était laissé surprendre par les Français et les Américains. Les alliés avaient fait 7 500 prisonniers ! On avait aussitôt envoyé

Lauzun en France pour annoncer cette grande nouvelle à Louis XVI. Ce succès des armes françaises, quelques jours après la naissance du dauphin, déchaîna l'enthousiasme général. On s'arrachait l'ouvrage de l'abbé Raynal, *La Révolution de l'Amérique,* paru quelques semaines plus tôt, qui faisait l'apologie des *Insurgents.* En français, Franklin salua Louis XVI comme « le plus grand faiseur d'heureux qu'il y eût en ce monde », et lui souhaita toutes les prospérités possibles. Philadelphie illumina et fêta ses libérateurs au premier rang desquels figurait le marquis de La Fayette. Bravant l'interdiction royale, ce jeune aristocrate avait rejoint les *Insurgents* avant que Louis XVI eût engagé la France dans la guerre d'Amérique. Nommé par le Congrès, major-général de l'armée des États-Unis, il avait gagné la confiance de Washington, s'était distingué au combat de Monmouth et avait largement contribué à préparer cette fameuse victoire de Yorktown. Persuadé que ce succès mettait un terme à la guerre, il venait de déclarer : « La pièce est jouée ; le cinquième acte vient de finir. » En France, La Fayette faisait désormais figure de héros. Paris prépara des fêtes grandioses afin de célébrer tout à la fois le roi, la reine, le dauphin et la victoire de Yorktown.

Sous un pâle soleil d'hiver, par un froid sec, le 21 janvier 1782, la reine fait une entrée solennelle dans la capitale, ayant à ses côtés Madame Élisabeth, Madame Adélaïde et trois autres princesses. À travers une capitale en liesse où l'on a distribué de l'argent, beaucoup d'argent, la souveraine, radieuse, est acclamée tout au long du chemin qui la conduit à Notre-Dame pour la cérémonie des relevailles. Comme la plus humble des Françaises, Marie-Antoinette s'agenouille sur le sol de la cathédrale afin de rendre grâces au ciel de lui avoir donné ce dauphin si ardemment désiré. La cérémonie se poursuit. Grandiose. Cette fois, ce n'est plus une simple pénitente qui est à Notre-Dame, mais bel et bien la reine de France à qui l'Église et les fidèles rendent les hommages dus à la couronne. La cérémonie terminée, Marie-Antoinette va se recueillir à l'église Sainte-Geneviève avant de se rendre à la réception qu'offrent, à l'Hôtel de Ville, les échevins de Paris. Pour une telle circonstance, on n'a pas hésité à édifier une sorte de palais de bois capable d'accueillir des centaines d'invités. On n'a lésiné sur rien et surtout pas sur la décoration.

La famille royale prit place autour d'une table qui réunissait soixante-dix-huit personnes triées sur le volet. Plusieurs autres tables étaient réservées à la suite royale et aux personnalités de la Ville. L'après-midi, Louis XVI et Marie-Antoinette reçurent leurs hôtes dans les salons voisins de la salle à manger avant de s'installer à des tables de jeu autour desquelles le public fut bientôt admis à circuler. Grâce aux services de sécurité, qui étaient sur les dents depuis plusieurs jours, aucun incident ne fut à déplorer. Dehors, des orchestres jouaient aux carrefours, on distribuait des victuailles *gratis* et le vin coulait à flots. La soirée s'acheva par un gigantesque feu d'artifice.

Un peu plus tard, le carrosse royal, empruntant la rue Saint-Honoré, se dirigea vers le château de La Muette où le roi et la reine devaient passer la nuit. Mais Marie-Antoinette voulut s'arrêter devant l'hôtel de Noailles où La Fayette s'était installé depuis son retour d'Amérique. Lorsque le héros se présenta à la porte du carrosse des souverains, ce furent des ovations sans fin.

Le lendemain, Louis XVI et Marie-Antoinette revinrent à Paris[32] pour le bal donné en leur honneur. Avant de gagner l'Hôtel de Ville, ils dînèrent gaiement au Temple, que le comte d'Artois avait hérité du prince de Conti. De ce palais, construit au XVIIe siècle et rénové au XVIIIe, où le frère cadet du roi avait pris l'habitude de donner ses parties fines, on apercevait un sinistre donjon médiéval. Le roi et la reine étaient bien loin d'imaginer que, onze ans plus tard exactement, ils y vivraient des heures tragiques...

Un autre bal, celui des gardes du corps à Versailles, devait clore ces journées de liesse. Marie-Antoinette en garda un souvenir ému. Persuadée qu'elle avait reconquis l'amour des Parisiens, elle n'avait pas assez de clairvoyance pour comprendre que la victoire de Yorktown et l'arrivée imprévue de La Fayette avaient donné aux réjouissances des relevailles un caractère inattendu. Le soldat d'Amérique avait été accueilli avec ferveur par la population. On l'avait couronné de fleurs à l'Opéra et il avait été le véritable héros de ces journées. Sa popularité avait éclipsé celle de la reine.

32. Paris ne s'étendait pas alors jusqu'au bois de Boulogne où se trouvait le château de La Muette.

CHAPITRE XVIII

Le retour de Fersen

Marie-Antoinette attendait la fin de la guerre avec impatience. Cependant, pour négocier avec les Anglais dans une position de force, Louis XVI et Vergennes avaient décidé de pousser leur avantage. La marine française s'acharnait contre les vaisseaux britanniques le long des côtes indiennes et l'amiral de Grasse s'apprêtait à soutenir les Espagnols qui devaient attaquer la Jamaïque. En Europe, les Français allaient également participer au siège de Gibraltar aux côtés de leurs alliés.

La poursuite du conflit ranima les espérances de Joseph II qui rêvait toujours de s'imposer comme médiateur. Il harcelait la reine de ses demandes intempestives. Persuadée du bien-fondé des intentions de l'empereur, Marie-Antoinette suppliait son époux d'écouter les propositions autrichiennes. Déçue par ses réponses évasives, elle convoquait Vergennes chez elle et lui faisait de véritables scènes, l'accusant de ne pas comprendre les intérêts réels de la France. Cependant la politique française ne tarda pas à porter ses fruits. Dans le plus grand secret, le cabinet de Saint-James envoya un émissaire à Versailles afin d'engager des pourparlers de paix.

Au comble de la joie, Louis XVI s'empressa d'annoncer la grande nouvelle à sa femme qui ne la reçut pas comme il s'y attendait. Elle s'emporta et lui déclara que le règlement de cette paix était infiniment trop complexe pour qu'on pût se passer de l'arbitrage de l'empereur. Elle eut même la maladresse – ou la naïveté – d'affirmer que Joseph II souhaitait se poser en arbitre, non pour en tirer gloire mais pour mettre fin à une abominable effusion de sang et donner à la France une preuve de son indéfectible amitié. Pendant plusieurs semaines, elle continua, sans relâche, de se faire l'avocat de son frère auprès du roi qui l'écoutait sans mot dire, et auprès du ministre qu'elle n'hésitait pas à tancer. Elle jugeait Vergennes incapable de mener à bien les pourparlers de paix et restait persuadée qu'il n'agissait que dans son intérêt personnel afin d'obtenir la place de premier ministre.

Une nouvelle occasion de seconder la politique de l'empereur s'offrit bientôt à la reine, qui était loin de mesurer l'ampleur des ambitions de son frère. Il lui demanda de recevoir somptueusement l'héritier du trône de Russie, le tsarévitch Paul, fils de Catherine II. Le grand-duc traversait l'Europe incognito avec son épouse, la grande-duchesse Marie Feodorovna[33]. Malgré les apparences, il ne s'agissait

33. Née Catherine de Wurtemberg, elle avait été rebaptisée en Russie sous le nom de Maria Feodorovna.

pas d'un voyage d'agrément mais d'une mission diplomatique déguisée. Le futur Paul Ier était envoyé à Versailles par sa mère pour solliciter la neutralité bienveillante de la France à propos du partage de l'Empire ottoman qu'elle préparait allègrement avec Joseph II. Ce dernier avait fait parvenir à Marie-Antoinette des instructions précises : elle ne devait négliger aucun détail propre à rendre agréable le séjour des Russes en France. La démarche de Saint-Pétersbourg, soutenue par Vienne, embarrassait le ministère français qui n'avait nullement l'intention de cautionner la politique de brigandage armé de l'Autriche et de la Russie. Louis XVI s'en remit à sa femme pour l'organisation des fêtes qu'on était bien obligé de donner en l'honneur du tsarévitch et de son épouse voyageant sous le nom de « comte et comtesse du Nord ».

Les Nord arrivèrent à Versailles le 18 mai 1782. La veille, le grand-duc était venu au château sans se faire reconnaître. Perdu dans la foule des courtisans, il observa les habitudes de cette cour dont parlait toute l'Europe. À son retour à l'ambassade de Russie, il fit à son épouse une description si éblouissante de Versailles que la grande-duchesse en fut tout intimidée. Espérant retrouver son assurance quelque peu ébranlée par le portrait que son mari lui avait fait de la reine, elle convoqua aussitôt Mlle Bertin pour lui commander des toilettes qui n'eussent rien à envier à celles des femmes les plus élégantes de Paris.

Dans le carrosse qui conduisait le couple à Versailles, la grande-duchesse demanda anxieusement au tsarévitch si elle était aussi belle que Marie-Antoinette. Or cette dernière était saisie d'un véritable trac. Lorsque la voiture princière franchit les grilles du palais, elle but un grand verre d'eau et avoua à sa femme de chambre que « le rôle de reine était plus difficile à remplir en présence d'autres souverains ou de princes faits pour le devenir qu'avec des courtisans ». Néanmoins, parfaitement gracieuse et maîtresse d'elle-même, elle accueillit les Nord en véritable souveraine. En présence de toute la cour, elle offrit à ses hôtes un concert dans le salon de la Paix, suivi d'un brillant souper. Leurs Altesses Impériales quittèrent Versailles à trois heures du matin. Elles devaient y revenir plusieurs fois. Marie-Antoinette les invita à Trianon. Charmé par la grâce de la reine, le tsarévitch s'imagina qu'une certaine intimité s'était établie entre elle et lui. Il se permit de lui faire quelques confidences assez gênantes sur la tsarine sa mère et de lui poser des questions indiscrètes sur ses relations avec Mme du Barry. Rien ne pouvait choquer davantage Marie-Antoinette. De ce jour, elle éprouva une indicible aversion pour ses visiteurs. Elle avait hâte de les voir partir. Il fallut pourtant leur offrir encore plusieurs spectacles et des fêtes plus magnifiques les unes que les autres. Le séjour impérial s'acheva par un bal paré dans la galerie des Glaces. La reine dansa avec le tsarévitch et le roi avec Maria Féodorovna. « Un des plus beaux coups d'œil que j'aie vus, c'est l'entrée de la famille royale au bal, lorsque toute la cour est réunie », écrivit la baronne d'Oberkirch, amie d'enfance de la grande-duchesse, qui semblait évoluer en pleine féerie. Le départ de ces importuns soulagea Marie-Antoinette qui partit se reposer dans son cher Trianon avec Mme de Polignac. Mercy ne tarissait pas d'éloges sur la conduite de la souveraine. Le roi et Vergennes se félicitaient qu'aucune promesse consistante n'eût été faite aux Russes.

Il y avait moins de monde que d'habitude à Versailles. Le comte d'Artois, Vaudreuil et plusieurs gentilshommes participaient au siège de Gibraltar ; beaucoup d'autres avaient rejoint leur campagne. La reine installa ses enfants avec Mme de Guéméné et sa suite au grand Trianon où elle passait chaque jour quelques moments. Cet été-là, renonçant à jouer la comédie, elle se contenta de donner quelques petits concerts. Rien ne troubla la quiétude des beaux jours, sinon la retentissante faillite du prince de Guéméné qui contraignit son épouse à abandonner sa charge de gouvernante des Enfants de France. Peu affectée par ce scandale, la reine demanda à Mme de Polignac de succéder à la princesse. La favorite accepta sans enthousiasme une nomination qui la privait d'une relative indépendance. Marie-Antoinette logea désormais ses enfants et son amie dans deux appartements qui communiquaient avec les siens.

Pendant ce temps, les négociations de paix traînaient en longueur. Beaucoup d'officiers étaient revenus d'Amérique, mais Fersen s'y attardait. En prolongeant son temps de service dans l'armée française, il espérait obtenir plus facilement un régiment à son retour. Il accomplissait, en outre, une mission d'information économique et commerciale dont l'avait chargé le roi de Suède. Gustave III souhaitait, en effet, obtenir de la jeune république une colonie pour la Suède.

Aide de camp de Rochambeau, qui commandait le corps expéditionnaire d'Amérique, Fersen avait accompagné ce général dans tous ses déplacements, assisté aux conférences avec Washington et les chefs militaires américains. Parlant couramment l'anglais, il servait souvent d'interprète. Sa conduite valeureuse, en particulier au siège de Yorktown, venait de lui valoir la prestigieuse décoration de l'ordre de Cincinnatus. Après Yorktown, il avait voyagé à travers les États américains et séjourné assez longuement en Virginie. Voyant l'immensité des champs de tabac et de maïs cultivés par des esclaves noirs sous la férule de « messieurs blancs » buveurs de punch, il pressentit les difficultés à venir entre le Nord et le Sud. Partout bien accueilli, Fersen jugeait les Américains francs, loyaux, gais et sympathiques, mais, en irréductible aristocrate européen, il était choqué par leur sens de l'égalité. Malgré la guerre, le jeune homme avait réussi à prendre un peu de bon temps. Il s'était tout d'abord lié avec un sémillant seigneur français qui n'était autre que Lauzun. On ne sait s'ils échangèrent d'intimes confidences, mais leur entente fut parfaite. Sans doute partagèrent-ils les mêmes conquêtes. Fersen – comme beaucoup d'officiers français – a laissé des descriptions très enthousiastes des femmes américaines qu'il trouvait belles, bien faites et beaucoup plus soignées que les Européennes. Elles pratiquaient l'art de se laver au savon, ce qui était plutôt rare de l'autre côté de l'Atlantique...

Le 24 décembre 1782, après un séjour fort agréable à Boston, Fersen embarqua pour l'Amérique du Sud. Il s'agissait d'attaquer les Anglais dans les Petites Antilles, au nord de l'actuel Vénézuela. Après une horrible traversée, il mit pied à terre à Porto Cabello. Selon sa propre expression, ce fut « l'enfer ». « Nous périssons d'ennui, nous desséchons, nous vieillissons, nous jaunissons de chaleur », gémissait-il, victime de la fièvre et d'une sérieuse conjonctivite. Une frégate française mit fin à cette épreuve : elle annonçait la fin de la guerre et la prochaine signature de la paix. Après avoir gagné le Cap-Français (aujourd'hui à Haïti), il prit la route de la France à la fin du mois d'avril 1783.

Pendant ces quatre années passées en Amérique, Fersen avait fait des projets d'avenir dont il entretenait régulièrement son père. Peu avant son retour en Europe, il lui avoua qu'il avait de bonnes raisons d'espérer un régiment en France et qu'il comptait pour cela sur l'appui de la reine qui avait « toujours beaucoup de bonté et s'intéressait à lui ». (De fait, Marie-Antoinette s'employait activement, depuis 1782 à lui obtenir un régiment.) Dans l'espoir de calmer les inquiétudes paternelles, il assurait l'auteur de ses jours que la charge de colonel-propriétaire d'un régiment français, au demeurant fort « agréable », « n'exigerait pas sa présence ». Il lui faisait part également de ses projets matrimoniaux. « Je suis dans l'âge où le mariage, quelque peu de vocation que j'aie pour ce sacrement, devient une chose nécessaire », lui disait-il. Il était donc temps pour lui de trouver une riche héritière dont le physique ne fût pas trop désagréable. Il ne mettait guère d'ardeur à trouver l'épouse idéale. Il tenta de renouer avec une Anglaise, Miss Leyell qui l'avait éconduit quelques années plus tôt. Prévoyant un nouveau refus, il pensait à Germaine Necker, fille unique du banquier genevois, ancien ministre des Finances de Louis XVI. Ayant appris que son ami le baron de Staël se posait en prétendant sérieux, il était fort peu enclin à marcher sur ses brisées.

Fersen débarqua en France le 17 juin 1783. Le 23, il s'installa à Paris chez son ami Staël qui venait d'être nommé ambassadeur de Suède en France. Brusquement, en quelques jours, sa vie prit, semble-t-il, un cours nouveau. Les trois lettres qu'il adresse le 27 à Gustave III, à son père et à sa sœur Sophie en témoignent. Il sollicite l'intervention de son souverain pour obtenir le régiment français du Royal-Suédois et lui demande « de consentir à un arrangement d'où dépend son existence, son avenir et le bonheur de sa vie ». À son père, il réclame les 100 000 livres nécessaires à cette opération, à prendre sur la part de son héritage à venir. « Si vous n'avez pas cet argent chez vous, mon cher Père, je me charge de le trouver ici et cela ne doit pas vous embarrasser », s'empresse-t-il d'ajouter. Il assure néanmoins au sénateur Fersen que sa réponse « décidera du bonheur ou du malheur de sa vie ». Il presse enfin sa sœur Sophie de vaincre les résistances qu'ils pressent chez leur père en lui affirmant, à elle aussi, que « le bonheur de sa vie » dépend de cette décision.

Fersen s'est rarement montré aussi expansif. L'espoir de posséder un régiment justifiait-il à lui seul pareille ardeur ? Il était alors promis à une brillante destinée en Suède, son pays natal, où le roi le tenait en particulière estime et amitié. Mais il savait bien que la Suède ne serait jamais qu'une puissance secondaire, lointaine et froide. En dépit de toutes ses protestations de fidélité envers son père et son souverain, Fersen n'éprouvait pas la moindre nostalgie de sa famille et de son pays. Jouissant de la protection de la reine, il voyait se dessiner devant lui une belle carrière en France. Cependant, si l'ambition et l'espoir d'une vie agréable étaient de puissants mobiles pour le retenir dans ce royaume, « mille autres raisons qu'il n'osait confier au papier » s'ajoutaient à celles-là. C'est tout ce qu'il se permettait d'avouer à sa sœur préférée.

Quelques jours plus tard, Axel Fersen reçut les réponses qu'il attendait. Sur les instances de Gustave III, son père avait cédé et consentait – de mauvaise grâce – à ce qu'il devînt propriétaire du Royal-Suédois. Et comme un bonheur n'arrive jamais seul, il apprit que Mlle Leyell s'était mariée et que Necker acceptait le baron de Staël pour gendre. « J'ai peine à croire tant je suis heureux. J'ai plus d'une raison pour cela que je vous dirai quand nous nous verrons, disait-il à sa sœur le 31 juillet. Malgré tout le plaisir que j'aurai à vous voir, poursuivait-il, je ne puis quitter Paris sans regret. Vous trouverez cela très naturel quand vous en saurez le sujet. Je vous le dirai car je ne veux rien avoir de caché pour vous. [...] Je suis bien aise que Mlle Leyell soit mariée. On ne m'en parlera plus et j'espère qu'on n'en trouvera pas d'autre. *J'ai pris mon parti, je ne veux jamais former de lien conjugal ; il est contre nature. [...] Je ne puis pas être à la seule personne à qui je voudrais être, la seule qui m'aime véritablement, ainsi je ne veux être à personne*[34]... »

Cette mystérieuse personne qui « l'aimait véritablement » était Marie-Antoinette. Fersen ne pensait pas que l'amour de la reine de France, après plus de trois ans de séparation, s'imposerait à lui avec une telle force. Pour cet aristocrate qui révérait profondément la monarchie, la passion d'une reine ne ressemblait à aucune autre. Il voyait plus en elle une souveraine qui avait daigné jeter les yeux sur lui qu'une femme amoureuse et pathétique, incapable de cacher plus longtemps ses sentiments. Marie-Antoinette pouvait tout sur Fersen, subjugué par la souveraine-femme et prêt à aimer la femme-souveraine.

34. C'est nous qui soulignons.

Une telle situation paraîtrait invraisemblable si Marie-Antoinette et son ami n'étaient pas restés en relations épistolaires pendant la guerre d'Amérique. Pourtant, à l'exception des lettres officielles dont Fersen parle à son père, il ne reste pas trace de lettres personnelles de la reine. On ne peut pas se reporter au *Journal* que tenait Fersen. Il l'a volontairement détruit après la fuite de Varennes pour la période allant de 1776 à 1791, ce qui tend à prouver qu'il y était très souvent question de Marie-Antoinette. Seul subsiste son carnet de correspondance dans lequel il notait la date et le destinataire de ses lettres, dont il donnait parfois un bref résumé. C'est dans ce document que peu après la Première Guerre mondiale, Alma Söderhjelm, archiviste finlandaise, découvrit et démontra qu'une mystérieuse correspondante du comte suédois, répondant au banal prénom de Joséphine, était en réalité la reine de France. Fersen ne numérotait que les lettres importantes. Or celles de Joséphine sont toujours numérotées. Elles forment des séries dont le début coïncide toujours avec le départ de Fersen (soit de Paris, soit de Versailles) et la fin avec son retour. Elles traitent aussi bien d'affaires personnelles que de politique ou de la vie militaire. Il ne peut y avoir de doute sur l'identité de cette Joséphine, car, à quelques reprises, dans la partie conservée de son *Journal*, Fersen désigne clairement Marie-Antoinette par ce prénom. On s'explique mieux ainsi la soudaineté des décisions du jeune Suédois dès son retour en France et ses mystérieuses confidences à Sophie.

Le mois de juillet fut fort heureux pour lui. Sans doute le fut-il tout autant pour la reine. Le 15 juillet 1798, il notera dans son *Journal* : « Je me rappelle de ce jour, quand je suis arrivé de Dang[35] ; que je descendis chez Mme de Matignon[36] et que j'allai pour la première fois chez Elle[37]. » Il fallait que l'événement fût bien important pour lui... Bien que Marie-Antoinette feignît de traiter publiquement Fersen avec une certaine indifférence, l'inclination manifeste qu'elle lui portait ne pouvait rester longtemps ignorée. Assez dépitées que le beau Suédois ne leur fît pas la cour, les femmes prétendaient qu'il avait vieilli de dix ans et que sa beauté s'était enfuie. Cependant, si Fersen avait perdu la grâce de la première jeunesse, s'il avait maigri, si son visage s'était buriné, il n'avait rien perdu de son charme. Sa réserve naturelle, son air un peu mélancolique, le récit de ses exploits achevaient de lui conférer une « aura » prestigieuse.

Marie-Antoinette réalisait enfin pleinement son rêve de vie privée. L'homme qu'elle aimait venait la voir presque chaque jour et elle s'ingéniait à organiser, pour lui comme pour elle, une sorte d'existence idéale. Par chance, le roi semblait ne rien voir, ne rien savoir... À cette époque, la reine s'affranchit encore davantage des pesanteurs de l'Étiquette. On ne la voyait plus que vêtue de ses robes blanches. Elle eut d'ailleurs l'idée de se faire peindre ainsi par Mme Lebrun. Son portrait, exposé au Salon, fit scandale. On s'indigna que la reine de France s'habillât comme

---

35. Il s'agit probablement du château de Dangu en Normandie qui appartenait au baron de Breteuil, fidèle protecteur de Fersen.

36. Mme de Matignon était la fille du baron de Breteuil. Comme elle était veuve, on évoqua un projet de mariage entre elle et Fersen.

37. Dans son Journal, Fersen désigne toujours la reine par Elle avec un E majuscule.

une femme de chambre. D'aucuns n'hésitèrent pas à prétendre qu'elle avait partie liée avec son frère pour ruiner les soyeux de Lyon et enrichir les fabriques de linon de Bruxelles[38]. Par prudence, on enleva le portrait.

Tout à son bonheur, la reine ne prêta pas grande attention à cet incident qui lui eût pourtant permis de mesurer son impopularité. Elle attribua sans doute l'incartade à cette fameuse légèreté française si souvent incriminée par sa mère et par son frère. À la fin du mois de septembre, elle s'inquiéta bien davantage d'un voyage de Fersen qui partait pour un séjour de plusieurs mois en Suède.

38. Bruxelles était la capitale des Pays-Bas autrichiens.

Chapitre XIX

Dernières illusions

Le bonheur de la reine fut, de nouveau, troublé par les interventions de l'empereur qui ne cessait de la tourmenter. Toujours considérée comme le gage de la fameuse alliance, Marie-Antoinette avait reçu de pressantes lettres de son frère qui la priait d'intervenir en faveur d'une opération aussi avantageuse, lui disait-il, pour la France que pour l'Autriche. S'apprêtant à dépecer l'Empire ottoman de concert avec la tsarine de Russie, Joseph avait besoin de la neutralité bienveillante de la France. Pour prix de cette neutralité, il proposait de céder l'Égypte à Louis XVI. Cette offre pouvait tenter le roi. Cependant, il refusa le marché et adressa à son beau-frère une lettre sévère, dénonçant « le monstrueux système des compensations », source de perpétuels conflits en Europe. La rage au cœur, persuadé que la France, traditionnelle protectrice de l'Empire ottoman, pouvait se retourner contre lui avec l'appui de la Prusse, Joseph dut renoncer à ses projets de conquête.

Encore une fois, dans cette affaire, Marie-Antoinette prit le parti de l'Autriche, sans vouloir écouter les arguments du roi ni ceux de Vergennes auquel elle infligea de nouvelles scènes. Elle ne soupçonnait pas un instant que son mari et son ministre agissaient d'un commun accord. En lui donnant des explications assez vagues, le roi jouait avec elle de sa pseudo-faiblesse pour éviter ses colères. En revanche, tout en conservant le respect qu'il lui devait, Vergennes n'hésitait pas à répondre franchement à ses arguments et à défendre ce qu'il jugeait être, à juste titre, le plus grand intérêt du royaume. Comme elle n'avait pas eu gain de cause, la reine écrivit à son frère que Louis XVI « était incomplètement instruit des affaires et qu'il paraissait peu en saisir les nuances ». Elle espérait néanmoins que Joseph « oublierait la malhonnêteté de style qu'on avait employée ici ».

À s'en tenir aux apparences, ce conflit diplomatique n'avait pas altéré les bonnes relations que la reine entretenait avec son mari. Louis XVI la traitait avec beaucoup d'amitié, continuait de lui passer tous ses caprices et semblait ignorer les tendres sentiments qu'elle portait au Suédois. Les mauvaises langues prétendaient qu'elle agissait avec une duplicité consommée pour qu'il ne s'aperçût de rien. L'alliance autrichienne lui paraissant en danger, elle se rapprocha de lui et se retrouva enceinte. Mais, le 1er novembre 1783, elle fit une fausse couche. Quelques jours plus tard, elle déclara au roi qu'elle n'avait pas l'intention de partager son intimité avant plusieurs mois, en dépit de son désir d'avoir un second fils.

Louis XVI et Marie-Antoinette commençaient à éprouver de vives inquiétudes pour le dauphin. L'enfant ne grandissait plus et dépérissait à vue d'œil. Au mois de mai 1784, pris d'une fièvre violente, il cessa d'uriner et son petit corps enfla démesurément. On le crut perdu. Impuissants, les médecins déclarèrent, non sans forfanterie, qu'il fallait regarder cet accident « comme un des plus puissants moyens de fortifier la constitution du jeune prince ». Cet optimisme rasséréna la reine qui crut en la guérison de son fils. De fait, l'enfant se remit comme par miracle. Quelques semaines plus tard, vêtu en matelot, trop jeune et trop fragile pour partager les jeux de sa sœur aînée, il fit quelques pas dans les allées de Trianon avec la baronne de Mackau, sa sous-gouvernante. Il se montrait fort tendre avec sa mère et parlait déjà avec facilité. On le reprenait quand il disait *je veux*. « Le roi dit : *nous voulons*, lui répétait Mme de Mackau. – Oui, répondait-il, le roi et moi, nous voulons tous les deux ; vous voyez bien que j'ai raison. Mon papa ne dirait pas *nous* pour lui tout seul. » Si le petit prince faisait toujours preuve d'une parfaite bonne humeur, tel n'était pas le cas de sa sœur. Madame Royale, qui jouait souvent dans les petits appartements de sa mère, ne pouvait se départir d'une morgue insupportable. Dans l'espoir d'adoucir son caractère, la reine lui avait donné une compagne de naissance obscure qu'on élevait avec elle. Habillées de robes identiques, les deux petites filles recevaient la même éducation, partageaient les mêmes jeux et Marie-Thérèse était tenue d'avoir tous les égards possibles avec la petite Ernestine[39]. À l'intention de sa fille et de sa compagne, la reine venait de faire

39. Fille d'une femme de chambre et d'un huissier, elle s'appelait en réalité Marie-Philippine Lambriquet. La reine préféra lui donner le prénom d'Ernestine qui était celui de l'héroïne d'un roman de Mme Ricoboni, alors fort à la mode. L'enfant rentrait tous les soirs chez ses parents mais, à la mort de sa mère en 1788, Marie-Antoinette la prit entièrement à sa charge. Pendant la Terreur, elle fut sauvée par ses grands-parents et mourut en 1814.

aménager un parterre qu'elles cultivaient à leur idée, avec pelles, râteaux, arrosoirs et autres petits ustensiles de jardin. Elle leur fit également donner un troupeau de chèvres et de moutons que soignait un berger spécialement destiné à cette fonction.

Madame Royale n'aimait guère la reine. Elle en donna une preuve éclatante qui bouleversa Marie-Antoinette. Un jour qu'elle jouait auprès de sa mère, celle-ci raconta à l'abbé de Vermond qu'elle avait fait une très grave chute de cheval. Aussitôt l'abbé demanda à l'enfant si elle se rendait compte qu'elle avait failli perdre sa mère. « Cela m'eût été égal. – Madame ne sait pas ce que c'est que de se casser la tête, répliqua l'abbé. La reine serait morte. – Cela m'eût été égal, répéta-t-elle. – Mais Madame ignore certainement ce qu'est la mort ? – Non, M. l'abbé, je ne l'ignore pas. On ne voit plus les personnes mortes. Je ne verrais plus la reine et j'en serais bien aise parce que je ferais mes volontés. » En entendant sa fille proférer ces paroles avec une telle conviction, la reine ordonna qu'on l'emmenât hors de chez elle et qu'elle fût mise en pénitence. Puis elle se réfugia en sanglotant chez Mme de Polignac. La duchesse, horrifiée, prétendit qu'une telle attitude était imputable à Mme d'Aumale, l'une des sous-gouvernantes. Très émue par ce qu'on lui rapporta, Mme d'Aumale reprocha à la princesse ce qu'elle avait dit devant la reine et ajouta qu'elle était d'autant plus coupable qu'elle aimait sûrement sa mère. « Non, je ne l'aime pas, reprit l'enfant, parce qu'elle me gêne et ne fait pas attention à moi. Par exemple, quand elle me mène chez ses tantes, elle marche dare-dare en avant et ne regarde pas seulement si je la suis. Au lieu que mon papa me conduit par la main et s'occupe de moi. » On ne peut mettre en doute cette anecdote tirée du *Journal* du marquis de Bombelles, parfaitement bien informé de la vie quotidienne des enfants royaux par sa belle-mère, la baronne de Mackau. Elle révèle les réalités de cette intimité des princes que la légende hagiographique a trop souvent déformée.

Malgré tout, en ce printemps de 1784, Marie-Antoinette voulait croire au bonheur. En attendant le retour de Fersen, elle veillait à l'aménagement de son hameau de Trianon. Pour parfaire l'illusion de la châtelaine, de la reine sans royaume, elle voulait créer un nouveau décor, le plus proche de la réalité et pourtant le plus éloigné de ses préoccupations réelles : le village français. À Chantilly, le prince de Condé avait été le premier à construire un hameau dont les sept bâtiments couverts de chaume, disséminés sur les bords d'une rivière à l'extrémité de son jardin anglais, représentaient une étable, une laiterie, un moulin, une grange, un cabaret et deux maisons de paysan. On avait certes installé une meunière qui pouvait moudre du grain, un vacher qui s'occupait de ses vaches, mais les maisons paysannes et la grange à l'apparence rustique et presque délabrée cachaient de superbes salons. On était bien dans le domaine des faux-semblants.

Marie-Antoinette voulut que Mique s'inspirât du hameau de Chantilly pour celui qu'elle désirait édifier dans le prolongement des jardins de Trianon. En 1783, non loin du pavillon de Trianon, on commença de creuser un étang autour duquel devaient être disposées les maisons du village dont la construction commença au printemps. On vit bientôt surgir une tour, dite tour de Marlborough pour sacrifier à l'anglomanie ambiante, puis deux laiteries, une grange qui n'était autre qu'une salle de bal, un jeu de boules, un colombier, un poulailler, un moulin, une maison de gardien et une lingerie. À l'extrémité de la pièce d'eau trônaient deux pavillons reliés par une longue galerie en terrasse d'où partaient deux escaliers extérieurs harmonieusement enroulés. Conçues comme des chaumières normandes avec leurs colombages apparents, ces constructions d'apparence modeste étaient décorées de lézardes pour donner l'illusion de l'authenticité. L'aménagement du hameau ne devait être achevé qu'en 1787. Ce nouveau caprice parut d'un goût douteux à certains bons esprits de la cour. « Peut-être qu'avec un peu de dépenses de plus, Sa Majesté fût parvenue à effacer à trente lieues à la ronde la livrée de la misère que portent nos vrais hameaux et à bonifier des habitations, refuges de tant d'honnêtes citoyens, au lieu de les représenter dans leur hideux délabrement », écrivait alors le marquis de Bombelles.

Les abords de ce village en miniature donnaient l'impression d'une véritable campagne, avec des champs labourés. On alla même jusqu'à amener un bouc, des chèvres, des moutons et un troupeau de vaches suisses. On acheta ensuite trois coqs, soixante-huit poules, huit pigeons et des lapins. Chargés de gérer l'ensemble de l'exploitation, les Valy, couple de paysans logé à la ferme, furent aidés par un jardinier, un bouvier, un vacher, un valet, des garçons jardiniers, un taupier, un ratier, un fureteur, un faucheur et une fille de service. À une demi-lieue des fastes de Versailles, Marie-Antoinette surveillait les travaux des champs et ne jouait pas à la fermière comme le prétendent mille légendes. Elle se contentait de parcourir les allées de son petit domaine, de regarder la fermière traire les vaches ou fabriquer son beurre. Lorsque Valy lui demanda de changer le bouc incapable de faire des petits aux chèvres, elle répondit le plus sérieusement du monde « qu'elle le voulait bien mais surtout que le nouveau ne fût pas méchant et qu'il fût tout blanc ». Ainsi croyait-elle découvrir les réalités de la vie paysanne. La balançoire placée devant sa maison, au bord de l'étang, symbolise admirablement cet élan factice vers un univers inconnu qu'elle se représentait de la manière la plus sophistiquée.

La construction d'un hameau au milieu d'un paysage reconstitué à l'image de la nature par les jardiniers et les architectes évoque bien ce lieu idéal où le luxe raffiné doit rejoindre l'innocence la plus pure, en vertu de la magie attachée à la terre, toujours auréolée des prestiges du paradis originel. L'image de la félicité mondaine et de la simplicité pastorale se rencontrent dans ce hameau, château et paradis, où l'ordre réel de la société et l'ordre idéal de la nature se trouvent heureusement réconciliés. Ce village d'opéra-comique exprime bien ce rêve de pureté qui consume le bonheur des mondains. Retrouver la nature par cette transposition, c'est donner un pouvoir de suggestion à ces âmes peu faites pour imaginer en dehors des limites du réel. Enfin la conception de cet innocent paradis ne coïncide-t-elle pas chez la reine, avec la fulgurance de l'amour qui fait spontanément désirer un refuge ?

Marie-Antoinette avait hâte de faire découvrir les premières constructions de son hameau à Fersen. Axel n'avait pas pu regagner la Suède. À une étape d'Allemagne, il avait retrouvé Gustave III qui partait pour un long voyage en Italie. Le fantasque souverain, qui ne pouvait se passer de la compagnie d'hommes jeunes et beaux, lui avait aussitôt demandé de renoncer à son séjour en Suède pour l'accompagner. Fersen s'était exécuté sans le moindre plaisir. S'il reconnaissait à Gustave de réelles qualités d'homme d'État, s'il appréciait sa culture raffinée, son sens artistique, il ne pouvait supporter l'idée de passer pour son favori et il avait du mal à comprendre la fièvre de plaisirs qui le dévorait. Gustave voulait tout voir, tout comprendre, ne manquer aucun spectacle, aucune réception, aucun bal. Ce roi qui dormait fort peu avait l'habitude d'épuiser toute sa suite dont il exigeait un dévouement sans bornes et un entrain égal au sien. Il fallait une santé de fer pour le suivre. Fersen se plaignit souvent du rythme de vie qu'il imposait à son immédiat entourage.

Pendant cette expédition qui le conduisit jusqu'à Naples, Axel écrivit vingt-sept lettres à la mystérieuse Joséphine. Celle-ci le pressait de venir à Versailles avant Gustave. Le roi de Suède avait, en effet, l'intention d'achever son voyage par un séjour dans cette France qu'il idolâtrait pour sa culture et son art de vivre. Dans l'impossibilité de quitter son maître, Fersen nota dans son cahier de correspondance : « À Joséphine 18 et 21 mai : n° 27, par Fontaine, que je ne peux venir avant le roi. » Il avait pourtant beaucoup de choses à lui raconter. N'avait-il pas rencontré son frère Joseph, ses sœurs Marie-Amélie, duchesse de Parme, et Marie-Caroline, reine de Naples ? Bien entendu, il taisait ses aventures amoureuses, aventures sans lendemain mais qui lui firent passer quelques bons moments. À Florence, il avait tourné la tête d'une certaine Émilie, belle-sœur de lord Cooper, lequel avait donné de brillantes fêtes en l'honneur du roi de Suède. À Naples, dans l'entourage du prétendant Charles-Édouard Stuart, il avait consolé une jeune femme « bien malheureuse », Élisabeth Foster. Mais son laconique carnet de correspondance nous apprend qu'il avait dit à Émilie « qu'il ne fallait plus y penser » et « déclaré tout » à Élisabeth.

Le 7 juin 1784, Louis XVI, qui chassait à Rambouillet, fut informé par un courrier affolé que Gustave III venait d'arriver à Versailles sans crier gare. Le roi rentra à bride abattue au palais. Il n'y trouva pas un seul valet de chambre et, pour comble de malchance, les clés de la garde-robe avaient disparu. Quelques courtisans l'aidèrent tant bien que mal à se changer. Marie-Antoinette, qui n'était pas non plus à Versailles, rejoignit son époux en toute hâte. Vêtue avec une parfaite élégance, elle s'aperçut d'emblée que le roi se présentait avec deux chaussures différentes. En d'autres circonstances, cet incident l'eût agacée, mais elle était d'humeur si légère qu'elle prit le parti d'en rire et demanda seulement à son mari s'il était paré pour un bal costumé.

Pendant six semaines, les souverains français offrirent les divertissements les plus choisis à leurs hôtes. La reine rayonnait de bonheur et le roi semblait moins morose que d'habitude. Opéras, ballets, comédies, bals, dîners, soupers se succédaient à un rythme étourdissant. Ils s'achevèrent en apothéose par la grande fête de Trianon conçue par Marie-Antoinette comme un hymne à l'amour qu'elle vouait à Fersen. Après la représentation du *Dormeur éveillé,* de Marmontel, sur une musique de Piccinni, la reine convia ses hôtes à un souper sous des tentes dressées à Trianon. Dans le jardin anglais illuminé, on avait permis « à toute personne honnête » de se promener à condition d'être vêtue de blanc. Ce fut « un véritable spectacle des Champs-Élysées », au dire de Gustave III. Marie-Antoinette, qui ne s'était pas mise à table, fit les honneurs de sa réception comme une simple maîtresse de maison, parlant à tous les Suédois et s'occupant d'eux avec une attention extrême. Le 19 juillet, Gustave III repartit avec sa suite pour Stockholm. Il était satisfait : il avait resserré les liens entre les deux puissances et obtenu une confortable pension pour Fersen qui avait ainsi les moyens de soutenir son rang à la cour de France.

De nouveau, les affaires internationales assombrirent la joie de la reine. Ayant abandonné ses vues sur les Balkans, Joseph II se tournait maintenant vers les Pays-Bas. Il sommait les Hollandais de rouvrir les bouches de l'Escaut afin de donner son plein essor au port d'Anvers, débouché des Pays-Bas autrichiens. C'était violer un article du traité de Münster, conclu en 1648, dont la France demeurait la garante. Les projets de l'empereur risquaient de léser non seulement les intérêts commerciaux de la Hollande, mais aussi ceux de la France. Excédé par les ambitions désordonnées de ce beau-frère qui menaçait toujours l'équilibre européen, Louis XVI n'avait aucune intention de cautionner sa politique. Au reste l'opinion, dont les sympathies allaient vers cette république commerçante et industrieuse, s'enflamma aussitôt contre Joseph.

Malgré les sévères échecs diplomatiques que Louis XVI lui avait infligés, l'empereur exerçait de nouvelles pressions sur Marie-Antoinette. Ayant reçu de véritables lettres comminatoires faisant appel à ses sentiments fraternels, la reine prit fait et cause pour son frère, insista auprès de son époux et secoua le malheureux Vergennes. Un soir, Louis XVI lui-même dut mettre fin à une altercation orageuse entre sa femme et son ministre. Malgré les larmes qu'elle versait sur l'épaule du roi, malgré les scènes qu'elle faisait à Vergennes, Marie-Antoinette n'obtint rien. Elle fut bien obligée d'avouer sa défaite à son frère. « Je ne m'aveugle pas sur mon crédit, lui dit-elle. Je sais que, surtout pour la politique, je n'ai pas grand ascendant sur l'esprit du roi. Serait-il prudent à moi d'avoir avec son ministre des scènes sur des objets sur lesquels il est presque sûr que le roi ne me soutiendrait pas ? Sans ostentation ni mensonge, je laisse croire au public que j'ai plus de crédit que je n'en ai véritablement, parce que, si on ne m'en croyait pas, j'en aurais encore moins. Les aveux que je vous fais, mon cher frère, ne sont pas flatteurs pour mon amour-propre, mais je ne veux rien vous cacher, afin que vous puissiez juger, autant qu'il est possible, de la distance affreuse où mon sort m'a éloignée de vous. » On ne pouvait être plus clair.

Bien qu'il pressentît que Louis XVI ne le soutiendrait pas, Joseph II tenta un coup de force en envoyant un bateau autrichien sur l'Escaut. Après les sommations d'usage, les Hollandais ouvrirent le feu sur le navire et l'empereur menaça d'envoyer une armée de 80 000 hommes pour réparer par les armes ce qu'il considérait comme une grave insulte. Alors que l'Europe entière prenait le parti de la Hollande, que Frédéric II de Prusse regroupait la plupart des princes allemands et que la cour de France murmurait contre l'empereur, Marie-Antoinette revint à l'assaut auprès de son époux et de son ministre. En vain. De mauvaise grâce, Joseph fut contraint d'accepter l'arbitrage de Louis XVI. À Versailles, des pourparlers furent entamés entre l'Autriche et la Hollande. L'empereur acceptait de renoncer à la liberté de l'Escaut mais exigeait 10 millions de florins de dommages et intérêts. En marchands avisés, les Hollandais transigèrent à 8 millions. Généreusement, Louis XVI proposa de payer les deux autres millions à l'empereur, par amour pour la paix, dit-il. On attribua ce geste de faiblesse à l'influence de la reine.

Marie-Antoinette ne voyait pas qu'en s'opposant à la politique d'expansion de l'empereur, Louis XVI, souverain modéré et pacificateur, était réellement parvenu à rendre à la France la considération qu'elle avait perdue pendant le règne de Louis XV. Blessée dans son orgueil, persuadée de sa supériorité sur le roi, excitée par Mercy, elle songeait aux moyens de faire renvoyer Vergennes tout en suppliant son frère d'excuser la légèreté du ministère français. Elle rendait grâce à l'empereur de ne pas avoir rompu l'alliance. Dans le cas contraire, « elle n'eût plus connu ni bonheur ni tranquillité », lui disait-elle. À la cour, bien rares étaient ceux qui avaient soutenu Joseph II. La fidélité inconditionnelle de Marie-Antoinette, mère du dauphin, à la cause des Habsbourg paraissait choquante. Au sein même de la famille royale, le comte d'Artois n'avait pas hésité à évoquer l'idée d'un rapprochement avec la Prusse, l'ennemie jurée de l'Autriche. Quant aux Polignac, ils n'avaient pas été les derniers à juger sévèrement les interventions de l'empereur, ce qui avait singulièrement refroidi l'amitié de Marie-Antoinette pour la duchesse. La reine n'admettait pas que sa famille autrichienne fût critiquée, même par la plus tendre des amies.

Chapitre XX

Parfum de scandale

Peu de temps après le départ de Gustave III, au moment même où l'affaire de Hollande commençait à prendre des proportions inquiétantes, la reine s'aperçut qu'elle était enceinte. Cette nouvelle grossesse sembla l'éprouver bien plus que les précédentes. Elle demeura longtemps dans un état d'étrange abattement que nul ne pouvait combattre et demanda plusieurs fois à se confesser. Cette dévotion extrême, si étrangère à ses habitudes, étonna tout le monde. Le 27 mars 1785, la naissance d'un second fils, nommé duc de Normandie, soulagea Louis XVI qui voyait ainsi sa postérité assurée. Il parut au comble de la joie lorsqu'il assista au *Te Deum* chanté dans la chapelle du château. Cependant plusieurs courtisans se demandaient s'il fallait bien attribuer la paternité de cet enfant au roi de France. On ne pouvait s'empêcher de remarquer que cette naissance survenait exactement neuf mois après le séjour de Fersen.

On se rappelait aussi que Marie-Antoinette s'était retrouvée enceinte juste après le précédent séjour de Fersen. Lorsque la reine se rendit à Paris pour la traditionnelle cérémonie des relevailles, elle fut accueillie par un silence glacial. Lorsqu'elle revint à Versailles, elle s'effondra dans les bras du roi en sanglotant : « Mais que leur ai-je donc fait ? » murmurait-elle.

Jusqu'à une période récente, les historiens se sont anxieusement demandé si Marie-Antoinette et Fersen avaient été amants et si le second fils du couple royal n'était pas en réalité le fils de Fersen. Nous pouvons dire avec certitude que la reine et le comte suédois se sont aimés, mais il est impossible de répondre clairement à ces deux questions. Certains indices plaident en faveur d'une liaison platonique alors que d'autres laisseraient penser à l'existence de liens plus intimes.

Sans l'irruption de la tragédie dans son existence, on aurait conservé une tout autre image de Marie-Antoinette. Une image qui n'aurait pas été brouillée par la pieuse légende reconstruite dès 1793 par les royalistes soucieux de voir en elle l'héroïne dont la vie privée devait être irréprochable. Soupçonner de quelque faiblesse amoureuse celle qu'on n'appelait plus que la « reine martyre » revenait tout simplement à commettre un crime contre la monarchie même. On oublia, on camoufla bien des souvenirs qu'il eût été indécent d'évoquer. De ce fait, bien des doutes subsistèrent. C'est ainsi que la nature de cette liaison a tourmenté plusieurs générations de fidèles inconditionnels de la reine, éperdument épris d'une femme magnifiée par sa mort sur l'échafaud et devenue un mythe intouchable.

Essayons de faire le point sur ce sujet controversé. Lorsque Louis XVI et Marie-Antoinette vivaient à Versailles, on l'a vu, beaucoup d'anecdotes scabreuses couraient sur la reine. Il s'agissait là de ragots de cour qui se fondaient souvent sur une part de vérité déformée à plaisir. Mais le mépris des convenances qu'affichait la reine, sa légèreté et sa frivolité permettaient d'accréditer ces bruits injurieux pour sa vertu. Cruellement reprises par des pamphlétaires stipendiés soit par l'Angleterre, soit par la Prusse, ou encore par des courtisans vindicatifs, ces calomnies se répandirent dès le début du règne. Le ton de ces libelles monta en un *crescendo* inimaginable dès le début de la Révolution. Marie-Antoinette, qui avait tout d'abord méprisé cette littérature du ruisseau, finit par en être très affectée. Ces écrits fangeux lui prêtent plusieurs amants, parmi lesquels on trouve tout naturellement Fersen. On peut s'intéresser à ces libelles diffamatoires pour mieux saisir certains aspects de l'imaginaire collectif. On ne peut évidemment pas les retenir comme des documents fiables lorsqu'il s'agit de répondre aux questions que se sont posées les contemporains de la reine et la plupart de ses biographes.

Les sources dignes de crédit sont assez rares. Commençons par l'examen des papiers laissés par les deux héros et que nous aurons maintes fois l'occasion de citer. On a déjà dit qu'une large partie du *Journal* de Fersen avait été détruite ainsi que les lettres que la reine lui adressa avant la Révolution. Ce *Journal* existe cependant pour la période allant de juin 1791 à 1809. Il évoque, à plusieurs reprises, les sentiments que la reine et le gentilhomme suédois éprouvaient l'un pour l'autre. Nous y reviendrons. D'autre part, les lettres de Marie-Antoinette à Fersen et les doubles des réponses de celui-ci pour la période révolutionnaire étaient conservées dans la famille de Fersen. En 1877, l'un des arrière-neveux d'Axel, le baron Klinckowström édita cette correspondance ainsi qu'une partie du *Journal*. Cette publication fit couler beaucoup d'encre. On parla peu des révélations politiques qu'elle contenait, mais on s'interrogea longuement sur la signification de lignes raturées et remplacées par des pointillés, au début et à la fin des lettres. Devant la tempête qu'il avait soulevée, Klinckowström refusa de communiquer ses archives et dit qu'il les avait brûlées par respect pour la mémoire des défunts. De ce fait, les hypothèses les plus contradictoires sur la nature des relations de Marie-Antoinette et de Fersen continuèrent d'alimenter la chronique. On restait persuadé que ces lettres auraient révélé tous les secrets de cette tragique histoire d'amour. Or, en 1982, de lointains héritiers de Fersen retrouvèrent ces documents qui, contrairement à la légende, n'avaient jamais été détruits. Ils les vendirent à Londres où ils furent acquis par les Archives nationales françaises. Peu d'historiens les ont eus entre les mains. Leur examen m'a permis de constater que la transcription faite par Klinckowström était généralement exacte. Les passages raturés de façon excessive restent malheureusement illisibles. La lampe Wood ne se révèle d'aucune utilité pour les déchiffrer et les autres procédés utilisés par les conservateurs des Archives de France ont été tout aussi vains. Il ne fait aucun doute que les ratures, étant donné leur place dans le contexte, cachent des messages d'amour. On a d'ailleurs retrouvé une lettre qui a échappé à ce « caviardage ». Les termes qu'emploie Marie-Antoinette expriment on ne peut plus clairement, les sentiments qu'elle portait à Fersen : « Je puis vous dire que je vous aime », lui déclare-t-elle.

L'amour que ressentait la reine de France pour un aristocrate suédois (même si cet amour était platonique), tel était bien le « crime » de Marie-Antoinette que se sont maladroitement efforcés de cacher les arrière-neveux de Fersen, suivis par tous les royalistes français, exaltant l'image d'une martyre. Si l'on parvenait aujourd'hui à déchiffrer ces fameuses ratures, on ne découvrirait sans doute rien d'autre que l'expression d'une passion douloureusement vécue, mais certainement pas la preuve d'une intimité physique. La lettre conservée intacte donne la clé des passages supprimés. « Je puis vous dire que je vous aime et que je n'ai même le temps que de cela », écrit la reine. Si le XVIIIe siècle a été par excellence le siècle du libertinage, c'est aussi celui de l'exaltation de la sensibilité. Marie-Antoinette et Fersen ne sont pas comparables aux héros des romans de Crébillon, de Laclos ou de Mirabeau. Ce serait faire un contresens historique que d'imaginer une correspondance tant soit peu érotique entre une jeune reine sentimentale et un aristocrate qui révérait les souverains à l'égal des dieux.

Passons maintenant aux témoignages des contemporains. À Versailles, à partir du retour de Fersen, des courtisans de bonne foi s'interrogeaient sur la nature des relations unissant la reine à Fersen. En témoigne le *Journal* du marquis de Bombelles, dont le premier volume n'a été publié qu'en 1978. Il se fait l'écho de rumeurs selon lesquelles Fersen aurait été l'amant de la reine. Ce ne sont là que des bruits qui courent auxquels notre diariste ne semble pas accorder beaucoup de crédit. Les correspondances du temps, à commencer par celles des ambassadeurs, ne font que des allusions assez vagues à cette liaison. On pourra toujours objecter que la peur du « cabinet noir » qui n'hésitait pas à violer le secret du courrier, contraignait les diplomates à la prudence. Remarquons toutefois, *a contrario*, que le silence de Mercy-Argenteau à propos de Fersen a quelque chose de suspect. Cet homme tout dévoué à l'empereur, qui lui conte toutes les intrigues de Versailles ne fait jamais la moindre allusion à un aristocrate étranger qui prend, de toute évidence, une importance considérable dans la vie de la reine à partir de 1783.

Les Mémoires et les Souvenirs des familiers de Versailles constituent une source non négligeable qu'il faut cependant manier avec précaution pour les raisons que nous avons déjà évoquées. Mais certains manuscrits n'ont été publiés qu'au XXe siècle. Ils sont moins évasifs sur le sujet qui nous occupe. C'est le cas, en particulier, des *Mémoires* du comte de Tilly et surtout ceux du comte de Saint-Priest que nous aurons l'occasion d'évoquer plus loin. Pour cet ancien ministre de Louis XVI, la reine « avait fait agréer au roi sa liaison avec le comte Fersen ». Pour les mémorialistes britanniques ou suédois, il ne fait aucun doute que Fersen était l'amant de Marie-Antoinette, mais on pourra toujours objecter qu'ils ne sont pas les plus fiables, car ils se fondent souvent sur des témoignages de seconde main. Il existe également d'autres indices, en particulier des indices matériels concernant l'appartement de la reine, qui laisseraient supposer que les liens qui unissaient la reine et son chevalier servant n'étaient pas seulement platoniques. Nous en reparlerons bientôt.

Fersen était revenu en France quelques jours avant la cérémonie des relevailles à laquelle il assista. Il passait alors le plus clair de son temps à la cour. On le voyait au jeu de la reine, à ses bals, aux petits soupers. À cette époque il envoyait de mystérieuses lettres à sa sœur Sophie qu'il entretenait, à mots couverts, de sa liaison avec Marie-Antoinette. « Je suis à Versailles depuis hier, ne dites pas que je vous écris d'ici, car je date mes autres lettres de Paris », lui écrivait-il.

Tout à la joie de ces retrouvailles, la reine avait oublié l'accueil glacial des Parisiens. Dès la belle saison, elle se réfugia à Trianon. Les maisons du hameau étant presque achevées, elle s'imaginait vivre à la campagne, loin de Versailles. Cependant, depuis l'automne précédent, Trianon n'était plus l'unique domaine de Marie-Antoinette. Pour une somme exorbitante, Louis XVI lui avait acheté le château de Saint-Cloud[40] qui appartenait au duc d'Orléans. La proximité de Paris, la belle ordonnance des façades de Mansart et les célèbres jardins descendant vers la Seine avaient séduit Marie-Antoinette qui trouva un excellent prétexte pour l'acquisition de cette demeure : elle n'avait pas l'intention de vivre dans un chantier à Versailles où s'imposaient d'importants travaux de rénovation. Le château de Saint-Cloud ne pouvait certes pas accueillir toute la cour, mais il était assez vaste pour loger la famille royale et quelques courtisans. La vie quotidienne y serait, en outre, dépouillée de cet apparat qui lui pesait tant. Malgré la folie que représentait cette dépense, Louis XVI céda au désir dc sa femme. Il acquit pour elle et en son nom le domaine de Saint-Cloud. Cet achat inconsidéré, qui eut lieu au

40. De ce château qui appartenait aux ducs d'Orléans, à l'ouest de Paris, il ne reste plus aujourd'hui que le parc. Gravement endommagés lors des combats qui précédèrent la chute de la Commune en 1871, les bâtiments furent rasés peu de temps après.

moment même où la reine soutenait la cause de son frère avec un zèle outrancier, contribua à aggraver le discrédit dans lequel elle tombait chaque jour davantage aux yeux du public.

Insensible aux critiques qui lui parvenaient, elle entreprit aussitôt d'adapter sa nouvelle demeure à ses besoins. Elle commença par faire porter sa livrée personnelle à tous les domestiques et afficher des règlements portant la mention *De par la reine.* On vit là une atteinte aux usages de la monarchie. « Mon nom n'est pas déplacé dans des jardins qui m'appartiennent ; je puis donner des ordres sans porter atteinte aux droits de l'État », répondit-elle à ceux qui osèrent évoquer le mécontentement que provoquaient de telles mesures. Néanmoins, un magistrat du parlement de Paris déclara publiquement « qu'il était impolitique et immoral de voir des palais appartenir à une reine de France ». Cela n'empêcha pas la reine de décider que la cour s'installerait à Saint-Cloud au mois de septembre, époque à laquelle Fersen devait regagner son régiment cantonné à Landrecies, triste bourgade située sur la frontière nord-est du royaume, près de la petite ville de Valenciennes.

La passion du théâtre avait repris Marie-Antoinette. Comme la plupart de ses amis, elle portait aux nues le talent de Beaumarchais, sulfureux auteur de comédies à la mode. Agent clandestin de Louis XV puis de Louis XVI, ce Protée au génie inventif avait joué un rôle très actif dans la guerre d'Amérique. Après avoir voulu convaincre Vergennes et le roi de participer au conflit en soutenant les *Insurgents,* il avait ravitaillé les Américains en armes avec les fonds secrets de l'État. Mais la reine se souciait peu de telles activités. Seuls son imagination de dramaturge, son sens de l'intrigue et de la mise en scène l'intéressaient. La dernière de ses pièces, *Le Mariage de Figaro,* avait fait scandale l'année précédente. Dans cette féroce satire de la noblesse et des privilégiés, où les intrigues sentimentales se nouent à l'abri des alcôves et des bosquets d'un château, le valet Figaro ose dire à son maître : « Parce que vous êtes un grand seigneur, vous vous croyez un grand génie ! Noblesse, fortune, un rang, des places, tout cela rend si fier ! Qu'avez-vous fait pour tant de biens ? Vous vous êtes tout simplement donné la peine de naître, et rien de plus. » Et Beaumarchais de s'en prendre au système social tel qu'il existait alors en France, aux magistrats, à la justice, au gouvernement lui-même...

Les aristocrates qui avaient lu cette pièce, à commencer par les Polignac, ne voyaient là qu'un divertissement excitant et une plaisante machine de guerre contre ce qu'ils appelaient le « despotisme » royal. Ils insistèrent auprès de la reine pour que le roi donnât l'autorisation de jouer *Le Mariage.* « Il faudrait raser la Bastille ! » maugréa Louis XVI qui interdit la représentation. Cette défense parut une atteinte à la liberté. On parla de tyrannie, d'oppression. Beaumarchais ayant promis de retrancher les passages litigieux, les Polignac revinrent à la charge auprès de Marie-Antoinette. On s'efforça de la convaincre que la pièce revue et corrigée par son auteur ne présentait plus le moindre danger. La reine fit confiance à ses amis et ne prit pas la peine de relire le nouveau texte auquel Beaumarchais avait, en réalité, apporté fort peu de changements. De guerre lasse, Louis XVI finit par donner l'autorisation de représenter la pièce.

Le 27 avril 1784, « la première » du *Mariage de Figaro* au Théâtre-Français fut un triomphe. Grands seigneurs et petits bourgeois applaudirent en même temps les tirades condamnant tout le système en place. Une vive polémique s'ensuivit toutefois, non sur la signification politique de la pièce mais sur la peinture des mœurs qu'elle représentait. De vertueux censeurs s'en prenaient à l'immoralité du sujet. L'archevêque de Paris interdit à ses ouailles d'aller voir de telles turpitudes. Beaumarchais répondit aux attaques, usa de quelques métaphores rhétoriques assez vives que ses ennemis exploitèrent à l'envi. Devant le scandale, Louis XVI fit suspendre les représentations et arrêter Beaumarchais, qui passa cinq jours à la prison de Saint-Lazare. La reine en voulut à Mme de Polignac d'avoir tant insisté auprès d'elle pour influencer le roi.

En dépit de ces contretemps fâcheux, l'admiration de Marie-Antoinette pour Beaumarchais ne s'était pas démentie. Elle décida de jouer *Le Barbier de Séville* dans son petit théâtre avec « la troupe de seigneurs ». Elle demanda même à l'auteur de venir l'applaudir dans le rôle de Rosine. Cette comédie, entrée au répertoire du Théâtre-Français en 1775, n'avait rien de subversif pour le pouvoir. Dans « la troupe des seigneurs », la reine campait une jeune noble espagnole qui déjoue la surveillance d'un vieux tuteur libidineux pour convoler avec un sémillant prétendant éperdu d'amour pour elle.

Au mois de juillet 1785, alors qu'elle songe, non sans mélancolie, qu'elle va bientôt fêter ses trente ans, Marie-Antoinette répète avec application son rôle d'ingénue. Le 12, Böhmer, son joaillier demande à être reçu. La reine, qui lui a commandé une épaulette en diamants pour le petit duc d'Angoulême, accueille distraitement ce tentateur qui a l'habitude de lui présenter de fabuleux bijoux. Car, aujourd'hui, elle a bien d'autres préoccupations. Elle s'étonne simplement d'entendre le bijoutier lui glisser un compliment ampoulé sur les merveilleux diamants qu'elle possède. Certes, Böhmer peut être satisfait. La reine lui a acheté des parures somptueuses, parfois en cachette du roi. Elle a toujours essayé de les payer sur ses deniers, mais comme elle n'y est pas parvenue, c'est finalement Louis XVI qui a honoré ses dettes. Avant de quitter la souveraine, Böhmer lui laisse un billet qu'elle ouvrira plus tard. Elle dira à Mme Campan que, n'ayant rien compris aux élucubrations du joaillier qui la félicitait pour l'achat qu'elle avait fait d'un exceptionnel collier de diamants, elle avait brûlé ce papier.

Quelques heures plus tard, Mme Campan a la stupeur de trouver Böhmer chez elle. Fort désemparé, ce dernier lui explique qu'il est ruiné si la reine ne paie pas sa parure, comme elle l'a promis. Mme Campan tombe des nues. À sa connaissance, la reine n'a acheté aucun bijou. Et Böhmer de raconter une histoire qui a de quoi laisser rêveuse la femme de chambre la mieux informée des intrigues versaillaises.

Une dizaine d'années plus tôt, le joaillier avait réalisé toute sa fortune pour assembler un lourd collier de diamants, composé de pierres exceptionnelles par leur grosseur, leur blancheur et leur éclat. Il l'avait tout d'abord proposé à Louis XV, espérant qu'il l'offrirait à Mme du Barry, mais le roi était mort trop tôt. Depuis lors, Böhmer avait présenté ce bijou exceptionnel à toutes les cours d'Europe. Le prix justifié qu'il en demandait, 1 800 000 livres, avait découragé les acquéreurs. Peu après la naissance du dauphin, Böhmer et son associé Bassenge proposèrent le joyau à Louis XVI qui était prêt à en faire présent à la reine. Marie-Antoinette avait résisté à la tentation. « La France a davantage besoin d'un vaisseau de guerre », aurait-elle dit. Et Louis XVI avait rendu à ses propriétaires cette pièce encombrante, alors connue de toute l'Europe.

Mme Campan connaissait cette histoire. Elle en ignorait l'étrange suite. Böhmer lui dit que le cardinal de Rohan avait acheté ce fameux collier au nom de la reine de laquelle il avait reçu des billets signés de sa main. Le joaillier, qui avait livré le bijou au cardinal de Rohan au mois de février, voulait avoir l'assurance que la souveraine réglerait comme convenu, le 1er août, la première échéance qui se montait à 400 000 livres. Mme Campan ne comprenait rien à ce récit. Comment après avoir refusé ce collier que lui offrait le roi, la reine le ferait-elle acheter par l'entremise du cardinal de Rohan, un prélat auquel elle n'avait pas adressé la parole depuis son retour de Vienne ? Si Mme Campan n'avait pas connu Böhmer, elle l'aurait pris pour un fou. Soupçonnant qu'il avait été grossièrement trompé et qu'il s'agissait d'une affaire grave, elle lui conseilla d'aller, sans plus tarder, raconter tout ce qu'il savait au baron de Breteuil, ministre de la Maison du Roi [41].

Préoccupée par son interprétation de Rosine du *Barbier de Séville,* la reine avait presque oublié la visite de Böhmer. Sa femme de chambre fut pourtant bien obligée de

---

41. Le ministre de la Maison du Roi était chargé de toutes les affaires intérieures.

lui raconter l'entretien qu'elle venait d'avoir avec lui. Marie-Antoinette se plaignit d'abord de l'ennui que lui causaient tous ceux qui imitaient sa signature pour commettre des escroqueries. Puis cette étrange affaire, à laquelle se trouvait mêlé un prince de la Maison de Rohan, lui parut si énorme qu'elle jugea impossible de confier à des subalternes le soin de s'en occuper. Elle appela Vermond et Breteuil qui décidèrent de convoquer les deux bijoutiers en sa présence. Böhmer et Bassenge répétèrent ce qu'ils avaient dit à Mme Campan. Saisie d'indignation, Marie-Antoinette ne put articuler un mot. Vermond proposa de dénoncer au roi l'action du grand aumônier, qu'il qualifiait de crime de lèse-majesté. Mais Breteuil préféra temporiser. Il pensait que les coupables allaient se démasquer à l'occasion du premier paiement qui était très proche. En attendant, il tenterait de dénouer les nœuds de cette mystérieuse intrigue. Marie-Antoinette se rallia aux vues du ministre qui lui était tout dévoué et qui, comme elle, détestait Rohan. Ce dernier, on s'en souvient, avait été nommé ambassadeur à Vienne lors de la disgrâce de Choiseul, alors que Breteuil convoitait ce poste. Breteuil avait pris sa revanche après l'avènement de Louis XVI, lequel avait rappelé Rohan de Vienne pour complaire à l'impératrice et avait envoyé Breteuil à sa place. Mais Rohan avait fait en sorte que son successeur à l'ambassade de Vienne fût privé de toutes les sources d'information dont il avait personnellement profité. Bref, les deux hommes se haïssaient. Quant à la reine, elle n'avait jamais pardonné au cardinal les propos qu'il avait tenus sur sa mère au moment du partage de la Pologne. Elle n'avait pas oublié non plus les insinuations fielleuses qu'il avait faites sur sa légèreté et sur sa coquetterie lorsqu'elle était dauphine. Elle avait naguère beaucoup insisté auprès du roi pour qu'il ne lui donnât pas la charge de grand aumônier. Mais bien qu'il n'éprouvât pas la moindre estime pour ce prélat libertin, Louis XVI n'avait pu exaucer ses prières. Les Rohan étaient fort puissants à la cour ; cette charge leur revenait pratiquement de droit et le roi s'était engagé là-dessus depuis longtemps avec la princesse de Marsan, qui avait jadis été sa gouvernante.

Breteuil commença son enquête en interrogeant Böhmer et Bassenge qui lui racontèrent en détail les épisodes de la vente. Alors qu'ils cherchaient désespérément un acquéreur pour leur collier, on leur présenta, à la fin de 1784, une jeune femme fort séduisante qui prétendait être reçue dans l'intimité de la reine. Affirmant descendre d'un bâtard du roi Henri II, elle se faisait appeler comtesse de La Motte-Valois. Elle avait du charme, de l'entregent et une force de persuasion assez rare. Au cours d'une soirée, elle laissa entendre aux joailliers qu'elle pourrait convaincre la reine d'acheter le bijou. Le 21 janvier 1785, elle leur annonça triomphalement qu'elle avait eu gain de cause. Cependant, Marie-Antoinette, qui désirait ardemment ce collier, ne l'achèterait pas directement, prétendait Mme de La Motte. Elle enverrait un grand seigneur le négocier en son nom. Le 24 janvier, le cardinal de Rohan se fit annoncer chez les joailliers, vit la parure, en discuta le prix et l'obtint. Le 29, le cardinal leur fit part des conditions de la vente : la somme devait être payée en deux ans, à raison d'un versement de 400 000 livres tous les six mois à partir du 1er août 1785.

Ayant accepté ces propositions, les joailliers apportèrent le collier à l'hôtel de Rohan le 1er février. Le cardinal leur montra un contrat signé « Marie-Antoinette de France ». Le cardinal ne semble pas avoir fait attention à cette signature fantaisiste qui dénonçait un faux caractérisé, car les reines ne signaient jamais que de leur seul prénom. Le prince dit à ses interlocuteurs qu'il devait garder le marché. Et pour leur donner une plus grande preuve de confiance, il sortit de son secrétaire une petite lettre pliée en deux pour leur faire lire ces mots : « Je n'ai pas coutume de traiter de cette manière avec mon joaillier. Vous garderez donc ce papier chez vous et vous vous arrangerez du reste comme vous le jugerez convenable. » Böhmer et Bassenge repartirent satisfaits : ils étaient débarrassés de cette pièce invendable, le cardinal s'était engagé à réclamer les sommes qui leur étaient dues, le moment voulu, et enfin on leur promettait des intérêts pour le crédit qu'ils consentaient.

Les jours suivants, ils s'étonnèrent de constater que la souveraine ne portait pas le bijou. Le cardinal les rassura : la reine devait prendre son temps pour avertir le roi ; elle attendait de s'être acquittée au moins d'un premier versement... Mais, vers le 10 juillet, la situation s'aggrava brutalement. Le cardinal les convoqua pour leur annoncer que la reine demandait un rabais et qu'elle ne pouvait pas honorer l'échéance du 1er août. En revanche, elle s'engageait à leur verser 700 000 livres quelques jours plus tard. Ayant été contraints d'emprunter en attendant d'être payés, les bijoutiers ne purent qu'accepter ces conditions. Extrêmement inquiet, Böhmer décida de s'adresser directement à la reine, ce qui explique la remise du billet auquel celle-ci n'avait rien compris.

Breteuil demanda aux joailliers de poursuivre tranquillement leurs tractations pendant qu'il faisait surveiller le cardinal et ses entours. Le ministre savait que ce prince de l'Église était perdu de dettes, qu'il entretenait des fréquentations douteuses et même dangereuses. Le célèbre charlatan qui se faisait appeler comte de Cagliostro ne vivait-il pas pratiquement chez lui ? Breteuil était persuadé que le cardinal avait imaginé la négociation du collier pour se libérer de ses créanciers et il en persuada la reine. Marie-Antoinette et le ministre estimaient qu'en abusant du nom de sa souveraine pour monter une escroquerie monumentale leur ennemi avait juré sa perte. Les apparences semblaient leur donner raison.

Le 31 juillet, Rohan convoqua Böhmer et Bassenge pour leur annoncer, cette fois, que la reine ne pourrait payer les 700 000 livres qu'au mois d'octobre. En guise de dédommagement pour le retard qu'elle leur faisait éprouver, il leur donnait 30 000 livres de sa part.

Nouveau coup de théâtre, quelques heures plus tard. Saint-James, l'un des plus riches banquiers de la capitale, fut reçu à sa demande par l'abbé de Vermond. Il lui apprit que le cardinal voulait emprunter 700 000 livres au nom de la reine. Saint-James était prêt à avancer la somme, mais souhaitait des ordres précis de la souveraine avant de s'engager. Découvrant un plan machiavélique conçu pour la compromettre irrémédiablement, Marie-Antoinette s'affola. Elle voulut informer au plus tôt le roi de cette affaire dont elle n'avait que trop tardé à lui parler. Après de longs conciliabules avec Breteuil et Vermond, il fut décidé que le ministre parlerait à Louis XVI, le 14 août, veille de l'Assomption, jour de fête de la reine.

Chapitre XXI

L'affaire du collier

Malgré la chaleur écrasante de l'été, une foule nombreuse et brillante se presse dans la galerie des Glaces vers midi, le 15 août 1785. Tous les courtisans ont fait assaut d'élégance pour assister à la messe solennelle célébrée en l'honneur de la reine. Magnifique, le cardinal de Rohan, en rochet et camail, parade en attendant les souverains. Mais, à sa grande surprise, on vient bientôt lui annoncer que le roi l'attend dans le cabinet du Conseil. Majestueusement, dans un bruissement de soie, le grand aumônier se dirige vers les appartements royaux. Quel n'est pas son étonnement de se trouver face à une sorte de tribunal : Louis XVI, Marie-Antoinette, Breteuil et Miromesnil, le garde des Sceaux, l'attendent, assis devant lui.

Abasourdi par ce qu'il vient d'apprendre, Louis XVI a consulté son ministre des Affaires étrangères et son garde des Sceaux. Ces messieurs ne sont pas du même avis que

Breteuil. Ce dernier veut un coup d'éclat contre le cardinal qui a outragé la reine et commis un crime de lèse-majesté en négociant d'une manière offensante en son nom. Il propose de lui infliger une punition exemplaire. Plus prudents, ses deux collègues ont suggéré d'interroger Rohan avant de prendre la moindre décision. Le roi s'est rangé à leur avis.

Dès qu'il comparaît devant les souverains assistés de trois ministres, le cardinal comprend aussitôt que Louis XVI ne l'a pas fait appeler pour lui parler du protocole de la sainte messe.

« Vous avez acheté des diamants à Böhmer ? lui dit le roi.

– Oui, Sire.

– Qu'en avez-vous fait ?

– Je croyais qu'ils avaient été remis à la reine.

– Qui vous avait chargé de cette commission ?

– Une dame nommée la comtesse de La Motte-Valois qui m'a présenté une lettre de la reine[42]. »

Au comble de l'émotion Marie-Antoinette l'interrompt : comment aurait-elle pu le charger d'une telle tractation avec son joaillier ?

« Moi qui ne vous ai pas parlé depuis votre retour de Vienne ; moi qui affiche en toutes occasions pour vous le froid le plus glacial et l'éloignement le mieux caractérisé ; moi qui n'ai jamais voulu vous accorder les audiences que vous m'avez demandées avec une espèce d'opiniâtreté.

– Votre Majesté, reprit le cardinal, m'y a autorisé par un écrit signé de sa main.

---

42. Ce dialogue est extrait des *Mémoires* de Mme Campan qui recoupent parfaitement sur ce point les *Mémoires* de Georgel, secrétaire particulier du cardinal.

– Où est cet écrit ? dit le roi.
– Sire, je l'ai à Paris, dans mon portefeuille.
– Cet écrit est une imposture, s'écria la reine[43]. »

À ce moment le cardinal jeta sur elle un regard qui manquait tellement de respect qu'elle en rougit. Dès que Rohan fut sorti du cabinet, Marie-Antoinette éclata en sanglots. Elle avoua plus tard à Mme Campan qu'une idée effrayante lui avait traversé l'esprit, l'espace d'un éclair : si toute cette intrigue avait été montée dans la seule intention de la perdre aux yeux du roi, le cardinal pouvait prétendre qu'elle avait reçu le collier...

Vaincu par les larmes de sa femme, Louis XVI, sur les instances de Breteuil, consentit à faire arrêter Rohan. Le ministre sortit du cabinet du Conseil et clama d'une voix forte : « Qu'on arrête M. le Cardinal. » Stupeur dans la galerie des Glaces. L'heure de la messe était passée depuis longtemps. On s'attendait bien à quelque nouvelle sensationnelle, mais sûrement pas à l'arrestation d'un prince de l'Église, revêtu des ornements pontificaux, au cœur même du château de Versailles. Un scandale sans précédent éclatait au grand jour. Il risquait bien d'éclabousser le roi et surtout la reine ; la monarchie même pouvait en sortir ébranlée. Ni Marie-Antoinette ni Louis XVI ni Breteuil ne semblaient s'en rendre compte.

Avant qu'on ne s'emparât de sa personne, feignant de rattacher la boucle de sa jarretière, Rohan prit le temps de griffonner quelques mots au crayon à l'intention de son secrétaire particulier, l'abbé Georgel, et glissa subrepticement le billet dans les mains du valet qui l'accompagnait.

43. Ce second dialogue est extrait des *Mémoires* de Georgel.

Il demandait à Georgel de brûler le plus vite possible des papiers qu'il jugeait compromettants. Conduit sous bonne escorte jusqu'à son hôtel parisien, le cardinal resta seul pendant une heure environ ce qui lui permit de poursuivre l'autodafé commencé par Georgel. Lorsque Breteuil et le lieutenant de police pénétrèrent chez lui, ils mirent les scellés sur les seuls papiers que Rohan avait jugé utile de conserver. Le lendemain, on conduisit le cardinal à la prison de la Bastille. Quelques jours plus tard, ce fut le tour de la comtesse de La Motte qu'on avait arrêtée dans sa maison de Bar-sur-Aube en Champagne. Son époux avait eu le temps de s'enfuir.

L'enquête officielle commença. Le roi demanda à Vergennes et au maréchal de Castries[44], ministre de la Marine, de procéder à l'interrogatoire préliminaire du cardinal ainsi qu'au récollement des papiers. Rohan raconta simplement son histoire. Cette première confession est d'ailleurs à peu près semblable à ses dépositions ultérieures. Voici sa version invariable des faits. En 1781, la marquise de Boulainvilliers lui avait recommandé une jeune fille qu'elle avait tirée de la misère et qui se disait descendante d'un bâtard de Henri II. Après la mort de sa protectrice, la jeune personne sollicita la générosité du cardinal. En effet, malgré un mariage avec un supposé comte de La Motte, elle demeurait dans la gêne. En 1784, installée à Paris, elle vit fréquemment Rohan et lui laissa croire que la reine la traitait avec beaucoup d'amitié. Sachant que le cardinal était mortifié

44. Grâce au *Journal* inédit du maréchal de Castries, il est possible de suivre précisément ce début d'enquête.

d'être toujours tenu en disgrâce par la souveraine, elle lui proposa d'intervenir en sa faveur. Rohan se confondit en remerciements lorsqu'elle lui annonça que Marie-Antoinette voulait bien lui accorder une entrevue secrète dans les jardins de Versailles, un jour de juillet, vers minuit.

« À l'heure indiquée, dit le cardinal, je vis paraître une femme avec une coiffe noire, tenant un éventail à la main avec lequel elle relevait sa coiffe qui était baissée. Je crus, à la clarté des étoiles, reconnaître la reine ; je lui dis que j'étais heureux de trouver dans sa bonté une preuve qu'elle était revenue des préventions qu'elle avait eues contre moi ; elle me répondit quelques mots ; et comme j'allais m'expliquer, on vint lui dire que Madame[45] et le comte d'Artois étaient à deux pas d'elle. Elle me quitta brusquement et je ne la vis plus. »

Persuadé d'être rentré en grâce après ce rendez-vous secret, le cardinal ne refusa pas de donner 50 000 livres à Mme de La Motte qui, selon ce qu'elle prétendait, sollicitait au nom de la reine des secours pour des personnes nécessiteuses. Au mois de novembre, nouvelle demande de 100 000 livres pour le même motif. Rohan donnait tout ce que lui demandait Mme de La Motte. Au mois de janvier 1785, elle lui dit que la reine désirait qu'il engageât des négociations avec Böhmer et Bassenge pour l'achat du fameux collier. Elle ajoutait que Marie-Antoinette n'avait confiance qu'en lui pour mener à bien de telles tractations. Il alla donc chez les bijoutiers et transmit les conditions de la vente à la dame de La Motte, laquelle les lui rapporta

45. On appelait ainsi la comtesse de Provence.

signées « Marie-Antoinette de France ». Lorsque Böhmer et Bassenge lui remirent le collier, il leur montra le contrat signé qu'il garda. Le 1er février, il se rendit chez Mme de La Motte avec le joyau. Un homme vêtu de noir prit bientôt livraison de la parure au nom de la reine. Quelques jours plus tard, Rohan eut la visite du banquier Saint-James qui voulait s'assurer que Marie-Antoinette avait bien acheté le collier car les deux joailliers avaient été contraints de faire un emprunt. Le cardinal ne fit aucune difficulté pour montrer le contrat à Saint-James. Et il n'entendit plus parler de rien jusqu'au jour de juin où Mme de La Motte lui annonça que la souveraine trouvait le collier trop cher et qu'elle demandait de nouveaux délais de paiement. On connaît la suite.

Après cette déposition, qui complétait celle des deux joailliers, le maréchal de Castries demanda au cardinal s'il avait des papiers qui pouvaient accréditer ses dires. Très gêné, Rohan répondit qu'il avait tout brûlé à l'exception du contrat. Sans que le prélat eût avoué quoi que ce fût, Vergennes et Castries comprirent qu'il avait détruit ce qu'il croyait être des lettres de la reine. En effet, comment eût-il pu faire preuve de tant de naïveté s'il n'avait pas cru être en relations épistolaires avec la reine ?

On interrogea Mme de La Motte. Toutes ses dépositions contredisaient celles du cardinal. Elle n'avait jamais parlé à la reine et Rohan ne lui avait pas remis le collier. Il l'avait simplement chargée de vendre quelques diamants à des Juifs. Castries et Vergennes restaient perplexes. Bien que toutes les apparences fussent contre Rohan, ils ne pouvaient le croire responsable d'une aussi monstrueuse escroquerie. En revanche, Mme de La Motte avait bel et bien l'air de la parfaite aventurière, sûre d'elle-même, capable de tous les mensonges. Mais il n'y avait jusque-là aucune preuve contre elle. Le contrat était rédigé au nom du cardinal qui était persuadé d'avoir eu un rendez-vous secret, en pleine nuit, avec la reine. Les deux ministres pressentirent qu'une enquête sérieuse entraînerait la découverte d'inavouables secrets.

La reine n'avait pas interrompu les répétitions du *Barbier de Séville* mais elle ne pensait qu'à « l'affaire du cardinal ». Le 25 août, Louis XVI réunit Breteuil, Miromesnil, Castries et Vergennes pour faire le point. Pâle et tendue, Marie-Antoinette assistait à la conférence. Elle prit la parole : « Je suis inculpée, dit-elle. Je passe donc dans le public pour avoir reçu un collier et pour ne pas l'avoir payé. Je veux savoir la vérité d'un fait où on a osé employer mon nom. » Et de demander la mise en jugement du cardinal. Redoutant, à juste titre, les conséquences d'un procès public, Castries et Vergennes essayèrent très respectueusement de l'en dissuader. Ils suggéraient que le roi, duquel émanait toute justice dans le royaume, réglât personnellement l'affaire avec le cardinal. Breteuil et Miromesnil étaient d'un avis contraire. C'est la reine qui trancha. Elle demanda qu'on fît choisir au cardinal la juridiction qu'il préférait. « Que l'affaire se poursuive promptement, car je suis compromise », ajouta-t-elle au comble de l'exaspération. Sans hésiter davantage, Louis XVI ordonna de porter cette décision au cardinal. Ce dernier répondit qu'il voulait être jugé par le parlement de Paris. Rien ne pouvait être plus dangereux pour le pouvoir royal car cette cour, à la fois chambre de justice et chambre d'enregistrement des édits royaux, contrecarrait systématiquement les décisions de Louis XVI depuis 1774. La passion s'en mêlant, l'autorité du roi risquait bien de sortir affaiblie d'une telle épreuve.

« C'est un étrange roman aux yeux de tout ce pays-ci, que de pouvoir supposer que j'ai pu vouloir donner une commission secrète au cardinal », écrivit la reine à son frère après lui avoir brièvement raconté cette étrange histoire. Elle rendait hommage à « la raison et à la fermeté » avec lesquelles avait agi Louis XVI dans ces circonstances. « Dans tous les cas, je désire que toute cette horreur et tous ces détails soient bien éclaircis aux yeux de tout le monde », affirmait-elle enfin, sous-estimant les dangers auxquels elle s'exposait.

Soulagée à l'idée que son honneur serait sauvé par la condamnation prochaine du cardinal, Marie-Antoinette réussit à interpréter le rôle de Rosine avec une grâce et une vérité que beaucoup d'actrices lui eussent enviées. C'est du moins ce que pensait le baron Grimm. Le lendemain de ce succès théâtral, la cour alla s'installer à Saint-Cloud. La reine était ravie de ce nouveau domaine. Elle se promenait en calèche avec le comte d'Artois. Comme au début du règne, on la voyait souvent au bois de Boulogne. Le soir, la proximité de la capitale lui permettait de nombreuses escapades. Plus sage qu'à Trianon, Marie-Antoinette laissait le peuple pénétrer dans les jardins. Désireux de voir ce château qu'ils ne connaissaient pas et de s'offrir le spectacle de la famille royale se promenant dans le parc, les Parisiens venaient par centaines, le dimanche, sur les coteaux de Saint-Cloud. Des guinguettes s'installèrent le long de la Seine, attirant une faune mêlée d'individus peu recommandables et qui déplaisait fort au roi. Certains jours, l'affluence était telle que Marie-Antoinette s'imaginait avoir retrouvé sa popularité d'autrefois. Elle prenait alors le dauphin dans ses bras et le montrait, radieuse, à tous ceux qui se trouvaient autour d'elle et qui battaient des mains, comme au théâtre. Elle ne se doutait pas que cette foule venue pour se distraire ne l'approchait que par curiosité. Ces gens qui étaient là pour voir les grandes eaux de « l'Autrichienne » se demandaient confusément s'ils auraient la chance de percer ainsi les secrets de cette femme si décriée.

Les langues allaient bon train. Les gazettes s'en faisaient l'écho. On se passionnait pour ce drame insolite dont les protagonistes étaient une reine de France et un prince de l'Église. Mais si on se complaisait à évoquer les débauches du prélat libertin, on n'épargnait guère Marie-Antoinette. Beaucoup pensaient qu'elle s'était laissé offrir le collier pour gage de ses faveurs. On insinuait même qu'elle se servait de Rohan pour communiquer des secrets d'État à son frère et lui faire passer des caisses d'or ! On entendait les plus folles rumeurs. De tous ces racontars la reine retenait seulement ceux qui concernaient la vie privée de Rohan. Pour elle, de la débauche à la malhonnêteté, il n'y avait qu'un pas, trop vite franchi par ce grand seigneur, de surcroît homme d'Église. « Le cardinal a pris mon nom comme un vil et faux monnayeur, déclarait-elle à son frère. Il est probable que, pressé par un besoin d'argent, il a cru pouvoir payer les bijoutiers à l'époque qu'il avait marquée sans que rien ne fût découvert. [...] Pour moi, je suis charmée que nous n'ayons plus à entendre parler de cette horreur, qui ne peut être jugée avant le mois de décembre. » Pourtant, l'empereur restait perplexe. Il connaissait la légèreté de Rohan mais ne pouvait croire à sa culpabilité dans une pareille escroquerie. Il entrevit néanmoins les risques encourus par sa sœur dans une telle affaire.

Marie-Antoinette tentait d'oublier ses soucis. Le 10 octobre, elle se rendit à Fontainebleau, à bord d'un somptueux *yacht* voguant sur les eaux de la Seine tandis que tonnait le canon des Invalides. Elle avait eu le caprice de se faire construire ce bateau de plaisance, d'inspiration anglaise, qui comprenait un salon lambrissé d'acajou, des boudoirs rehaussés de marbre et même une cuisine. Cette fantaisie avait coûté la bagatelle de 100 000 livres. Souriante et apparemment détendue, la reine passa au milieu de ses sujets telle une déesse inaccessible.

Malgré les bals, les opéras, les concerts, les comédies, les parties de chasse et tous les divertissements qu'elle avait prévus, on ne s'amusa pas à Fontainebleau. Cachant mal sa nervosité, elle ne parvenait pas à se distraire. On sentait poindre chez cette femme d'habitude si gracieuse et si sûre d'elle-même une lassitude proche de l'écœurement. Bien qu'elle ne l'avouât pas, l'affaire du collier restait sa principale préoccupation. Elle s'informait quotidiennement de l'instruction judiciaire qui n'évoluait pas du tout comme elle l'avait espéré.

La tâche des magistrats n'était pas facile. Breteuil avait donné ses ordres : le cardinal devait être confondu comme escroc et faussaire, responsable de toute la machination ; Mme de La Motte n'était que sa complice. Cependant ces Messieurs du parlement étaient de plus en plus sceptiques. En recoupant les dépositions, en faisant arrêter, non sans difficulté, des témoins essentiels pour la compréhension de l'histoire, ils en dénouaient peu à peu l'incroyable imbroglio.

Maîtresse du cardinal de Rohan, Mme de La Motte, qui vivait des libéralités de ce puissant protecteur, avait vu en lui un homme assez crédule pour devenir l'instrument d'une escroquerie monumentale dont elle était la seule instigatrice. Pour lui faire croire qu'elle était dans les meilleurs termes avec la reine et que celle-ci voulait bien oublier les différends qui l'avaient éloignée du cardinal, elle eut recours à un grossier subterfuge. Par un beau soir d'été, M. de La Motte fit la connaissance dans les jardins du Palais-Royal, d'une jolie prostituée qui ressemblait à la reine et se faisait appeler Mlle d'Oliva. Il la présenta aussitôt à son épouse, laquelle promit à cette femme une coquette somme d'argent pour jouer un rôle aisé à tenir, la nuit, près du bosquet de Vénus, dans le parc de Versailles. Mlle d'Oliva accepta sans se faire prier. Le grand jour venu, Mme de La Motte habilla elle-même la jeune personne, à qui elle donna de strictes consignes. Et c'est ainsi que Rohan crut faire hommage à la reine en s'inclinant devant une catin. Redoutant que l'on découvrît la supercherie, Mme de La Motte s'arrangea pour mettre rapidement fin à l'entretien.

Il fallait, après cela, éviter d'éveiller les soupçons du cardinal, car celui-ci pouvait s'étonner que Marie-Antoinette continuât de lui témoigner la même froideur qu'avant cette rencontre nocturne. L'intrigante « comtesse » avait tout prévu. Elle fit croire à Rohan que la reine voulait correspondre secrètement avec lui. Elle lui remettait donc régulièrement de prétendues lettres de la reine, lettres écrites en réalité, sous sa dictée, par son amant de cœur, un certain Réteaux de Villette. Cet homme avoua d'ailleurs en avoir écrit une centaine qui étaient, dit-il, « intimes et tendres ». Ce sont ces lettres que Rohan avait détruites lors de son arrestation. Quant à celles du cardinal, Mme de La Motte les avait conservées dans une malle à Bar-sur-Aube. Le comte Beugnot, qui devait être ministre de Louis XVIII, mais n'était alors qu'un jeune avocat amoureux de Mme de La Motte, aida son amie à les brûler. Il devait se souvenir que leur ton était pour le moins équivoque !

Mme de La Motte, qui avait jusque-là extorqué de grosses sommes d'argent à Rohan, voulait en obtenir bien davantage. L'occasion se présenta lorsqu'elle rencontra les deux joailliers. Elle imagina alors tout un stratagème dont Rohan devait être la victime. Elle lui fit part du désir de la reine d'acheter la parure et fit fabriquer par son amant-faussaire le contrat signé Marie-Antoinette de France. Le prélat se laissa abuser. Le collier que Rohan apporta à Mme de La Motte pour la reine fut confié à un homme de paille, en l'occurrence, Réteaux de Villette. Aidée par son mari et par Réteaux, la dame de La Motte dépeça grossièrement cette pièce exceptionnelle. Et M. de La Motte commença de négocier les diamants. À vil prix. Tel était à peu près le scénario reconstitué par les magistrats.

Le cardinal, qui maintenait sa version des faits, ne pouvait rien prouver. Ses parents et ses amis avaient parfaitement compris qu'on voulait le perdre et lui faire endosser tous les crimes. Aussi menaient-ils leur enquête personnelle parallèlement à l'enquête officielle. Ce sont eux qui permirent de découvrir les complices de Mme de La Motte. Lorsqu'on les arrêta enfin, on obtint les preuves qu'on cherchait. Mlle d'Oliva et Réteaux de Villette, entre autres, avouèrent leur forfait et confondirent Mme de La Motte.

Au fur et à mesure que l'instruction avançait, l'humeur de Marie-Antoinette s'assombrissait. Aux yeux de l'opinion,

Rohan passait pour la victime de la reine qu'on s'obstinait à croire coupable. On s'arrachait les mémoires publiés par les avocats des accusés. On s'abreuvait de cette littérature juridique de haute saveur romanesque. Quant aux pamphlétaires, ils s'en donnaient à cœur joie, exploitant la scène du bosquet de manière éhontée. Jamais la reine n'avait été à ce point traînée dans la boue. Cette avalanche de calomnies l'atterrait. Le procès du cardinal devenait son procès, un procès dans lequel elle était bien incapable de se défendre en intervenant auprès des magistrats par l'intermédiaire de Mercy et de Breteuil. Loin de la servir, cette attitude contribuait à lui nuire. Insistant pour que le cardinal fût convaincu d'escroquerie, de faux et d'offense à la majesté royale, elle entravait le cours de la justice. Si certains magistrats étaient tout dévoués à la monarchie traditionnelle et à la personne de Louis XVI, la plupart d'entre eux critiquaient âprement ce qu'ils appelaient « le despotisme royal » et refusaient de se laisser imposer une décision de justice, surtout par la reine. Relisant les instructions qui leur avaient été transmises soit par Mercy soit par Breteuil, le procureur général se sentait fort embarrassé. « Nous avons tous fait de nouvelles réflexions sur le plan proposé, écrivait-il au président, le 21 mai 1786. Il ne peut se concilier avec ce que nous avons sous les yeux » (c'est-à-dire les dépositions et les aveux des témoins et des inculpés).

Pour les magistrats, Mme de La Motte était la principale coupable de l'escroquerie ; il convenait donc de la châtier ainsi que ses complices. Quant au cardinal, son crime était un crime de lèse-majesté : il avait eu la témérité de croire que la reine avait pu lui donner un rendez-vous dans le parc de Versailles et s'imaginer qu'elle lui demandait de négocier un bijou en son nom.

Le 30 mai, au milieu d'une foule tendue par l'émotion, tous les Rohan assistant à l'audience en vêtements de deuil, le procureur général requit contre les inculpés. Il s'étendit sur le cas du cardinal, en insistant gravement sur « l'offense » faite à la personne de la reine et par voie de conséquence à celle du roi. Il fustigea la « témérité » du cardinal qu'il apparentait « à un crime exigeant les réparations les plus authentiques et les plus solennelles ». L'avocat général, qui lui succéda, adopta un tout autre ton et laissa clairement entendre que son collègue était littéralement vendu à la cour. On entendit ensuite les accusés et les témoins, ce qui n'apporta rien de nouveau au dossier. Rohan fit une excellente impression sur ses juges en comparaissant, bien que malade, devant eux et en déclarant qu'il « avait été complètement aveuglé par le désir immense qu'il avait de regagner les bonnes grâces de la reine ». Quant à Mme de La Motte, qui s'obstinait à nier tout ce dont on l'accusait, elle passa pour ce qu'elle était, une dangereuse aventurière.

Le lendemain, 31 mai, s'ouvrit dès six heures du matin la séance de l'arrêt. Une foule énorme se pressait au Palais de justice et dans les rues voisines. On engageait des paris. On attendit le verdict jusqu'à dix heures du soir ! Le sort de Mme de La Motte et de ses complices n'émut pas grand monde. Déclarée coupable, la prétendue descendante d'Henri II était condamnée à être fouettée publiquement, marquée au fer rouge de la lettre V signifiant voleuse et emprisonnée pour le reste de ses jours. Son mari, réfugié en Angleterre, était condamné aux galères par contumace. À l'exception de Réteaux, frappé de bannissement du royaume, leurs comparses étaient « mis hors de cour », ce qui frappa peu le public. Mais lorsqu'on apprit l'acquittement du cardinal, ce fut du délire. On se mit à hurler : « Vive le cardinal ! » et plusieurs milliers de personne l'accompagnèrent jusqu'à la Bastille où il devait encore passer une nuit.

Rien ne pouvait frapper plus douloureusement la reine. Elle s'attendait à une peine infamante pour Rohan et ne concevait pas que les magistrats n'eussent pas suivi les ordres du ministère. Qu'ils eussent osé porter un jugement contraire à celui qu'elle avait voulu imposer lui semblait un second crime de lèse-majesté. Elle éclata en sanglots lorsqu'elle apprit la sentence. Pour tenter d'apaiser son désespoir, Mercy la persuada que seules les sourdes menées des parents de Rohan avaient permis que l'on bafouât l'honneur de la reine de France.

Indigné par ce verdict, Louis XVI exigea la démission de son grand aumônier et l'exila dans son abbaye de La Chaise-Dieu en Auvergne. Cette mesure acheva de scandaliser les partisans du cardinal, qu'ils fussent nobles ou bourgeois. Alors que le Parlement avait innocenté le cardinal, la peine que lui infligeait le souverain fit crier à la tyrannie. Le roi achevait ainsi de s'aliéner un Parlement qui s'était plusieurs fois opposé à lui depuis son avènement. La critique de l'absolutisme royal se renforça, et le Parlement mesura sa force par rapport au pouvoir royal.

Cet incroyable scandale flétrit à jamais l'image de la reine. On la blâmait pour ses interventions dont on n'avait pourtant pas de preuve formelle. On se demandait si elle n'avait pas manigancé toute cette affaire pour perdre un homme qu'elle haïssait. Elle avait été au centre d'un procès au cours duquel les magistrats s'étaient efforcés de ne pas la compromettre en ne la nommant pratiquement jamais. Mais on se posait bien des questions sur le rôle qu'elle avait véritablement joué. Toutes les légèretés qu'elle avait accumulées depuis des années parlaient contre elle. Les libertés qu'elle avait prises plaidaient en faveur du cardinal. N'avait-elle pas acheté des bijoux en cachette du roi ? Et ce rendez-vous du bosquet, qu'avait-il de si extraordinaire pour une reine qui se promenait, incognito, fort tard, dans le parc du château ? D'ailleurs, si le cardinal, familier de la cour, avait pu se laisser abuser à ce point par une intrigante, c'est sans doute parce qu'il savait la reine capable de commettre certaines turpitudes. Au reste, certains allaient plus loin et se demandaient si Rohan n'avait pas joué les dupes pour sauver l'honneur de la reine.

Cette malheureuse affaire du collier allait définitivement fixer le portrait de Marie-Antoinette sous les traits d'une femme perfide et débauchée qui dilapidait les deniers du royaume pour son seul plaisir et abusait de la faiblesse du roi, en le trompant comme mari pour assouvir ses instincts lubriques et comme souverain pour servir les intérêts de l'empereur.

Chapitre XXII

« Madame Déficit »

L'épreuve avait rapproché Marie-Antoinette de son époux, et, à son grand désappointement, elle se retrouva enceinte au début de l'hiver. Elle mit plusieurs semaines à convenir de son nouvel état qu'elle acceptait fort mal. Redoutant ses sautes d'humeur, les médecins n'osaient pas confirmer leur diagnostic. Vers le 15 février, elle dut se rendre à l'évidence et fit part de son mécontentement à son frère, qui la chapitra de nouveau sur ses devoirs d'épouse. Mais cette mercuriale ne l'ébranla pas. Trois enfants suffisaient à son bonheur et la dynastie lui semblait assurée avec deux fils, bien que la santé du dauphin fût de plus en plus préoccupante. L'enfant restait chétif et grelottait de fièvre chaque nuit.

Malgré la présence de Fersen, l'hiver et le printemps furent maussades à Versailles où l'on s'ennuyait élégamment. Irritée par cette grossesse non désirée, angoissée par le procès qui la jetait en pâture aux libellistes les plus abjects, la reine ne parvenait pas à organiser les plaisirs de la cour comme elle en avait l'habitude. Elle ne dansait plus et passait ses soirées à jouer au billard ou au tric-trac avec le comte d'Artois et sa petite société. Elle réforma sa garde-robe. Finies les excentricités ! Plus de ces robes à la polonaise, à la circassienne ou à la turque qui avaient fait jusque-là ses délices. Plus de chapeaux extravagants. Mlle Bertin devait inventer des modèles plus classiques, plus sages, comme le montre le grand tableau de Mme Vigée-Lebrun représentant la reine et ses enfants. Dans une superbe robe de velours rouge bordée de fourrure sombre, coiffée d'un chapeau de même étoffe surmonté de plumes blanches, Marie-Antoinette tient sur ses genoux le petit duc de Normandie ; Madame Royale s'appuie tendrement à son bras tandis que le dauphin, en costume de velours rouge orné de dentelles, découvre le berceau symbolisant la naissance attendue. Apparemment épanouie, la reine donne encore l'image d'une mère comblée malgré les soucis qui commencent à l'assaillir.

Lorsque Marie-Antoinette avait appris le fatal jugement de l'affaire du collier, Fersen était reparti pour son régiment. Quant à Louis XVI, il quitta Versailles du 20 au 29 juin pour faire un voyage de propagande en Normandie. Il rentra enchanté, ses sujets de province lui ayant réservé un accueil très chaleureux qui lui laissait croire que la monarchie avait encore de beaux jours devant elle. Lorsqu'il revint au château, la reine et ses enfants l'attendaient sur le balcon de la cour de marbre. Dès que les petits princes aperçurent leur père, ils crièrent tous trois : « Papa ! » avec une joie touchante. Quelques jours plus tard, le 9 juillet,

Marie-Antoinette accoucha d'une très grosse fille nommée Sophie Hélène Béatrice. Elle ne devait vivre que neuf mois.

La reine se remit assez vite de ses couches et retrouva une certaine joie de vivre, en dépit de la visite que lui fit sa sœur Marie-Christine accompagnée de son époux, le prince Albert de Saxe-Teschen. Elle ne fit pas bon accueil à cette aînée qui gouvernait les Pays-Bas autrichiens au nom de l'empereur. Ignorant les indiscrétions que Mercy avait toujours commises à son égard, elle restait persuadée que c'était Marie-Christine, bien informée par les gazettes de Bruxelles, qui avait fait part assez méchamment à l'impératrice de ses folies de jadis. Sans en connaître la raison, Marie-Christine comprit fort bien qu'elle importunait la reine de France et n'insista pas pour partager son intimité.

L'été fut assombri par les débuts d'une crise financière qui préoccupait sérieusement Louis XVI. Depuis trois ans, Calonne était contrôleur général des Finances. Administrateur habile, il avait joui de la confiance des grands banquiers. Entouré de conseillers, au premier rang desquels se trouvait Dupont de Nemours, il voulait développer et moderniser l'économie française. Au lendemain de la paix avcc l'Angleterre, il avait négocié un traité de libre-échange entre les deux puissances. Il ne cessait de répéter qu'une politique d'austérité n'était pas rentable et que certaines dépenses étaient en réalité productives. Il avait été ainsi l'initiateur de travaux d'urbanisme à Bordeaux, à Marseille et à Lyon. À Cherbourg, il faisait aménager un port de guerre que Louis XVI venait de visiter. Mais Calonne avait érigé la prodigalité en système. Il avait payé les dettes des frères du roi, négocié l'achat de Saint-Cloud pour la reine et du château de Rambouillet pour le roi. Fort lié à la coterie Polignac, il avait largement puisé dans le Trésor pour accorder quantité de pensions injustifiées. Pour soutenir sa politique, il avait beaucoup emprunté. Mais, financée par l'emprunt, la guerre d'Amérique avait grevé le budget. En hausse constante, les dépenses de l'État étaient difficilement compressibles. Les seuls intérêts de la dette représentaient 50 % du budget ! Quant aux dépenses de la cour, si elles n'en représentaient que 6 %, auxquels il fallait ajouter les 2 % de pensions, elles étaient les plus voyantes et les plus impopulaires. Le scandale résidait surtout dans la disproportion entre les pensions exorbitantes accordées aux princes et aux favoris et la masse de pensions très modiques concédées aux véritables serviteurs de l'État, tels que les vieux officiers.

En 1786, à sa grande surprise, Calonne ne trouva plus à emprunter. Estimant que seule une refonte du système fiscal permettrait de résoudre la crise, il proposa alors au roi un *Plan précis d'amélioration des finances* qui revenait, en quelque sorte, à rendre l'impôt égal et proportionnel pour tous. Cette mesure, bien anodine à nos yeux, passait alors pour révolutionnaire, car elle risquait, à terme, de bouleverser la société d'ordres qui était celle de la France d'avant 1789 : la place de chacun était alors déterminée par la naissance. Ceux qui naissaient nobles bénéficiaient d'un certain nombre de privilèges, en particulier, celui d'être dispensé de payer la taille, impôt en argent évalué assez arbitrairement d'après les signes extérieurs de richesse. Cette contribution fort impopulaire frappait l'ensemble des citoyens français. Il semblait évident que l'établissement de l'égalité fiscale devait entraîner, à plus ou moins brève échéance, l'égalité civile. Louis XVI, qui admettait fort bien les réformes de conjoncture, redoutait de prendre une décision dont les conséquences allaient remettre en cause le système social auquel il restait attaché. Calonne finit pourtant par le convaincre de cette nécessité. Prévoyant que le Parlement, composé de privilégiés, refuserait de cautionner cette mesure, le roi et le ministre décidèrent de réunir, à titre consultatif, une assemblée de notables, c'est-à-dire de personnalités prestigieuses, soigneusement choisies pour approuver cette réforme fondamentale.

Une sourde inquiétude taraudait le roi. Plus que jamais, il avait besoin de s'appuyer sur un conseiller fidèle. Mais Vergennes, qui lui tenait lieu de mentor depuis la mort de Maurepas, était très malade. Lorsqu'il mourut le 13 février 1787, le roi pleura. « Je perds le seul ami sur lequel je pouvais compter, le seul ministre qui ne me trompa jamais », dit-il tristement. Ce décès donna lieu à des bruits odieux. On prétendit que la reine avait fait empoisonner un collaborateur de son mari dont elle voulait se venger : ne s'était-elle pas opposée plusieurs fois à sa politique à l'égard de l'Autriche ? Vergennes n'avait-il pas timidement soutenu le cardinal de Rohan ? Ces accusations ignobles s'ajoutaient à beaucoup d'autres que d'immondes libelles diffusaient dans tout le royaume.

Mercy était sur le qui-vive. Il rêvait que la reine fît nommer à la place de Vergennes le ministre qui convenait le mieux aux intérêts autrichiens, en l'occurrence le comte de Saint-Priest. Mais, au grand désappointement de l'ambassadeur et de ses maîtres, la reine ne se mêla de rien. Elle soutenait son époux dont elle mesurait le désarroi et se préoccupait plus de la situation intérieure que des destinées de l'alliance. Elle alla même jusqu'à dire à Mercy qu'il

« n'était pas juste que la cour de Vienne nommât les ministres de celle de Versailles ». L'ambassadeur enrageait.

La réunion des notables préconisée par Calonne commença sous les plus mauvais auspices. Constituée de privilégiés pourtant triés sur le volet, l'assemblée s'opposa d'emblée aux réformes du contrôleur général, car elles lésaient gravement la plupart d'entre eux. Elle feignit cependant de s'attaquer à la gestion du ministre plutôt qu'aux réformes proposées. Louis XVI ne savait plus à quel saint se vouer. « Il me tirerait de là », soupirait-il, découragé, en évoquant le souvenir de Vergennes. Le 4 avril 1787, les travaux ayant été suspendus pour une semaine, le chef de l'opposition à Calonne, l'archevêque de Toulouse, Loménie de Brienne, apporta à la reine un mémoire qu'il la supplia de remettre au roi. Il demandait le renvoi de Calonne et briguait en quelque sorte sa succession.

Bien malgré elle, par la force des choses, Marie-Antoinette commença d'intervenir dans la politique intérieure en soutenant la candidature de Loménie de Brienne auprès de son époux. Si Louis XVI était hostile à cet ecclésiastique aux mœurs dissolues, la reine était depuis longtemps prévenue en sa faveur. Vermond lui avait toujours fait l'éloge de ce prélat qui le protégeait depuis plus de quinze ans. En outre, Joseph II, qui avait eu l'occasion de s'entretenir avec lui, le tenait en haute estime. Dans l'état d'abattement où se trouvait le roi, il ne fut pas difficile à son épouse de l'amener à renvoyer Calonne et à le remplacer par l'archevêque de Toulouse. Les notables applaudirent ce changement. Le ménage royal en fut rasséréné. Il n'allait pas tarder à déchanter.

Sachant l'aversion que lui portait le roi, Loménie de Brienne cultivait fort habilement la faveur de la reine. Il rêvait de la faire participer au gouvernement pour affermir sa situation personnelle. Sensible à l'attitude respectueuse du prélat, elle soutint ses réformes avec constance, commençant par réduire sensiblement le train de sa maison. Elle fit ainsi souffler autour d'elle le vent du changement malgré les récriminations de sa petite société, scandalisée par des mesures qui entamaient ses privilèges. Furieux du renvoi de leur cher Calonne, ses amis tenaient déjà rigueur à la reine d'avoir fait nommer Loménie de Brienne à sa place. Lorsqu'ils comprirent qu'ils allaient être victimes de mesures prises directement par le roi et la reine, ils ne cachèrent pas leur colère. Les drames commencèrent avec le duc de Coigny. Louis XVI lui demanda de renoncer à sa charge de premier écuyer. Bien que la demande lui fût présentée avec beaucoup de ménagements, le duc osa s'emporter contre le roi. La cour s'offusqua, mais prit plutôt le parti de Coigny que celui du monarque. Fort amèrement, la reine se plaignit de la conduite de ce favori à Besenval qui eut le front de lui répondre : « Madame, il perd trop pour se contenter de compliments. Il est pourtant affreux de vivre dans un pays où l'on n'est pas sûr de posséder le lendemain ce qu'on avait la veille. Cela ne se voyait qu'en Turquie. » Le duc de Polignac se fit aimablement prier pour donner sa démission de la direction de la poste aux chevaux. Il fallut que Marie-Antoinette insistât auprès de lui en présence de Loménie de Brienne. Vaudreuil perdit sa charge de grand fauconnier... Les uns après les autres, les favoris devaient renoncer à quelques avantages. La reine persévéra dans cette nouvelle politique qui l'éloignait de ses amis habituels et ne lui procurait pourtant aucun regain de popularité. Elle voyait beaucoup moins souvent Mme de Polignac et préférait désormais passer ses soirées chez sa dame d'atour, la comtesse d'Ossun. Cette parente de Choiseul, lequel était mort en 1785, recevait souvent la reine à dîner avec quatre ou cinq personnes de bonne compagnie. Elle organisait des concerts avec le concours d'artistes à la mode et, parfois, de petits bals où Marie-Antoinette acceptait encore de danser une contredanse.

L'été de 1787 s'annonçait mal. Le 14 juin, Marie-Antoinette perdit sa seconde fille et en ressentit un grand chagrin. La santé du dauphin s'aggravait. Il fallait faire preuve de beaucoup d'optimisme pour imaginer que ce malheureux enfant vivrait. Sa mère s'en plaignait tristement à l'empereur : « Quoiqu'il ait été toujours faible et délicat, je ne m'attendais pas à la crise qu'il éprouve, lui disait-elle. Sa taille s'est dérangée pour une hanche qui est plus haute que l'autre et pour le dos dont les vertèbres sont un peu déplacées et en saillie. Depuis quelque temps, il a tous les jours la fièvre et est fort maigri et affaibli. » Le marquis de Bombelles s'apitoyait de voir cet enfant bossu : « J'aurais pleuré, dit-il, si j'eusse osé, du lamentable état dans lequel je l'ai trouvé, courbé comme un vieillard, ouvrant des yeux mourants au milieu d'un teint livide. Il craint le monde, il a honte de se montrer. » Les médecins, qui n'osaient pas dire la vérité aux malheureux parents, prétendaient que le dauphin souffrait des effets d'une dentition particulièrement difficile ! Ils consultèrent l'anatomiste Petit. Ce dernier les persuada qu'il redresserait le corps du petit malade en lui faisant porter un corset de fer. Il ne parvint qu'à torturer davantage le pauvre enfant. Mme Royale, qui grandissait normalement, perdait le charme de l'enfance. Elle paraissait triste et son caractère altier donnait à sa digne petite personne toutes les apparences de la sécheresse. Seul le joli duc de Normandie faisait le bonheur de la reine. « Il a exactement en force et en santé tout ce que son frère n'a pas assez. C'est un vrai enfant de paysan, grand, frais, et gros », écrivait-elle à l'empereur. Les médecins étaient, hélas, moins optimistes. Il s'inquiétaient des convulsions violentes qui ébranlaient fréquemment le jeune prince.

Marie-Antoinette ne trouvait de véritables consolations qu'auprès de Fersen. Revenu en France au mois d'avril 1787, Axel partageait son temps entre Versailles et son régiment. Les liens qui l'unissaient à la reine se renforçaient. D'après le comte de Saint-Priest, elle « avait trouvé le moyen de faire agréer au roi sa liaison avec le comte Fersen. En répétant à son époux tous les propos qu'elle apprenait et qu'on tenait dans le public sur cette intrigue, elle offrit de cesser de le voir, ce que le roi refusa. Sans doute qu'elle lui insinua [*sic*] que, dans le déchaînement de la malignité contre elle, cet étranger était le seul sur lequel on pût compter. [...] En attendant, Fersen se rendait à cheval dans le parc du côté de Trianon trois ou quatre fois la semaine ; la reine en faisait autant de son côté et ces rendez-vous causaient un scandale public malgré la modestie et la retenue du favori qui ne marquait jamais rien à l'extérieur ».

Il semble d'ailleurs qu'un logement ait été aménagé pour lui, au-dessus des appartements de Marie-Antoinette. Le carnet de correspondance de Fersen signale en effet qu'il a écrit à « Joséphine », le 3 mars 1787 : « Projet de loger en haut ; qu'elle me réponde au régiment ; que j'y serai le 15 mai. » Le 20 avril, il note encore : « Ce qu'elle doit me trouver pour habiter en haut. » Le 8 octobre : « Qu'elle fasse faire une niche au poêle ; que je partirai le 18 pour être à Paris le 19 et le soir chez elle ; qu'elle m'envoie une lettre chez moi à trois ou quatre heures pour me dire ce que je dois faire. » À première vue il paraît bien étonnant qu'un colonel suédois au service de la France entretienne la reine de fumisterie ! On est beaucoup plus surpris encore en lisant la note suivante adressée au directeur général des Bâtiments, le 10 octobre : « La reine a envoyé chercher le poêlier suédois qui a fait des poêles dans l'appartement de Madame, et Sa Majesté lui a ordonné d'en faire un dans un de ses cabinets intérieurs, avec tuyaux de chaleur pour échauffer une petite pièce à côté. » Suivent un certain nombre de détails techniques concernant l'aménagement de l'âtre. La reine voulait sans doute disposer d'une chambre agréablement chauffée pour garder près d'elle l'homme qu'elle aimait.

De telles libertés ne manquent pas de surprendre. Si on savait que la reine avait fait aménager un système qui lui permettait de bloquer toutes les portes de sa chambre, simplement en tirant un cordon de son lit, on ignorait la disposition exacte de ses petits appartements. Besenval, l'un de ses familiers en témoigne. Il raconte que M. Campan lui avait fait suivre un incroyable dédale de corridors et d'escaliers conduisant à un petit appartement, distinct de ses cabinets dont il ignorait l'existence. Ce jour-là, Marie-Antoinette avait donné un rendez-vous secret à ce vieux roué pour régler les modalités d'un duel opposant le comte d'Artois au duc de Bourbon. « Je fus étonné, dit Besenval, non pas que la reine eût désiré tant de facilités, mais qu'elle eût osé se les procurer. » En se promenant dans Versailles déserté après 1789, le page Félix d'Hézecques découvrit avec stupéfaction « une foule de petits appartements dépendant de celui de la reine » dont il ne soupçonnait pas l'existence. « La plupart étaient sombres, dit-il, n'ayant de jour que sur de petites cours. Ils étaient simplement meublés, presque tous en glaces et en boiseries. » La reine protégeait donc sa vie privée mieux qu'on ne pouvait l'imaginer.

L'impopularité de Marie-Antoinette grandissait. En pleine crise financière, elle était désignée comme la responsable de tous les maux du royaume. Ses prodigalités étaient dénoncées comme le gouffre où s'étaient perdues les finances publiques. On reparlait de l'affaire du collier à l'occasion de l'évasion de Mme de La Motte. Jouissant de mystérieuses complicités, cette aventurière avait trouvé refuge en Angleterre où Calonne l'avait prise sous sa protection. (Le ministre disgracié avait, en effet, préféré l'exil à une situation incertaine en France.) On prétendait que la reine avait facilité le départ de l'intrigante dans l'espoir que M. de La Motte renoncerait à publier des lettres compromettantes. Au reste, Mme de Polignac et Vaudreuil étaient brusquement partis pour Londres afin de négocier – disait-on – la restitution de ces papiers avec les époux La Motte. Si l'on ne sait rien de précis à propos de ce voyage, on peut affirmer qu'à son retour de Londres Mme de Polignac retrouva son appartement repeint à neuf et remeublé par les soins de la reine. Quelque temps plus tard, Mme de Lamballe puis l'abbé de Vermond se rendirent, eux aussi, dans la capitale britannique. Ces mystérieuses allées et venues des familiers de la reine éveillaient bien des soupçons et donnaient davantage encore prise à la calomnie.

« *Madame Déficit* »

Pamphlets et caricatures fleurirent de plus belle. La reine était leur cible favorite. Quantité d'estampes la fustigeaient. Sur l'une d'elles, où l'on voyait la famille royale à table, on lisait cette légende : « Le roi boit, la reine mange et le peuple crie. » Au théâtre, on applaudissait furieusement certains vers de tragédie antique, vouant aux gémonies les princesses cruelles. On comparait désormais Marie-Antoinette à toutes les reines scélérates de l'Histoire. Au Salon de peinture, Mme Vigée-Lebrun n'ayant pas eu le temps d'achever le tableau de la reine avec ses trois enfants, on exposa un cadre vide pendant quelques jours. À la place de la toile, un plaisantin écrivit : « Voilà le déficit ! » *Madame Déficit,* tel était le nouveau surnom de la reine. L'épigramme précédait l'insulte.

CHAPITRE XXIII

« Mon rôle est de porter malheur »

La reine pressentait confusément que des temps nouveaux commençaient. Lorsqu'elle allait à Paris, un silence glacial l'accueillait. Un soir, elle trouva placardé sur sa loge des Italiens, un écriteau où elle lut avec effroi : « Tremblez tyrans, votre règne va finir ! » Au théâtre de Versailles on la sifflait. « La reine est assez généralement détestée, reconnaissait Fersen, on lui attribue tout le mal et on ne lui sait pas gré du bien. [...] Le roi est toujours faible et méfiant ; il n'a de confiance qu'en la reine, aussi, il paraît que c'est elle qui fait tout. » Louis XVI sombrait dans un état dépressif dont personne ne parvenait à le tirer. Son mutisme troublait les ministres. Le souverain ne s'animait que pendant ses interminables parties de chasse à l'issue desquelles il faisait des repas de plus en plus copieux dont il sortait hagard et tout juste bon à s'effondrer sur un lit pour s'endormir. Beaucoup de gens prétendaient qu'il buvait, ce que démentaient catégoriquement des familiers aussi bien informés que Mercy ou Fersen. Jamais le fardeau du pouvoir n'avait à ce point accablé le monarque. On eût dit qu'il voulait l'abandonner à qui pouvait le prendre. Aussi Loménie de Brienne avait-il besoin de la reine ; il avait déjà obtenu qu'elle participât aux comités interministériels au cours desquels se prenait l'essentiel des décisions.

Marie-Antoinette, on le sait, n'avait jamais éprouvé de goût pour le pouvoir, en dépit des encouragements prodigués par Mercy depuis le début du règne. Cependant, parce qu'elle manifestait une certaine force de caractère qui faisait défaut à son époux, parce que l'ambassadeur d'Autriche était son conseiller le plus écouté, on la suspecta très tôt de vouloir exercer une influence personnelle sur les affaires du royaume. Bien que leur portée eût été quasiment nulle, ses interventions en faveur de l'Autriche, inspirées par sa famille et soutenues par Mercy, lui avaient fait un tort irréparable. On n'avait pas oublié ses scènes à Vergennes. Elle passait pour l'agent d'intérêts étrangers ce qui lui avait valu le redoutable surnom d'Autrichienne qui se chargeait de connotations de plus en plus désagréables. À l'intérieur, si son action s'était limitée à quelques nominations plus ou moins heureuses dictées par son humeur, on était cependant convaincu que la reine imposait ses volontés au roi et qu'elle avait ruiné la France avec la complicité de ses favoris.

Le désir de Loménie de Brienne de faire jouer à Marie-Antoinette un véritable rôle aggrave encore le discrédit dans lequel elle est tombée. « La reine gouverne ! », tel est désormais le cri public, un cri où le mépris le dispute à la haine. Alors, cette femme que rien ne prépare aux réalités du pouvoir, se sent brutalement contrainte de relever le défi. Sans culture politique, ignorant tout des réalités du royaume, Marie-Antoinette réagit par instinct. Redoutant viscéralement tout changement de l'ordre établi, elle ne peut envisager de grandes réformes. Elle refuse avec horreur tout ce qui pourrait amoindrir le pouvoir royal qu'elle considère comme immuable et naturellement absolu. Tel est son *credo* politique. Coûte que coûte, elle s'efforcera de le conserver. « Comme elle resta toujours convaincue que toute limite donnée à l'autorité royale était un malheur, elle devait nécessairement retomber sous l'influence de ceux qui pensaient comme elle », devait écrire Mme de Staël, fille du ministre Necker. Généralement peu indulgents, les observateurs étrangers voyaient avec inquiétude cette mainmise de l'épouse de Louis XVI sur le gouvernement de l'État. « La reine est plus haïe mais plus puissante que jamais. Elle a quitté sa société frivole et s'occupe des affaires, et comme elle n'a pas une tête à système elle ira de caprice en caprice », disait le nouvel ambassadeur de Prusse, M. d'Alvensleben, au roi Frédéric-Guillaume II.

Cependant la souveraine ne faisait rien d'autre que d'écouter Loménie de Brienne, dont la tâche devenait chaque jour plus difficile. Successeur de Calonne dont il avait critiqué la gestion, le prélat avait repris à son compte à peu près les mêmes propositions. Mais, à sa grande surprise, il s'était aussitôt heurté à l'opposition des notables. Leur désir de mettre en tutelle le pouvoir royal était manifeste. Un beau jour, le marquis de La Fayette déclara qu'il fallait convoquer les États généraux[46], en suggérant la

46. Sur cette consultation nationale, voir *infra,* chapitre XXIV.

réunion d'une « assemblée vraiment nationale ». Se déclarant finalement incompétents en matière fiscale, les notables invitèrent implicitement le roi à cette grande consultation. Incapable de s'imposer à ses anciens collègues, Brienne conseilla au monarque de les renvoyer tout en leur promettant que sa politique future s'inspirerait de leurs délibérations. Nommé principal ministre, le même Brienne travaillait sans relâche pour mettre sur pied un vaste plan de réformes dans l'espoir de résoudre la crise financière qui s'aggravait.

Depuis la réunion des notables, l'opinion s'était déchaînée. Chacun se piquait d'être « opposant ». Personne n'osait défendre le ministère. Le roi lui-même n'était plus épargné. Les libellistes en donnaient l'image la plus affligeante. Dans des clubs récemment constitués, on discourait sur les affaires publiques, on exaltait les idées d'égalité et de liberté. Les uns préconisaient une monarchie à l'anglaise, d'autres la mise en tutelle de Louis XVI par le Parlement. Subventionnés par le banquier Kornmann, plusieurs publicistes exerçaient leur verve satirique à rédiger des brochures incendiaires contre le ministère et contre la cour. Les femmes se lançaient avec passion dans la carrière orageuse des discussions politiques. La maréchale de Beauvau, les princesses de Bouillon, d'Hénin, de Poix souhaitaient le retour de Necker au pouvoir. La princesse de Broglie, la duchesse d'Aiguillon, les marquises de Coigny, de Gontaut, les comtesses d'Escars, de Lameth, de La Châtre, qui se disaient « dévouées à la cause populaire, formaient des vœux pour la régénération publique ». La duchesse d'Enville recevait chez elle Jefferson, La Fayette, le duc de La Rochefoucauld-Liancourt et Condorcet. Dans son salon, on ne tarissait pas d'éloges sur la Constitution américaine traduite en français par le même duc de La Rochefoucauld-Liancourt. Dans les loges maçonniques fréquentées par l'aristocratie et la bourgeoisie libérales, on préconisait une réorganisation financière et la suppression de tous les abus engendrés par le régime. Paradoxalement, la faiblesse du souverain encourageait de violentes critiques contre l'absolutisme. Jamais on n'avait vu pareille fermentation des esprits. Louis XVI et Marie-Antoinette étaient atterrés. Si le roi semblait subir son sort dans cette morne indifférence qui préoccupait tout son entourage, la reine voulait réagir mais ne savait pas comment s'y prendre. La guerre que menait ostensiblement contre elle le duc d'Orléans achevait de la déstabiliser.

À Paris, sa demeure, le Palais-Royal, était l'un des plus puissants bastions de cette rébellion qui comptait de plus en plus de sympathisants. Les temps où le sémillant Louis Philippe Joseph, duc de Chartres[47], charmait la petite cour de la reine au début du règne étaient oubliés depuis longtemps. Tout avait commencé par des froissements d'amour-propre. Marie-Antoinette s'était moquée de lui lorsqu'il était venu en triomphateur à Versailles après un combat naval, au large d'Ouessant, au début de la guerre d'Amérique. La jeune présomptueux prétendait avoir largement contribué à remporter une victoire contre les Anglais alors qu'en réalité il avait compromis le succès français par une

47. Fils de Louis Philippe, duc d'Orléans (1725-1785), le duc de Chartres avait pris le titre de duc d'Orléans à la mort de son père en 1785.

manœuvre inconsidérée. Le roi et la reine lui eussent sans doute pardonné son erreur si son incurable légèreté et sa puérile vanité ne lui avaient fait rechercher des honneurs immérités qu'il estimait lui être dus. Les intrigues auxquelles il se livra ensuite pour faire destituer les ministres qui ne l'avaient pas soutenu achevèrent de le perdre aux yeux du couple royal. Trop orgueilleux pour faire sa cour aux souverains dans l'espoir de rentrer en grâce, il préféra cultiver l'art de déplaire et réussit au-delà de toute espérance. Depuis ce temps, les propos des courtisans avaient singulièrement envenimé les relations entre la famille royale et la Maison d'Orléans. La coterie Polignac, qui l'emportait alors sur celle de la princesse de Lamballe, belle-sœur du prince, se répandit en paroles venimeuses contre le duc de Chartres et ses entours. De part et d'autre, les courtisans aigrirent les malentendus jusqu'aux mots irréparables. La bouderie se transforma en haine et les griefs se multiplièrent à l'envi. Le Palais-Royal devint l'antre de la médisance dirigée contre une souveraine qui se cantonnait de plus en plus dans une petite société d'où se trouvait désormais exclu le clan des Orléans. Éloigné chaque jour davantage de cette retraite enchantée où chacun rêvait d'être admis, le duc de Chartres en conçut le plus vif dépit. Son ressentiment visa d'autant plus cruellement la reine qu'elle l'avait naguère considéré comme un compagnon fort agréable. Avec ses familiers, le prince n'épargnait plus Marie-Antoinette. Il cherchait toutes les occasions d'assouvir sa vengeance contre une femme qui l'humiliait après l'avoir distingué. N'allait-il pas jusqu'à prétendre qu'il avait repoussé ses avances et qu'elle en avait conçu une fureur inimaginable ? Les amis de la reine se plaisaient à lui décrire le duc de Chartres (maintenant duc d'Orléans) comme l'incarnation de la perversité lubrique. Se croyant proscrits l'un par l'autre, ils s'inspiraient une crainte réciproque que d'atroces pamphlets et de faux rapports enflammèrent à plaisir.

Anglomane, léger, velléitaire, versatile, le duc d'Orléans n'avait pas, lui non plus, le goût du pouvoir. De tout temps, il avait éprouvé un immense plaisir à braver l'opinion et à narguer l'absolutisme. Il enrageait à chaque fois qu'il devait demander au roi la permission de faire un voyage. Aussi défendait-il âprement ce qu'il croyait être le principe de la liberté. Il protégeait artistes et savants adeptes des idées nouvelles et passait pour un homme éclairé. Il se serait sans doute cantonné dans son attitude de bravade provocatrice, s'il n'avait alors représenté un enjeu politique dans une société en pleine effervescence. Son entourage le persuadait qu'il avait un rôle essentiel à jouer. Les uns voyaient en lui un souverain de substitution, acceptant le principe d'une monarchie constitutionnelle alors que d'autres se demandaient comment utiliser à leur profit ce cousin du roi, premier prince du sang, qui possédait la plus grosse fortune du royaume. Il intéressait particulièrement les magistrats du parlement de Paris qui avaient besoin d'un porte-parole prestigieux pour soutenir leurs revendications. Prévoyant que Louis XVI allait avoir besoin d'eux, les plus factieux faisaient une cour assidue au duc d'Orléans qui se laissait volontiers griser par toute l'agitation qu'on entretenait autour de lui.

Les édits réformateurs de Loménie de Brienne étaient sur le point d'être présentés au Parlement qui n'avait pas du tout l'intention de les approuver. Afin de contraindre les magistrats à exécuter ses volontés, Louis XVI se rendit personnellement au Palais de justice le 19 novembre 1787. À l'occasion de cette séance exceptionnelle, bien chapitré par ses conseillers, le duc d'Orléans eut l'audace de prendre la parole pour s'opposer au roi. Pour la première fois dans l'histoire de la monarchie, un prince osait poser des bornes constitutionnelles à l'absolutisme royal et remettre en cause l'essence même de la royauté. Rouge de colère, Louis XVI balbutia une réponse maladroite et sortit du Palais de justice dans un silence glacial. Un peu plus tard, le duc d'Orléans rentra en triomphe au Palais-Royal.

Le roi et la reine se sentaient trahis jusque dans leur propre famille. Le souverain réagit aussitôt en exilant son cousin dans son château de Villers-Cotterêts, ce qui causa un vif émoi à Paris. Le duc d'Orléans faisait figure de héros, le Parlement jubilait, quant aux autres princes, ils prirent fait et cause pour leur parent ; à Versailles, les intrigues allaient bon train. Quoique soulagée de savoir le duc d'Orléans loin de Paris, incapable de cabaler contre elle, la reine ne savait plus à quel saint se vouer. Elle s'interrogeait sur la sincérité des amis qu'elle avait comblés de bienfaits. « Sur ce chapitre l'illusion a presque totalement cessé, il n'y a plus que de légers retours momentanés et dont les effets sont de peu de conséquences ; d'ailleurs la nécessité a fermé la porte au pillage et la reine ne se prête à aucune demande abusive, écrivait Mercy. Elle a fort à cœur de regagner l'affection du public qui, par l'injustice et la bizarrerie de ses jugements, mériterait d'être traité avec la dernière sévérité. » Mais le temps des conseillers en communication n'était pas encore venu ! Douloureusement affectée par la calomnie, cible d'ennemis invisibles et innombrables, la reine évitait de paraître en public. Animée d'une ardeur nouvelle, elle s'occupait des réformes en cours mais « avec peu de méthode et sans plan déterminé, disait Mercy. [...] De là résultait une confusion aggravant le mal au lieu de le diminuer. » Les soucis qui accablaient le roi et la reine retentissaient sur leur santé. Louis XVI fut victime d'un grave érysipèle tandis que Marie-Antoinette, souffrant de malaises diffus, prenait beaucoup d'embonpoint.

Par souci d'économies, les plaisirs de Versailles furent assez médiocres et à Paris, on s'amusa moins que d'habitude. On ne parlait que de politique. Les mascarades du carnaval de 1788 se déroulèrent dans un climat étrange : un arlequin souffleta Gabrielle d'Estrées[48], on arracha les cheveux du roi Henri IV, le plus populaire des souverains français, et on bastonna Sully, son ministre. Ces incidents de Mardi-Gras, qui pouvaient faire sourire, laissaient présager bien des troubles.

Marie-Antoinette tremblait de voir Mme de La Motte publier quelque pamphlet vengeur. On s'y attendait d'un jour à l'autre malgré les précautions prises pour éviter ce genre d'esclandre. Entièrement dévoué à la reine, Loménie de Brienne la tenait au courant des affaires politiques et lui faisait le récit de la résistance opiniâtre des parlements qui, sans relâche, lançaient des attaques contre le pouvoir royal et réclamaient à cor et à cri la réunion des États généraux. Cette lutte continuelle tournait à l'épreuve de force. Bientôt les parlements de province se déclarèrent solidaires de celui de Paris. Plusieurs provinces se soulevèrent derrière les parlementaires soutenus par la noblesse locale. On vit alors se

48. Maîtresse du roi Henri IV.

constituer un mouvement qu'on appela « parti patriote » ou « parti national ». Il regroupait non seulement les défenseurs du Parlement mais aussi et surtout tous les partisans d'une véritable constitution que seuls les États généraux, pensaient-ils, étaient habilités à donner au royaume. Nobles libéraux et bourgeois s'y rallièrent rapidement. Incapable de dominer la situation, Loménie de Brienne semblait emporter le roi et la reine dans la tourmente. Le 5 juillet 1788, dans l'espoir de rétablir le calme, il dut annoncer la prochaine réunion des États généraux sans pourtant donner une date précise.

Marie-Antoinette se berçait d'illusions. Elle s'imaginait que le gouvernement allait l'emporter et qu'on éviterait de réunir les États généraux. « Le roi est décidé à maintenir ses lois et son autorité », disait-elle, pleine d'espoir, à l'empereur. Le 15 juillet, elle partit s'installer à Trianon. Sa société habituelle lui tenait compagnie mais elle n'organisa ni bal ni fête. On se contenta d'inaugurer un jeu de boules. Très fatigué par les épreuves qu'il venait de traverser, le roi partait chasser à Rambouillet où il couchait trois soirs par semaine, mais venait, tous les jours, dîner à Trianon avec sa famille. Le 24 juillet, la reine invita Mesdames Tantes. En leur honneur, on doubla le nombre des mets. Il y eut donc quatre potages, deux grandes entrées, seize entrées, quatre hors-d'œuvre, six plats de rôts, deux moyens entremets, seize petits entremets ! Ce fut donc, comme jadis à Versailles, une succession de pâtés, côtelettes, abats de mouton, dindons poêlés à la ravigote, ris de veau en papillotes, cochons de lait à la broche, canetons à l'orange, blanquette de poularde, jarret de veau, chapons pannés, perdreaux, lapereaux, jambons de Westphalie, œufs brouillés, pochés, bouchées à la crème, gaufres à l'allemande, divers gâteaux et bien d'autres choses encore...

L'ambassade de Tipoo-Sahib, roi du Mysore, en Inde, constitua le grand divertissement de l'été 1788. Arrivés à Paris le 16 juillet, les trois représentants de ce souverain venaient solliciter la protection de la France pour contrebalancer la puissance anglaise. Leur présence excita la curiosité de toute la capitale. Quand on avait fini de parler de la future Constitution et de la crise financière, on s'entretenait pendant des heures de leurs mœurs et de leurs costumes extravagants. Tous les courtisans voulurent assister à cette réception extraordinaire que personne ne prenait réellement au sérieux. Le soir du 12 août, une foule de curieux attendait les Indiens au grand Trianon spécialement préparé pour les recevoir. Accompagnés par des interprètes, les trois ambassadeurs descendirent des trois carrosses portant la livrée du roi. Ils s'extasièrent devant la beauté du jardin et du palais et, en bons musulmans, demandèrent qu'on ôtât les tapis sur lesquels étaient représentées des figures humaines. Ils n'auraient pas pu y faire leurs dévotions.

Le lendemain, après la messe, pour leur réception solennelle dans le salon d'Hercule, on avait installé pour le roi un trône entouré de fauteuils destinés à la reine et aux autres membres de la famille royale. Dans tous les salons que devaient traverser les ambassadeurs, on avait élevé des amphithéâtres à l'intention du public. Précédé par les maîtres des cérémonies, le cortège avança dans les appartements remplis de femmes élégantes au décolleté audacieux dont l'aspect paraissait beaucoup frapper ces étrangers. Pour cette circonstance solennelle, les Indiens avaient renoncé au costume de leur pays dont ils n'avaient gardé que la coiffure. Ils s'étaient fait faire une espèce d'uniforme européen de maroquin vert et rouge qui devait servir de modèle pour équiper un corps de cipayes. Après l'audience, on les promena en calèche dans le parc où leur fut donné le spectacle des grandes eaux. Les ambassadeurs restèrent plusieurs jours dans le grand Trianon avec leurs esclaves enrubannés qui leur préparaient des mets qui semblaient bien extraordinaires aux Français de cette époque. Des senteurs nouvelles envahissaient les jardins, celles du piment et du curry mêlées à l'ail. Tout le monde voulut goûter ces mystérieux ragoûts mais bien peu d'estomacs les supportèrent, à commencer par celui de la reine.

La présence de ces hôtes exotiques distrayait Marie-Antoinette de ses soucis. Elle commanda leur portrait à Mme Tussaud afin d'immortaliser leur visite de façon plaisante. Cette artiste d'un genre nouveau – chez laquelle accouraient les Parisiens pour voir les célébrités de tous les temps, figurées en statues de cire, grandeur nature – exécuta le projet de la reine à la perfection. On installa dans l'une de chaumières du hameau les mannequins des envoyés de Tipoo-Sahib tirant sur leur longue pipe, en compagnie de l'interprète.

Pendant qu'on offrait aux yeux étonnés des Indiens le spectacle des fastes de Versailles, la situation financière s'était brusquement aggravée. Le Trésor était vide. À la Bourse, les effets royaux baissaient de jour en jour. Pour ranimer la confiance, Brienne annonça la réunion des États Généraux pour le 1er mai suivant, mais les effets boursiers ne remontèrent pas pour autant. Le 16 août, aux abois, le principal ministre envisagea de recourir à l'impôt forcé. Ce fut la panique. Loménie de Brienne était voué aux gémonies. La reine aussi. On lui imputait les échecs du ministre comme s'ils eussent été les siens. Louis XVI semblait incapable de prendre une décision. Et le temps pressait.

Marie-Antoinette avait compris qu'un remaniement ministériel s'imposait. Dans son désarroi, elle songeait à rappeler Necker, le seul homme capable de sauver la situation aux yeux de l'opinion. Mais une telle démarche lui faisait peur. Pas plus que le roi, elle n'aimait le banquier genevois dont elle redoutait les coups d'autorité. Elle pressentait néanmoins qu'il était leur seul recours. Encore fallait-il convaincre Louis XVI de rappeler cet ancien ministre et s'assurer de l'acceptation de ce dernier qu'on voulait faire revenir au pouvoir dans des conditions déplorables. La reine avait besoin d'un intermédiaire. Seul Breteuil eût été capable de parler au roi, mais il avait démissionné quelques semaines plus tôt, dans l'impossibilité de s'entendre avec Loménie de Brienne. La reine confia donc cette double mission à Mercy qui se rendit à ses vœux. Après avoir parlé à Louis XVI qui se résigna au retour de Necker, l'ambassadeur se rendit chez le Genevois. Assez réticent, celui-ci exigea un délai de réflexion avant de donner sa réponse. Le 25 août, il accepta de revenir au ministère, à condition que Loménie de Brienne eût démissionné.

Marie-Antoinette était bouleversée Son plan avait réussi. Pour la première fois, elle avait pris une décision politique capitale et agi à la place du roi. Avec le départ de Loménie de Brienne, elle avait l'impression de perdre le seul guide qu'elle eût jamais suivi. Victime d'une solitude réelle que son ignorance des affaires du royaume ne faisait qu'aggraver, assaillie de sombres pressentiments, elle écrivit ces quelques lignes à Mercy, le soir du 25 août, jour de la Saint-Louis, fête du roi : « L'archevêque est parti. Je ne saurais vous dire, Monsieur, combien la journée d'aujourd'hui m'affecte. Je crois que le parti était nécessaire, mais je crains en même temps qu'il n'entraîne dans bien des malheurs. [...] Je viens d'écrire trois lignes à M. Necker pour le faire venir demain à dix heures chez moi ici. Il n'y a plus à hésiter ; si demain, il peut se mettre à la besogne, c'est le mieux. Elle est bien urgente. Je tremble, passez-moi cette faiblesse, de ce que c'est moi qui le fais revenir. Mon sort est de porter malheur. »

Chapitre XXIV

« Connaissez-vous une femme plus à plaindre que moi ? »

Incapable de cacher l'appréhension qu'elle ressentait en sa présence, Marie-Antoinette accueillit très froidement le nouveau ministre. Pour la première fois, elle recevait officiellement un membre du gouvernement comme si Louis XVI avait voulu ainsi montrer qu'il associait sa femme au pouvoir. Plus maussade que jamais, le roi ne faisait pas mystère de son aversion pour le Genevois qu'il avait été contraint d'appeler. Il était offusqué par ce personnage avantageux, sûr de lui, infaillible, auréolé d'une popularité qu'il jugeait imméritée. « On m'a fait rappeler Necker, je ne voulais pas, mais on ne sera pas longtemps à s'en repentir. Je ferai tout ce qu'il me dira et on verra ce qu'il en résultera », s'était écrié Louis XVI, avec la rage des faibles, peu avant l'arrivée du ministre. Le même soir, la reine se montra particulièrement affable avec les proches parents de Loménie de Brienne. C'est avec hauteur, en revanche, qu'elle traita la baronne de Staël. Elle lui fit bien sentir qu'elle eût préféré garder l'archevêque à la tête des affaires. On ne pouvait agir avec plus de maladresse. À Paris, des explosions de joie avaient salué la nomination de Necker et on avait brûlé un mannequin représentant l'ancien ministre. Le roi et la reine faisaient grise mine à celui qui eût pu apparaître comme leur sauveur et dont ils redoutaient les idées « démocrates ». Quoi que fît Necker, Marie-Antoinette « le considéra toujours comme ayant été nommé par l'opinion publique ; et les princes, dans les gouvernements arbitraires, s'accoutument malheureusement à regarder l'opinion comme leur ennemie », devait écrire plus tard, Mme de Staël.

On ne reconnaissait plus la reine. Anxieuse, perpétuellement sur la défensive, elle avait perdu son insouciance et sa gaieté. Elle passait toujours ses soirées chez Mme de Polignac ou Mme d'Ossun en présence de ses amis, mais elle ne parlait plus avec la même liberté que naguère. Elle savait que le moindre de ses propos serait rapporté et déformé. D'ailleurs, elle avait eu plusieurs altercations assez pénibles avec la duchesse de Polignac qui ne s'était pas privée de critiquer la politique de Loménie de Brienne. Marie-Antoinette pouvait-elle se douter que, dans les salons aristocratiques, on parlait désormais du roi sans le moindre respect, qu'on se moquait de son goût immodéré pour la chasse et de son aveuglement à reconnaître pour légitime le petit duc de Normandie ?

La reine ne trouvait guère de réconfort en famille. Dévoré d'ambition, jaloux de son frère aîné qu'il jugeait indigne de la royauté, le comte de Provence usait sans ménagement du persiflage le plus cruel pendant les dîners qui réunissaient les trois frères et leurs épouses. Le roi ne savait ni lui répondre ni lui imposer silence. En présence de la reine, la comtesse de Provence gardait, comme à son habitude, le maintien le plus hypocrite, mais dès qu'elle l'avait quittée, elle la dénigrait sans ménagement et ne se privait pas, elle aussi, de l'appeler « l'Autrichienne » (sa correspondance, restée longtemps inédite, en témoigne). Au reste, cette princesse, à laquelle personne n'avait jamais prêté la moindre attention, vivait alors des amours passionnées avec sa lectrice, qui n'était autre qu'une espionne à la solde de l'Angleterre. Ignorant tout du véritable rôle de son amante, Mme de Provence lui faisait des confidences les plus intimes sur la famille royale !... Quant au comte d'Artois, qui s'était contenté de mener jusque-là une aimable vie de libertin, il se découvrait tout à coup une conscience politique, celle d'un prince extrêmement conservateur, hostile à toute idée novatrice. Sa femme brillait toujours par sa nullité.

Ses enfants apportaient alors à la reine plus de soucis que de joies. On avait inoculé le duc de Normandie qui paraissait bien se remettre de cette intervention, mais comme certains médecins prétendaient qu'une inoculation précoce était responsable de l'état navrant du dauphin, elle ne pouvait s'empêcher d'éprouver de mortelles inquiétudes. C'est sans doute à cette époque qu'elle comprit que son malheureux fils aîné était condamné à brève échéance. « Connaissez-vous une femme plus à plaindre que moi ? » demanda-t-elle un jour à son vieil ami le comte Esterhazy en qui elle avait toute confiance et qui lui faisait souvent passer les lettres de Fersen. Heureusement, après une longue absence, Axel revint à Paris au mois de novembre 1788. Jusqu'en 1791, il devait rester en France, partageant son temps entre Versailles et son régiment.

Malgré la nomination de Necker, le pays restait en pleine effervescence. Si la seule présence du ministre et les mesures d'urgence qu'il avait prises avaient suffi à ramener momentanément la confiance dans les milieux financiers, la situation économique et sociale restait préoccupante. La récolte de l'été ayant été catastrophique en raison de conditions météorologiques très médiocres, le prix du pain ne cessait d'augmenter. On redoutait la disette. Des boulangeries étaient pillées, des émeutes éclataient dans toutes les provinces. Et la troupe chargée du maintien de l'ordre tirait parfois sans discernement. Le traité de libre-échange franco-britannique était condamné en termes très vifs par les industriels français qui voyaient les produits anglais, moins chers que les leurs, inonder le royaume. Des ateliers fermaient, des manufactures mettaient du personnel au chômage. Cette population sans travail, qui n'avait plus de quoi assurer sa subsistance, accroissait gravement le nombre des mécontents et venait grossir une masse révolutionnaire prête à n'importe quelle manifestation ou émeute. Sur tout le territoire, le « parti patriote » exigeait les États généraux.

Destiné à jouer le rôle de principal ministre sans en avoir le titre, Necker avait compris d'emblée que sa tâche dépasserait de loin la gestion des affaires financières. Sans se montrer partisan inconditionnel des États généraux qui risquaient d'entraîner la monarchie sur une voie dont on ne pouvait prévoir l'issue, il insista pour que le roi confirmât leur prochaine convocation, la crise ayant pris des proportions que nul n'avait pu prévoir. La mort dans l'âme, Louis XVI s'y résolut. Or les États généraux, tels que les concevait ce souverain, ne correspondaient pas du tout aux aspirations des « patriotes ». Le roi voulait procéder selon la tradition monarchique, dans le même esprit qu'en 1614, date de leur dernière convocation. Il les envisageait comme une consultation fiscale à l'échelle du royaume, alors que les esprits éclairés considéraient qu'il s'agissait d'élire une assemblée nationale destinée à donner une Constitution à la France.

Les États généraux, dont l'institution remontait au XIVe siècle, étaient depuis longtemps tombés en désuétude. Pour lever des impôts exceptionnels, demander appui ou conseil à ses sujets, le roi pouvait réunir les représentants des trois grandes catégories sociales du royaume, appelées ordres : le clergé, la noblesse et le tiers état. Chacun des trois ordres élisait le même nombre de députés qui constituaient trois assemblées distinctes. Celles-ci délibéraient et prenaient leurs décisions à la majorité. Mais jamais elles ne délibéraient ensemble. On votait par ordre et non par tête. Il est inutile d'insister sur l'absurdité d'une semblable représentation nationale à la fin du XVIIIe siècle. Le tiers état, soit les neuf dixièmes de la nation, avait deux fois moins de députés que la noblesse et le clergé réunis et il ne comptait que pour une voix.

Dans un climat de crise générale, un véritable débat sur la nature du régime s'était engagé dans le pays tout entier. On ne parlait que de la nouvelle Constitution qui devait abattre le despotisme et briser les privilèges. Beaucoup de privilégiés, à commencer par les princes et les nobles de cour, commencèrent à s'affoler. Ils insistaient pour que l'assemblée fût convoquée comme en 1614, ce qui supposait une représentation du tiers état fort modeste en nombre et très élitiste sur le plan social. Or de telles considérations n'étaient plus de mise. Necker conseilla au roi et à la reine de ne pas tenir compte des pressions de leur entourage et de prendre des mesures susceptibles de leur assurer la sympathie des patriotes. Par opportunisme, Louis XVI et Marie-Antoinette décidèrent de favoriser le tiers état contre les deux premiers ordres coalisés. Au cours d'un Conseil extraordinaire, réuni le 27 décembre, auquel assistaient exceptionnellement la reine et les frères du roi, Louis XVI se prononça pour le doublement du nombre des députés du tiers état. La reine ne prit pas la parole mais approuva son époux. Cette décision causa en réalité une vive déception dans l'opinion car elle n'était pas accompagnée d'une promesse de vote par tête.

Aggravant la misère et le mécontentement, un froid exceptionnel s'était abattu sur la France dès le mois de novembre. Le thermomètre descendit jusqu'à moins 20° C ; il baissa encore au cours de l'hiver. À Paris, où la Seine était complètement gelée, des ponts avaient été emportés. Le lieutenant de police prit quelques mesures pour soulager les plus misérables. De grands feux brûlaient devant les demeures aristocratiques ; on distribua du pain. Mais c'est le duc d'Orléans qui se fit le plus remarquer par l'ampleur de ses charités. Il organisa des distributions de vivres dans les rues, aménagea des refuges chauffés pour les sans-logis et ouvrit des ateliers de charité pour les chômeurs. À Versailles, où la température était encore plus basse qu'à Paris, des feux brûlaient aux carrefours et l'on vit souvent le roi donner des aumônes aux pauvres. Dans le parc, le grand canal était pris par la glace qui atteignait 12 pouces d'épaisseur. Au château, on grelottait sous les lambris dorés. Chauffés par des bûches vertes et humides, les appartements royaux étaient empestés de fumée âcre.

En dépit des troubles politiques et des rigueurs du climat, les premiers jours de 1789 sont marqués par les cérémonies qui, de mémoire de courtisan, ont toujours eu lieu pour fêter la nouvelle année. Comme à son habitude, le soir du 31 décembre, peu avant minuit, le roi s'est installé dans son grand cabinet. Il scrute les cadrans de la splendide pendule de Passemant qui marque les heures, les jours, les semaines, les mois et les mouvements des astres. L'an neuf naît sous ses yeux. Comment Louis XVI pourrait-il imaginer qu'il ne verra pas s'accomplir les mêmes révolutions sur les écrans d'émail à la même heure l'année prochaine ? Le lendemain matin, après le lever, la messe et le repas pris en public, le roi et la reine reçoivent les vœux de tous les grands corps de l'État. Le soir, ils dînent encore en public et en musique. Le protocole immuable de Versailles pourrait laisser penser au visiteur innocent que rien ne changera jamais dans le royaume de France.

La reine ne s'était jamais sentie aussi seule qu'en ce début d'année. Pendant quelques semaines, elle avait espéré que les États généraux se tiendraient en province mais, sur les instances de Necker, le roi avait finalement choisi de les convoquer à Versailles. Affronter un millier de députés – a priori hostiles – dans toutes les cérémonies prévues pour cette réunion lui paraissait au-dessus de ses forces. Et surtout elle se demandait ce qu'allait devenir le pouvoir royal dans une telle conjoncture. Assez bon observateur de la cour de France, Mercy n'hésitait pas à évoquer la « terreur » qui s'emparait du roi, de la reine et de la cour à l'approche des États généraux avant-coureurs, à son avis, de « funestes revers pour la monarchie ».

Vers la fin du mois de mars, se regroupèrent autour du comte d'Artois tous ceux qui appréhendaient de tels bouleversements. Princes et nobles préconisaient le renvoi de Necker et son remplacement par le baron de Breteuil, très attaché à la monarchie traditionnelle. Comme il était impossible de décommander les États généraux, il fallait que d'emblée le roi leur déniât toute autorité et les réduisît ainsi à un simple rôle consultatif. Le comte d'Artois s'entretint de ses projets avec la reine qui l'écouta avec intérêt. Il lui remit alors à l'intention du roi un mémoire exposant son plan. Louis XVI et Marie-Antoinette l'étudièrent en grand secret. Bien qu'il répondît à leurs vœux, son application leur sembla trop dangereuse. Un changement de ministère, quelques jours avant la réunion des États, aurait passé pour un coup de force que Louis XVI ne se sentait pas de taille à assumer. En cédant au comte d'Artois soutenu par les princes et la noblesse, il risquait, en outre, de devenir leur otage, ce qu'il voulait à tout prix éviter. Redoutant les ambitieux parents du roi, ne concédant qu'à regret sa confiance à Necker, Marie-Antoinette sombra dans un abîme d'incertitudes au moment où les premiers députés arrivèrent Versailles. Fersen était cependant auprès d'elle depuis le 13 avril. Elle l'avait fait revenir de son régiment lorsqu'elle avait appris que le vieux père d'Axel avait été arrêté sur ordre de Gustave III. Le monarque suédois craignait, en effet, d'être mis en tutelle par sa noblesse dont le sénateur Fersen était l'un des plus prestigieux représentants !

Le 4 mai 1789, jour de la procession qui marque l'ouverture des États généraux, se lève un radieux soleil de printemps. Une foule aussi nombreuse que pour les mariages princiers a envahi Versailles. Les fenêtres situées sur le passage du cortège ont été louées à prix d'or. Des tapisseries qu'on ne sort que pour des occasions exceptionnelles ornent les façades. Des musiciens s'installent aux carrefours tandis que des régiments s'alignent le long des principales avenues. La rumeur des grands jours de fête s'amplifie depuis l'aube. Dès sept heures, les députés des trois ordres attendent le roi, la reine, les princes et les princesses à côté de l'église Notre-Dame. Voilà trois heures qu'ils piétinent ! L'impatience commence à les gagner lorsqu'on voit s'avancer, dans une voiture fort simple le duc et la duchesse d'Orléans qu'on acclame longuement. Un silence hostile marque l'arrivée des autres princes du sang. À dix heures, paraissent enfin le roi et la reine dans leur somptueux carrosse. Quelques vivats s'élèvent pour Louis XVI et de maigres applaudissements saluent Marie-Antoinette, pourtant très belle avec sa robe mauve et son élégante coiffure tressée de fleurs de la même couleur.

La première cérémonie religieuse est brève. On se contente d'écouter le *Veni Creator* à Notre-Dame avant de former la procession qui doit se rendre à l'église Saint-Louis, de l'autre côté de la ville. Ouvrent la marche, un cierge à la main, les députés du tiers état, tout de noir vêtus. Suivent ceux de la noblesse, en habit noir rehaussé de parements de drap d'or, arborant fièrement un chapeau rehaussé de plumes. La foule est profondément choquée par la modestie de la tenue imposée aux représentants du peuple alors que s'étale la munificence de la noblesse. Aussi les députés du tiers sont-ils vivement acclamés. Derrière la noblesse, les soutanes sombres et les robes violettes du clergé annoncent le roi et la famille royale. L'air maussade, Louis XVI s'avance lourdement. Il paraît s'acquitter d'un ennuyeux devoir protocolaire. Derrière lui, sur deux files, la reine, les princesses et les autres princes.

Le front soucieux, les lèvres serrées, Marie-Antoinette fait de vains efforts pour afficher un air serein. L'Américain Gouverneur Morris a l'impression qu'elle jette alentour un regard de mépris qui semble signifier : « Pour le moment, je me soumets, mais j'aurai mon heure. » Au cours de la journée, elle ne cessera d'être humiliée par la foule qui murmure sur son passage. Brusquement, des femmes du peuple, qui ont franchi, on ne sait comment, les barrages de sécurité, se mettent à hurler : « Vive le duc d'Orléans ! » Marie-Antoinette chancèle, manque de s'évanouir. Il faut la soutenir. Très pâle, elle reprend sa marche, regrettant de ne pas avoir pu maîtriser son émotion.

On arrive enfin à l'église Saint-Louis mais la reine n'est pas au bout de ses peines. Dans son sermon, l'évêque de Nancy, qui célèbre la messe, oppose la misère populaire au luxe effréné de la cour. On l'applaudit à tout rompre lorsqu'il fustige les goûts puérils et dispendieux de la reine. Seul un petit tressaillement des lèvres traduit le trouble de Marie-Antoinette. Duquesnoy, un député du tiers état, qui l'observe attentivement, s'étonne de cette « assurance » et de ce « sang-froid intrépide ». Quant à Louis XVI, il a doucement somnolé pendant ce sermon ! Il n'a rien entendu. À la fin de la cérémonie, le roi et la reine repartent pour le château, en carrosses séparés. Quelques applaudissements saluent encore le roi mais la reine, qui ne fait pas aussitôt partir sa voiture, attendra vainement quelques acclamations.

Pendant toute la soirée, le roi répéta le discours qu'il devait prononcer le lendemain pour l'ouverture solennelle des États généraux. Malgré sa fatigue et son angoisse, son épouse l'écouta attentivement. Le 5 mai au matin, une extraordinaire ovation salua l'entrée de Louis XVI dans la salle des Menus-Plaisirs où se trouvaient rassemblés tous les représentants de la France ainsi qu'une foule de courtisans. La reine, qui suivait son époux, prit place sur un fauteuil placé près du trône royal. Le roi prononça son allocution d'une voix bien assurée. Après avoir annoncé qu'il réunissait cette assemblée pour rétablir l'ordre dans les finances et rappelé qu'il entendait maintenir son autorité sans céder « au désir exagéré d'innovations », il laissa la parole à son garde des Sceaux auquel succéda Necker dont on attendait le discours avec impatience.

Très droite, très digne, la reine offrait aux regards un visage apparemment impassible, mais les mouvements convulsifs de son éventail laissaient voir qu'elle était fort émue. Elle jetait des regards furtifs vers les députés du tiers état qui lui étaient tous inconnus. Peut-être regardait-elle aussi dans la direction du duc d'Orléans. Ce prince, qui s'était fait élire député de la noblesse, avait eu l'audace de refuser de prendre sa place parmi ses pairs dans la procession ; et, ce matin, au lieu de s'asseoir avec les membres de la famille royale, il s'était installé parmi les députés. Il avait ainsi mis le comble à l'exaspération du roi et de la reine, qui voyaient en lui un dangereux agitateur, fort capable de se poser en rival de Louis XVI. À la fin de la séance, le souverain partit sous les acclamations de la salle et les marques de déférence qu'il prodigua à son épouse valurent enfin à celle-ci quelques applaudissements auxquels elle répondit par la plus gracieuse des révérences.

Pendant ce temps, le dauphin se mourait. Louis XVI et Marie-Antoinette avaient dû se rendre à la triste réalité. Depuis le 15 avril, on avait transporté le malheureux enfant à Meudon dont l'air était réputé plus salubre que celui de Versailles. Mais il était bien évident que le petit prince, âgé de huit ans – qui pesait alors 16 livres tout habillé ! –, ne pouvait recouvrer la santé. Tous les jours, ses parents allaient lui faire visite. Le dauphin s'amusait encore avec un chien et quelques enfants venus le distraire. Il ne pouvait plus souffrir la présence de Mme de Polignac. D'après Mme Campan, persuadé que sa mère lui préférait le duc de Normandie, il s'était détaché de la reine au point de lui montrer quelque cruauté. Mais d'autres mémorialistes affirment qu'il était d'une extrême tendresse à son égard. Peu de jours avant sa mort, il voulut qu'on lui servît, en sa présence, tous les mets qu'elle préférait. Marie-Antoinette était auprès de lui lorsqu'il entra en agonie. Il expira le 4 juin, à minuit trois quarts. Pendant une journée, Louis XVI et Marie-Antoinette s'abandonnèrent à leur chagrin dans une totale solitude. Lorsqu'ils apprirent la mort de leur frère aîné, Madame Royale et le duc de Normandie éclatèrent en sanglots.

L'implacable Étiquette tenait les souverains éloignés du petit défunt. On l'embauma, on enveloppa d'un suaire d'argent sa dépouille qui fut exposée pendant une semaine dans son cercueil. Par mesure d'économie, Louis XVI renonça au grand cérémonial de Saint-Denis et fit prendre sur les dépenses affectées à l'argenterie (car les caisses de l'État étaient vides) les sommes nécessaires aux funérailles. Le 7 juin, toutes les personnes présentées à la cour vinrent faire leur révérence de deuil à la reine. Le visage rougi par les larmes, Marie-Antoinette vit passer devant elle une interminable procession de femmes affublées d'une grande mante noire qui partait des épaules et se prolongeait en traîne derrière elles. Le 12 juin, on déposa le corps du dauphin dans la crypte de Saint-Denis.

Très éprouvée par la mort de son fils, la reine avait perdu le sommeil. Elle se couchait de plus en plus tard. « Un soir qu'elle était assise au milieu de la chambre, rapporte Mme Campan, elle racontait plusieurs choses remarquables qui avaient eu lieu pendant le cours de la journée ; quatre bougies étaient placées sur la toilette. La première s'éteignit d'elle-même, je la rallumai ; bientôt la seconde, puis la troisième s'éteignirent aussi ; alors la reine, me serrant la main avec un mouvement d'effroi, me dit : "Le malheur peut rendre superstitieuse, si cette quatrième bougie s'éteint comme les autres, rien ne pourra m'empêcher de regarder cela comme un sinistre présage." La quatrième bougie s'éteignit. »

Chapitre XXV

La prise de la Bastille

Dès le lendemain de la mort du dauphin, le roi, la reine et la cour se sont installés à Marly où il n'y a ni repos ni répit pour Louis XVI et Marie-Antoinette. L'actualité les presse, les oblige à réagir dans cette tourmente qui commence à les emporter. Les ministres et les délégations de députés viennent les solliciter à Marly comme à Versailles. Le recueillement, l'abandon, le retour sur soi ne sont pas permis. Happée dans le maelström qui entraîne le pays tout entier, Marie-Antoinette doit se contenter de faire dire quantité de messes pour le repos de l'âme de son fils.

Depuis le début du mois de mai, le couple royal se demande avec angoisse ce qu'il adviendra de cette réunion des États généraux que Louis XVI n'a ordonnée qu'à regret. Les interminables querelles de procédure qui ont suivi la séance inaugurale l'ont tout d'abord rasséréné. Il espérait qu'ils s'y enliseraient. C'était trop d'optimisme. Bien décidés à entreprendre la grande œuvre de régénération de la France, les députés du tiers état ont vainement demandé à ceux des deux autres ordres de se joindre à eux. Le 17 juin, considérant qu'ils représentaient quatre-vingt-seize pour cent de la nation, ils se sont proclamés solennellement Assemblée nationale. Et maintenant, ils viennent de faire serment de ne pas se séparer avant d'avoir donné une Constitution à la France.

Louis XVI et Marie-Antoinette sont atterrés. Ils ne peuvent admettre que des élus puissent s'arroger le pouvoir législatif qui n'appartient qu'au seul souverain, en vertu des sacro-saintes lois fondamentales du royaume. Soutenu par Montmorin, ministre des Affaires étrangères, Necker propose au roi de transiger avec le tiers état : il conviendrait de lui accorder certaines de ses revendications, tout en évitant de reconnaître l'Assemblée nationale. Mais la reine et les frères du roi ne l'entendent pas ainsi. Pour eux, il faut dissoudre les États généraux sans plus tarder afin de briser leurs prétentions. Ignorant les grands courants de pensée de son siècle, incapable de comprendre les aspirations de l'ensemble des Français au moment où la crise économique se double d'une crise politique, Marie-Antoinette s'imagine naïvement qu'un immense complot, dont on ne connaît pas les promoteurs, pousse ces hommes à s'élever contre le pouvoir royal. Soutenue par un entourage assez mal informé, l'idée d'une conjuration nationale ourdie contre la monarchie ne peut laisser la reine indifférente. Cette explication simpliste des difficultés qui font vaciller le trône la satisfait, mais la terrifie.

Comme à son habitude, le roi hésite sur le parti à prendre. En famille les dîners sont houleux, et, dans tous les pavillons du château, on ne perçoit que les murmures de conciliabules enfiévrés. Finalement, Louis XVI décide de s'adresser aux trois ordres réunis, le 23 juin. Ébranlé par les propos véhéments de sa femme et de ses frères, mais conscient du danger que représenterait un coup de force, il a choisi une voie moyenne. Il reprend les idées de Necker, en les édulcorant. Dans son discours, il fustige le tiers état dont il déclare les délibérations « nulles, illégales et inconstitutionnelles ». Il maintient la traditionnelle distinction en ordres et se contente de reconnaître le principe de la liberté individuelle, celui de la liberté de la presse ainsi que l'égalité fiscale. Necker est ulcéré : le roi a caricaturé son projet. « C'était, dira-t-il, irriter la nation au lieu de la mettre pour soi. »

Dès son retour dans ses appartements, Louis XVI trouve la lettre de démission de son ministre. Il l'accepterait volontiers si une foule excitée, redoutant le départ du grand homme, n'avait envahi les cours du château. Il faut que Marie-Antoinette aille personnellement chercher le Genevois pour le supplier de rester. « L'agitation violente qui régnait à Versailles ne me permettait même pas d'hésiter », devait écrire Necker. La journée s'achève en triomphe pour ce dernier. Suscitant la hantise de la dissolution des États généraux en qui les Français avaient placé toutes leurs espérances, la séance du 23 juin a été fort mal perçue par l'opinion. La capitale est en émoi. À Paris comme à Versailles, on vit dans la crainte d'un coup de force royal. Le 24 juin, la majorité des membres du clergé rejoint le tiers état ; le 25 juin, quarante-sept nobles libéraux – au nombre desquels se trouve le duc d'Orléans – en font autant.

D'après le marquis de Bombelles, le roi et la reine sont alors « glacés d'effroi ». Dans leur entourage, on échafaude les projets les plus fous. Le comte d'Artois voudrait faire arrêter Necker. Louis XVI et Marie-Antoinette se récrient et souhaitent partir pour Compiègne. Cependant les risques d'un tel voyage sans le secours de troupes paraissent insurmontables. Marie-Antoinette vit dans les affres d'une catastrophe. « Tout le monde ici a perdu la tête, [...] on est resté pendant quatre jours dans le danger le plus imminent d'une famine, d'une banqueroute et d'une guerre civile », écrit Mercy au chancelier Kaunitz.

Dans ces conditions, le roi et la reine vont-ils prendre la tête d'une révolution royale ou, au contraire, s'engager sur la voie de la contre-révolution ? Le 27 juin, devant la montée des passions populaires, ils comprennent qu'il faut lâcher du lest. Louis XVI consent à la réunion des trois ordres, ce qui déclenche une explosion de joie. La foule se porte dans la cour du château et bat des mains pour réclamer les souverains qui apparaissent bientôt au balcon. D'un geste gracieux, Marie-Antoinette prend son fils dans ses bras pour le montrer à ce peuple si versatile qui lui fait un peu moins peur aujourd'hui puisqu'il l'acclame comme il ne l'a pas fait depuis bien longtemps. Toutefois, cette manifestation spontanée, qui se poursuit assez tard dans la soirée, ne rassérène pas la souveraine. En son for intérieur, elle a déjà opté pour la contre-révolution, qui correspond à ses convictions intimes. Et elle convainc son époux de faire venir des troupes fidèles qui disperseront les députés et maintiendront l'ordre tandis que le roi formera un ministère autoritaire chargé de reprendre la situation en main.

Leur décision prise, le roi et la reine s'activent. Le souverain convoque le vieux maréchal de Broglie qui promet de rassembler 30 000 hommes autour de Paris pour le 13 juillet. D'autre part, il reçoit l'assurance que le baron de Breteuil est prêt à assumer le pouvoir. Pendant ce temps, la reine affecte de sourire à Necker et s'efforce de sonder les autres ministres. « Toute mesure violente serait dangereuse », essaie de lui dire Saint-Priest, qui se doute de quelques manigances. L'arrivée des régiments autour de Paris ne pouvait évidemment pas passer inaperçue. Leur présence éveille l'inquiétude de la population et celle des députés. Dénonçant « le complot aristocratique », ces derniers exigent du roi le retrait des troupes qui entretiennent une agitation dangereuse. Louis XVI répond benoîtement qu'elles sont nécessaires au maintien l'ordre. Prévoyant quelques violences, l'Assemblée se proclame Assemblée constituante le 9 juillet. La France s'agite, et, à Paris menacé par la disette, on vocifère violemment dans les jardins du Palais-Royal. Bien que les régiments ne soient pas encore tous rassemblés, Louis XVI est désormais prêt à frapper un grand coup.

Le 11 juillet, il adresse une lettre fort sèche à Necker pour le prier de quitter la France le plus discrètement possible. Il signifie également leur renvoi aux autres ministres. Dès le lendemain, l'Assemblée réagit par de vigoureuses motions alors que la cour, à commencer par la reine, croit à la victoire. Le jeune Chateaubriand, qui voit la souveraine rayonnante traverser la galerie des Glaces, lui trouve « l'air enchanté de la vie ».

Dans la capitale, l'annonce du renvoi de Necker a fait l'effet d'une bombe. Aux jardins du Palais-Royal, Camille

Desmoulins, journaliste encore inconnu, harangue la foule et l'appelle à prendre les armes. Sur les boulevards, on manifeste en faveur du ministre disgracié et du duc d'Orléans. Quelques heures plus tard, sans la moindre sommation, un régiment charge des passants massés aux Tuileries. Il y a plusieurs blessés. La panique se propage alors de quartier en quartier. S'attendant à une violente offensive armée, les Parisiens se lancent dans une course folle à la recherche d'armes pour se défendre. Ils s'agiteront ainsi toute la nuit suivante et toute la journée du lendemain, mais en vain. Leurs seules satisfactions auront été de piller des couvents soupçonnés de stocker des grains et d'ouvrir les portes des prisons.

Dès l'aube du 14, alors que sonne le tocsin, la population est toujours sur pied. Elle se rue maintenant vers l'hôtel des Invalides qui renferme un véritable arsenal. Mais, à quelques mètres de là, attendent des troupes placées sous le commandement de Besenval. Vont-elles charger ? La poursuite de l'émeute dépend d'elles. Après quelques instants d'incertitude, prêts à pactiser avec les insurgés, les soldats refusent de marcher. Besenval préfère battre en retraite vers Saint-Cloud. La foule, que rien désormais ne peut plus arrêter, défonce les grilles, s'empare des 40 000 fusils amassés dans les caves ainsi que de 12 canons. Les Parisiens sont armés. Il ne leur manque que la poudre et les balles. Il y en a, dit-on, dans la forteresse de la Bastille, à l'est de Paris. On se presse alors vers cette prison d'État, symbole de l'arbitraire royal. Le marquis de Launay, gouverneur de ce lieu voué à l'exécration populaire, venait d'en faire renforcer les défenses, suscitant l'inquiétude des remuants artisans du faubourg Saint-Antoine.

Violences et maladresses s'enchaînent. Après plusieurs heures d'un siège improvisé, les insurgés envahissent la Bastille sous le tir qui part du haut des tours de la forteresse. Malgré leurs pertes importantes (on dénombrera une centaine de morts et 73 blessés du côté des assaillants), ils délivrent les 7 prisonniers qui y étaient enfermés, s'emparent de la poudre et des balles et emmènent prisonniers à l'Hôtel de Ville les soldats de la garnison et le gouverneur de la Bastille. Pendant le trajet, assailli par des forcenés, M. de Launay est sauvagement massacré et sa tête tranchée au couteau. Plusieurs de ses subordonnés subissent le même sort. Un peu plus tard ce sera le tour du prévôt des marchands[49], accusé de refuser d'armer les citoyens. La journée s'achève par une sorte de hideux carnaval où l'angoisse se mêle à l'allégresse révolutionnaire : fichées sur des piques, les têtes coupées précèdent le cortège des « vainqueurs de la Bastille » qui se répand dans toute la capitale...

À Versailles, le roi et la reine firent preuve assez longtemps d'un bel optimisme. Louis XVI avait seulement renoncé à chasser, le 14 juillet. Le soir, la nouvelle de la prise de Bastille l'avait peu ému. Il voyait là une sédition populaire semblable à celles que Paris avait connues au cours des siècles précédents. Il comptait sur l'armée pour rétablir l'ordre dès le lendemain. Il ignorait encore la défection des hommes de Besenval et il ne se doutait pas que les officiers n'étaient plus sûrs de leurs troupes. « Rien », a noté le roi dans son agenda. Certes ce « rien » signifie qu'il n'a

49. Le prévôt des marchands jouait en quelque sorte le rôle de maire de Paris.

pas chassé. Néanmoins, à la date du 14 juillet, il demeure gênant, car Louis XVI consignait soigneusement les faits les plus marquants de son existence. Le 12 juillet, il avait encore jugé bon de mentionner le renvoi de ses ministres.

Accompagnée par Mme de Polignac et par le comte d'Artois, Marie-Antoinette a passé l'après-midi avec les troupes nouvellement arrivées à Versailles. D'après Gouverneur Morris, « elle a suborné les deux régiments et les a grisés presque complètement ». Ils se sont époumonés à crier : « Vive la reine ! Vive le comte d'Artois ! Vive la duchesse de Polignac ! » Le soir, leur musique a joué sous les fenêtres de la souveraine qui s'est endormie en pleine euphorie. Son rêve sera de courte durée.

À la cour, on commençait à prendre conscience de la gravité des événements. Certains se rendaient compte que les conseillers du roi s'étaient fait bien des illusions sur la démonstration de force et sur la crainte révérencielle que le monarque inspirait au peuple. Certes, l'Assemblée eût été assez facilement dissoute si Paris ne s'était pas insurgé. Mais le soulèvement de la capitale et la défection des troupes rendaient irréalisable le plan de Breteuil. L'un des aristocrates les plus réalistes, le duc de La Rochefoucauld-Liancourt, prit sur lui de réveiller le roi vers deux heures du matin. Il voulait le mettre au courant de ce qui se passait réellement à Paris. « Mais c'est une révolte », lui dit Louis XVI qui tombait des nues. « Non, c'est une révolution », répondit Liancourt qui le convainquit de s'adresser le plus tôt possible à l'Assemblée.

Depuis le début des troubles parisiens, les députés n'ont pas cessé de siéger. De bon matin, l'un d'eux est en train de prononcer une violente diatribe fustigeant la conduite de la reine et de ses amis avec les troupes, lorsqu'on annonce le roi. Stupeur dans la salle. Louis XVI s'avance au milieu des élus, sans garde, tout simplement suivi par ses deux frères. Dans un silence impressionnant, il improvise une allocution tendant à persuader l'Assemblée qu'il n'a pas préparé un coup de force et qu'il vient de donner l'ordre aux régiments de s'éloigner de Paris et de Versailles. « Aidez-moi, en cette circonstance, à assurer le salut de l'État, dit-il ; je l'attends de l'Assemblée nationale. » Pour la première fois, le roi parle de l'Assemblée nationale et non des États généraux. Il reconnaît donc implicitement les mesures prises par les députés. Avant de les quitter, Louis XVI les invite à faire connaître ses dispositions aux Parisiens. Le discours royal rassure ces hommes épuisés par une veille si lourde d'angoisses. Plusieurs se lèvent, applaudissent le souverain et le suivent à pied jusqu'au château.

La population parisienne salua avec enthousiasme la délégation des députés venue lui annoncer les décisions royales, mais elle réclama à cor et à cri le rappel de Necker et la visite du roi à Paris pour cautionner sa victoire. Louis XVI hésitait. Les troupes n'étant pas encore dispersées, il espérait pouvoir rétablir son autorité à Paris. Mais, au comble de l'angoisse, Marie-Antoinette ne songeait déjà plus à la reconquête de la capitale. Elle voulait, cette fois, que la famille royale partît se réfugier dans la place-forte de Metz, proche de la frontière avec les Pays-Bas autrichiens. Pratiquement sûre de convaincre le roi de cette nécessité, elle avait déjà fait faire ses malles et rassemblé ses bijoux. Avant de prendre une telle décision, Louis XVI réunit le Conseil des ministres auquel il convia son épouse et ses frères.

Pendant des heures on atermoya. Abattu par la trahison des troupes, le maréchal de Broglie dut reconnaître que l'armée était incapable de prendre Paris. À la reine et au comte d'Artois qui proposaient de partir pour Metz, il répondit qu'il n'était pas en mesure d'assurer la sécurité du roi et de sa famille pendant le voyage. Et comme ils insistaient, Broglie finit par dire : « Oui, nous pouvons aller à Metz, mais que ferons-nous quand nous y serons ? » Une indicible angoisse étreignait la reine. « Enfin, Messieurs, il faut se décider, dois-je partir ou rester ? » demanda enfin le roi. Chacun donna son avis. La majorité se prononça pour que la famille royale restât à Versailles. Trois ans plus tard, Louis XVI avouera à Fersen : « Je sais que j'ai manqué le moment. Je l'ai manqué, c'était le 14 juillet. Il fallait alors s'en aller et je le voulais. » À l'issue de ce Conseil, Louis XVI renvoya son ministère et informa l'Assemblée qu'il rappelait Necker et les ministres disgraciés. Il annonça également qu'il se rendrait le lendemain à Paris. Marie-Antoinette était au désespoir.

La volière de Versailles s'est tue. La cour a peur. Parmi toutes les nouvelles inquiétantes de Paris, il en est une qui ne manque pas de terroriser tout ce monde qui a vécu loin des réalités : la tête de la reine, celles du comte d'Artois, des Polignac et de bien d'autres encore ont été mises à prix. Après le massacre du gouverneur de la Bastille, celui des hommes de sa garnison et du prévôt des marchands, on ne sait pas jusqu'à quelles extrémités peut se porter la fureur populaire. Dans ces conditions, le roi estime plus sage de demander à son frère cadet, au prince de Condé, aux Polignac, à Breteuil, à l'abbé de Vermond et à quelques autres de quitter momentanément la France. Le temps que le calme se rétablisse.

Se croyant épiée par les innombrables domestiques du château dont elle ne connaît pas les intentions, Marie-Antoinette n'ose même pas annoncer la nouvelle à Mme de Polignac. Elle se contente de lui adresser un billet déchirant, accompagné d'une bourse de 500 louis d'or. À la nuit tombée, sous des déguisements discrets, le comte d'Artois et sa famille ainsi que la plupart des amis de la reine prennent la route de la Belgique. Ils sont persuadés qu'ils reviendront bientôt de cette étrange escapade et que leur vie reprendra tranquillement son cours.

Le lendemain matin, 17 juillet, à dix heures, Louis XVI part pour Paris. Marie-Antoinette a vainement essayé de le dissuader de faire cette démarche qu'elle juge humiliante et dangereuse. À bout d'arguments, elle a proposé de l'accompagner dans cette expédition dont elle n'espère même pas le voir revenir vivant. Il a refusé et lui a demandé de rester à Versailles. Après son départ, retenant ses larmes, elle s'enferme avec ses enfants dans ses appartements où elle essaie de composer un discours à l'intention de l'Assemblée. Elle a, en effet, décidé de chercher refuge au milieu des députés, au cas où Louis XVI ne reviendrait pas. La journée s'écoule. Interminable. La reine envoie Mme Campan quérir plusieurs personnes de sa cour mais sa femme de chambre est obligée de lui annoncer que la plupart de ceux qu'elle demande ont quitté leurs appartements. À plusieurs reprises, elle envoie aux nouvelles les quelques fidèles qu'elle a pu rassembler. Ils reviennent bredouilles. On ne sait rien de ce qui se passe à Paris. La nuit tombe. Toujours rien. Enfin, vers onze heures du soir, on aperçoit le carrosse du roi. Épuisé, mais sain et sauf, Louis XVI embrasse sa femme et ses enfants. Il a cautionné la révolution parisienne et arbore à son chapeau la cocarde tricolore, emblème national dont le bleu et le rouge représentent les couleurs de la ville de Paris et le blanc, celle du roi. Cette cocarde est devenue le signe de l'unité nationale dans la monarchie.

Chapitre XXVI

Dernier été à Versailles

Un calme étrange s'est abattu sur le château de Versailles. Les galeries, les salons, les antichambres qui naguère avaient peine à contenir une foule brillante laissent maintenant résonner le bruit des pas de ceux qui s'aventurent à les traverser. On ne parle plus, on chuchote. Les courtisans qui ont eu le courage de rester là se font discrets. Versailles, l'ancien temple de la monarchie, devient au fil des jours d'été son sépulcre. Le temps est suspendu aux décisions de l'Assemblée et aux rumeurs de la foule.

Meurtris et angoissés, Louis XVI et Marie-Antoinette se terrent dans leurs appartements. La reine ose à peine se montrer sur la terrasse. Les pamphlets ont atteint un degré de violence incroyable : ils l'accusent maintenant de vouloir affamer le peuple et de faire couler le sang des patriotes. Tant d'ignominies l'ont rendue malade. Elle a dû s'aliter pendant quelques jours. Mercy, qui revient la voir comme par le passé, essaie de lui expliquer la situation intérieure de la France. Il tente de la mettre au fait d'un certain nombre de réalités et lui conseille, pour l'heure, de faire bon accueil à Necker. Anéantie par les récents événements, Marie-Antoinette ne comprend pas que la monarchie ne peut survivre qu'au prix de transformations radicales. Elle se replie sur elle-même et sur sa famille. « Nous ne sommes entourés que de peines, de malheurs et de malheureux. Tout le monde fuit et je suis encore trop heureuse de penser que tous ceux qui m'intéressent sont éloignés de moi. Aussi je ne vois personne et je suis toute la journée seule chez moi. Mes enfants font mon unique ressource », écrit-elle à Mme de Polignac, en la priant de ne pas lui répondre. Elle a trop peur que ses lettres soient interceptées. Naturellement, la reine ne peut pas confier à son amie qu'elle continue de recevoir Fersen dans ses appartements et que leurs rendez-vous à Trianon sont toujours aussi fréquents. Pour se rapprocher de Marie-Antoinette, Axel a loué un logement à Versailles. Il use désormais de la plus grande prudence dans sa correspondance et ne désigne plus la reine qu'en parlant d'« Elle ».

Après le départ de son amie, la reine a été obligée de nommer une nouvelle gouvernante pour ses enfants. Son choix s'est porté sur la vertueuse duchesse de Tourzel. Elle lui a aussitôt adressé cette longue épître, à propos de l'éducation du nouveau dauphin, son « chou d'amour » : « Mon fils a quatre ans, quatre mois moins deux jours ; je ne parle pas ni de sa taille ni de son extérieur : il n'y a qu'à le voir. Sa santé a toujours été bonne ; mais même au berceau, on s'est aperçu que ses nerfs étaient très délicats et que le moindre bruit extraordinaire faisait effet sur lui. [...] La délicatesse de ses nerfs fait qu'un bruit auquel il n'est pas accoutumé lui fait toujours peur. Il a peur, par exemple, des chiens, parce qu'il en a entendu aboyer près de lui. Je ne l'ai jamais forcé à en voir, parce que je crois qu'à mesure que sa raison viendra ses craintes passeront. Il est, comme tous les enfants forts et bien portants, très étourdi, très léger et violent dans ses colères ; mais il est bon enfant, tendre et caressant même, quand son étourderie ne l'emporte pas. Il a un amour-propre démesuré qui, en le conduisant bien, peut tourner un jour à son avantage. Jusqu'à ce qu'il soit bien à son aise avec quelqu'un, il sait prendre sur lui et même dévorer ses impatiences et colères pour paraître doux et aimable. Il est d'une grande fidélité quand il a promis une chose ; mais il est très indiscret ; il répète aisément ce qu'il a entendu dire ; et souvent, sans vouloir mentir, il y ajoute ce que son imagination lui fait voir. C'est son plus grand défaut et sur lequel, il faut bien le corriger. Du reste, je le répète, il est bon enfant ; et avec de la sensibilité, et en même temps de la fermeté sans être trop sévère, on fera toujours de lui ce qu'on voudra. Mais la sévérité le révolterait, car il a beaucoup de caractère pour son âge. Et pour en donner un exemple, dès sa plus petite enfance, le mot "pardon" l'a toujours choqué. Il fera et dira tout ce qu'on voudra quand il a tort ; mais le mot pardon, il ne le prononce qu'avec des larmes et des peines infinies.

« On a toujours accoutumé mes enfants à avoir grande confiance en moi et quand ils ont eu des torts, à me le dire eux-mêmes. Cela fait qu'en les grondant, j'ai l'air plus peinée et affligée de ce qu'ils ont fait, que fâchée. Je les ai accoutumés tous à ce que oui ou non prononcé par moi est irrévocable ; mais je leur donne toujours une raison à la portée de leur âge, pour qu'ils ne puissent pas croire que c'est humeur de ma part. Mon fils ne sait pas lire et apprend fort mal ; mais il est trop étourdi pour s'appliquer. Il n'a aucune idée de hauteur dans la tête et je désire fort que cela continue : nos enfants apprennent toujours assez tôt ce qu'ils sont. Il aime sa sœur beaucoup et a bon cœur. Toutes les fois qu'une chose lui fait plaisir, soit d'aller quelque part ou qu'on lui donne quelque chose, son premier mouvement est toujours de demander pour sa sœur de même. Il est né gai ; il a besoin pour sa santé d'être beaucoup à l'air, et je crois qu'il vaut mieux le laisser jouer et travailler à la terre sur les terrasses que de le mener plus loin. L'exercice que les petits enfants prennent en courant et en jouant à l'air est plus sain que d'être forcés à marcher, ce qui souvent leur fatigue les reins. »

Ainsi parle la reine qui vit dans la terreur de l'avenir, sans pourtant mesurer la gravité des troubles qui secouent la France. Après la prise de la Bastille, le pays tout entier a été la proie d'une panique généralisée et incontrôlée appelée la « Grande Peur ». Les paysans, qui représentaient alors environ 85 % de la population française, s'imaginaient que les propriétaires nobles stockaient les grains pour les vendre au plus haut prix lorsqu'ils viendraient à manquer. Ils se persuadèrent bientôt que les châtelains allaient répliquer à la révolte des Parisiens en lâchant dans les campagnes des bandes de « brigands ». La rumeur aidant, la psychose d'un « complot aristocratique » se développa au même moment dans tout le royaume. Partis à la recherche de ces « brigands » qu'ils ne trouvaient pas, les paysans s'en prirent souvent aux châteaux qu'ils pillèrent et incendièrent. La simultanéité des troubles, leur déroulement identique dans la plupart des provinces de France renforçaient tout naturellement la thèse du complot. D'ignobles pamphlets prêtaient à la reine des intentions criminelles. On se persuada qu'elle conspirait contre la France. Partout, elle incarnait les horreurs d'une contre-révolution sanglante.

Dépassé par l'ampleur de cette « Grande Peur », le ministère restait impuissant. C'est l'Assemblée qui trouva le moyen de rétablir le calme : le 4 août 1789, dans un formidable élan patriotique, elle décida d'abolir tous les privilèges existants. Inspirés par l'exemple américain, les députés se mirent ensuite à la rédaction de la *Déclaration des droits de l'homme et du citoyen* qui devait précéder le texte de la Constitution en cours d'élaboration. Se sentant dépossédé de son pouvoir, Louis XVI laissait prendre ces mesures qu'il réprouvait et qu'il ne voulait pas cautionner. Marie-Antoinette était atterrée.

Bien qu'elle affecte de ne plus se mêler de politique, le 29 juillet, elle reçoit Necker. Se croyant encore au temps de la monarchie absolue, toujours altière, elle juge bon d'exciter « son zèle pour le service du roi comme une obligation fortifiée par la valeur de son rappel ». Le ministre, qui vient de traverser le pays en proie à la sédition et la violence, ne peut s'empêcher de lui répondre que « son zèle pour le service du roi est un devoir de sa place mais que rien ne l'oblige à la reconnaissance ». Assez décontenancée par cette réponse qui ne fleure plus la soumission de jadis, la reine ne sait que répondre. Alors le Genevois se permet de lui prendre la main pour la baiser respectueusement. C'en est trop pour Marie-Antoinette. Ce manquement aux usages de la fameuse Étiquette, qu'elle a pourtant bien combattue, la laisse abasourdie. Elle comprend que le trône est véritablement ébranlé puisqu'un ministre ose se permettre une telle familiarité !

En dépit de tous les troubles, le rituel immuable de Versailles demeure. Le lever et le coucher des souverains se déroulent comme à l'accoutumée. Le roi chasse et reçoit les ambassadeurs. La reine préside son jeu avec la même grâce hautaine qu'elle déploie depuis ces dernières années. Le 15 août, jour de sa fête, ont lieu les mêmes cérémonies. En revanche, le 25 août, jour de la Saint Louis, fête du roi, chacun peut constater que rien n'est plus comme auparavant. Très élégante, parée de ses plus beaux diamants, la reine s'est assise dans un somptueux fauteuil pour recevoir, selon l'usage, les représentants des grands corps de l'État qui viennent rendre hommage à l'épouse du souverain. Mais, depuis les journées de juillet, les institutions ont changé : Paris s'est donné un maire, l'astronome Bailly, ainsi qu'une milice bourgeoise appelée garde nationale dont le généralissime n'est autre que le célèbre La Fayette. Eux aussi sont là, à Versailles. Lorsque Bailly se présente devant la souveraine, au lieu de mettre un genou en terre comme les chefs des autres délégations, il se contente de s'incliner. Ulcérée par ce qu'elle considère comme une offense à la majesté royale, Marie-Antoinette répond par un petit signe de tête extrêmement sec. Elle n'accueille pas mieux La Fayette et les officiers de la garde nationale, qu'elle considère comme les suppôts de la Révolution. Elle balbutie quelques mots maladroits devant ces hommes qui ne demandaient qu'à être séduits et qui s'en vont fort dépités. « Cette malheureuse princesse ne mesurait jamais l'importance de la circonstance où elle se trouvait ; elle se laissait aller au mouvement qu'elle éprouvait sans en calculer la conséquence », affirme la marquise de La Tour du Pin, alors fort proche du couple royal.

À Versailles comme à Paris, on ne parlait que de complots et de conspirations. Les ministres ne savaient plus ce qu'ils devaient croire, ni comment conseiller un souverain qui chassait à perdre haleine et se réfugiait dans le sommeil lorsque leurs questions devenaient trop pressantes. De fait, plusieurs intrigues se tramaient en même temps. La première était ourdie par les royalistes les plus conservateurs en liaison avec les princes et les aristocrates émigrés. Ils se proposaient d'enlever le roi et sa famille, de les transférer dans une ville de l'Est et d'obliger Louis XVI à dissoudre l'Assemblée. Avec l'aide de troupes fidèles recrutées çà et là (on ne savait trop comment), on eût rétabli l'ordre ancien. Un tel projet, qui ne déplaisait pas à la reine, présentait cependant à ses yeux deux inconvénients : le risque de guerre civile et la quasi-certitude de la mise en tutelle du pouvoir royal par les princes et les nobles. Ce plan lui parut trop hasardeux pour être adopté.

Redoutant une nouvelle insurrection parisienne pour le début de l'automne, Necker et Montmorin soutenaient un plan conçu par les députés modérés. Il s'agissait de conduire le roi, sa famille et l'Assemblée à Compiègne afin de les soustraire aux violences de la capitale. Ni Louis XVI ni Marie-Antoinette n'acceptaient ce projet. Ils craignaient de devenir ainsi les otages de l'Assemblée et d'abandonner le trône au duc d'Orléans, qui, pensaient-ils, ne manquerait pas de s'en emparer dans de telles circonstances.

Plusieurs députés du parti populaire eurent vent de ce qui se tramait en secret et virent dans ces démarches une menace contre-révolutionnaire. Ils en conclurent qu'il fallait transférer le roi et l'Assemblée à Paris. Ils commencèrent d'ameuter des partisans dans la capitale. Dans l'espoir de maintenir l'ordre et surtout d'assurer sa sécurité et celle de sa famille, Louis XVI fit venir à Versailles le régiment de Flandre dont il croyait la fidélité à toute épreuve. Les intentions des souverains étaient-elles plus ambitieuses ? Rêvaient-ils de disperser l'Assemblée et de reconquérir Paris ? Nul ne saurait le dire. L'indécision du roi décourageait ses partisans tout en inquiétant ses adversaires. L'appel aux troupes fidèles laissa les premiers sans réaction et déchaîna la colère des autres.

Dès le lendemain de l'arrivée du régiment de Flandre à Versailles, Paris se met de nouveau à gronder. Depuis le mois de juillet, les passions se sont exacerbées. Dans les jardins du Palais-Royal où bat le cœur de la Révolution, on parle de marcher sur Versailles. En cette période de « soudure », où la nouvelle récolte de blé n'est pas encore utilisable et où la précédente s'épuise, on vit dans la hantise de la famine. La colère monte contre les accapareurs, « les affameurs du peuple ». À cette hantise de la famine s'ajoute celle d'un complot tramé contre le peuple.

À Versailles, la présence d'un régiment fidèle venu en renfort auprès de celui des gardes du corps chargés de leur sécurité, rassurait pleinement Louis XVI et Marie-Antoinette. Comme le voulait la tradition, les gardes du corps donnèrent un banquet en l'honneur des officiers nouvellement arrivés. Le 1er octobre, dans la salle de l'opéra du château, les deux régiments fraternisèrent dans un esprit contre-révolutionnaire évident sous les acclamations de plusieurs courtisans installés dans les loges. Au milieu des libations et des santés portées en l'honneur du roi et de sa famille, on tint quelques propos inconsidérés contre l'Assemblée. Excitée par cette ambiance survoltée, Mme de Tessé courut chez la reine pour la supplier de venir participer à la fête. Marie-Antoinette hésita avant de suivre la jeune femme. Cédant finalement à ses instances, elle se rendit à l'opéra avec le roi et le dauphin. Lorsqu'ils parurent tous trois dans la loge centrale, les cris de « Vive le roi » fusèrent de toutes parts. L'orchestre entonna un air de Grétry, « Ô Richard, ô mon roi ». L'enthousiasme était à son comble. Un officier s'approcha alors de la loge royale et demanda à la reine de lui confier le dauphin. Monté sur la table, l'enfant en fit le tour fort hardiment, souriant à tous les assistants, nullement effrayé par les cris qu'il entendait autour de lui. Marie-Antoinette ne faisait pas preuve de la même assurance. Très soulagée qu'on lui rendît son fils, elle le prit dans ses bras et l'embrassa tendrement avant de regagner ses appartements avec lui et le roi. Tous les militaires quittèrent aussitôt la salle pour escorter la famille royale. L'ivresse se mêlait aux transports de joie. On fit des folies, on dansa sous les fenêtres de Louis XVI dont un soldat escalada le balcon pour acclamer de plus près le monarque. Le roi et la reine ne se lassaient pas d'écouter ces ovations dont ils avaient depuis longtemps oublié l'écho. L'ardeur passionnée qui animait les officiers n'était pas celle des jours heureux. Elle était chargée de provocation.

Le lendemain 2 octobre, le régiment de Flandre rendit la politesse à celui des gardes du corps. La même euphorie présida aux libations et il fut question, dit-on, de marcher sur l'Assemblée. Ces manifestations de fidélité monarchique rassuraient la reine. « Je suis enchantée de la journée de jeudi. La nation et l'armée doivent être attachées au roi comme nous les sommes nous-mêmes », déclara-t-elle fort satisfaite. Elle croyait encore que l'armée allait permettre au roi de rétablir son pouvoir de naguère et que la révolution n'était le fait que d'une poignée de factieux stipendiés par le duc d'Orléans.

À Paris, le récit des banquets fit scandale. La rumeur les transforma bientôt en orgies, mais ce n'était pas là ce qui importait le plus. On voyait la contre-révolution s'organiser autour des souverains. Paris s'embrasa. Dès le 3 octobre, on réclama de toutes parts le départ du régiment de Flandre. Le dimanche 4, après une nuit mouvementée, l'idée de ramener le roi à Paris se répandit dans toute la ville : il fallait que Louis XVI s'installât dans la capitale pour prévenir toute velléité contre-révolutionnaire. Sa présence apparaissait à la fois comme une garantie contre tout complot « aristocratique » et comme l'assurance que le pain ne manquerait plus.

Ces informations ne parurent guère troubler le ménage royal qui coulait alors quelques journées paisibles. Sans prendre la moindre précaution contre d'éventuels soulèvements, Louis XVI continua de chasser comme à son habitude. Le 1er octobre, il avait encore pris deux cerfs dans les bois de Meudon. Quant à Marie-Antoinette, elle s'occupait de ses enfants, s'entretenait longuement avec Fersen et formait de nouveaux projets pour ses jardins de Trianon.

CHAPITRE XXVII

La tragédie d'octobre 1789

Malgré le ciel gris qui pèse sur Versailles ce matin du 5 octobre 1789, Louis XVI est parti tranquillement chasser et Marie-Antoinette est allée à Trianon, où elle a peut-être rencontré Fersen. Comme prévu, elle rentre déjeuner à Versailles avec ses enfants. À la fin du repas, quelle n'est pas sa surprise de voir arriver, fort émus, le comte et la comtesse de Provence accompagnés de Madame Élisabeth, qui n'ont guère l'habitude de se présenter chez elle à cette heure. Tout essoufflé, un émissaire du comte de Saint-Priest demande également à parler à la reine. Marie-Antoinette comprend aussitôt qu'il se passe quelque chose de grave, de très grave. Elle ne s'est pas trompée : le peuple de Paris marche sur Versailles ! Bouleversée, « agitée », dira sa fille, la reine demande aussitôt à plusieurs gentilshommes de partir au galop à la recherche du roi. Malgré les instances de son entourage, elle préfère attendre le retour de son mari plutôt que de se réfugier à Rambouillet, comme le lui proposent les ministres.

L'alerte est plus que vive. Dès le matin, le tocsin a retenti dans tout Paris. Un premier cortège de femmes, venues du faubourg Saint-Antoine et du quartier des Halles, s'est formé à l'Hôtel de Ville sous le commandement d'un des « vainqueurs de la Bastille ». Ces femmes veulent protester auprès du roi contre le chômage et la cherté du pain qui rendent la vie quotidienne trop difficile. Vers midi, elles ont pris le chemin de Versailles. En pleine effervescence, la garde nationale a décidé de les accompagner malgré les protestations, au demeurant assez timides, de La Fayette. Elle s'est mise en route, suivie par une foule de Parisiens armés de piques, de faucilles et de fusils. C'est maintenant tout un peuple qui marche sus à la monarchie et qui profère des menaces de mort contre la reine désignée à la vindicte publique. On accuse « l'Autrichienne » d'avoir dilapidé le trésor royal, on incrimine son inconduite supposée, on voue aux gémonies son entourage et, plus que tout, on lui reproche l'ascendant maléfique qu'elle exerce sur le roi.

Versailles est en émoi. Gentilshommes en grand habit, femmes en robes décolletées accourent dans la galerie des Glaces et dans les appartements royaux. Beaucoup ont déjà pris place devant les fenêtres du salon d'Hercule pour mieux voir ce qui va se passer au-dehors. Mais l'affolement gagne bientôt ces courtisans brusquement arrachés aux plaisirs de leur vie oisive. Plusieurs aristocrates ont l'expérience des champs de bataille, mais aucun d'entre eux n'est aujourd'hui armé. Comment le seraient-ils ? Chez le roi, on ne porte qu'une épée de fantaisie, c'est-à-dire une parure...

Très inquiets, les ministres se sont réunis autour de Necker. Le comte de La Tour du Pin, qui dirige le département de la Guerre, veut envoyer le régiment de Flandre couper la route de Paris. On lui rappelle que nul ne peut prendre pareille initiative en l'absence du souverain. On se contente de fermer les grilles du château, de clore des portes, qui n'ont pas tourné sur leurs gonds depuis Louis XIV, et de barricader, tant bien que mal, des issues toujours ouvertes puisque le palais du roi reçoit indistinctement tous les Français. « Nous allons nous laisser prendre ici et peut-être nous faire massacrer sans nous défendre », tonne La Tour du Pin. On rassemble pourtant la garde nationale de Versailles et le régiment de Flandre en ligne de bataille, le dos à la grille de la cour royale.

Vers trois heures, un nuage de poussière dans la grande avenue annonce l'arrivée au galop de Louis XVI et de sa suite qu'on a fini par retrouver du côté de Meudon. Au lieu de s'arrêter pour encourager le régiment de Flandre qui l'acclame au passage, le roi passe devant lui, ventre à terre, entre en coup de vent dans ses appartements et s'enferme aussitôt dans son cabinet avec la reine et les ministres. Alors que les hordes parisiennes approchent, le souverain hésite encore sur la conduite à tenir. Le désaccord qui règne entre les ministres ajoute à son trouble. Les uns, à commencer par Necker, lui conseillent de rester au château. D'autres préconisent des mesures d'urgence. Soutenu par La Tour du Pin, Saint-Priest propose de faire partir, sous bonne escorte, la reine et ses enfants jusqu'à Rambouillet tandis que le roi se portera au-devant des Parisiens avec les troupes. Si, par malchance, les mutins ne rebroussent pas chemin, Louis XVI aura le temps de se replier sur Rambouillet d'où il pourra prendre la route de Normandie avec les siens. Le monarque ne veut rien décider sans l'accord de la reine qui refuse de se séparer de lui. Elle veut affronter tous les dangers à ses côtés. Mesurant parfaitement le degré de haine qu'elle inspire aux Français, Marie-Antoinette sait que son époux constitue son unique sauvegarde, car ses sujets lui conservent encore un reste de révérence sacrée.

Vers quatre heures, alors qu'aucune décision n'a été prise, arrivent les premiers manifestants. Ce sont des femmes, mouillées jusqu'aux os par une pluie battante. Vociférant, réclamant un gîte et du pain, elles se réfugient, pour la plupart, à l'Assemblée où elles sèment le trouble et le désordre. Leur entrée fait diversion parmi les députés qui viennent d'apprendre, consternés, que le roi refusait de ratifier la fameuse *Déclaration des droits de l'Homme.* Aussitôt Mounier, un modéré, se rend auprès de Louis XVI pour le supplier d'entériner ce texte dans un moment aussi critique. Lorsqu'il arrive dans les appartements royaux, le monarque est en train de recevoir une délégation de dames de la Halle. Éblouies par l'apparat royal, épuisées par leur longue marche, les harengères lui demandent du pain presque timidement. L'une d'elles s'évanouit d'émotion. Rasséréné par des interlocutrices aussi inoffensives, Louis XVI, brave homme, leur promet de ravitailler Paris et calme leurs alarmes. Le roi et la reine se rassurent, ne prennent aucune mesure de sécurité et font attendre Mounier.

La nuit est tombée depuis longtemps lorsque, vers huit heures, le gros des troupes populaires fait irruption dans la ville. Cette fois, la panique s'empare du château. Dans l'affolement, Louis XVI promet à Mounier de signer la

Déclaration. Avant de repartir pour l'Assemblée, le député adjure le roi de quitter Versailles le plus vite possible et de partir pour la Normandie. Une fois installé à Rouen, il y appellera les élus qui se feront un devoir de le rejoindre. Le souverain réunit de nouveau son Conseil. Le temps presse. Conscients des dangers courus par la famille royale, Saint-Priest et La Tour du Pin supplient maintenant le roi de partir immédiatement pour Rambouillet avec la reine et les enfants. Les ministres traiteront avec les insurgés et lui feront connaître les résultats de leurs négociations. Comme Mounier, Saint-Priest évoque la possibilité d'une retraite ultérieure en Normandie, au cas où aucun accord ne serait conclu avec les Parisiens révoltés. Incapable de décider, le souverain ne sait que répéter : « Un roi fugitif ! Un roi fugitif ! » Partir lui semble la pire des lâchetés. « Je ne veux compromettre personne », gémit-il. On perd un temps précieux. « Sire, si vous êtes conduit demain à Paris, votre couronne est perdue », dit Saint-Priest. La Tour du Pin se jette aux pieds du souverain qu'il presse de partir. Très angoissé, Louis XVI veut consulter la reine en particulier. Dès lors qu'on ne la sépare pas de son époux, Marie-Antoinette se dit prête à braver tous les dangers de cette expédition hasardeuse. Louis XVI donne enfin un ordre : qu'on fasse préparer les voitures ! Marie-Antoinette entre précipitamment dans l'appartement de ses enfants : « On va partir dans un quart d'heure, dit-elle aux sous-gouvernantes, faites vos paquets. Hâtez-vous. »

Comment a-t-on pu s'imaginer que la foule, qui bivouaque maintenant sur la place d'Armes et aux alentours du château n'allait pas s'opposer au départ du roi ? Dès que s'ouvre la grille de la cour des grandes écuries, un cri de fureur retentit : « Le roi s'en va ! » On se jette alors sur les voitures, on coupe les harnais, on emmène les chevaux. Le roi et la reine sont atterrés. Saint-Priest et La Tour du Pin offrent leurs carrosses. Attelés au-delà de la grille de l'Orangerie, ils permettraient un départ plus discret. Découragés, Louis XVI et Marie-Antoinette préfèrent rester. Très calme, la reine fait prévenir les sous-gouvernantes des jeunes princes : « Allez dire à ces dames que tout est changé, que nous restons. » Maintenant, il fait nuit noire et la pluie ne cesse de tomber. Comme on espère que le mauvais temps découragera et dispersera les insurgés, on ordonne aux troupes rangées sur la place d'armes de rentrer dans leurs quartiers !

Dans la galerie des Glaces, théâtre de tous les fastes de la monarchie, les courtisans angoissés se promènent de long en large. Dans le salon de jeu à peine éclairé, des femmes parlent à voix basse, les unes assises sur des tabourets, les autres sur des tables. Mme Necker pérore, des pages racontent ce qu'ils savent, inventent ce qu'ils ignorent et d'anciens officiers se lancent dans des explications stratégiques. Tandis que le roi reste dans son cabinet avec les ministres, la reine s'est retirée dans sa chambre avec la comtesse de Provence, Madame Élisabeth et plusieurs dames de sa Maison. Épouvantée, Marie-Antoinette prévoit désormais les plus grands malheurs sans cacher son impuissance à faire quoi que ce soit pour les éviter. Elle est convenue avec Mme de Tourzel qu'à la moindre alerte on conduirait ses enfants chez elle. Mais, consciente du péril qui la menace, elle se ravise. Elle préfère que le dauphin et Mme Royale se réfugient dans les appartements du roi en cas d'alarme. « J'aime mieux m'exposer à quelque danger, s'il y en a à courir et l'éloigner de la personne du roi et de mes enfants », répond-elle à ceux qui la pressent de passer la nuit chez son époux. Vers onze heures, deux cents gentilshommes, résolus à tout entreprendre pour sauver la famille royale, lui font demander un ordre pour obtenir des chevaux de ses écuries. La reine accepte de bon cœur leur requête : « J'ordonne, écrit-elle, qu'on tienne deux cents chevaux à la disposition de M. de Luxembourg, qui les emploiera ainsi qu'il le jugera convenable, s'il y a le moindre danger pour la vie du roi. Mais s'il n'y a de danger que pour moi, il ne sera fait aucun usage du présent ordre. »

Soudain vers minuit, on annonce La Fayette. Épuisé, couvert de boue, tenant à peine sur ses jambes, le héros de la guerre d'Amérique se présente devant Louis XVI : « Sire, j'ai pensé qu'il valait mieux venir ici mourir aux pieds de Votre Majesté que de périr inutilement sur la place de Grève[50] », s'écrie-t-il. Le commandant de la garde nationale rassure le roi sur les intentions des Parisiens. Rasséréné par ses propos, Louis XVI lui confie la sécurité du château et décide d'aller se reposer puisque le calme semble rétabli. « Allez chez la reine, ordonne-t-il à un valet de chambre. Dites-lui de ma part d'être tranquille sur la situation du moment et de se coucher. Je vais en faire autant. » Apaisée par le message de son époux, Marie-Antoinette congédie les personnes de son service et prie les gentilshommes qui veillaient sur elle de regagner leurs appartements. Les portes se ferment, les bougies s'éteignent. À deux heures du matin, tout dort dans le château de Versailles.

50. Place de l'Hôtel de Ville à Paris.

Pendant ce temps, La Fayette confie les portes de l'extérieur du palais aux gardes nationaux, tout acquis à la Révolution. Seuls les postes intérieurs sont donnés à des hommes sûrs, les gardes du corps du roi. Mais ces derniers sont fort peu nombreux car on a jugé préférable d'envoyer le gros de ces troupes à Rambouillet. Quant aux gardes suisses, dont la fidélité est à toute épreuve, on les a expédiés à Rueil. La défense du château repose donc sur les gardes nationaux qui haïssent les gardes du corps du roi et soutiennent les émeutiers. À l'Assemblée, où il se rend vers trois heures du matin, La Fayette déclare : « Je réponds de tout ; je vais prendre quelque repos. » Sur ces entrefaites, il invite les députés à regagner leurs pénates, ce qu'ils font sans tarder. « J'étais sans défiance, dira-t-il plus tard, le peuple m'avait promis de rester tranquille. »

Les cabarets, les écuries, les cours des hôtels, les églises, les auvents des portes cochères abritent des groupes de Parisiens exténués, mais la plupart d'entre eux campent sur la place d'Armes devant le château. Autour de grands feux, des groupes d'hommes et de femmes mangent, boivent et chantent. À la lueur rouge des brasiers, un cheval a été dépecé, rôti et dévoré. De toutes parts s'élèvent des clameurs diffuses que vient renforcer la pétarade de coups de feu tirés en l'air. Accalmie vers cinq heures ; tout semble s'assoupir.

Soudain, branle-bas de combat. Un tambour bat le rappel. Plusieurs femmes s'aperçoivent que la grille de la cour des princes n'est pas fermée. Elles s'aventurent de ce côté et reconnaissent les lieux, alors que d'autres s'engouffrent par la grille de la cour de la chapelle également ouverte. La foule grossit, poussant de furieuses imprécations contre la reine. Les plus farouches des manifestants arrivent sous les fenêtres du roi dans la cour de marbre, tandis que d'autres s'élancent dans l'escalier de la reine. Un premier garde du corps est massacré, percé de coups de piques, traîné agonisant dans la cour. Un homme de haute taille, coiffé d'un chapeau pointu, armé d'une hache, s'approche de la victime, appuie son pied sur sa poitrine et lui tranche la tête d'un coup. Pendant ce temps les envahisseurs sont parvenus jusqu'à l'entrée des appartements de la reine. Un second garde du corps est massacré, comme le premier, tandis qu'on fait sauter les portes de la pièce à coups de hache.

La reine n'est pas encore levée. Un bruit sourd venu de la terrasse l'a réveillée, dix minutes plus tôt. Ses femmes de chambre, Mme Thibault et Mme Auguié, l'ont rassurée. Sur la terrasse, elles ont vu quelques poissardes qui n'avaient sans doute pas trouvé d'abri pour la nuit. Rien de bien inquiétant. Soudain retentit un hurlement dans la salle des gardes : « Sauvez la reine ! » À ce cri d'alarme, Marie-Antoinette se lève d'un bond, enfile ses bas, passe tant bien que mal un jupon pendant que Mme Thibault jette sur ses épaules une redingote de toile jaune. Suivie par ses deux domestiques, la reine s'enfuit par ses petits cabinets jusqu'à la porte de l'Œil de Bœuf. Fermée. Mortelle attente. « Mes amis, mes chers amis, sauvez-moi ! » sanglote-t-elle. Ameuté par ses cris, un huissier lui ouvre enfin. Elle traverse la galerie en courant jusqu'à la chambre du roi, qui est vide. Des serviteurs l'entraînent alors jusque dans la salle à manger de Louis XVI, où elle se trouve, pour l'instant, en sécurité.

Éveillé en sursaut par des vociférations venues de la cour de marbre, Louis XVI avait juste enfilé sa robe de chambre afin de rejoindre la reine par le passage secret unissant leurs deux appartements. Il arriva chez sa femme au moment où elle venait de s'engager dans ses petits cabinets. Les gardes, qui avaient entre-temps pénétré dans la chambre, l'assurèrent que la reine avait dû le rejoindre dans ses appartements. Et le dauphin ? Le roi se précipite chez son fils. « Madame, dit-il à la duchesse de Tourzel, vous n'avez pas une minute à perdre pour porter M. le dauphin chez moi. » La gouvernante bondit, enveloppe l'enfant dans une couverture. Le roi prend l'enfant dans ses bras et regagne son appartement à travers le dédale des sombres corridors intérieurs. La bougie s'éteint. « Tenez ma robe de chambre », dit simplement Louis XVI à la personne qui le suit. Et, à tâtons, le petit groupe rejoint l'Œil de Bœuf. De là, il parvient jusqu'à la salle à manger où attend la reine, pâle mais tranquille. N'apercevant pas sa fille que Mme de Tourzel n'a pas eu le temps de faire avertir, Marie-Antoinette s'élance, descend par un escalier intérieur jusqu'à la chambre de la petite Marie-Thérèse et remonte chez le roi avec la princesse. Mesdames tantes les rejoignent bientôt. On est alors fort inquiet pour le comte et la comtesse de Provence ainsi que pour Mme Élisabeth. Ils arriveront plus tard. La partie du château qu'ils habitent n'ayant pas été assaillie, ils ont poursuivi tranquillement leur nuit !

Les bruits qui parviennent de l'Œil de Bœuf sont de plus en plus inquiétants. Dans un sursaut désespéré, les gardes du corps défendent ce dernier rempart qui sépare la famille royale des assaillants. Les forcenés reculent. Ils sont même rejetés dans la cour. À ce moment, droit sur son cheval, paraît enfin la Fayette. Tiré de son lit par le vacarme de l'émeute, celui qu'on surnommera « le général-Morphée » a fini par accourir avec ses hommes sur les lieux du drame. Il réussit, non sans mal à sauver une trentaine de gardes du corps tombés aux mains de la foule. Quelques instants plus tard, il a rejoint Louis XVI dans son cabinet.

La reine se tient dans l'embrasure d'une fenêtre entre Mme Élisabeth et Mme Royale. Devant elle, debout sur une chaise, le petit dauphin, qui ne comprend rien de ce qui se passe, joue avec les cheveux de sa sœur, tout en répétant : « Maman, j'ai faim. » Les larmes aux yeux, Marie-Antoinette lui demande de prendre patience et d'attendre la fin du tumulte. Louis XVI s'entretient avec ses ministres dans le cabinet voisin où parviennent les clameurs de la foule. La Fayette convainc alors les souverains de se montrer au balcon. Devant la multitude étonnée se présentent alors le roi, la reine portant dans ses bras le dauphin et tenant par la main sa fille. D'un geste, le général de la garde nationale fait taire la foule. Il lui rappelle son serment de fidélité au roi et la promesse de ne commettre aucun désordre. Toutes les mains se lèvent. « Nous le jurons ! » crient les manifestants. « Vive le roi ! » ajoutent-ils. Louis XVI est incapable d'articuler une parole. La Fayette, qui semble exercer un certain ascendant sur les Parisiens, leur promet que le roi prendra toutes les mesures susceptibles d'améliorer leurs conditions de vie et qu'il fera tout pour qu'on ne manque pas de pain. Mais déjà on n'écoute plus l'orateur. Un immense cri fuse de toutes les poitrines : « À Paris ! À Paris ! » Consternés, les souverains rentrent dans l'appartement. La Fayette essaie de gagner du temps, retourne au balcon, improvise une harangue, invite tous ces gens à rentrer chez eux, mais personne ne bouge. Une voix tout à coup se fait entendre, bientôt relayée par quantité d'autres : « La reine au balcon ! »

À ce cri, Marie-Antoinette a pâli. « On put apercevoir dans la physionomie de la reine tout ce qu'elle redoutait », dira Mme de Staël. Ceux qui l'entourent la supplient de ne pas se montrer. « Je paraîtrai », répond-elle en se redressant avec fierté. Tenant par la main ses deux enfants en pleurs, elle s'avance au milieu du balcon et toise cette multitude de forcenés armés. « Pas d'enfants », crie une voix rude. Marie-Antoinette repousse les deux bambins dans la chambre du roi et reste seule face à la foule qu'elle salue longuement, les mains croisées sur la poitrine. Son calme, sa dignité douloureuse sidèrent ces femmes et ces hommes qui réclamaient sa mort quelques instants plus tôt. Une clameur immense s'élève : « À Paris ! À Paris ! » Bientôt vaincus par le charisme royal, ces gens se mettent à crier : « Vive la reine ! »

Épuisée, plus morte que vive, la souveraine rentre dans les appartements royaux où la stupeur a cloué chacun sur place. Elle prend son fils dans ses bras, le couvre de baisers et de larmes, puis s'approchant de Mme Necker, lui murmure dans un sanglot : « Ils vont nous forcer, le roi et moi, à nous rendre à Paris, avec les têtes de nos gardes du corps portées devant nous au bout de leurs piques. » Dehors, la foule continue de hurler : « À Paris ! le roi à Paris ! » Dans un état de stupeur difficile à imaginer, Louis XVI fait les cent pas entre sa chambre et son cabinet. Saint-Priest s'approche de lui et le supplie maintenant de consentir aux exigences populaires. Le roi ne répond pas. « Ah ! M. de Saint-Priest, dit la reine, pourquoi ne sommes-nous pas partis hier soir ! – Madame, ce n'est pas ma faute ! – Je le sais bien », répond la reine. Cependant, dehors, la clameur s'amplifie. Elle devient si menaçante qu'il est impossible de ne pas y répondre. Le roi s'entretient encore un instant avec ses ministres et, accompagné de la reine, suit La Fayette sur le balcon. « Mes amis, dit le roi d'une voix forte, j'irai à Paris avec ma femme et avec mes enfants ; c'est à l'amour de mes bons et fidèles sujets que je confie ce que j'ai de plus précieux. » Les applaudissements éclatent, couverts presque en même temps par des décharges de mousqueterie.

Rentré chez lui, le roi vide en hâte ses tiroirs, rassemble quelques papiers ; la reine distribue des souvenirs et range ses diamants dans un coffre qu'elle emportera avec elle. Pendant ce temps, La Fayette donne des ordres et prépare le départ de la famille royale trop éprouvée pour prendre la moindre initiative. Le calme est à peu près revenu dans la cour. Le soleil s'est levé, éclairant de ses feux mordorés les dernières heures de la monarchie à Versailles. À une heure, tout est près pour le départ. Par chance, le roi choisit de partir par le petit escalier : au pied de celui que les souverains empruntaient habituellement, les émeutiers avaient jeté le cadavre décapité de l'un des gardes de la reine. Louis XVI, Marie-Antoinette, leurs enfants, Madame Élisabeth et Mme de Tourzel montent dans la même voiture. Avant de partir, le roi dit à M. de La Tour du Pin : « Vous restez maître ici. Tâchez de me sauver mon pauvre Versailles. » Une affreuse solitude y règne déjà. On n'entend plus que le bruit des portes et des fenêtres qu'on ferme.

Au milieu de tout un peuple ivre de fatigue, de vin et de sang, la voiture royale, se met en marche vers la capitale. Figées dans une grimace atroce au bout des piques qui les portent, deux têtes sanglantes conduisent ce char funèbre de la monarchie. Victime consentante, déjà immolée à la fureur nationale, le souverain se tait tout au long de l'interminable trajet qui le conduit à Paris. Femmes et hommes dépenaillés, couverts de boue, chantent à tue-tête pour célébrer leur victoire. « Nous ramenons le boulanger, la boulangère et le petit mitron[51] ! » hurlent-ils, désignant ainsi aux passants médusés le roi, la reine et le dauphin. Des poissardes s'agrippent à la portière, et crachent des injures au visage de la reine qui demeure impassible, tenant son fils étroitement serré contre elle.

À mesure que l'on approche de la capitale, la marche du cortège se ralentit, car toute la ville vient au-devant du roi. À la barrière de Chaillot, Bailly, le maire de Paris, accueille le souverain en lui présentant les clés de la cité sur un coussin de velours. « Quel beau jour, sire, que celui où les Parisiens vont posséder dans leur ville Votre Majesté et sa famille », dit-il sans la moindre ironie. Louis XVI soupire : il espère que sa présence apportera la paix et la concorde. La nuit est déjà tombée. Épuisés, le roi et la reine veulent aller directement aux Tuileries, mais tel n'est pas le programme prévu. Le peuple veut voir son roi. On conduit la famille royale à l'Hôtel de Ville, au sein d'une foule que surexcite une curiosité brutale. À la lueur des flambeaux, le roi, la reine et le dauphin paraissent au balcon. Souverains virtuellement prisonniers, ils sont acclamés parce qu'ils sont

51. Pour les Parisiens, le retour du roi à Paris signifiait la fin des menaces de pénurie de pain, ce qui explique ces surnoms de « boulanger » désignant le roi, de « boulangère » désignant la reine et de « petit mitron » pour le dauphin.

privés de leur pouvoir. À dix heures passées, le peuple rassuré et triomphant les conduit au château des Tuileries où ils occuperont le petit appartement qui servait de pied-à-terre à la reine lors de ses escapades parisiennes. Les ministres et quelques fidèles courtisans les attendent. Quelques instants plus tôt, Fersen s'est sagement retiré. « La présence du comte Fersen, dont la liaison avec la reine était connue, pouvait mettre cette princesse et le roi lui-même en quelque risque, à l'arrivée de l'abominable escorte qui les accompagnait depuis Versailles », devait écrire Saint-Priest.

Pendant le souper qu'on servit à la famille royale, Louis XVI resta silencieux. Coiffée d'un chapeau noir, la reine avait abandonné son air altier. Elle ne parlait pas. Le dauphin, qui s'était endormi dans les bras de sa gouvernante, venait de se réveiller. « C'est bien laid ici, maman », dit-il, d'un air étonné à la reine. Brisés par le drame qu'ils venaient de vivre, Louis XVI et Marie-Antoinette ne tardèrent pas à se coucher. Le comte et la comtesse de Provence partirent pour le somptueux palais du Luxembourg[52] qui leur appartenait. Mme Élisabeth s'installa dans un modeste appartement du rez-de-chaussée des Tuileries. Quant à Mme de Tourzel, elle dut barricader avec des meubles les portes de la chambre attribuée au dauphin. Elle veilla toute la nuit, assise à côté de son lit.

---

52. C'est aujourd'hui le siège du Sénat.

CHAPITRE XXVIII

Les Tuileries

« Bon Dieu, Maman, est-ce que aujourd'hui serait encore hier ? » s'écria le dauphin, en bondissant dans les bras de sa mère, le matin du 7 octobre. Si l'enfant avait mieux dormi que ses parents, il venait d'être éveillé par des clameurs venues du jardin des Tuileries. Malgré tout l'amour qu'elle éprouvait pour son fils, Marie-Antoinette était loin de pouvoir le rassurer. Sous le choc des atrocités commises dans les heures précédentes, elle s'attendait au pire, mais s'efforçait de garder son calme devant cet enfant sensible qui n'avait jusque-là connu que les douceurs d'une vie délicieusement protégée. Elle confia le petit prince à sa gouvernante, s'habilla en toute hâte et sortit sur la terrasse où vociféraient un grand nombre de femmes. Elles voulaient s'assurer que le roi et la reine étaient toujours là et engager conversation avec eux. Très excitées, les unes exigeaient le renvoi des courtisans, les autres demandaient à la souveraine pourquoi elle avait voulu assiéger Paris le 14 juillet ; d'autres encore l'accusaient de vouloir entraîner le roi dans une fuite criminelle aux frontières. À chacune, Marie-Antoinette répondit tranquillement, intelligemment. Et bientôt ces harpies se muèrent en matrones bienveillantes. La reine les convainquit si bien de sa sincérité qu'elles lui demandèrent les fleurs et les rubans de son chapeau. Elle les leur offrit de bonne grâce et rentra dans ses appartements.

Elle avait fait un tel effort pour affronter ces femmes qu'elle s'effondra en sanglotant. Les souvenirs de la veille restaient si vifs qu'elle ne parvenait pas à se dominer en présence de ses proches. Un tremblement irrépressible s'emparait d'elle au moindre bruit. Elle fondait en larmes dès qu'on lui parlait. Les diplomates qui vinrent rendre hommage aux souverains, comme le voulait le protocole, furent témoins de son trouble. À l'ambassadeur d'Espagne qui lui demandait comment se portait le roi, elle répondit en pleurant : « Comme un roi captif. » Elle « ne pouvait prononcer une parole sans que les sanglots la suffoquassent ; nous étions dans l'impossibilité de lui répondre », raconte Mme de Staël. L'avant-veille encore, comment aurait-on pu imaginer la reine de France recevant ses invités dans une chambre où l'on avait dressé des lits de camp ? « Vous savez que je ne m'attendais pas à venir ici », disait-elle à ses visiteurs, comme pour s'excuser.

L'irruption d'une foule houleuse dans les appartements royaux mit brutalement fin à cette étrange réception. Prise de panique, la reine se réfugia dans le cabinet du roi où venait d'entrer La Fayette. Cette nouvelle manifestation était la conséquence d'une promesse que Marie-Antoinette avait faite, le matin même, aux femmes qui étaient venues la voir. Elle leur avait promis qu'elles récupéreraient, sans bourse délier, les objets déposés au Mont-de-Piété dont la valeur n'excédait pas un louis (24 livres). Si une telle somme semblait dérisoire à la souveraine, elle représentait un petit trésor pour les plus démunis, qui s'étaient rués aux guichets du Mont-de-Piété. Les agents de cette institution n'avaient évidemment reçu aucune instruction. Ils refusèrent donc de rendre gratuitement les objets à leurs propriétaires, qui se portèrent en foule aux Tuileries. Sur les instances de La Fayette, Louis XVI promit de donner les ordres nécessaires pour que les dépôts de moins de 24 livres, consistant uniquement en vêtements, fussent rendus à ceux qui les avaient gagés. Le peuple se calma, mais garda rancune à la reine qui voyait ainsi ses plus louables intentions se retourner contre elle.

Ce même jour, le roi et la reine entreprirent de visiter le triste palais des Tuileries afin de procéder au choix et à la distribution des appartements. Construit dans la seconde moitié du XVIe siècle par la reine Catherine de Médicis, ce château avait été achevé et décoré par Louis XIV qui en avait fait sa résidence parisienne avant de s'installer à Versailles en 1682. Les Tuileries avaient de nouveau été occupées par la cour pendant la minorité de Louis XV de 1715 à 1722. Depuis lors, cet immense bâtiment, qui comprenait 386 pièces, avait été divisé en appartements attribués à des courtisans, des artistes et des artisans. C'était un incroyable caravansérail assez mal entretenu, meublé de bric et de broc. Dès le soir 6 octobre, on avait commencé d'en déloger tous les locataires pour faire place à la famille royale et à sa suite. De longues files de voitures encombraient les abords du château. Elles apportaient le mobilier de Versailles et tous les effets que le roi et la reine voulaient utiliser dans leur nouvelle résidence.

Les premiers jours ne furent que tumulte et embarras. Lorsque les ouvriers et les déménageurs eurent rendu le château habitable, une existence nouvelle s'organisa. Louis XVI et Marie-Antoinette vécurent désormais dans une étroite intimité, sans jamais quitter leurs enfants. Au rez-de-chaussée, le roi se réserva trois pièces donnant sur le jardin. Il fit installer son cabinet de géographie à l'entresol et sa chambre au premier étage. La reine aménagea ses appartements à côté de ceux de son époux, au rez-de-chaussée et à l'entresol. Madame Royale et le dauphin, logés au-dessus d'elle, se trouvaient ainsi à proximité de leurs parents. Un salon, une salle de billard et plusieurs antichambres complétaient cette résidence que l'on garnit de tapisseries plutôt destinées à couvrir des marches d'autel qu'à servir de tentures. Mme Élisabeth et Mme de Lamballe habitèrent le pavillon de Flore qui avait vue sur la Seine. Les tantes du roi furent autorisées à regagner leur domaine de Meudon. Mme de Tourzel, les courtisans qui avaient accompagné la famille royale et les gens de service se partagèrent les autres pièces.

Les jardins restaient ouverts au public qu'une insatiable curiosité poussait à épier les souverains. Ceux-ci habituèrent leurs enfants à se montrer aimables avec les plus indiscrets et affables envers les gardes nationaux qui leur inspiraient pourtant la plus grande méfiance. Le dauphin, qui n'avait que quatre ans, s'appliquait à exécuter fidèlement ce que lui conseillaient ses parents. Aussi se précipitait-il à l'oreille de sa mère pour lui demander : « Est-ce bien comme cela ? »

chaque fois qu'il s'adressait à quelqu'un. Pour distraire les jeunes princes, on installa à l'extrémité de la terrasse deux volières et des bassins. Marie-Antoinette, qui consacrait plusieurs heures par jour à l'éducation de ses enfants, prit l'habitude d'assister à leurs jeux. Louis XVI les rejoignait le plus souvent possible et leur faisait parfois réciter leurs leçons. « Nous logeons dans le même appartement, écrivit la reine à Mme de Polignac. Ils sont presque toujours avec moi et font ma consolation. Le chou d'amour [c'est ainsi que la reine appelait son fils] est charmant et je l'aime à la folie. Il m'aime beaucoup aussi, à sa manière, ne se gênant pas. Il se porte bien, devient fort et n'est plus colère. Il se promène tous les jours, ce qui lui fait grand bien. » Le roi et la reine menaient désormais une véritable vie de famille. Et pourtant, en dépit des récents événements, le sacro-saint rituel de cour se maintenait. Si l'Étiquette était plus relâchée qu'à Versailles, les souverains étaient toujours astreints aux cérémonies du lever et du coucher. Chaque jour, on les voyait à la messe dans la chapelle du château. Le mardi et le dimanche, ils déjeunaient en public et la reine recevait le mardi, le jeudi et le dimanche.

Cependant, il n'était plus question de bals, de fêtes, de comédies ou de concerts. Le roi et la reine boudaient. Conduits aux Tuileries dans les circonstances tragiques que l'on connaît, ils s'estimaient prisonniers et se conduisirent comme tels. Louis XVI refusait obstinément de sortir. Il renonça aux promenades et à la chasse. Marie-Antoinette adopta la même attitude. Elle restait confinée aux Tuileries, faisant beaucoup d'efforts pour dissimuler les sentiments que lui inspirait le sans-gêne de la foule. Vêtue avec simplicité, elle se montrait peu et sa réserve était souvent mal interprétée. On la jugeait froide et distante. Ayant rendu ses loges dans tous les théâtres, elle avait renoncé à assister aux spectacles de la capitale. Les Parisiens en conçurent de l'humeur. La réclusion que le ménage royal s'imposait ne faisait que l'abaisser aux yeux du public, qui s'habituait, lui aussi, à considérer Louis XVI et Marie-Antoinette comme des prisonniers.

Les journées d'octobre, qui avaient révélé la force des éléments populaires, avaient profondément modifié le cours de la Révolution, en la radicalisant. L'Assemblée nationale avait suivi le roi à Paris, mais la menace des foules révolutionnaires pesait désormais sur elle. Affolés par la violence des émeutes, plusieurs députés avaient préféré rentrer chez eux ou même quitter la France. La majorité modérée redoutait autant le retour offensif de l'absolutisme que des fureurs semblables à celles qu'on venait de connaître. Elle continuait néanmoins d'élaborer la constitution.

Depuis l'ouverture des États généraux, le marquis de Mirabeau dominait l'Assemblée. Issu de la noblesse de Provence, déconsidéré par sa vie de débauches qui lui avait valu la prison, il s'était fait élire député du tiers état. Doué d'un sens politique aigu, cet homme au visage grêlé par la petite vérole subjuguait la plupart de ses collègues par le lyrisme de son verbe. Royaliste convaincu, Mirabeau avait tout d'abord été déçu par le roi. L'intransigeance de ce monarque trop attaché à l'absolutisme lui avait suggéré l'idée un changement dynastique. Connu pour ses idées libérales et son anglomanie, le duc d'Orléans lui avait paru le candidat idéal à la succession de Louis XVI. Mais l'inconsistance et la pusillanimité de ce prince l'avaient bientôt découragé. Le tribun avait alors songé au comte de Provence, puis, n'ayant pas décelé en lui les qualités d'un souverain moderne, il s'en était détourné. Partisan d'une monarchie constitutionnelle laissant une part importante du pouvoir exécutif au souverain, Mirabeau souhaitait, en fin de compte, convaincre Louis XVI d'accepter les idées nouvelles et de partager son pouvoir avec les représentants élus de la nation. Souhaitant devenir son conseiller dans l'espoir de s'imposer ultérieurement comme premier ministre, il chercha dès lors, très logiquement, à entrer en relation avec les souverains. Loin de minimiser le rôle que pouvait jouer Marie-Antoinette, il tenait absolument à la rencontrer pour bénéficier de son soutien. Lié au comte de La Marck depuis le début de la Révolution, Mirabeau lui demanda d'être son interprète auprès du couple royal. Marie-Antoinette, qui écoutait volontiers ce gentilhomme belge, loyal sujet de l'empereur, fut indignée qu'il osât lui parler en faveur d'un tel homme. Cet aristocrate déclassé, qui préconisait une monarchie constitutionnelle, incarnait à ses yeux la Révolution et la trahison. « Nous ne serons jamais assez malheureux, je pense, pour être réduits à la pénible extrémité de recourir à Mirabeau », répondit-elle froidement à La Marck.

Quoi qu'il en soit, Louis XVI et Marie-Antoinette avaient besoin, plus que jamais, de conseils et d'avis éclairés. Dépassés par les événements, les ministres bornaient leur activité à l'expédition des affaires courantes. Ils n'avaient apparemment ni le temps ni les moyens d'élaborer un programme de gouvernement. Le roi subissait les décisions de l'Assemblée. Chaque jour, ses pouvoirs se trouvaient diminués. Louis XVI n'était plus *roi de France par la grâce de Dieu* comme ses prédécesseurs, mais *roi des Français par la grâce de Dieu et la loi constitutionnelle de l'État.* Dieu et la nation le mettaient donc conjointement en tutelle, mais la référence divine n'était là qu'une concession à l'ancienne tradition qu'on n'osait pas abolir d'un trait de plume. La subordination du souverain à la loi venait d'être clairement définie par les députés. « Il n'y avait point en France d'autorité supérieure à la loi ; le roi ne régnait que par elle et ce n'était qu'en vertu des lois qu'il pouvait exiger l'obéissance. » Impuissant et malheureux, Louis XVI voyait s'effondrer ce qu'il considérait comme l'œuvre de ses aïeux. C'était, à ses yeux, la ruine de la monarchie telle qu'on l'avait conçue avant lui, telle qu'il se l'était toujours représentée. Dans l'impossibilité de faire quoi que ce fût pour rétablir son autorité d'autrefois, il adressa de douloureuses lettres de protestation aux monarques européens, justifiant ainsi le double jeu qu'il comptait mener avec les représentants de la nation[53] : il allait feindre de se poser en chef de la révolution modérée, tout en continuant de lutter, par tous les moyens, pour la restauration de son pouvoir d'antan. La reine le soutenait activement. Elle demanda au roi d'Espagne et à l'empereur qu'il y eût concertation entre les souverains pour rétablir l'autorité de Louis XVI dans son

53. Le 12 octobre, il écrivit au roi d'Espagne : « Je me dois à moi-même, je me dois à mes enfants, je me dois à ma famille et à toute ma Maison, de ne pouvoir laisser avilir entre mes mains la dignité royale qu'une longue suite de siècles a confirmée dans ma dynastie [...]. J'ai choisi Votre Majesté pour déposer en vos mains la protestation solennelle que j'élève contre tous les actes contraires à l'autorité royale qui m'ont été arrachés par la force depuis le 15 juillet de cette année. »

royaume. À son grand désappointement, le monarque espagnol lui répondit fort évasivement. Quant à son frère, il lui prêcha la patience et lui conseilla de se rallier aux vues de la majorité de l'Assemblée.

La mort dans l'âme, le roi et la reine se virent contraints de donner des gages à l'Assemblée. Sur les conseils de ses ministres, le 4 février 1790, Louis XVI prononça solennellement une allocution devant les députés. Tout en exprimant son désir d'un renforcement du pouvoir exécutif en sa faveur, il affirmait son adhésion ainsi que celle de la reine à la Constitution que les députés rédigeaient. Il lança également un appel à tous les contre-révolutionnaires, les adjurant de participer à l'œuvre de rénovation de la France. Ce discours souleva un tonnerre d'applaudissements. Les députés, qui siégeaient dans la salle du Manège, à quelques dizaines de mètres des Tuileries, escortèrent le roi jusqu'à ses appartements où l'attendait la reine. Fort émue, Marie-Antoinette prononça une petite allocution qu'elle avait préparée et présenta gracieusement aux représentants de la nation le dauphin qu'elle prit dans ses bras. À son tour, elle recueillit une véritable ovation. Aucun de ces messieurs n'aurait pu se douter que, le matin même, elle sanglotait en soumettant le texte de son discours à Saint-Priest. Le couple royal s'était fait violence pour accomplir une démarche diamétralement opposée à ses sentiments réels.

Louis XVI et Marie-Antoinette tentèrent alors de sortir de leur isolement. Le roi passa les troupes en revue. Avec la reine, il alla visiter l'hôpital des Enfants-Trouvés et la manufacture de glaces du faubourg Saint-Antoine. Sans trop d'appréhension, Marie-Antoinette prit l'habitude d'emmener ses enfants en promenade dans la capitale. Aux yeux des Parisiens, le couple royal avait enfin retrouvé un mode de vie normal. C'est également au mois de février, que les souverains décidèrent d'entrer secrètement en relation avec Mirabeau. Le roi voulait se servir de lui à l'insu de ses ministres. Après de longues tractations, il fut décidé que Mirabeau, moyennant des émoluments fort importants, adresserait de copieuses « notes » au roi et la reine pour leur faire part de son opinion sur la situation présente. Il leur dénoncerait les dangers qu'ils couraient et leur donnerait les moyens de les prévenir. Il s'engageait, en outre, à infléchir la Constitution dans un sens favorable au roi. La première de ces « notes » parvint aux souverains le 10 mai. Mirabeau les assurait de son entier dévouement à leur cause et s'affirmait « aussi profondément éloigné d'une contre-révolution que des excès auxquels la révolution, remise aux mains de gens malhabiles et pervers, avait conduit les peuples ».

Louis XVI et Marie-Antoinette étudiaient attentivement les rapports de Mirabeau, mais faisaient bien davantage confiance à Breteuil et à Fersen. Louis XVI avait désigné son ancien ministre, émigré en Suisse, comme son seul véritable représentant auprès des souverains étrangers. Quant à Fersen, il était devenu le conseiller le plus écouté des deux époux. À toute heure du jour, il avait ses entrées chez Marie-Antoinette. Pour lui permettre d'aller librement chez elle, La Fayette avait ordonné que l'une des portes du palais ne fût jamais gardée. Cette mesure d'exception permettait au gentilhomme suédois de consacrer le plus clair de son temps au roi et à la reine de France, dont il recevait les confidences. Selon ses propres termes, sa situation était « différente de celle de tout le monde ». Pour la première fois, le 24 décembre 1789, il avait passé une journée entière avec Marie-Antoinette. « Jugez de ma joie », écrivit-il à sa sœur. L'amour que Fersen portait à la reine, ne l'empêchait pas d'éprouver des sentiments chevaleresques à l'égard du roi. La confiance que lui témoignait Louis XVI l'émouvait, car Fersen aimait passionnément la royauté et ceux qui l'incarnaient. Il se sentait investi d'une mission : celle de sauver la monarchie absolue, coûte que coûte. Pour l'heure, il ne voyait de salut pour les souverains que dans la fuite hors de la capitale, ce dont il n'eut aucun mal à persuader Marie-Antoinette.

Malgré la méfiance qu'il éprouvait à son égard, le couple royal avait à se louer de Mirabeau. Il venait, en effet, d'obtenir le vote d'un décret sauvegardant les droits du roi en politique extérieure. Mirabeau tenait alors à rencontrer Louis XVI pour le convaincre d'accepter sincèrement le principe d'une monarchie constitutionnelle qui lui laisserait des pouvoirs non négligeables. Mais le roi refusait de pactiser avec cet aventurier qu'il considérait comme l'un des responsables de la Révolution. Plus habile que son époux, Marie-Antoinette accepta une entrevue secrète avec cet homme qui lui répugnait. Les circonstances se prêtaient à un tel rendez-vous, l'Assemblée ayant donné la permission à la famille royale de s'installer à Saint-Cloud pour la belle saison.

Le 3 juillet, à la nuit tombée, Mirabeau pénétra dans les appartements de la reine, et celle-ci ne put réprimer un mouvement d'effroi lorsqu'il parut devant elle. Ils restèrent ensemble trois quarts d'heure. Enflammé pour la cause royale, Mirabeau parla beaucoup, reprenant avec fougue les arguments qu'il développait dans ses lettres. Il adjura Marie-Antoinette de ne pas écouter les propositions que lui faisaient, sans aucun doute, les partisans de la contre-révolution. Lorsqu'il la quitta, il lui aurait murmuré : « La monarchie est sauvée. » Séduit par le courage et la dignité de cette femme qui osait se comporter en roi, il dit à La Marck qu'il « périrait, plutôt que de manquer à ses promesses ». Quinze jours plus tôt, il avait écrit : « Le roi n'a qu'un homme, c'est sa femme. Il n'y a de sûreté pour elle que dans le rétablissement de l'autorité royale. J'aime à croire qu'elle ne voudrait pas de la vie sans sa couronne ; mais ce dont je suis bien sûr, c'est qu'elle ne conservera pas sa vie sans sa couronne. Le moment viendra bientôt où il lui faudra essayer ce que peuvent une femme et un enfant sur un cheval. » Comme on le voit, Mirabeau n'excluait pas l'éventualité d'un départ de la famille royale hors de Paris. Mais, contrairement à Fersen, il estimait que, dans ce cas, le roi devait s'appuyer sur les provinces et les troupes françaises et non sur les forces de l'étranger.

À Saint-Cloud, où elle renouait avec un mode de vie qui n'était plus le sien depuis des mois, la reine se reprit à espérer. Elle remit des robes claires et pimpantes. On l'entendait rire. Elle partait pour de longues promenades à cheval ou en calèche avec ses enfants. Elle fit venir des comédiens, des musiciens. Elle se remit à chanter en s'accompagnant au clavecin. Et, chaque soir, Fersen, qui s'était installé non loin du château, venait la rejoindre chez elle. On jasait, mais elle s'en moquait. Ayant rencontré ce romantique consolateur à trois heures du matin dans le parc, un garde faillit l'arrêter. Saint-Priest jugea bon de faire observer à la reine que la présence du comte Fersen et ses visites nocturnes au château pouvaient présenter quelque danger. « Dites-le lui, si vous le croyez, répondit-elle avec hauteur au ministre. Quant à moi, je n'en tiens pas compte. » Et Fersen continua ses visites. Tous les historiens soucieux de défendre la vertu de Marie-Antoinette assurent que le gentilhomme suédois rencontrait la souveraine en pleine nuit pour lui parler plus tranquillement des affaires politiques...

Jamais les sentiments d'Axel n'avaient été plus tendres pour Marie-Antoinette. Dans ses lettres à sa sœur Sophie, il ne cessait d'évoquer les malheurs de la femme aimée. « C'est la créature la plus parfaite que je connaisse. [...] Elle est extrêmement malheureuse et très courageuse. C'est un ange. Je tâche de la consoler le plus que je puis. Je le lui dois, elle est si parfaite pour moi. Mon seul chagrin est de ne pouvoir la consoler entièrement de tous ses malheurs et de ne pas la rendre aussi heureuse qu'elle mérite de l'être. » Au début du mois d'août, Fersen fit un séjour de quarante-huit heures à la campagne chez Mme de Fitz-James. Il ne pensait qu'à la reine. « Elle manquait à mon bonheur et sans cela, il n'y en a pas de parfait pour moi », confia-t-il à Sophie.

La douceur du séjour de Saint-Cloud fut troublée par la fête de la Fédération que redoutait beaucoup Marie-Antoinette. Dans un esprit de réconciliation nationale, il s'agissait de célébrer le premier anniversaire de la prise de la Bastille. Ce rassemblement à Paris des délégations municipales de la France entière, auxquelles s'ajoutaient les représentants de toutes les unités de la garde nationale, se justifiait par le désir qu'éprouvaient les manifestants d'affirmer leur cohésion et la volonté qu'avait tout un peuple patriote de barrer la route à la contre-révolution. Louis XVI et Marie-Antoinette ne ressentaient aucun plaisir à cautionner une « fête » qu'il considérait plutôt comme une abomination.

Depuis plusieurs semaines, dans les prolongements de l'École militaire, on avait transformé le Champ-de-Mars [54]

54. C'est là que s'élève aujourd'hui la tour Eiffel.

en un vaste amphithéâtre de verdure destiné à accueillir 400 000 personnes. Une tente immense, abritant les gradins où le roi et la famille royale devaient prendre place, masquait la façade de l'École militaire. En face, se dressait un autel entouré de quatre vases antiques dans lesquels brûlait de l'encens et tout autour de l'amphithéâtre on avait planté quatre-vingt-trois lances au bout desquelles flottaient les bannières des départements[55]. Sur le quai de la Seine, un arc de triomphe donnait accès à ce cirque gigantesque.

Le 14 juillet, dès l'aube, tout Paris se précipita au Champ-de-Mars, les femmes tout de blanc vêtues, la cocarde tricolore égayant leur coiffure, des rubans tricolores garnissant leur robe. À huit heures, le roi la reine et leurs enfants arrivèrent en voiture couverte sous une pluie battante et s'installèrent dans leurs fauteuils. Au moment où parut la famille royale, des cris et des applaudissements fusèrent de toutes parts, tandis que plusieurs centaines de musiciens mêlaient le chant mélodieux de leurs instruments aux salves crépitantes des armes légères et au tonnerre des tirs d'artillerie. Talleyrand, alors évêque d'Autun, célébra la messe, à l'issue de laquelle Louis XVI prononça le serment de fidélité à la loi et à la Constitution. Bien que le roi ne se fût pas départi de son air morne, des vivats jaillirent de ces milliers de poitrines. Marie-Antoinette eut alors l'heureuse idée de prendre le dauphin dans ses bras et de le présenter à la foule qui se mit à hurler : « Vive la reine ! Vive le dauphin ! » Et comme il continuait de pleuvoir, la reine enveloppa son

55. En 1790, l'Assemblée avait décidé de diviser la France en quatre-vingt-trois nouvelles circonscriptions administratives, appelées départements.

fils dans un châle. Ce simple geste d'amour maternel alla droit au cœur de ce peuple exubérant.

La cérémonie achevée, la famille royale regagna tranquillement Saint-Cloud, passablement choquée par le caractère insolite de cette fête qui n'avait aucun rapport avec celles de l'Ancien Régime. « Il n'y a eu que de l'ivresse et du bruit, écrivit Fersen. La cérémonie a été ridicule, indécente et par conséquent pas imposante, malgré le local qui était superbe. » Le roi et la reine avaient posé le même regard méprisant sur ce que Fersen appelait les « orgies et les bacchanales » de la Fédération.

Chapitre XXIX

Projets d'évasion

À Saint-Cloud où ils étaient retournés dès le soir de la fête de la Fédération, Louis XVI et Marie-Antoinette ne parvenaient plus à jouir d'une véritable quiétude. La présence insistante des gardes nationaux leur rappelait l'état de sujétion dans lequel ils étaient tenus et l'évolution de la situation politique les accablait. Ils voyaient venir avec angoisse le moment où le roi serait obligé de ratifier la constitution dont ils refusaient le principe et ils s'inquiétaient des risques que leur faisait désormais courir la contre-révolution.

Hostile aux idées nouvelles, les nobles qui n'avaient pas émigré organisaient la résistance à la révolution. Au cours de l'été, ils avaient constitué un camp de 20 000 hommes armés à Jalès, dans le Vivarais, au sud de la France. Ils avaient trouvé un chef prestigieux en la personne du comte d'Artois, réfugié en Italie, à Turin, chez son beau-père le roi de Piémont. Imbu des prérogatives de son rang, accessible à toutes les chimères, prêt à cautionner les entreprises les plus rocambolesques, le frère cadet de Louis XVI multipliait les proclamations incendiaires contre l'Assemblée. D'autre part, beaucoup de gentilshommes émigrés dans les principautés allemandes s'agitaient autour du prince de Condé, à Coblence. Ils refusaient les idées des Lumières qui inspiraient les plus modérés des députés. Ils prétendaient rétablir la monarchie telle qu'elle existait avant les journées de mai 1789 et voulaient recourir à la force pour écraser le monstre révolutionnaire. En relations étroites avec les hommes du camp de Jalès, ils essayaient de fomenter une insurrection. Des troupes venues du Piémont auraient rejoint le Vivarais, seraient remontées vers le nord pour retrouver l'armée constituée par Condé. Sur leur passage, ils auraient soulevé les provinces avant d'arriver triomphalement à Paris. Au reste, ces aristocrates et leurs chefs éprouvaient le plus grand mépris pour Louis XVI, dont ils stigmatisaient la faiblesse et les compromissions. La reine ne trouvait pas plus grâce à leurs yeux. Puisqu'elle feignait de donner des gages à la Révolution, ils la traitaient de « démocrate » et la poursuivaient de leurs calomnies.

Affolés par les déclarations des princes, Louis XVI et Marie-Antoinette avaient envoyé un émissaire à Turin et à Coblence pour modérer l'ardeur brouillonne de leurs parents. L'empereur lui-même leur avait prêché la modération. Ces démarches secrètes étaient restées vaines. Et à Paris, personne ne pouvait imaginer que le roi et la reine étaient hostiles à une contre-révolution animée par le comte d'Artois et le prince de Condé. Bien au contraire. Leurs rodomontades provocantes avaient réveillé la fureur des

Parisiens et rendu le sort des souverains beaucoup plus précaire. Marat, journaliste qui se manifestait depuis longtemps par la violence de ses propos, dénonça Louis XVI comme le chef de cette contre-révolution qui menaçait les patriotes. Il engageait la population à se porter massivement sur Saint-Cloud pour en finir avec la famille royale et la cour. Dans son journal *L'Ami du peuple,* il lançait de véritables appels au meurtre contre « ces conspirateurs perfides ». Ainsi les Parisiens se familiarisaient-ils chaque jour davantage avec l'image d'un roi traître à la nation, dont le châtiment ne pouvait être que la mort.

Marie-Antoinette continuait de catalyser la vindicte publique. Les pamphlets redoublaient de violence contre elle. Le pire d'entre eux était assurément les *Mémoires* de Mme de La Motte que complétait la prétendue correspondance échangée entre la reine et le cardinal de Rohan. On y découvrait une Marie-Antoinette abandonnée aux caresses de l'aventurière et soumettant Rohan à ses caprices les plus pervers. La souveraine était également accusée de trahir la France au profit de son frère l'empereur par l'intermédiaire de Rohan. Cette littérature ordurière, qui faisait les délices de milliers de lecteurs, alimentait les phantasmes des patriotes, dont la crédulité n'était justifiée que par le désir de tenir un bouc émissaire. La reine trembla lorsqu'elle apprit que M. de La Motte venait d'arriver à Paris afin de d'entreprendre auprès de l'Assemblée les démarches préliminaires à la révision du fameux procès. Elle s'en émut d'autant plus vivement que le divorce du ménage royal apparaissait à de nombreux députés modérés comme la solution rêvée. Par la haine qu'elle inspirait, la reine, pensaient-ils, discréditait Louis XVI et le régime qu'il représentait. Or, pour établir la monarchie constitutionnelle qu'ils souhaitaient, les élus avaient besoin d'un souverain docile, populaire et respecté. Délivré de sa femme, Louis XVI pouvait devenir le monarque idéal.

Lorsque la famille royale rentra aux Tuileries au début du mois de novembre 1790, le divorce du roi faisait le sujet de toutes les conversations. La Fayette dit brutalement à la reine qu'on allait essayer de la convaincre d'adultère. Malgré la panique qui la saisit, Marie-Antoinette répondit froidement à cet homme qui avait le moyen de la prendre au piège. Elle n'ignorait pas non plus que, dans le nouveau ministère constitué par Louis XVI et composé, en grande partie, d'amis de La Fayette, plusieurs ministres souhaitaient ouvertement ce procès en adultère qui l'eût perdue. On l'aurait alors enfermée dans un couvent pour le restant de ses jours.

La Révolution faisait de plus en plus horreur à la reine. Chaque jour, elle répétait à son mari que ses serments lui avaient été extorqués par la force et qu'il convenait d'user à son tour de la force pour anéantir la Révolution. Rétablir l'ordre ancien, tel était son seul but. Mais, pour y parvenir, elle refusait de s'appuyer sur la noblesse et les émigrés. Elle ne voulait pas que son époux pût être redevable aux princes français et aux aristocrates de la moindre parcelle de son pouvoir. Ils auraient été trop heureux de lui imposer leurs volontés. Marie-Antoinette ne voyait de salut que dans la fuite hors de Paris. Depuis plusieurs mois, son cher Fersen l'entretenait dans cette idée mais il n'était pas le seul. Réfugié en Suisse au lendemain des journées de juillet 1789, le baron de Breteuil exhortait le roi à quitter Paris pour s'installer dans une place forte d'où il pourrait rétablir son autorité avec l'aide de régiments fidèles secondés par des troupes autrichiennes. Il prévoyait également de demander aux souverains des États limitrophes de la France de mettre des hommes à la disposition du roi.

Mirabeau, lui aussi, conseillait à la famille royale de quitter la capitale. Les plans du tribun étaient toutefois différents de ceux de Breteuil. Mirabeau essayait de mettre la reine en garde contre les erreurs qu'elle risquait de commettre. À ses yeux, l'appel à l'étranger eût constitué une faute irréparable. Il proposait au couple royal de se retirer à Fontainebleau, de s'appuyer sur des troupes fidèles et sur les provinces afin de procéder à la dissolution de l'Assemblée et à l'élection d'une nouvelle chambre. En effet, il taxait désormais l'Assemblée nationale d'illégitimité, puisqu'elle était obligée de légiférer sous la menace de la rue. Les nouveaux élus, investis de pouvoirs constituants, auraient remanié les textes législatifs pour conférer à l'exécutif une place prépondérante. Évidemment, les élections auraient dû être préparées de façon que des hommes acquis à la révision constitutionnelle fussent élus. En attendant, il fallait se donner les moyens de préparer l'opinion et les souverains devaient tout mettre en œuvre pour recouvrer leur popularité perdue.

Si Mirabeau et Breteuil rêvaient tous deux de restaurer le pouvoir royal, ils n'avaient pas la même conception de la monarchie. Mirabeau voulait une monarchie à l'anglaise, adaptée aux réalités françaises, alors que Breteuil souhaitait un retour à l'Ancien Régime, amendé par les concessions royales du 23 juin 1789[56]. Ce programme, qui avait paru insuffisant au début de la Révolution, avait peu de chances d'être mieux accueilli en 1790. Mais, pour Breteuil comme pour le monarque, il était impossible d'aller au-delà des propositions énoncées par Louis XVI. C'est la raison pour laquelle le roi et la reine écoutèrent favorablement leur ancien ministre, sans pour autant se décider à franchir le pas.

L'aggravation de la question religieuse en donna l'occasion au roi. Les députés redoutaient que le clergé, l'un des plus fermes appuis du trône, restât fidèle à l'Ancien Régime. Ils voulaient un clergé citoyen, attaché aux principes de la Révolution. À cette fin, ils avaient élaboré la Constitution civile du clergé, intégrant tous les ecclésiastiques à la fonction publique. Désormais élus par les citoyens, les évêques et les curés se trouveraient astreints à prêter serment de fidélité à la nation, à la loi et au roi. Ils devraient, en outre, jurer de maintenir de tout leur pouvoir la Constitution. Seraient déclarés « réfractaires » tous ceux qui refuseraient ces serments. Déchiré par ses scrupules religieux, le roi hésitait à ratifier de telles mesures. S'il ne les approuvait pas, les patriotes risquaient de déclencher une « journée populaire » violente dont on ne pouvait prévoir les conséquences ; s'il avalisait le décret, il s'exposait à un schisme avec Rome, en cautionnant une Église que le pape réprouvait. La mort dans l'âme, Louis XVI sanctionna la Constitution civile du clergé, le 26 décembre 1790. « J'aimerais mieux être roi à Metz que de demeurer roi de France

56. Voir *supra,* chapitre XXV.

dans une position pareille », aurait-il déclaré après avoir signé le décret. C'est à ce moment qu'il décida de quitter les Tuileries pour combattre efficacement la Révolution.

Le général de Bouillé apparaissait comme le seul chef militaire capable de soutenir la famille royale dans ses projets d'évasion et de reconquête du royaume. Commandant l'armée du Rhin, de Meurthe et de Moselle, autrement dit l'ensemble des troupes du nord-est de la France, il avait écrasé assez violemment une mutinerie à Nancy, l'été précédent. L'affaire avait fait beaucoup de bruit. Exécré des révolutionnaires, qui voyaient en lui l'âme damnée de la réaction, Bouillé pensait sérieusement à émigrer lorsqu'il reçut les premiers appels du roi et de la reine au mois de décembre 1790. Les souverains lui demandaient de fixer avec Fersen les modalités d'un plan d'évasion qui les conduirait dans une place forte où ils se trouveraient sous sa protection. Sachant que ses troupes, gagnées aux idées nouvelles, étaient prêtes à se débander, Bouillé ne manifesta aucun optimisme. Mais, fidèle aux ordres de son maître, il envoya son fils aîné à Paris, discuter avec Fersen les modalités du plan royal.

Des conciliabules secrets se tinrent, rue Matignon, chez le Suédois qui transmettait au roi et à la reine les propositions du jeune officier. Après maintes conversations, on finit par se mettre d'accord. Louis XVI, Marie-Antoinette, leurs enfants, Mme de Tourzel ainsi que Mme Élisabeth, sœur du roi, partiraient dans une même voiture. Ils se rendraient à Montmédy, place forte située dans la zone de commandement de Bouillé où l'on pouvait procéder à des préparatifs sans alerter l'opinion. Montmédy présentait l'avantage de jouxter la frontière ; des renforts extérieurs pouvaient facilement y parvenir. Si la situation tournait mal pour la famille royale, l'émigration en territoire autrichien ne présenterait aucune difficulté. Louis XVI exigea cependant que tout son voyage se fît uniquement en territoire français, alors qu'il eût été plus facile, étant donné le tracé des frontières, de couper à travers les Pays-Bas autrichiens. Le roi ne voulait pas irriter l'opinion en empruntant une telle route, car la constitution prévoyait sa déchéance s'il quittait le territoire français sans autorisation de l'Assemblée. Pour cette expédition, dont le danger n'échappait pas aux principaux intéressés, Bouillé avait vainement suggéré que la famille royale utilisât deux voitures légères, donc plus rapides. Mais la reine refusait de se séparer du roi et de ses enfants. Bouillé eût également souhaité que l'on remplaçât Mme de Tourzel par un officier résolu capable de prendre une décision dans un moment crucial. Les souverains jugeaient plus précieux le concours de la gouvernante qui excellait dans l'éducation des enfants, mais que rien ne prédisposait à une aventure ce genre. Après mûres réflexions, on décida que des détachements de troupes accompagneraient la voiture royale au delà de Châlons-sur-Marne, c'est-à-dire à plus de 150 kilomètres de Paris. Le plus difficile était de sortir des Tuileries. Fersen promit de s'en charger et il tint parole.

Pas un seul instant Louis XVI ne parut songer que son départ provoquerait des troubles. Il n'avait prévu aucun plan de reconquête du royaume et n'avait pas davantage songé à élaborer un programme de gouvernement. Il s'en remettait à Breteuil. Il se berçait d'illusions sur les réactions des Français et sur celle des monarques européens. Il acceptait, il souhaitait même l'intervention étrangère afin d'intimider les Français. Sur ce point, il se reposait sur la reine.

Depuis le début de l'été, au nom de la vieille solidarité entre les monarques contre leurs sujets révoltés, Marie-Antoinette entretenait avec les cours européennes une fiévreuse correspondance. Mais, l'empereur n'avait aucune envie d'intervenir en faveur de sa sœur et de son beau-frère. À Joseph II, mort en février 1790, avait succédé son frère Léopold avec lequel Marie-Antoinette n'avait jamais entretenu de relations suivies. Non seulement le sort de sa sœur lui importait peu, mais il se réjouissait plutôt de l'affaiblissement français. Quant aux autres souverains, ils restaient sourds aux appels affolés de Marie-Antoinette. Le roi d'Espagne s'était contenté de masser des troupes aux frontières pour se prémunir « contre la peste révolutionnaire ». Le Premier ministre britannique se complaisait dans une neutralité conforme à la tradition anglaise de non-intervention dans les affaires continentales. Le roi de Piémont n'avait pas les moyens de prêter une aide efficace à Louis XVI. Seul Gustave III de Suède se disait prêt à mener la croisade antirévolutionnaire, mais personne ne se pressait sous sa bannière. En réalité, tous les chefs d'État voulaient savoir quelle serait l'attitude du nouvel empereur Mercy, qui avait quitté Paris pour Bruxelles en octobre 1790, expliqua longuement à la reine la situation de l'Europe dans une lettre datée du 7 mars 1791. Lui rappelant que « les grandes puissances ne font rien pour rien », il lui disait clairement que, pour prix de leur éventuelle intervention, tous les monarques européens réclameraient une part du territoire français. Au surplus, avant de se décider à quoi que ce fût, les grandes puissances voulaient être assurées de l'existence en France d'un parti royaliste puissant, capable de soutenir sérieusement la monarchie. Cette lettre, fort compromettante pour le roi et la reine, fut interceptée et transmise à l'Assemblée. Celle-ci ne procéda à aucune enquête, mais à Paris, on ne parlait plus que de conspiration, de coalition. On dénonçait, plus que jamais, le « comité autrichien de la cour ». Les pamphlets se déchaînèrent de plus belle contre la reine. On s'attendait au départ de la famille royale et l'atmosphère de la capitale était d'autant plus tendue que Mesdames Tantes, accompagnées d'une suite imposante, étaient parties pour Rome quelques semaines plus tôt. Le roi l'avait voulu ainsi, car il souhaitait que ses tantes fussent en sécurité lorsqu'il quitterait Paris.

Désespérée de ne recevoir aucune promesse ferme de son frère, Léopold II, la reine était à l'extrême limite de ses forces. « Quand on est loin, dit-elle amèrement à l'ambassadeur d'Espagne, il est aisé de conseiller la prudence et la temporisation ; mais elles sont impossibles quand on a le couteau sous la gorge. » Tenaillée par l'angoisse, elle perdit son sang froid au point d'ajouter que « si les autres cours ne tiraient pas la famille royale de la situation où elle se trouvait, il était à craindre et même à désirer qu'elles se trouvassent dans le même cas ». Malgré les difficultés, auxquelles elle ne cessait de se heurter, elle poursuivit néanmoins, dans la fièvre, ses préparatifs d'évasion. Le 12 mars, Fersen lui apprit que la berline destinée à transporter la famille royale était prête.

Pâques approchait. Le 17 avril, dimanche des Rameaux, le roi entendit la messe et reçut la communion des mains de son aumônier qui n'avait pas prêté serment à la Constitution civile du clergé. On cria au scandale. Le lendemain, Louis XVI et sa famille devaient se rendre à Saint-Cloud avec l'autorisation de l'Assemblée. Lorsque le roi et les siens furent installés dans leurs voitures, la garde nationale empêcha leur départ. Une foule de plus en plus nombreuse s'amassa le long des grilles du palais pour appuyer les gardes. On répétait que Louis XVI, parjure à ses serments, allait faire ses Pâques à Saint-Cloud avec des prêtres réfractaires et on l'accusait de vouloir prendre la fuite. La Fayette accourut et tenta de frayer un chemin aux carrosses. En vain. Bloqué, lui aussi, par la garde nationale, dont il était pourtant le chef, et par la foule, il conseilla au roi et à la reine de rentrer chez eux. « Vous avouerez que nous ne sommes plus libres », s'écria la reine, en descendant de voiture. Elle prit le bras de l'une de ses dames qui pleurait : « Ce n'est pas le moment de pleurer, mais de montrer du courage et je vais vous en donner l'exemple », lui dit-elle. Fière et hautaine, elle monta les marches du palais en tenant son fils par la main.

Louis XVI et Marie-Antoinette n'étaient pas au bout de leurs humiliations. Vers huit heures du soir, on leur annonça que, pendant la nuit, des gardes feraient des rondes dans toutes les chambres, y compris dans les leurs, pour vérifier si des prêtres réfractaires ne s'y cachaient pas. C'était le meilleur moyen de s'assurer que la famille royale ne s'enfuirait pas ! Dehors résonnaient des menaces de mort, comme au mois d'octobre 1789. La reine en fut si bouleversée qu'elle dut s'aliter plusieurs jours. « La personne de Leurs Majestés court de grands dangers en ce moment ; les propos qu'on tient sur eux sont affreux ; elles ne sont plus respectées et leur vie est menacée publiquement et impunément », écrivait Fersen. Pour apaiser les esprits, la famille royale assista à la messe de Pâques, célébrée par un prêtre constitutionnel, à l'église de Saint-Germain-l'Auxerrois. À l'Assemblée, Louis XVI donna de nouveaux gages de sa fidélité aux principes de la Révolution. Mais, en secret, il désavoua tous ses actes auprès des souverains étrangers qui ne se pressaient guère de lui venir en aide. Plus résolue que jamais à quitter cette prison des Tuileries, Marie-Antoinette poursuivait activement ses préparatifs d'évasion, en dépit de son frère qui lui conseillait de composer avec ces événements en attendant des jours meilleurs. Bien qu'ils n'eussent reçu aucune assurance de l'empereur, Louis XVI et Marie-Antoinette décidèrent de quitter Paris le 20 juin suivant.

CHAPITRE XXX

Le drame de Varennes

Le lundi 20 juin 1791, rien dans l'attitude du roi et de la reine ne pouvait laisser supposer que le grand jour était arrivé. Le roi passa la matinée dans son cabinet de travail pendant que la reine assistait aux leçons de ses enfants. À midi, comme à l'accoutumée, la famille royale se retrouva au grand complet, pour la messe, dans la chapelle du château. Après le déjeuner, Louis XVI fit part de son projet à sa sœur Élisabeth qu'il avait préféré laisser dans l'ignorance de tous les préparatifs. La reine et son époux firent leur habituelle partie de billard. Peu après, Marie-Antoinette se retira avec le roi dans ses appartements où Fersen fut bientôt annoncé. Il venait préciser les dernières dispositions concernant le voyage. « Quoi qu'il puisse arriver, je n'oublierai jamais ce que vous faites pour moi », lui dit le souverain, avant de quitter le salon. Restée seule avec son chevalier servant, Marie-Antoinette pleura beaucoup. Il la consola et ils se séparèrent à quatre heures. La reine emmena alors ses enfants en promenade dans l'un des jardins les plus fréquentés de Paris. Depuis le printemps, elle avait pris l'habitude de sortir souvent pour habituer les Parisiens à la voir, afin de mieux endormir leurs soupçons.

À son retour aux Tuileries, elle affectait toujours le plus grand calme. Rien n'avait été changé dans l'emploi du temps de la famille. À neuf heures, le dauphin et sa sœur étant allés se coucher, le comte et la comtesse de Provence arrivèrent pour dîner avec le couple royal et Mme Élisabeth. Son beau-frère l'ayant embrassée, Marie-Antoinette lui murmura : « Prenez garde de m'attendrir, je ne veux pas qu'on voie que j'ai pleuré. » Restés seuls après le repas, qui s'acheva à neuf heures et demie, ils évoquèrent ensemble « la grande entreprise ». Avertis une semaine plus tôt des intentions du roi et de la reine, M. et Mme de Provence avaient décidé de partir, ce même soir, mais chacun de son côté. Le prince, vêtu à la mode anglaise, quittait Paris pour Bruxelles, en compagnie d'un ami, tandis que son épouse prenait une autre route avec une de ses suivantes.

À dix heures, la reine monte réveiller ses enfants. « On va dans une place de guerre où il y aura beaucoup de soldats », chuchote-t-elle au dauphin qui saute du lit en réclamant ses bottes et son sabre. Il sera bien déçu lorsque, quelques instants plus tard, sa gouvernante lui fera revêtir une robe de petite fille. Il se résignera, en disant à sœur : « Nous allons jouer la comédie puisque nous sommes déguisés. » Lorsque la reine est revenue dans le salon, le roi monte embrasser ses enfants. Il remet en même temps à Mme de Tourzel un billet attestant que c'est sur son ordre qu'elle emmène les Enfants de France [57].

À dix heures et demie, la grande aventure commence. La reine remonte chez les petits princes qui sont prêts à partir. Elle fait pénétrer Mme de Tourzel et ses enfants à l'intérieur des appartements abandonnés par le duc de Villequier et dans lesquels on a fait percer plusieurs portes, à différentes reprises. Leurs pas résonnent dans ces pièces sombres et démeublées. Chacun retient son souffle. De chambre en chambre, l'étrange petit groupe parvient jusque dans une pièce vitrée donnant sur la cour du Carrousel, illuminée comme en plein jour par les torches des valets et celles des voitures qui attendent leurs propriétaires. La reine se met à guetter. Une ombre se profile derrière les vitres poussiéreuses et la porte s'ouvre : c'est Fersen, habillé en cocher. Il prend le dauphin par la main et fait signe à Mme de Tourzel de le suivre en prenant le bras de la jeune Marie-Thérèse. La reine sort à son tour pour vérifier que ses enfants sont bien installés dans le fiacre conduit par Fersen. Rassurée, Marie-Antoinette retourne par le même chemin jusqu'au salon où elle retrouve le roi, les Provence et Mme Élisabeth. Il est onze heure moins le quart. Son absence n'a pas pu paraître suspecte aux yeux des domestiques. À onze heures, très émus en dépit des apparences, les princes se séparent. Ils se donnent rendez-vous pour le surlendemain, au château de Thonnelles, demeure proche de Montmédy, que Bouillé a fait aménager à l'intention de la famille royale. Comme chaque soir, le comte et la comtesse de

57. On désignait ainsi les enfants du souverain.

Provence prennent le chemin de leur palais du Luxembourg ; Mme Élisabeth regagne le pavillon de Flore ; le roi et la reine se retirent chez eux pour la traditionnelle cérémonie du coucher.

Après sa toilette, la reine se met au lit et congédie ses femmes de chambre. Aussitôt qu'elles sont parties, elle se lève, passe dans un cabinet, met une robe de soie grise très simple, se coiffe d'un vaste chapeau noir agrémenté d'un long voile de mousseline qui lui cache le visage. Ainsi vêtue, elle doit reprendre le même itinéraire qu'avec ses enfants. Grosse émotion en quittant ses appartements : un garde national se trouve en faction devant la porte qu'elle doit franchir pour traverser la galerie accédant au logement du duc de Villequier. Par bonheur, l'homme fait les cent pas. Dès qu'il a le dos tourné, à pas de loup, la reine se précipite hors de chez elle, franchit en courant les quelques mètres qui la séparent du chemin de la liberté. Parvenue enfin à la porte vitrée donnant sur la cour, elle aperçoit la silhouette de M. de Malden, le garde du corps qui doit la conduire jusqu'au fiacre de Fersen qui l'attend, non loin des Tuileries, rue de l'Échelle. En sortant, nouvelle émotion. Devant elle, La Fayette remonte dans son carrosse bien éclairé qui démarre aussitôt et la frôle au passage. Le général ne l'a pas reconnue. Les jambes flageolantes après cette rencontre qui aurait pu être dramatique, s'appuyant au bras de Malden, la reine sort des Tuileries. Malheureusement, son guide connaît mal Paris. Il ne trouve pas le lieu du rendez-vous, ce qui l'oblige à demander son chemin à une sentinelle. Quelques instants plus tard, elle grimpe dans le fiacre. On s'embrasse, on se congratule. Le roi, qui commençait à s'inquiéter, voulait aller au-devant de sa femme. Fersen l'en avait dissuadé. Coiffé d'une grosse perruque sombre et surmontée d'un chapeau rond, Louis XVI est sorti sans encombre du château. Pendant que son valet de chambre rangeait ses vêtements dans la garde-robe, il s'est glissé hors de son lit dont les rideaux étaient fermés. Il s'est faufilé dans un cabinet où il s'est habillé en bourgeois et il est sorti, le plus tranquillement du monde, avec la foule de ceux qui étaient venus assister à son coucher.

Pendant que chacun raconte son odyssée, Fersen conduit son précieux chargement à travers Paris. Mais, au lieu de se diriger vers la sortie de la capitale, il s'arrête, en plein centre, rue de Clichy, là où a été longtemps remisée la berline prévue pour la route. Il veut s'assurer qu'elle attend bien les voyageurs à la lisière de Paris. Enfin, à deux heures du matin, les fugitifs atteignent la barrière Saint-Martin. Par chance, les commis de barrière festoient. Chez eux, c'est la noce. Ils ne font donc pas attention à ces voyageurs qui sont sûrement de nouveaux émigrés. On passe donc sans encombre ce poste de douane intérieure et on se retrouve soudain dans la nuit noire, sur la route de Bondy. Mais où est donc la berline ? Fersen descend de son siège de cocher et part à la recherche du véhicule. Le temps passe. Impatient, Louis XVI sort de la voiture et erre dans la campagne. Mais bientôt Fersen reparaît. La berline est rangée un peu plus loin. Le plus rapidement possible, la famille royale s'installe dans cette grosse voiture verte aux roues peintes en jaune. Tapissé de velours d'Utrecht blanc, l'intérieur est particulièrement confortable, avec ses sièges de maroquin vert tendus d'un taffetas assorti.

Fersen a réussi un véritable coup de maître : l'évasion de la famille royale hors des Tuileries et de Paris. L'expédition s'annonce sous les meilleurs auspices, en dépit des deux heures de retard qu'on a prises. Aussi le gentilhomme mène-t-il la berline, à vrai train d'enfer, jusqu'au relais de Bondy. C'est là qu'il doit quitter la famille royale. Il se rendra ensuite à cheval jusqu'à Bruxelles et rejoindra le roi et la reine le surlendemain. Mais pendant qu'on change les chevaux, Fersen s'approche de Louis XVI et lui propose, sur le ton de la supplication, de l'accompagner jusqu'au bout du voyage. Il sait que les trois gardes du corps sont incapables de prendre la moindre décision si jamais il arrive quelque chose de fâcheux. Avec une fermeté assez rare chez lui, Louis XVI lui répond par un refus catégorique. Il le remercie néanmoins avec chaleur. Peut-être juge-t-il humiliant de devoir la liberté à celui qui passe pour l'amant de Marie-Antoinette. La mort dans l'âme, Fersen voit le lourd attelage s'ébranler dans la clarté blafarde du petit matin.

Dans la voiture où l'on se prend à espérer une heureuse issue de l'aventure, on distribue les rôles. Pour éviter d'être reconnus, le roi et la reine doivent passer pour les domestiques de Mme de Tourzel, qui dispose d'un passeport au nom de la baronne de Korff, une aristocrate russe. Marie-Antoinette, devenue Mme Rochet, est la gouvernante de ses enfants, Amélie et Aglaé. Mme Élisabeth, aujourd'hui Rosalie, passera pour la dame de compagnie. Quant au roi, il n'est plus que le valet de chambre Durand. Comme jadis sur le petit théâtre de Trianon, on se plaît à jouer à contre-emploi. Mais les temps ont bien changé et le public d'aujourd'hui n'est pas enclin à l'indulgence...

À six heures, il fait grand jour lorsque l'équipage traverse la petite ville de Meaux. D'une humeur charmante, le roi attaque les excellentes provisions que Fersen a fait préparer.

À huit heures, il s'esbaudit presque, en pensant que La Fayette vient sans doute de s'apercevoir que la famille royale lui a faussé compagnie. « Soyez bien persuadées qu'une fois le cul sur la selle, je serai bien différent de ce que vous m'avez vu jusqu'à présent », lance-t-il à la cantonade. Louis XVI n'est certes pas le premier roi de France à quitter sa capitale pour la reconquérir, mais aucun de ses prédécesseurs ne l'avait fait sous le déguisement d'un valet. Le roi est pourtant persuadé d'avoir accompli un acte d'autorité en quittant Paris. Sûr d'incarner la légitimité, il refuse obstinément de partager son pouvoir avec les élus du peuple. Lui seul croit incarner l'État et, à ses yeux, l'Assemblée a commis un véritable crime en violant les lois fondamentales du royaume. Combattre les hommes responsables de ce forfait et qui achèvent la Constitution, rétablir l'autorité monarchique traditionnelle, tel est le devoir sacré que s'impose aujourd'hui le souverain. Voilà qui justifie cette escapade bourgeoise, apparemment dépourvue de gloire.

Pour Marie-Antoinette, qui goûte l'ivresse d'une liberté retrouvée, ces notions juridiques passent au second plan. Avant toute autre chose, elle veut sauver la vie de ses enfants, celle du roi et la sienne propre. Elle a préféré assumer les risques physiques de cette aventure plutôt que de continuer à vivre sous la menace permanente d'une émeute. Cette fuite éperdue vers une place forte de la frontière, n'est pour elle qu'une affaire privée. Or il s'agit d'une véritable affaire d'État. Et le roi en est parfaitement conscient. Il a d'ailleurs eu la maladresse de laisser en évidence, sur son bureau, un manifeste justifiant son départ. Dans ce long réquisitoire dénonçant la Révolution depuis ses débuts, il affirme que tous ses actes lui ont été arrachés sous la contrainte. Désespérant de voir ses sujets revenir à la raison, il a décidé de quitter Paris avec sa famille. Sans annoncer clairement ses intentions, il promet d'oublier « les injures » qui lui ont été faites lorsqu'il reviendra imposer la Constitution de son choix.

Vers sept heures et demie, alors que la berline traversait tranquillement La Ferté-sous-Jouarre[58], on s'aperçut à Paris que le roi avait disparu. La stupéfaction fut générale. Il y avait si longtemps qu'on parlait du départ du roi que personne n'y croyait plus. Les nouvelles les plus contradictoires circulaient. On s'imaginait que Louis XVI était allé rejoindre des troupes fidèles et que celles-ci allaient investir Paris avec le renfort de régiments autrichiens. À neuf heures, l'Assemblée se réunit et se saisit du pouvoir exécutif, plaçant les ministres sous sa haute autorité. Redoutant les soulèvements populaires, elle fit aussitôt savoir qu'elle prenait les dispositions nécessaires au maintien de l'ordre. Les députés se demandaient anxieusement quel traitement ils devaient appliquer au souverain. Après quelques discussions, un mandat d'arrêt fut envoyé aux quatre-vingt-trois départements du royaume. Cet ordre d'arrestation prétendait accréditer une thèse difficilement soutenable, celle de l'enlèvement du monarque par des contre-révolutionnaires qu'on opposait de cette manière aux bons citoyens chargés de contrecarrer les noirs desseins des ennemis de la Révolution. Ainsi, si l'on retrouvait le roi on n'aurait nul besoin de changer la Constitution : Louis XVI reprendrait sa place puisque la fiction de l'enlèvement l'innocentait d'avance.

58. Gros bourg situé environ à soixante-dix kilomètres de Paris.

La divulgation du manifeste trouvé sur le bureau du roi remit tout en question. Sa lecture fit l'effet d'une bombe. L'extravagante fiction de l'enlèvement s'effondrait. Un homme qu'on enlève n'a guère le temps de rédiger un aussi long mémoire ! Les députés étaient muets de stupeur. Pris entre le danger contre-révolutionnaire et le péril démocratique, ils se rallièrent pourtant à la thèse de l'enlèvement sans que personne s'y laissât vraiment prendre.

Pendant ce temps, ivres de liberté, le roi et la reine se croient sauvés. Ils sont loin de Paris. Personne ne les suit. Alors à quoi bon se presser ? Louis XVI n'hésite pas à descendre de voiture lorsque la berline attaque une côte. Il engage la conversation avec les paysans, leur parle de la moisson, tandis que Mme de Tourzel fait prendre l'air aux enfants. La reine participe à l'euphorie générale. À cinq lieues[59] de Châlons-sur-Marne, au relais de Chaintrix, un minuscule village, le gendre du maître de poste reconnaît les fugitifs. Ce garçon, qui n'a rien d'un farouche révolutionnaire, salue respectueusement la famille royale et l'invite à se rafraîchir. Il fait une chaleur accablante. Pourquoi donc refuser une offre aussi honnête ? Et le roi de descendre avec les siens. À partir de ce relais, les postillons se transmettent la fabuleuse information : c'est le roi qu'ils conduisent vers une destination inconnue. Et la nouvelle précède désormais la lourde berline qui avance beaucoup moins vite qu'un cheval au galop.

À Châlons-sur-Marne (cent soixante dix kilomètres de Paris), on observe avec curiosité la voiture qui transporte la

59. Une lieue représente environ quatre kilomètres.

famille royale. « On fut reconnu tout à fait », dira Mme Royale. Cependant, vers quatre heures et demie, on prend tranquillement la route de Metz. Au relais suivant, le roi doit trouver le premier détachement de troupes chargé de l'escorter jusqu'à Montmédy. Mais, au lieu-dit de Pont-de-Somme-Vesle, personne. Une sourde angoisse s'empare des passagers, bien que tout semble calme. À Sainte-Menehould, étape suivante, les habitants, de toute évidence, sont sur le qui-vive. Lorsqu'on change les chevaux, Louis XVI et Marie-Antoinette, qui ont négligé de baisser les stores de la voiture, aperçoivent sur la place un rassemblement de dragons. Pourquoi ne sont-ils pas à cheval prêts à escorter le roi ? Un officier s'approche de la berline et conseille discrètement aux gardes du corps de repartir vivement parce que, dit-il, « l'affaire est mal engagée ».

Alors que la berline vient de quitter Sainte-Menehould, on crie de toutes parts que c'est le roi qui vient de passer. La garde nationale se met aussitôt sur pied. En dépit de ses protestations, on arrête le capitaine de dragons jugé suspect et on envoie chercher le maître de poste, un certain Drouet, qui vient de changer les chevaux. Contrairement à ce que l'on a souvent répété, le jeune homme n'a pas reconnu Louis XVI. Lorsqu'on l'interroge sur les passagers de la mystérieuse voiture, il dit seulement avoir aperçu un gros homme myope au nez aquilin et au visage bourgeonnant. Il n'en faut pas davantage au conseil municipal pour décider de rattraper la voiture. Accompagné d'un certain Guillaume, Drouet part au galop sur la route de Varennes, où l'on sait que la berline doit changer de chevaux.

Sans se douter du tumulte causé par son passage, la famille royale poursuit paisiblement son chemin. Rassurés par l'heureux déroulement du voyage, bien que les troupes prévues ne soient pas au rendez-vous, les fugitifs se sont endormis. Ils approchent du but. À onze heures, lorsqu'ils arrivent à Varennes, il fait nuit noire. Tout dort dans la petite cité où il n'y a pas de relais de poste. C'est dans un relais privé que ne connaissent pas les postillons de Sainte-Menehould que l'on doit trouver les chevaux. Refusant d'aller plus loin, les hommes s'arrêtent dès les premières maisons du bourg. Pendant que l'un des gardes du corps s'enfonce dans une rue sombre pour trouver le trop discret relais, le roi descend de voiture, frappe à une porte. On lui répond brutalement de passer son chemin. La reine se fait renvoyer tout aussi rudement. Au moment où les souverains, assez inquiets, remontent dans la voiture, deux cavaliers au galop s'engouffrent dans la bourgade. Bientôt quelques lumières s'allument. Le roi et la reine, qui attendent toujours le retour du garde du corps, finissent par convaincre les postillons d'aller jusqu'au centre de l'agglomération. La berline démarre, mais lorsqu'elle s'engage sous une voûte, une dizaine de fusils, baïonnette au canon, s'entrecroisent brutalement devant les chevaux qui se cabrent. Des hommes surgissent, menaçants, et le tocsin se met à sonner. Un représentant municipal, l'épicier Sauce, ouvre la portière et demande les passeports. Mme de Tourzel donne les papiers qui paraissent parfaitement en règle. Oubliant son rôle de femme de chambre, la reine exige qu'on se dépêche car elle se dit très pressée. Sauce rend les passeports à Mme de Tourzel et veut laisser repartir la voiture, mais, à ce moment, Drouet, le maître de poste de Sainte-Menehould, s'oppose au départ. Arrivé quelques instants plus tôt, c'est lui qui a donné l'alarme. « Je suis sûr que la voiture que nous avons arrêtée contient le roi et sa famille, hurle-t-il. Si vous le laissez passer en pays étranger, vous vous rendez coupable du crime de trahison. » Il n'en faut pas davantage pour troubler les Varennois. Les voyageurs protestent, Louis XVI donne l'ordre du départ aux postillons qui ne bougent pas. Des hommes arment leurs fusils. Tout Varennes est maintenant éveillé et une foule de plus en plus nombreuse s'amasse autour de la voiture.

De mauvaise humeur, Louis XVI se voit contraint d'accepter l'hospitalité que lui offre ce M. Sauce. Ainsi, quelques instants plus tard, la famille royale se trouve-t-elle installée sur les chaises de l'arrière-boutique de l'épicerie et les enfants royaux couchés sur le lit des petits Sauce. Au comble de l'inquiétude, Sauce est allé chercher un Varennois qui a jadis habité Versailles. Ébahi et ému, le nouveau venu s'incline devant Louis XVI qui renonce à jouer son rôle de valet et donne l'accolade au brave homme. Et Louis XVI, qui niait être le roi de France encore cinq minutes plus tôt, s'abandonne : « Eh bien oui, je suis votre roi », reconnaît-il, devant tous les membres du conseil municipal, stupéfaits et malgré tout émus. Sans se départir de son calme alors que la reine est dans un « état d'extrême agitation », le roi explique qu'il « est sorti de Paris parce que sa famille y était chaque jour exposée à périr ; qu'il en avait assez de vivre au milieu des poignards et des baïonnettes et qu'il venait se réfugier au milieu de ses fidèles sujets ». Malgré leur attendrissement, les Varennois ne sont pas prêts à laisser repartir le roi. Ils redoutent les conséquences de leur geste, quel qu'il soit. Très angoissée, la reine supplie Mme Sauce d'intervenir en sa faveur auprès de son époux, afin que celui-ci consente à laisser la famille royale poursuivre sa route. Mais l'épicière lui répond que son mari risque sa tête dans cette affaire. Et Mme Sauce tient plus à la vie de son mari qu'à celle du roi. On en est là, quand, vers une heure du matin, un cri retentit : « Les hussards ! »

Ce sont les hussards de Choiseul[60] qui auraient dû escorter la berline au-delà de Pont-de-Somme-Vesle. Après avoir vainement attendu le passage de la voiture, Choiseul avait donné l'ordre à ses hommes de se replier. Il était, en effet, persuadé que l'évasion du roi était manquée. Pour éviter les troubles que risquaient de causer ces mouvements de troupes, il avait pris un autre itinéraire pour regagner Montmédy. Ameuté par les lumières et le tocsin de Varennes, il venait de deviner le drame qui s'y déroulait et avait foncé sans plus tarder sur la bourgade.

En quelques instants, la charge des hussards fait le vide dans la rue sans qu'il y ait le moindre blessé. L'épée à la main, Choiseul escorté de colonel de Damas, fait irruption chez les Sauce. À cette vue, Marie-Antoinette reprend espoir. Elle va vers eux et leur saisit les mains avec effusion. « Que faire ? demande Louis XVI. – Vous sauver, Sire, répond Damas. – Donnez vos ordres, reprend Choiseul, j'ai ici quarante hussards. Je vais en démonter sept, vous monterez un des chevaux, tenant M. le dauphin dans vos bras, la reine en montera un, Mme Royale un autre, Mme de Tourzel et Mme Élisabeth chacune un. [...] Nous vous entourerons avec les trente-trois hussards qui restent. [...]

60. Le jeune duc de Choiseul-Stainville était le neveu de l'ancien ministre de Louis XV.

Nous tâcherons de passer, mais il n'y a pas un moment à perdre, car dans une heure mes hussards seront gagnés. » Comme Louis XVI lui demande s'il ne fait courir aucun risque à sa famille et à Mme de Tourzel, Choiseul lui jure de se tuer sur-le-champ, si un malheur devait arriver. Alors, le roi repousse sa proposition. Il ne veut pas faire courir le moindre risque aux siens. Louis XVI est d'ailleurs persuadé que Bouillé, auquel Choiseul vient d'envoyer un messager, arrivera pendant la nuit et qu'ainsi la berline poursuivra tranquillement sa route.

Pendant tout cet entretien, la reine ne dit mot. Pourtant Goguelat, l'aide de camp de Bouillé qui se trouve là, lui aussi, la supplie de partir. « Je ne veux rien prendre sur moi, lui murmure-t-elle. C'est le roi qui s'est décidé à cette démarche, c'est à lui d'ordonner et mon devoir est de le suivre. D'ailleurs, M. de Bouillé ne peut tarder d'arriver. » Elle lui demande simplement s'il pense que Fersen est sauvé. Ainsi Louis XVI et Marie-Antoinette laissent-ils passer leur dernière chance de salut.

Sur ce, les hussards se dispersent dans le bourg où les auberges ont ouvert leurs portes. Ils se mettent à boire et à fraterniser avec la population, qui vit la plus folle des aventures. À Varennes, au cours de cette nuit si courte, on est partagé entre la curiosité, la peur, l'attendrissement et le patriotisme. D'étranges rumeurs montent et s'éteignent tandis qu'accourent, par centaines les habitants des villages voisins, armés de faux, de fusils, de bâtons. Mangeant et buvant, la population s'apaise mais son inquiétude renaît et se mêle de fureur lorsque soudain une rumeur alarmante se propage : l'armée de Bouillé marche sur Varennes ! Et la foule se met à crier : « À Paris ! À Paris ! »

Chez le père Sauce, le roi et la reine attendent toujours Bouillé le sauveur. Coup de théâtre à six heures : deux émissaires de l'Assemblée entrent dans Varennes, munis du décret enjoignant « aux bons citoyens de ramener le roi au sein de l'Assemblée nationale ». Le roi et la reine sont atterrés. « Il n'y a plus de roi en France, murmure Louis XVI, qui pose distraitement le papier sur le lit où dorment ses enfants. La reine s'en saisit et le jette à terre : « Je ne veux pas qu'il souille mes enfants », s'exclame-t-elle, au comble de l'exaspération.

Persuadé que les troupes de Bouillé ne tarderont pas à arriver, Louis XVI essaie de gagner du temps : la reine et ses enfants ont besoin de se reposer, lui aussi d'ailleurs. Mais les représentants de la municipalité ne se laissent pas fléchir. Ils insistent pour que la famille royale se remette en route le plus rapidement possible. Dehors, la foule s'énerve et gronde de plus belle. Louis XVI se résigne. L'air contrarié, suivi par la reine, Mme Élisabeth, Mme de Tourzel et ses enfants, il descend jusqu'à la berline que le peuple a attelée et rangée devant l'épicerie. On crie faiblement : « Vive le roi ! », mais bien fort : « Vive la nation ! » Prostrés, escortés par une foule innombrable, les souverains reprennent le chemin de la capitale. Ballottée par une véritable mer humaine, la voiture s'éloigne dans un épais nuage de poussière. Ce n'est plus que le char funèbre de la monarchie.

CHAPITRE XXXI

L'impasse

Le voyage du retour fut un long cauchemar. Partis de Varennes, des paysans armés de fusils, de faux et de bâtons suivirent la berline au pas de course pendant les premières lieues, tant ils redoutaient l'arrivée de l'armée de Bouillé. Ces hommes et ces femmes de condition modeste aspiraient à sauver leurs vies, leurs biens et leurs villages aux dépens d'une famille qui aspirait, elle aussi, à sauver sa vie, ses biens ainsi qu'une certaine idée du royaume de France, qui n'était plus celle de son temps ni celle de son peuple. À l'étape de Sainte-Menehould, Louis XVI et Marie-Antoinette espérèrent encore que les troupes les rattraperaient. Mais il était trop tard. La foule inquiète se mit à vociférer : « Nous sommes trahis ! On attend Bouillé ! » Il fallut partir, en toute hâte, sous le regard suspicieux des paysans. Un peu plus loin, en pleine campagne, le comte de Dampierre, dont les terres étaient proches, voulut saluer les souverains.

On l'en empêcha. Et comme il tentait de se frayer un chemin jusqu'à la voiture, il fut massacré sous les yeux de la famille royale.

Le soir, à Châlons-sur-Marne, Louis XVI refusa de s'enfuir seul, comme le lui proposaient quelques fidèles. Pour rien au monde il n'eût abandonné les siens. Le lendemain, par une chaleur écrasante, le triste convoi reprit sa route. Au fur et à mesure qu'on approchait de Paris, les populations devenaient de plus en plus hostiles. Dans le village de Chouilly, où il fallut s'arrêter quelques instants, on cracha au visage du roi ; on déchira la robe de la reine et celle de Mme Élisabeth. Pendant que des femmes compatissantes raccommodaient, tant bien que mal, leurs vêtements lacérés, les deux princesses sanglotaient à côté des enfants attachés peureusement à leurs jupes. Louis XVI et Marie-Antoinette avaient hâte que les députés envoyés à leur rencontre par l'Assemblée fussent auprès d'eux. Du moins assureraient-ils leur sécurité. À leur grand soulagement, ils les rencontrèrent peu après Épernay.

Représentant les trois grandes tendances de l'Assemblée, les trois élus saluèrent le roi et la reine avec déférence. On fit monter le marquis de La Tour-Maubourg, tout acquis au roi, dans le cabriolet des femmes de chambre qui suivait la berline depuis le début du voyage et on invita le démocrate Pétion et le libéral Barnave à s'installer avec les souverains. Le premier se coinça entre Mme Élisabeth et Mme de Tourzel, le second entre le roi et la reine. Très émue, Marie-Antoinette leur parlait avec précipitation, d'une voix oppressée. « Le roi n'a pas voulu sortir de France », ne cessait-elle de répéter. Assez troublés par la mission qui leur était confiée, les deux hommes ne pouvaient placer une seule parole. Ils observaient avidement ce ménage royal dont on leur avait tant parlé et qu'ils avaient imaginé bien différemment. À leur grande surprise, ils découvraient un couple désemparé, dépourvu de morgue et qui s'exprimait, somme toute, assez simplement. Cette famille ne correspondait guère à l'image colportée par les ragots. La reine faisait sauter sur ses genoux le dauphin qui n'hésitait pas à demander son pot de chambre au roi, lequel le lui passait sans la moindre gêne. Pétion trouvait Mme Élisabeth parfaitement à son goût. Assez vite, les langues se délièrent. Louis XVI parla de la Constitution. Le jeune Barnave, qui représentait la tendance modérée de l'Assemblée, lui répondit habilement, inspirant ainsi quelque sympathie à la reine. Voyant que le jeune homme n'était pas insensible à son sort, elle pensa le gagner à sa cause.

À Meaux, où l'on s'arrêta pour la nuit, la famille royale était épuisée. La saleté de ses vêtements surprenait tout le monde. Le lendemain matin, Louis XVI fut contraint d'emprunter une chemise à un huissier afin de paraître plus décent, lors de son arrivée à Paris prévue pour le soir même. C'était le moment qu'on redoutait. On dit à la reine qu'on contournerait la ville au nord par les boulevards pour arriver à la barrière de l'Étoile et redescendre jusqu'à la place Louis-XV[61] sur laquelle donnait le jardin des Tuileries. Comme elle s'étonnait de cet itinéraire, on lui fit comprendre qu'il valait mieux déjouer les risques d'attentat en empruntant une route où il y avait peu d'habitations. « Je comprends », répondit-elle simplement.

61. Aujourd'hui place de la Concorde.

On partit à six heures et demie du matin. Dès qu'on arriva aux abords de la capitale, la foule devint réellement menaçante. À Bondy, une bande de forcenés se jeta sur la voiture. Il fallut que Pétion et Barnave se missent à hurler qu'ils répondaient de la vie du roi sur leur propre tête. À Pantin, des femmes écumantes de haine se précipitèrent comme des furies sur la berline, vociférant et crachant des injures. Heureusement, La Fayette avait pris soin d'envoyer des gardes nationaux qui dispersèrent les assaillants.

C'est pourtant dans le calme le plus absolu que Paris attendait les souverains fugitifs. « Celui qui applaudira le roi aura des coups de bâton, celui qui l'insultera sera pendu », pouvait-on lire sur les murs de la capitale. Le peuple s'était improvisé en un formidable tribunal. « Restez couverts, il va passer devant ses juges », avait écrit un journaliste. Une foule immense et silencieuse, contenue par la garde nationale, l'arme au pied, stationnait depuis des heures pour apercevoir l'étrange cortège qui fit son entrée au milieu d'un nuage de poussière brûlante. Dans ce silence oppressant, le roi et la reine avaient l'air d'aller au supplice. Marie-Antoinette enfouissait parfois son visage dans les cheveux de son fils qui pleurait et qu'elle tenait étroitement serré sur ses genoux.

Lorsque la voiture s'arrêta devant les Tuileries, on frôla le drame. Ankylosé par cette longue route, comme perdu dans un rêve sans fin, le roi sortit pesamment de la berline et gravit sans encombre les marches du château. Mais dès qu'on aperçut la reine, des cris de haine fusèrent de toutes parts et quelques furieux tentèrent de se précipiter sur elle. Les gardes nationaux eurent juste le temps de s'interposer, tandis que des députés la soulevaient de terre pour la porter le plus rapidement possible à l'intérieur du palais. Comme l'un des élus avait prestement pris le dauphin dans ses bras pour le mettre, lui aussi, en sûreté, la reine s'imagina pendant quelques instants qu'on lui avait enlevé son enfant...

Revenue de sa terreur, Marie-Antoinette se sentit très faible en entrant dans la chambre de son époux où attendaient de nombreux députés. Méconnaissable, les yeux cernés par la fatigue, grise de poussière, elle n'avait plus qu'un désir : prendre un bain. Elle eut cependant la force de plaisanter avec Barnave. « Je vous avoue que je ne comptais pas que nous passerions treize heures en voiture ensemble », lui dit-elle d'un air faussement enjoué, avant de se retirer dans ses appartements. Pendant qu'elle se reposait enfin dans sa baignoire, le roi répondait aux députés chargés de l'interroger sur son étrange voyage.

Fort embarrassés, les députés se demandaient ce qu'ils allaient faire de Louis XVI et de sa famille. Dans les villes, à commencer par Paris, le peuple en colère réclamait la déchéance d'un roi dont la duplicité venait d'éclater au grand jour. Pour la première fois, on parlait ouvertement de république. L'Assemblée, qui mettait la dernière main à la Constitution, voyait ainsi son œuvre menacée. Royalistes constitutionnels pour la plupart, les députés tenaient à garder sur le trône ce prince faible et malchanceux qui était, en quelque sorte, le garant de leur propre pouvoir. Avant de se prononcer sur le sort du souverain, ils avaient décidé – fait unique dans l'histoire de la monarchie française – de le suspendre. Une commission d'enquête sur les circonstances de ce qu'on s'efforçait toujours de faire prendre pour un enlèvement avait été nommée. Louis XVI reçut ses représentants avec affabilité et leur mentit sans vergogne.

Très vague sur les circonstances de son départ de Paris, il ne s'expliqua pas davantage sur les causes de son voyage. Il était heureux, prétendait-il, de se retrouver au milieu des Parisiens qu'il aimait bien. Il clamait haut et fort son attachement à la Constitution qu'il se disait prêt à ratifier et à défendre. Ses déclarations étaient en opposition totale avec le manifeste qu'il avait laissé. Les enquêteurs posaient leurs questions de manière à disculper le roi avant même qu'il ne se sentît inculpé. Deux jours plus tard, lorsque les mêmes députés interrogèrent Marie-Antoinette, elle avait recouvré son calme et prévu les réponses qu'elle devait faire. Très modestement, elle leur expliqua qu'elle n'avait jamais pris la moindre décision et qu'elle s'était contentée de suivre son mari et d'obéir à ses ordres.

Rendues publiques, les déclarations des souverains n'abusaient personne. Elles indignèrent les patriotes. La nature même du régime était remise en question. Aux Jacobins et aux Cordeliers, les deux grands clubs politiques qui s'étaient constitués au début de la Révolution, on réclamait le jugement ou la déchéance du roi. Beaucoup préconisaient l'établissement de la république. Ceux qui étaient allés États-Unis exaltaient la démocratie américaine en criant haut et fort que la France devait être une république.

Tant que l'Assemblée ne s'était pas prononcée sur leur sort, le roi et sa famille étaient considérés comme des prisonniers et les Tuileries, transformées en un véritable camp retranché, comme une prison. Les gardes nationaux campaient dans des tentes aux abords du château. Il fallait subir une fouille en règle avant d'entrer dans le palais. Toutes les portes étaient fermées à double tour et pas un geste des souverains n'échappait à leurs geôliers. Louis XVI et Marie-Antoinette ne pouvaient pas se déplacer librement à l'intérieur même de leurs appartements. Quatre officiers accompagnaient la reine lorsqu'elle allait chez le dauphin. L'un d'eux frappait à la porte en criant bien fort : « La reine ! » L'officier de garde chez le dauphin ouvrait à la souveraine qui entrait, suivie par ses quatre surveillants. La même scène se répétait si le petit prince voulait se rendre chez sa mère. Marie-Antoinette devait subir la présence des gardes nationaux jusqu'à la porte de sa chambre qu'il lui était interdit de fermer, même lorsqu'elle se couchait. Une nuit, l'un de ces hommes eut l'audace de venir s'asseoir sur son lit pour causer avec elle tout à son aise. Afin d'éviter de telles intrusions, la reine demanda à sa femme de chambre de disposer sa couchette à côté de son lit.

En dépit de la surveillance étroite qui s'exerçait sur elle, Marie-Antoinette reprenait espoir. Elle avait parfaitement compris que les députés tenaient à conserver Louis XVI. Trompant la vigilance de ses gardiens, elle parvenait, au prix de mille ruses, à correspondre avec Fersen, Mercy et son frère, l'empereur. Mme de Jarjayes, l'une de ses femmes de chambre les plus dévouées, acheminait à l'extérieur cette correspondance clandestine. La première lettre de la reine fut destinée au tendre Fersen qu'elle savait sauvé. Après leurs rapides adieux sur la route de Bondy, à l'aube du 21 juin, Axel avait gagné Bruxelles où il avait retrouvé le comte de Provence. La nouvelle de l'arrestation de Varennes l'avait désespéré. « Rassurez-vous sur nous ; nous vivons », lui écrivit Marie-Antoinette, le 28 juin. « J'existe [...]. Que j'ai été inquiète de vous et que je vous plains de tout ce que vous souffrez de n'avoir point de nos nouvelles ! lui dit-elle le lendemain. Ne m'écrivez pas, car ce serait nous exposer, et surtout ne revenez ici sous aucun prétexte. On sait que c'est vous qui nous avez sortis d'ici, tout serait perdu si vous paraissiez. Nous sommes gardés à vue jour et nuit, cela m'est égal... . Soyez tranquille, il ne m'arrivera rien. L'Assemblée veut nous traiter avec douceur. Adieu... . je ne pourrai plus vous écrire... . » Raturée de manière à rendre le texte illisible là on nous avons mis des points de suspension, cette lettre était sans doute beaucoup plus tendre. La missive suivante, que nous avons évoquée plus haut[62], a échappé au caviardage : « Je peux vous dire que je vous aime et n'ai même le temps que de cela, lui disait-elle. Je me porte bien. Ne soyez pas inquiet de moi. Je voudrais bien vous savoir de même. » Après lui avoir donné quelques indications concernant les personnes qui se chargeaient de cette correspondance secrète, la reine poursuivait : « Mandez-moi à qui je dois adresser les lettres que je pourrai vous écrire car je ne peux vivre sans cela. Adieu, le plus aimé et le plus aimant des hommes. Je vous embrasse de tout cœur. »

De Bruxelles à Vienne, Fersen se démenait comme un fou pour que l'on vînt en aide aux captifs. Les longues missives qu'il adressait à la reine, et dont on ne possède que les brouillons rédigés de sa main, ne sont pas des messages d'amour, mais des lettres politiques. « Je me porte bien et ne vis que pour servir », voilà tout ce que Fersen prenait la liberté d'écrire à la femme qu'il aimait. C'est du moins tout ce que nous savons. Il est possible que, dans le texte définitif, il ait rajouté quelques passages plus personnels qu'il

62. Voir, *supra,* chapitre XX.

n'avait aucune raison de consigner sur un brouillon. Ajoutons que la plupart de ces lettres étaient écrites en chiffres ou à l'encre sympathique, ce qui en rendait la lecture longue et difficile.

Marie-Antoinette jouait toujours double jeu. Tout en renouant secrètement avec les cours d'Europe, dont elle attendait du secours, elle avait décidé de se servir de Barnave pour sortir de l'impasse dramatique dans laquelle la fuite de Varennes avait conduit la monarchie. Mirabeau étant mort subitement le 2 avril précédent, elle souhaitait que Barnave devînt l'intercesseur du couple royal auprès de l'Assemblée. Marie-Antoinette voyait en lui un suppôt de la révolution exécrée et le prenait pour un « enragé ». Elle ne se rendait pas compte que le jeune député était déjà dépassé par une gauche de plus en plus sensibilisée par les menaces venues de la rue et qu'il était loin d'avoir une influence comparable à celle de Mirabeau. À ses risques et périls, Barnave lui adressa de longs rapports sur la situation politique. Comme son illustre prédécesseur, il voulait persuader le ménage royal de la nécessité d'accepter la Constitution et de séparer sa cause de la contre-révolution à laquelle l'opinion croyait le roi et la reine indéfectiblement attachés.

Le 13 juillet, la commission chargée de faire la lumière sur la fuite du roi rendit ses conclusions. Soucieux de sauver leur œuvre législative, les députés tenaient à faire croire que Louis XVI et sa famille avaient bel et bien été « enlevés » par Bouillé, lequel avait voulu faire du roi « l'instrument de ses ambitions ». On devait donc arrêter ce général félon [63] et

---

63. Bouillé avait émigré quelques jours après l'arrestation du roi à Varennes.

ses complices. Quant au texte laissé par le roi à la veille de son départ, il ne pouvait être pris en considération, puisqu'il n'était contresigné par aucun ministre ! Ce rapport souleva une tempête de protestations dans les rangs de la gauche de l'Assemblée. Mais la gauche, dont les principales figures étaient alors Robespierre et Danton, se trouvait minoritaire. Les modérés l'emportèrent. Barnave se fit remarquer par un discours lyrique dans lequel il déclara : « Tout le monde doit sentir que l'intérêt commun est que la révolution s'arrête. » Non seulement les conclusions de la commission furent adoptées, mais le roi fut déclaré inviolable. Louis XVI était donc lavé de tout soupçon.

Ces mesures scandalisèrent Paris. « La populace est très portée à l'émeute, mais la garde nationale est sortie et postée de façon à éviter les malheurs », écrivait dans son *Journal*, l'Américain Gouverneur Morris. Au cours d'une séance orageuse, les membres du club des Cordeliers décidèrent de porter au Champ-de-Mars une pétition exigeant la déchéance du roi. Cette initiative inquiéta l'Assemblée, qui ordonna au maire de Paris de disperser tout rassemblement risquant de troubler l'ordre public. La loi martiale fut proclamée. Le 17 juillet, alors qu'une foule de Parisiens faisaient la queue pour apposer leur modeste signature au bas de la pétition, la garde nationale envahit le Champ-de-Mars. Quelques individus ayant jeté des pierres, un coup de feu partit, on ne sait comment, et une fusillade s'ensuivit, malgré les ordres de La Fayette qui avait interdit de tirer sur une population désarmée. On releva des dizaines de morts.

Bailly, le maire de Paris, tenta de justifier le massacre en invoquant les menaces que faisaient peser les factieux sur l'ordre public. Aussi l'Assemblée adopta-t-elle une série de mesures contre les provocations au meurtre et au pillage. Plusieurs républicains furent arrêtés. La révolution bourgeoise l'emportait, mais triomphait sans gloire. Le massacre du Champ-de-Mars et les mesures qui le suivirent firent lever dans les masses populaires un impérissable sentiment de revanche et de haine. Les révolutionnaires modérés de la première heure, tels que La Fayette, Bailly ou Barnave, devenaient désormais des adversaires de la révolution. Le roi et la reine ne le comprirent pas.

Marie-Antoinette félicita pourtant Barnave pour la fermeté qu'il avait montrée au cours de ces journées. Elle voulait le persuader qu'elle épousait totalement ses vues et celles de ses amis. Alors que l'Assemblée mettait la dernière main à la Constitution, Barnave demanda à la reine d'écrire à son frère, l'empereur, qu'elle acceptait de bon gré le principe de la monarchie constitutionnelle et qu'elle tenait au maintien de l'alliance entre les deux puissances. La mort dans l'âme, la reine s'exécuta, mais elle envoya une lettre secrète à Mercy, lui demandant d'avertir l'empereur de la comédie qu'elle était obligée de jouer. « J'ai cru devoir céder aux désirs des chefs de parti ici. [...] Il est extrêmement important pour moi, qu'au moins pendant un temps encore, ils croient que je suis de leur avis », lui disait-elle.

Louis XVI savait qu'il était obligé d'accepter cette Constitution qui lui faisait horreur. Désemparée, la reine demanda à Barnave de lui en expliquer les principaux articles. Elle ne voyait là « qu'un tissu d'absurdités impraticables ». Incapable de juger sainement d'un régime qu'elle refusait *a priori*, épuisée par les longues veilles passées à coder et à décoder des messages, la reine s'abandonnait à un désespoir, proche de la folie, à mesure qu'approchait « le moment affreux » où l'on allait présenter les textes législatifs au roi. « Il s'agit à présent de suivre une marche qui éloigne de nous la défiance et qui, en même temps, puisse servir à déjouer et culbuter au plus tôt l'ouvrage monstrueux qu'il faut adopter », disait-elle à Mercy. À son frère l'empereur elle dénonçait « cette race de tigres qui inondaient le royaume » et lui déclarait, pathétique : « Nous n'avons de confiance qu'en vous. »

Plus préoccupés par le risque de contagion révolutionnaire que par les dramatiques appels de la reine de France, les souverains européens se réunirent en Allemagne à Pillnitz. Après maintes discussions, ils se contentèrent de recommander la situation de la France à l'attention de tous les chefs d'État européens. Cette déclaration, dans laquelle on pouvait voir le signal d'une prochaine coalition contre la France, ranima les espoirs des émigrés et accrut les tensions entre partisans et adversaires de la Révolution. Elle tombait mal à propos pour le couple royal qui passait de plus en plus aux yeux de l'opinion pour avoir partie liée avec les émigrés et l'étranger.

Le 13 septembre, Louis XVI fit savoir à l'Assemblée qu'il acceptait la Constitution. Les consignes qui pesaient sur le roi et la reine furent aussitôt levées et la foule put voir la famille royale assister à la messe. Tandis qu'on criait : « Vive la nation ! Vive la constitution ! », Louis XVI et Marie-Antoinette ne purent retenir leurs larmes. L'après-midi, une délégation de l'Assemblée vint faire part de son enthousiasme au roi et lui annoncer la mise en liberté de tous ceux qui avaient participé à son « enlèvement ». Apparemment détendu, Louis XVI se tourna vers sa famille en disant :

« Voilà ma femme et mes enfants qui partagent mes sentiments. » « Nous partageons les sentiments du roi », répondit gracieusement la reine. Le lendemain, à midi, Louis XVI se rendit solennellement à l'Assemblée pour prêter serment à la loi. La salle du Manège était comble ; la reine assistait à la séance dans une loge particulière. On n'avait pas préparé un trône mais un simple fauteuil fleudelysé pour le roi. Louis XVI venait juste de prononcer les premières paroles du serment, tête nue, debout, lorsqu'il s'aperçut que les députés, couverts, s'étaient assis. Il pâlit brusquement, se rassit et continua de lire la formule du serment d'une voix blanche. Malgré les vivats qui s'élevèrent, le souverain éprouva un sentiment d'humiliation pire que celui qu'il ressentait lorsqu'on l'injuriait publiquement. Revenu aux Tuileries, il s'effondra en sanglotant dans les bras de la reine qui mêla ses larmes aux siennes.

Il fallait cependant continuer de jouer le jeu devant les députés et la population parisienne. Le roi et la reine devaient présider les fêtes grandioses célébrant la Constitution. Les souverains assistèrent au ballet de *Psyché* donné à l'Opéra. Marie-Antoinette s'efforçait de sourire. Le roi semblait ailleurs. Mme de Staël raconte qu'« au moment où les Furies dansaient en secouant leurs flambeaux et où cet éclat d'incendie se répandait dans toute la salle, elle vit le visage du roi et de la reine à la pâle lueur de cette imitation des Enfers et que des pressentiments funestes sur l'avenir la saisirent ». Après l'Opéra, Louis XVI et Marie-Antoinette se rendirent en voiture découverte aux Champs-Élysées illuminés. On entendit plusieurs fois crier : « Vive le roi ! », mais à chaque fois que ces vivats se renouvelaient, un homme du peuple accroché à la portière du carrosse royal se mettait à hurler : « Non, ne les croyez pas : vive la nation ! » Nul ne songea à faire déguerpir cet individu dont on ignorait tout. Il impressionna beaucoup les souverains qui n'osèrent pourtant pas s'en plaindre.

Chapitre XXXII

Ultime épreuve de force

Marie-Antoinette, qui avait tout juste trente-six ans, accorda alors quelques séances de pose au peintre Kucharski. Cet ultime portrait, resté inachevé, nous présente une femme bien différente de celle qu'avait immortalisée son peintre favori, une douzaine d'années plus tôt. Le visage est plein, le teint éclatant, mais la tristesse du regard et l'amertume de la bouche confèrent à ce tableau une vérité que Mme Lebrun n'était jamais parvenue à rendre. En réalité, la reine avait beaucoup changé. Elle maigrissait, ses cheveux blanchissaient et ses pommettes se teintaient souvent d'une rougeur inquiétante. Minée par la peur de l'avenir, accablée de responsabilités trop lourdes pour elle, épuisée par les veilles, obligée de se contrôler sans cesse, elle était méconnaissable. « Quelquefois, je ne m'entends pas moi-même et je suis obligée de réfléchir pour voir si c'est bien moi qui parle. Je n'ai pas un moment à moi, entre les personnes qu'il faut voir, les écritures et le temps que je suis avec mes enfants. Cette dernière occupation, qui n'est pas la moindre, fait mon seul bonheur... [64], et quand je suis bien triste, je prends mon petit garçon dans mes bras, je l'embrasse de tout mon cœur et cela me console dans le moment », écrivait-elle à Fersen.

L'amour qu'elle portait au gentilhomme suédois restait son seul réconfort. Elle ignorait heureusement que son cher Axel avait une liaison avec Éleonora Sullivan, une très belle femme au passé tumultueux, maîtresse en titre d'un richissime Écossais, Quentin Crawfurd. Royalistes convaincus, Mrs Sullivan et Crawfurd avaient été dans le secret de la fuite de Varennes. Depuis lors, réfugiés provisoirement à Bruxelles, ils intriguaient du mieux qu'ils pouvaient pour venir en aide à la famille royale. Cependant, la liaison de Fersen avec Mrs Sullivan faisait jaser. La nouvelle en parvint jusqu'en Suède où la comtesse Piper, sœur d'Axel, jugea bon de lui écrire : « Je vous avertis, mon cher Axel, pour l'amour d'Elle [65], qui, si ces nouvelles lui sont mandées, pourront lui causer une peine mortelle. Tout le monde vous observe et parle de vous. Songez à la malheureuse Elle. Épargnez-lui, de toutes les douleurs, la plus mortelle. »

Marie-Antoinette était alors aux prises avec une situation politique qui lui semblait de plus en plus complexe. En vertu de la Constitution, une nouvelle assemblée, appelée Législative, avait été élue. Entre une droite favorable à une

---

64. Les points de suspension remplacent les fameuses ratures sous lesquelles il est impossible de déchiffrer quoi que ce soit.

65. Fersen et ses proches désignaient ainsi la reine, et Éleonora par El.

monarchie tempérée, comprenant 264 députés, et une gauche hostile à l'aristocratie qui en comptait 136, on comptait 345 indécis capables de pencher d'un côté comme de l'autre. Cette chambre accueillit assez bien le discours d'ouverture du roi et les souverains furent applaudis, le soir même, au théâtre. Mais, activement secondé par la reine, Louis XVI persévéra dans son double jeu, refusant d'assumer de bonne foi son rôle de monarque constitutionnel, qui lui laissait cependant une certaine marge de manœuvre. Comme pour manifester son hostilité à la nouvelle assemblée, il conserva ses ministres sans pour autant leur définir le moindre programme. Il se laissait porter par les événements, en espérant retrouver son pouvoir perdu à la faveur d'une guerre qui lui eût permis de s'imposer à ses sujets.

Marie-Antoinette ne voyait dans cette assemblée législative qu'« un amas de scélérats, de fous et de bêtes ». Elle résolut toutefois de se servir des modérés avec l'arrière-pensée de s'en débarrasser plus tard. Aussi feignait-elle d'écouter Barnave qui l'adjurait de s'appuyer sur le peuple contre les entreprises de l'aristocratie et celles des puissances étrangères. Personne n'était dupe de ce rôle occulte. Passant pour vendu à la cour, Barnave était déconsidéré dans les milieux politiques parisiens ; auprès des royalistes et des émigrés, on le désignait comme le mauvais génie de la reine. « On dit que la reine couche avec Barnave », nota froidement Fersen dans son *Journal*. Cet homme qui connaissait pourtant bien Marie-Antoinette ne parvenait pas à comprendre ses démarches. « Comptez-vous vous mettre sincèrement dans la révolution ? » lui demanda-t-il. « Rassurez-vous, je ne me laisse pas aller aux enragés et si j'en vois ou que j'ai des relations avec quelques-uns d'entre eux, ce n'est que pour m'en servir et ils me font tous trop horreur pour jamais me laisser aller à eux », lui répondit-elle. En dépit des risques qu'il courait, Fersen voulait venir à Paris, mais la reine l'en dissuada momentanément.

Aux Tuileries, l'atmosphère était lourde. Entourés d'espions, le roi et la reine parlaient peu devant les domestiques. Mais dès qu'ils se retrouvaient seuls avec Mme Élisabeth, une sourde hostilité régnait. Entretenant une correspondance suivie avec ses frères émigrés, la sœur du roi désapprouvait les manœuvres de la reine. « C'est un enfer que notre intérieur ; il n'y a pas moyen de dire quoi que ce soit avec les meilleures intentions du monde. Ma sœur[66] est tellement indiscrète, entourée d'intrigants, qu'il n'y a pas moyen de se parler ou qu'il faudrait quereller tout le jour », soupirait-elle auprès de Fersen. Pour toute distraction, Marie-Antoinette se mêlait parfois aux invités du salon de la princesse de Lamballe qui rassemblait tout ce qui subsistait du parti aristocratique à Paris.

Les menaces que faisait peser la contre-révolution sur le nouveau régime exaspéraient les députés. À l'extérieur, les émigrés redoublaient leurs attaques et, à l'intérieur, les aristocrates, soutenus par les prêtres réfractaires, tentaient d'organiser des soulèvements. L'assemblée vota plusieurs décrets contre ces fauteurs de trouble. Les émigrés, à commencer par les frères du roi, étaient tenus de rentrer en France dans un délai de deux mois, sous peine d'être accusés de conspiration contre la sûreté de l'État et de voir leurs biens saisis. Le roi devait sommer les princes qui les accueillaient

66. On dit indifféremment sœur pour belle-sœur.

de les expulser hors de leurs frontières. Enfin, les prêtres réfractaires seraient tenus de prêter serment à la Constitution civile sous peine de déportation. La ratification des décrets obligeait Louis XVI à se prononcer pour ou contre la révolution. Il voulut bien contresigner le décret concernant ses frères et lancer l'appel aux princes étrangers. En revanche, il usa de son droit de veto à propos des lois concernant les émigrés et les prêtres réfractaires. Ce fut un tollé à l'Assemblée. Les modérés se désolèrent et les républicains se déchaînèrent, contestant de ce fait le droit de veto que la Constitution accordait au souverain.

L'offensive républicaine reprit de plus belle. Il fallait écraser la contre-révolution qui menaçait l'œuvre accomplie depuis plus de deux ans. Ainsi se posa le problème de la guerre contre les puissances qui la soutenaient. Depuis la déclaration de Pillnitz, la psychose d'un conflit s'était développée, les républicains prêtant à l'empereur des ardeurs beaucoup plus belliqueuses qu'elles ne l'étaient en réalité. Pour la plupart des patriotes, la guerre devait forcer chacun à prendre parti pour ou contre la révolution, à commencer par le roi lui-même. Seuls Robespierre et Marat essayaient de démontrer qu'un conflit armé faisait le jeu du roi et du « comité autrichien » animé par la reine.

Cette perspective ranimait l'espoir de Louis XVI et de Marie-Antoinette. Heureux de la nouvelle tournure que prenaient les événements, le roi écrivit à Breteuil qu'il souhaitait la guerre. Quant à la reine, elle disait à Mercy que « c'était à présent à l'empereur et aux autres puissances européennes de les servir ». Barnave, qui avait fini par comprendre le double jeu du ménage royal, préféra mettre fin à ses relations épistolaires. Amer et désabusé, il se retira dans sa province[67]. Avant de quitter Paris, il adressa un ultime message à la reine. « J'augure peu du succès du plan que l'on vous fait suivre ; vous êtes trop loin des secours ; vous serez perdus avant qu'ils parviennent à vous. »

De son côté, Fersen avait élaboré de nouveaux projets avec le roi Gustave III de Suède, qui rêvait de voler au secours du roi et de la reine de France. Il voulait les faire évader des Tuileries pour les conduire en Normandie où un débarquement eût été prévu. Marie-Antoinette finit par accepter le voyage de Fersen. Son désir de le revoir n'était tempéré que par la peur d'une démarche aussi dangereuse pour elle que pour lui.

Le 13 février 1792, par un froid glacial, Fersen arriva à Paris muni d'un faux passeport et déguisé en courrier. Après s'être assuré, chez un fidèle de la reine, que Marie-Antoinette l'attendait bien dans son appartement, Axel se faufila aux Tuileries et se retrouva près d'elle. Seules quelques notes de son *Journal* témoignent de cette rencontre secrète : « Lundi 13, allé chez la reine ; passé mon chemin ordinaire ; peur des gardes nationaux ; son logement à merveille. Resté là. Mardi 14, vu le roi à six heures du soir. » Ces deux lignes ont fait couler beaucoup d'encre. Les défenseurs de la vertu de Marie-Antoinette ont affirmé que Marie-Antoinette et son chevalier servant avaient passé leur temps à parler politique et que Fersen avait couché dans l'une des pièces inhabitées du château. D'autres biographes, au premier rang desquels le grand Stefan Zweig, en ont tiré une

67. Il ne devait en revenir que pour comparaître devant le tribunal révolutionnaire qui le condamna à mort, le 29 novembre 1793.

conclusion toute différente. Si Marie-Antoinette et Fersen n'avaient pas été amants jusqu'à ce soir, nul doute qu'ils ne le fussent devenus au cours de cette nuit d'hiver... Personne n'éclaircira ce mystère (si c'en est réellement un). Le secret des deux amants reste bien gardé.

Le lendemain, Fersen ne rencontra le roi qu'à six heures du soir. Triste et découragé, Louis XVI refusa tout nouveau projet d'évasion. Il demanda néanmoins au Suédois de répéter à tous les souverains qu'il rencontrerait que ses déclarations officielles n'avaient aucune valeur et qu'il ne jouissait plus d'aucune liberté. Le roi se retira bientôt, laissant sa femme et son chevalier servant tête à tête. Axel quitta Marie-Antoinette à neuf heures et demie, en lui faisant croire qu'il partait pour l'Espagne.

La suite de l'histoire est un peu décevante. Au lieu de prendre la route de l'Espagne, le beau Suédois héla un fiacre qui le conduisit rue de Clichy où l'attendait Éleonora Sullivan, revenue à Paris avec Crawfurd. Le romantique consolateur de la reine de France passa plus d'une semaine caché dans une mansarde d'où il descendait pour rejoindre sa maîtresse, chaque fois que sortait Crawfurd. Il repartit le 21 février, sans avoir revu Marie-Antoinette.

Les intentions belliqueuses de la Législative rassérénaient la reine. Les Français multipliaient les provocations à l'égard des grandes puissances et le ministre de la Guerre, qui venait de constituer deux armées, laissait croire que la France était capable de tenir tête à l'Europe entière. Sur ces entrefaites, on apprit la mort subite de l'empereur Léopold II, survenue le 10 mars. Cette nouvelle bouleversa Marie-Antoinette. Elle ne se doutait pas encore que François II, le successeur de Léopold, tout juste âgé de vingt-quatre ans, « militaire dans l'âme », était bien décidé à en découdre avec cette France révolutionnaire qui lui faisait horreur. Lorsqu'elle connut les intentions de son neveu, elle lui envoya un émissaire secret chargé de lui exposer « la situation affreuse » du couple royal et de lui demander de prompts secours. Le messager devait, en outre, annoncer à l'empereur : primo, que la guerre ne tarderait pas à lui être déclarée ; secundo, que Louis XVI et Marie-Antoinette avaient la certitude de rallier la majorité des Français dès le début du conflit ; tertio, que les alliés seraient reçus en libérateurs s'ils respectaient la Constitution à laquelle le roi se promettait d'apporter les modifications qu'il jugerait nécessaires. On demandait enfin à l'empereur de tenir les émigrés à l'arrière-garde des armées ; le roi promettait de faire ultérieurement de ce corps le noyau d'élite de la future armée française.

Devant l'imminence du conflit, Louis XVI jugea plus habile de constituer un nouveau ministère comprenant des éléments de la gauche modérée, qu'on appelait girondins[68]. Dumouriez, le nouveau ministre de la Guerre, voulait prévenir rapidement l'offensive ennemie. Sur les instances de son époux, la reine le rencontra. Elle le reçut dans sa chambre, marchant à grands pas à travers la pièce, le visage altéré. Hautaine, cassante, elle aborda le sujet de leur entretien sans prendre la moindre précaution oratoire. « Monsieur, lui dit-elle, vous êtes tout-puissant en ce moment, mais c'est par la faveur du peuple qui brise ses idoles. Votre existence dépend de votre conduite. Vous devez juger que

68. La plupart d'entre eux venaient, en effet, du département de la Gironde.

ni le roi ni moi ne pouvons souffrir toutes les nouveautés, ni la Constitution. Je vous le déclare franchement ; prenez-en votre parti. » Sans se troubler, Dumouriez lui répondit : « Madame, je suis désolé de la pénible confidence que vient de me faire Votre Majesté. Je ne la trahirai pas ; mais, je suis entre le roi et la nation et j'appartiens à ma patrie. Permettez-moi de vous représenter que le salut du roi, le vôtre, celui de vos augustes enfants est attaché à la Constitution. Je vous servirais mal et lui aussi, si je vous parlais différemment. » Irritée par ces propos, la reine proféra que la Constitution ne durerait pas. Avec douceur et fermeté, le ministre lui rétorqua : « Croyez-moi, Madame, je n'ai aucun intérêt à vous tromper, j'abhorre autant que vous l'anarchie et les crimes. Croyez-moi, j'ai de l'expérience. Je suis mieux posé que Votre Majesté pour juger les événements. Ceci n'est pas un mouvement populaire momentané, comme vous semblez le croire. C'est l'insurrection presque unanime d'une grande nation contre des abus invétérés. » Les propos de Dumouriez n'ébranlèrent pas la reine qui s'empressa de communiquer à Mercy et à Fersen la disposition générale des troupes aux frontières et les plans d'attaque élaborés par l'état-major.

Le 20 avril 1792, fort satisfait, Louis XVI fit adopter par l'Assemblée la déclaration de guerre à l'empereur que la majorité de la chambre appelait de ses vœux depuis longtemps. Le 28 avril, l'offensive déclenchée en Belgique par les Français, tourna immédiatement au désastre. Après ces débuts prometteurs, l'empereur et le roi de Prusse, qui s'était joint à lui, désignèrent le duc de Brunswick comme généralissime des armées alliées et décidèrent de marcher sur Paris. Tenue au courant des projets austro-prussiens par

Fersen, la reine lui communiquait les renseignements qu'elle possédait sur le mouvement des troupes françaises. Sans que l'on sût rien de précis sur les agissements du roi et de la reine, le bruit courait que les souverains trahissaient la nation. La peur panique d'un retour triomphal de l'Ancien Régime acheva d'exacerber le patriotisme. Hantées par le complot aristocratique, les masses commençaient à s'armer.

Sans douter un seul instant de la légitimité des actes qu'elle commettait, Marie-Antoinette désespérait de voir jamais arriver ces armées étrangères qui devaient la délivrer. Ses lettres à Fersen retentissaient d'appels désespérés sur sa situation toujours « plus affreuse ». On l'injuriait sous ses fenêtres. Les plus modérés parlaient de l'enfermer au Val-de-Grâce, les autres hurlaient à la mort. Vivant dans la hantise d'un assassinat, elle faisait dormir sous son lit un petit chien qui aurait donné l'alarme au cas où un intrus se fût introduit dans sa chambre ! Tous les jours, de nouveaux libelles alimentaient les phantasmes d'un peuple à la recherche de coupables. Considérée depuis des années comme la « mère de tous les vices », la reine était alors devenue ce « monstre femelle » altéré de sang dont se repaissait l'imagination des Français. À Paris, on courait applaudir une pièce dans laquelle il n'était question que d'assassiner des rois.

Afin de faire face au danger contre-révolutionnaire, la Législative adopta trois décrets : les prêtres réfractaires dénoncés par leurs concitoyens devaient être punis de déportation ; la garde du roi, suspecte de pactiser avec la contre-révolution, était dissoute ; enfin un camp de 20 000 gardes nationaux fédérés serait constitué à Paris pour préserver la capitale contre toute tentative des généraux soupçonnés d'être liés à la cour. Louis XVI sortit alors du morne désespoir dans lequel il semblait plongé depuis plusieurs semaines. Il accepta de ratifier le décret concernant sa garde mais opposa un farouche veto aux deux autres. Encouragé par la reine, il demeura inflexible malgré les objurgations de ses ministres. Le 12 juin, se sentant fort de l'appui des officiers supérieurs de l'armée, il renvoya ses ministres girondins et constitua un cabinet modéré, ce qui passa pour une provocation.

Le 20 juin, armée de piques, de haches et de bâtons ferrés, une foule immense partie des faubourgs se dirigea vers l'Assemblée pour y déposer des pétitions visant à contraindre le roi de retirer son veto. Affolés par l'affluence de ces hommes armés et menaçants, les députés ne reçurent que quelques pétitionnaires. Refoulés de la salle du Manège où ils ne pouvaient pénétrer, les manifestants se massèrent dans les jardins des Tuileries ainsi qu'aux abords du palais. Bientôt les grilles furent forcées sans que la garde nationale eût opposé de véritable résistance. Assez vite d'ailleurs, beaucoup de gardes fraternisèrent avec les émeutiers dont le nombre allait augmentant.

À l'intérieur, la reine, Madame Élisabeth et les enfants se sont réfugiés, tremblants, dans la chambre de Louis XVI. Alors que Marie-Antoinette ne cesse de sangloter, le roi conserve son calme. À trois heures, dans un fracas épouvantable, les portes du château cèdent sous les coups des assaillants, les préposés à la défense du château n'ayant même pas tenté de résister. En quelques instants, le palais est livré à la foule. La clameur de l'émeute, le bruit des portes qui se brisent sous les coups de hache achèvent de terrifier la famille royale. Les quelques fidèles qui se trouvent encore autour des souverains entraînent la reine et ses enfants dans l'appartement du dauphin, tandis que Louis XVI, accompagné de sa sœur qui s'agrippe aux basques de son habit, fait face aux envahisseurs. Quelques grenadiers repoussent le roi et Madame Élisabeth dans l'embrasure d'une fenêtre afin de mieux assurer leur protection. La reine restera deux heures dans la chambre de son fils avc Madame Royale et Mme de Tourzel. À plusieurs reprises, elle demande à rejoindre son mari. Il faut lui rappeler les risques qu'elle ferait courir au roi et au dauphin dans une telle éventualité pour qu'elle se résigne à rester là. Mais bientôt de nouveaux bruits sinistres se font entendre. On brise encore des portes. Les émeutiers approchent. Ils ont envahi l'appartement de la reine et sont en train de le mettre à sac. Pour échapper aux forcenés, Marie-Antoinette et ses enfants se replient cette fois dans la chambre du roi où se poursuit l'interminable attente. De toutes parts, on réclame la reine, sur un ton de plus en plus menaçant. Sous la protection des quelques grenadiers qui ne l'ont pas quittée, son fils dans les bras, plus morte que vive, ravalant ses larmes, Marie-Antoinette franchit le seuil de la chambre de son mari pour entrer dans la salle du Conseil. On la pousse dans un coin de la pièce avec les jeunes princes et on traîne devant elle la lourde table qui lui servira de rempart contre les flots de la foule déchaînée. Santerre, qui commande un bataillon de la garde nationale, veille sur elle. Pendant plusieurs heures, on lui présente des potences et des guillotines en miniature, on l'abreuve d'injures et de menaces. Le dauphin sanglote. Il a coiffé le bonnet rouge des patriotes, tout comme son père qu'il ne voit pas et qui se trouve dans la pièce voisine.

Tout au long de cette journée, Louis XVI essaya de discuter avec ce peuple qui le pressait de retirer son veto. Calmement, il répondit toujours qu'il ne changerait rien aux dispositions qu'il avait prises. À dix heures du soir, les cours et les jardins furent enfin évacués. La famille royale se retrouva au complet, saine et sauve. Le roi, la reine, Madame Élisabeth et les enfants s'étreignirent en sanglotant. Puis la reine, épuisée, se jeta dans un fauteuil. On songea à prendre alors une collation.

« J'existe encore, mais c'est un miracle. La journée du 20 a été affreuse. Ce n'est plus à moi qu'on en veut le plus, c'est à la vie même de mon mari, ils ne s'en cachent plus, écrivit Marie-Antoinette à Fersen. Il a montré une fermeté et une force qui en ont imposé pour le moment, mais les dangers peuvent se reproduire à tout moment. J'espère que vous recevez de nos nouvelles. Adieu. Ménagez-vous pour nous et ne vous inquiétez pas sur nous. » Malgré la surveillance de plus en plus rigoureuse dans laquelle la reine était tenue, elle recevait encore les lettres de Fersen. Il la rassurait du mieux qu'il pouvait, en lui donnant les dernières nouvelles de Brunswick. Ce dernier s'apprêtait à marcher sur Paris. En outre, Fersen annonçait triomphalement que le généralissime ferait précéder son entrée « par un manifeste très fort, au nom des puissances coalisées, qui rendrait la France entière, et Paris en particulier, responsables des personnes royales ». Persuadé que les menaces suffiraient à paralyser toute action révolutionnaire, il voyait dans ce manifeste, dont il s'occupait activement, la planche de salut pour la famille royale.

Pendant que Fersen s'activait à Bruxelles, un simulacre de vie de cour reprit aux Tuileries. Terrorisée, Marie-Antoinette ne vivait que dans le fol espoir de la délivrance par les armées étrangères. L'idée du manifeste la rassérénait. « Notre position est affreuse, écrivit-elle à Fersen, le 3 juillet, mais ne vous inquiétez pas trop ; je sens du courage et j'ai en moi quelque chose qui me dit que nous serons bientôt heureux et sauvés. Cette seule idée me soutient... Quand nous reverrons-nous tranquillement ? »

CHAPITRE XXXIII

La chute de la monarchie

Une épreuve de force s'annonçait et la reine avait peur. La situation des armées s'aggravait. Devant l'ampleur du péril, l'Assemblée avait déclaré « la patrie en danger », ce qui signifiait la levée en masse contre les despotes étrangers et contre le roi accusé de pactiser avec eux. Venus de tous les départements, des gardes nationaux, appelés fédérés, affluaient par milliers à Paris. Républicains, animés d'un patriotisme sans faille, ils étaient prêts à chasser l'ennemi hors de France et à en finir avec la monarchie. Aux Tuileries, l'atmosphère devenait de plus en plus oppressante. Persuadée qu'on voulait assassiner le roi, Marie-Antoinette lui fit confectionner un plastron destiné à le protéger contre les coups de poignard. Louis XVI refusa de le porter, excepté à l'occasion de la fête (!) du 14 juillet. Ce jour-là, sur l'esplanade du Champ-de-Mars, la foule semblait s'être assemblée pour une émeute plutôt que pour une cérémonie patriotique. Seule une rangée de gardes nationaux séparait la famille royale de ces spectateurs menaçants. Dérision suprême, Louis XVI prêta sous les huées du public un serment totalement dépourvu de sens. Très élégante dans une robe blanche brodée de branches de lilas, la reine essayait vainement de sourire à travers ses larmes. Quelques heures plus tôt, elle avait laissé échapper une dernière chance de salut. Atterré par les violences du 20 juin, La Fayette avait quitté son commandement et était accouru à Paris mettre son épée au service du roi. Il lui avait proposé de le conduire, avec la famille royale, jusqu'à Compiègne. Mais Marie-Antoinette avait dissuadé son époux d'accepter ce projet. Elle craignait qu'en acceptant de maintenir son pouvoir grâce à l'aide de ce général de la révolution, le roi devînt son obligé. Elle préférait être redevable de la liberté aux armées austro-prussiennes. Pour l'heure, elle attendait avec impatience le manifeste promis par Fersen. Pas un instant elle ne se doutait que cette proclamation incendiaire allait précipiter la chute de la monarchie.

Signé du duc de Brunswick, le manifeste fut connu dans Paris dès le 3 août. D'une violence inouïe, il promettait la capitale à une subversion totale et ses habitants à la mort, s'ils ne se soumettaient pas immédiatement à leur roi. La collusion entre le souverain et les ennemis de la nation semblait évidente. Animés d'un irrépressible désir de vengeance, les Parisiens, réunis dans les assemblées de section, réclamaient la déchéance et le procès du roi. Dépassée par les revendications populaires et les mouvements de rue, l'Assemblée essaya de temporiser. Pour tenter de sauver la monarchie moribonde, elle proposa au roi d'abdiquer pour son fils, auquel on eût donné un gouverneur et un ministère patriotes. Louis XVI refusa. Pendant ce temps, les sections[69] s'armaient. La journée du 20 juin avait montré que l'invasion des Tuileries était facile. Il fallait cette fois aller beaucoup plus loin. Impuissante, l'Assemblée laissa faire.

Aux Tuileries, on vivait dans l'angoisse. Le roi pensait déjà que l'heure de son procès était proche. Il avait détruit quantité de papiers, tout en faisant aménager une cachette dans les lambris d'un corridor pour en dissimuler d'autres. La reine avait abandonné ses appartements du rez-de-chaussée et dormait dans une pièce située entre la chambre de son mari et celle de son fils. Éveillée dès l'aube, elle se laissait aller à de sombres rêveries, tout en espérant encore que les troupes étrangères allaient les délivrer. Un matin, elle confia à Mme Campan qu'elle connaissait le plan de marche des armées.

Jamais les courtisans des Tuileries ne furent plus nombreux qu'à la messe du dimanche 5 août. Les derniers défenseurs de la monarchie voulaient témoigner de leur fidélité au roi et à la reine. Leurs visages bouleversés exprimaient toute l'inquiétude que leur inspiraient Louis XVI et Marie-Antoinette. On se disait que, peut-être, on les voyait pour la dernière fois. De

69. Paris avait été divisé en quarante-huit sections par un décret du 21 mai 1790. Les citoyens de chaque section se réunissaient en assemblée tous les dix jours environ. Mais, depuis le mois de juillet 1792, ces assemblées siégeaient de façon quasi permanente, se réunissant de leur propre autorité. Elles ont joué un rôle prépondérant dans toutes les journées révolutionnaires. C'est en leur sein qu'a été préparée la journée du 10 août 1792.

cet ultime service divin de la monarchie, le peintre Hubert Robert a laissé un extraordinaire tableau aux couleurs déjà passées où l'on voit, de dos, la famille royale, agenouillée et abîmée dans ses prières.

Aucune insurrection ne fut aussi activement préparée que celle du 10 août 1792. Mandat, commandant de la garde nationale fit venir, dès le 8 août, les Suisses cantonnés à Rueil et à Courbevoie. Le roi pouvait compter sur ces troupes d'élite dévouées à sa cause et bien décidées à livrer bataille. Aux neuf cents Suisses, il fallait ajouter neuf cents gendarmes et deux mille gardes nationaux, assurément moins sûrs. On s'en était rendu compte, le dimanche précédent. « Plus de roi », avaient hurlé plusieurs d'entre eux à l'entrée de la chapelle. Dans l'après-midi du 9, Louis XVI apprit que l'attaque du palais était imminente. Persuadés que l'ultime combat pour sauver la royauté allait s'engager, près de trois cents gentilshommes arrivèrent aux Tuileries dans la soirée. Armés de sabres, de carabines, quand ce n'était pas seulement de pelles ou de pincettes, ils venaient sacrifier leur vie à leurs convictions profondes.

Réfugiés dans l'appartement du roi, la famille royale et ses derniers défenseurs restaient silencieux. À onze heures, Rœderer, procureur-syndic de la commune, vint annoncer que tout Paris se soulevait. Élu depuis peu maire de Paris, Pétion arriva bientôt, pour assurer, dit-il, « la conservation » de la famille royale. À ce moment, on entendit au loin de sourds roulements de tambour ; le tocsin se mit à sonner à un clocher, puis à deux, à trois. On se mit aux fenêtres pour écouter et l'on égrena bientôt, comme une litanie, les noms des saints patrons des églises dont on reconnaissait le triste grondement. Le glas de la monarchie résonnait dans la nuit profonde. Louis XVI ordonna de fermer les portes de la terrasse. On attendit… Certains voulaient garder Pétion en otage, mais on le laissa partir pour l'Assemblée. On apprit bientôt que les faubourgs étaient en pleine effervescence. Rœderer s'assit sur un tabouret entre la reine et Madame Élisabeth. Les autres s'installèrent comme ils pouvaient, les uns sur des sièges, d'autre par terre. Il y eut pourtant quelques courtisans pour faire remarquer qu'on ne s'asseyait jamais en présence du roi. Ô sottise immortelle !

Brusquement le tocsin cessa. Un silence oppressant pesait sur le château. Louis XVI profita de cette apparente accalmie pour se jeter, tout habillé, sur son lit. La reine et sa belle-sœur s'allongèrent sur deux canapés dans une antichambre, tandis que veillaient les femmes de chambre. À quatre heures, le jour commença de poindre. Madame Élisabeth se leva, se dirigea lentement vers une fenêtre. Le ciel flamboyait déjà vers l'est : « Ma sœur, venez donc voir l'aurore », dit-elle à la reine. Telle un automate, Marie-Antoinette fit les quelques pas qui la séparaient d'Élisabeth. Dépoudré, la frisure de ses cheveux complètement aplatie, le roi parut. On attendait toujours.

Paris s'éveillait. Les habitants des faubourgs et les fédérés se mirent en marche. On les vit bientôt arriver, précédés de quelques pièces de canon, et se ranger, en ordre de bataille, aux abords du château. La reine prit peur et demanda à Rœderer ce qu'il convenait de faire. Sans se départir de son calme, il lui répondit qu'il fallait sans plus tarder demander refuge à l'Assemblée. C'était le seul endroit où la famille royale pouvait être en sûreté. « Monsieur, il y a ici des forces ; il est temps enfin de savoir qui l'emportera, du roi et de la constitution ou de la faction », lui répondit-elle, fière et hautaine. Rœderer insista. En vain.

Pendant ce temps, les insurgés affluaient, de plus en plus nombreux, devant les grilles du palais. Le roi décida d'aller encourager ses troupes. De son pas lourd, il descendit dans la cour pour passer les hommes en revue. Les Suisses l'acclamèrent, mais les gardes nationaux l'accueillirent par des huées. « Comme des mouches qui poursuivent l'animal qu'elles sont acharnées à tourmenter », quelques canonniers le conspuèrent, en hurlant : « À bas le roi ! À bas le veto ! » La reine, qui assistait à cette scène depuis une fenêtre, se mit à pleurer. Louis XVI revint dans ses appartements et s'assit sans mot dire. Allait-on livrer combat contre les forces populaires avec des troupes aussi divisées ? Rœderer était de plus en plus persuadé que le roi devait solliciter la protection de l'Assemblée. « La résistance est impossible. Tout Paris marche », dit-il encore à la reine qui voulait tenter l'ultime combat. Rœderer insista : « Sire, dit-il, le temps presse ; nous n'avons qu'un parti à prendre en ce moment, nous vous demandons la permission de vous entraîner. » Effondré, le roi dit simplement : « Marchons. » La reine ne répliqua rien mais éprouva une telle émotion que Mme de Tourzel vit « son visage et sa poitrine, en un instant, tout vergetés ». Il était huit heures et demie.

Précédé par Rœderer et par le major des Suisses qui ouvrent la marche, se forme un triste cortège. Le roi est en tête. La reine le suit, tenant le dauphin par la main. Derrière elle, Madame Élisabeth donne le bras à la jeune Marie-Thérèse qui sanglote ; viennent ensuite la princesse de Lamballe et la duchesse de Tourzel entourées par les ministres et quelques gentilshommes. Le visage livide, Louis XVI marche droit ; la reine, comme égarée, essuie furtivement les larmes qu'elle ne peut refouler, tandis que le dauphin, qui ne comprend rien de ce qui se passe, soulève avec ses pieds des masses de feuilles mortes. « Elles tombent tôt cette année », murmure le roi sous les huées de la foule. En entrant dans la salle du Manège, heureusement fort proche du château, il se place à la gauche du président et prononce ces quelques mots : « Je suis venu ici pour éviter un grand crime et je me croirai toujours en sûreté avec ma famille au milieu des représentants de la nation. J'y passerai la journée. »

Troublés par cette arrivée inopinée, les députés relèguent Louis XVI et sa famille dans une loge étouffante, située derrière le fauteuil du président. Pendant que l'émeute gronde au-dehors, ils n'osent se prononcer sur le sort de celui qui fut roi de France. On entend, venant de l'extérieur, le bruit d'une fusillade suivi d'une canonnade. Aux Tuileries, la bataille fait rage. Elle oppose fédérés et peuple des faubourgs aux Suisses soutenus par les autres défenseurs de la monarchie.

Lorsqu'il avait quitté le château, Louis XVI avait remis le commandement au vieux maréchal de Mailly, en lui promettant qu'il reviendrait dès que le calme serait rétabli. Il n'avait pas donné l'ordre de déposer les armes. L'Assemblée avait bien essayé d'envoyer une délégation pour avertir les insurgés qu'il n'y avait plus lieu d'envahir le château puisque le roi s'était retiré au milieu des députés. Mais la délégation avait dû rebrousser chemin. Les insurgés s'étaient déjà rués dans la cour et avaient pénétré à l'intérieur du palais, persuadés que la défense capitulait. Les Suisses, qui avaient pris l'offensive, les accueillirent par un feu nourri. Les assaillants ripostèrent à coups de canon. Alors qu'ils continuaient de défendre le château, les Suisses reçurent l'ordre écrit de Louis XVI de cesser le feu. La rage au cœur, ils remirent leurs armes aux émeutiers qui les massacrèrent. Insurgés et fédérés criaient à la trahison : les défenseurs du château, prétendaient-ils, les avaient encouragés à pénétrer à l'intérieur pour mieux leur tendre un guet-apens. Un tel forfait était inexcusable : ses auteurs ne méritaient ni pardon ni pitié car c'était l'ultime preuve du complot royal, du complot contre-révolutionnaire.

Le roi et la reine eurent tout loisir d'assister à l'effondrement légal de la monarchie. Alors que la reine ne cessait de pleurer, le dauphin de gémir et de demander à se promener, le roi demeurait impassible, mangeant avec appétit aux heures des repas. Le soir, on les conduisit dans les étroites cellules, aux murs tapissés de papier vert, du couvent des Feuillants, où ils tentèrent de prendre un peu de repos. Quelques serviteurs dévoués, parmi lesquels figurait Mme Campan, furent autorisés à les rejoindre. « Nous sommes perdus, nous succomberons dans cette horrible révolution », hurla la reine, en proie à une crise de nerfs, lorsqu'on introduisit sa femme de chambre auprès d'elle. Elle se releva brusquement et arpenta la pièce à grands pas, en maudissant le sort qui s'acharnait sur elle. La famille royale passa trois jours dans l'étouffante loge de l'Assemblée et trois nuits au couvent.

Fort embarrassés par le sort du roi, les députés se contentèrent de voter la suspension provisoire de Louis XVI. Estimant que la gravité de la situation exigeait un autre cadre institutionnel, ils décidèrent de se séparer. Ils appelaient une nouvelle assemblée constituante à définir la nature du régime que les Français voudraient adopter. En attendant que les futurs élus se fussent prononcés sur son sort, on décida de transférer le roi au Temple. Le 13 août à cinq heures, le maire vint chercher la famille royale. On l'entassa dans un carrosse de la cour avec Mme de Lamballe et Mme de Tourzel. Comme dans une dérisoire et sinistre parade, la voiture traversa lentement la capitale, escortée par les gardes nationaux à pied tenant leurs armes crosses en l'air. Le passage du monarque déchu fut salué de menaces et d'imprécations tout le long du trajet. On tint absolument à passer par la place Vendôme pour montrer à Louis XVI la statue déboulonnée de Louis XIV. « Ainsi sont traités les tyrans ! » hurlait le peuple, enivré par sa victoire.

Enfin, vers sept heures, la voiture pénétra dans la cour du Temple. Les lourdes portes se refermèrent et l'on n'entendit plus les vociférations de la foule. Le Temple comprenait un élégant hôtel du XVIIe siècle appelé palais. Au XVIIIe, le prince de Conti l'avait magnifiquement restauré et aménagé pour y donner de somptueuses réceptions. Quelques pas plus loin, s'élevait un énorme donjon, surmonté de quatre tourelles, flanqué d'un bâtiment moins important, la petite tour du Temple. On introduisit la famille royale dans l'hôtel que connaissaient fort bien le roi et la reine. Le comte d'Artois, son dernier propriétaire, les y avait plusieurs fois invités. On se souvient que Louis XVI et Marie-Antoinette avaient dîné là, à l'occasion des fêtes données en l'honneur de la naissance du premier dauphin. Rassurés de se trouver dans cette agréable retraite, ils firent une promenade dans le jardin. Ils procédaient déjà à la répartition des chambres lorsqu'on les avertit que le dîner était servi. Seule la présence des gardes municipaux débraillés, fumant ostensiblement la pipe, leur rappelait qu'on n'était plus au bon vieux temps. Leurs dernières illusions ne tardèrent pas à se dissiper. Vers onze heures, on les conduisit vers le sinistre donjon où ils occupèrent provisoirement l'appartement du garde des archives, situé dans la petite tour, en attendant que l'on aménageât la grosse tour qui devait, bel et bien, leur servir de prison.

Quelques jours après leur arrivée au Temple, on leur retira les serviteurs qu'on leur avait tout d'abord accordés, à l'exception d'un valet de chambre qui resta au service de Louis XVI. Le 19 août, vers minuit, on vint chercher Mme de Tourzel et Mme de Lamballe pour les incarcérer à la prison de la Force. La reine et ses deux amies se quittèrent en sanglotant. L'étau se resserrait autour des détenus.

Une étrange vie de famille s'organisa bientôt sous la férule des gardes municipaux chargés de surveiller les prisonniers. Les journées se suivaient, immuables. Le roi se levait et s'habillait dès six heures. Après sa prière, il lisait jusqu'à neuf heures. La reine, qui se levait plus tard et aidait le dauphin à se préparer, rejoignait son mari avec ses enfants et Madame Élisabeth pour le petit déjeuner. Le roi faisait lire et écrire son fils, lui enseignait le latin, l'histoire et la géographie pendant que la reine et sa belle-sœur dessinaient et donnaient des leçons de musique à Madame Royale. Si le nouveau commandant de la garde nationale, Santerre, l'autorisait, une promenade pouvait avoir lieu dans les jardins. Le dauphin était ravi ; il jouait au ballon ou au palet jusqu'à l'heure du repas. On remontait alors chez le roi et l'on déjeunait rapidement dans la chambre de la reine. Louis XVI faisait une partie de tric-trac ou de piquet avec sa sœur et s'assoupissait ensuite dans un fauteuil. Marie-Antoinette et Élisabeth se lançaient alors dans des travaux d'aiguille ou de tricot et les enfants apprenaient leurs leçons. À sept heures, l'une des deux princesses faisait une lecture à haute voix. À huit heures, on dînait après avoir couché le dauphin. Le roi remontait dans sa chambre et lisait jusqu'à minuit. Marie-Antoinette restait avec Élisabeth jusqu'à ce qu'on leur donnât l'ordre de se séparer et que l'on enfermât la reine.

Les conditions de détention devinrent bientôt plus pénibles. On retira son épée à Louis XVI. Pour éviter qu'on ne le fouillât quotidiennement, le roi demanda à son valet de chambre de retourner ses poches le soir, lorsqu'il était déshabillé. De peur que les prisonniers ne correspondissent avec l'extérieur, on coupait leur pain en tranches avant de le déposer sur la table et les aliments qu'on leur servait étaient soigneusement sondés. En dépit de toutes ces précautions, dont ils affectaient de ne pas s'offusquer, Louis XVI et Marie-Antoinette étaient tenus au courant des événements du dehors. Son valet répétait au roi tout ce qu'il entendait et des crieurs de journaux, soudoyés par les royalistes, lisaient à haute voix les nouvelles au pied des murs du Temple. Le roi et la reine gardaient toujours l'espoir d'être délivrés par les armées étrangères. Ils se réjouissaient de la succession de défaites françaises dont ils étaient informés. Ils apprirent, non sans satisfaction, la naissance de mouvements royalistes dans plusieurs provinces.

Le 2 septembre, plutôt rassérénés par les dernières nouvelles, ils se promenaient tranquillement dans le jardin avec leurs enfants lorsqu'on les pressa brusquement de rentrer. Dehors, on entendait battre les tambours et un bruit confus montait et s'amplifiait. Paris était en pleine effervescence. Les défaites françaises accréditaient de plus en plus la thèse du complot aristocratique. Jamais le péril contre-révolutionnaire n'était apparu de façon aussi dramatique qu'en ces heures où l'avenir de la nation se trouvait compromis par des forces hostiles qu'elle ne pouvait maîtriser. Une panique vengeresse s'empara bientôt de la population. Comme mue par une fureur soudaine, brisant les amarres de la raison, une foule en proie à l'hystérie de la trahison se rua sur les prisons où étaient enfermés depuis le 10 août les aristocrates suspects de royalisme, les survivants des Suisses ainsi que des prêtres réfractaires. Ce fut un massacre abominable. Du 2 au 6 septembre, Paris retentit des hurlements des victimes qu'on égorgeait et les ruisseaux charriaient une boue mêlée de sang. Le gouvernement constitué au lendemain du 10 août pensait plus à se replier au sud de la Loire qu'à mettre un terme à la tuerie.

Dans ce paroxysme de violence, on avait tout lieu de craindre l'assassinat de la famille royale. Le 3 septembre, on refusa au roi la permission de se promener. Il était à cent lieues de se douter de ce qui se passait dans Paris. Lorsque la famille royale se mit à table, d'effrayantes clameurs montèrent du dehors. Accompagné de quatre hommes du peuple, un garde municipal fit irruption dans la chambre et demanda au roi et à la reine de se mettre à la fenêtre. D'autres gardes s'y opposaient fermement. L'angoisse des prisonniers augmentait. « On veut vous cacher la tête de la Lamballe que l'on vous apportait pour vous faire voir comment le peuple se venge de ses tyrans, dit l'un des hommes en ricanant. Je vous conseille de paraître si vous ne voulez pas que le peuple monte ici. » Marie-Antoinette s'évanouit ; les enfants se mirent à hurler. « Nous nous attendons à tout, Monsieur, mais vous auriez pu vous dispenser d'apprendre à la reine ce malheur affreux », dit calmement le roi.

Les délégués du peuple s'en allèrent. On ranima la reine. À travers les stores, on pouvait voir la tête de la princesse de Lamballe, grimaçant au sommet d'une pique, ses longs cheveux blonds, poissés de sang, flottant encore au vent. Son corps nu et mutilé, traîné par ses assassins, gisait au milieu d'un groupe de forcenés ; ils lui avaient arraché le cœur qu'ils portaient en trophée au bout d'un sabre...

Chapitre XXXIV

La mort du roi

La vie au Temple reprit sans changement apparent. Le roi, la reine et Madame Élisabeth subissaient, sans broncher, les insolences des municipaux et voyaient chaque jour les murs se couvrir de nouvelles inscriptions menaçantes, illustrées d'immondes graffiti. Le 21 septembre, le bruit d'une cavalcade les fit tous sursauter. Étaient-ce enfin leurs sauveurs ? Une voix forte s'éleva du dehors : elle proclamait officiellement l'abolition de la monarchie et la naissance de la république. Le roi, qui lisait, n'interrompit pas sa lecture. Désespérée, la reine alla se coucher.

Le même jour, l'armée prussienne avait été vaincue à Valmy. Sans être décisive, cette victoire française éloignait le spectre de la défaite. Considérés comme des otages depuis le début de leur incarcération, le roi, la reine et leurs enfants devenaient désormais des prisonniers politiques dont il n'était pas question de négocier la libération. Leurs conditions de détention s'aggravèrent. Le 29 septembre, on commença par leur enlever papier, plumes et crayons. Quelques heures plus tard, on vint chercher Louis XVI pour l'installer dans la grosse tour du Temple. Il partit seul, en dépit des pleurs de la reine qui tenait absolument à le suivre. Dès le lendemain matin, elle supplia ses geôliers pour que la famille fût réunie au moins à l'occasion des repas. On lui accorda cette permission deux jours plus tard. Pendant la journée, Cléry, le valet de chambre qui poursuivait son service auprès du roi, transmettait les nouvelles entre les deux appartements. À la fin du mois d'octobre, la reine, Madame Élisabeth et les enfants s'installèrent, eux aussi, dans la grosse tour du Temple.

On n'avait épargné aucune précaution pour rendre impossible toute évasion en construisant autour du donjon un nouveau mur d'enceinte percé de deux portes bardées de fer et pourvues d'énormes verrous. Les appartements consistaient en deux étages, partagés en quatre pièces modestement meublées. Le papier peint de l'entrée représentait l'intérieur d'une prison. Les fenêtres, garnies d'énormes barreaux et d'abat-jour, ne laissaient pas passer la lumière. Malgré le poêle, il faisait froid. Bientôt malade, le roi dut s'aliter ; puis ce fut le tour du dauphin. La reine soigna son mari et son fils. La surveillance qui s'exerçait sur les prisonniers se renforça encore. Au début du mois de décembre, on leur enleva couteaux, ciseaux, canifs et tous autres objets tranchants.

Cette aggravation des vexations quotidiennes laissait présager un changement dans la situation des détenus. En effet, après maintes discussions, la nouvelle assemblée élue, appelée Convention nationale, avait décidé de s'ériger en tribunal pour juger Louis XVI. Une commission d'enquête préparait le procès du roi. Lorsqu'on eut découvert « l'armoire de fer », cachette secrète aménagée par le souverain dans ses appartements des Tuileries, on put considérer qu'il était perdu. Les documents dissimulés dans ce coffre prouvaient son double jeu depuis le début de la Révolution, ses liens avec les émigrés et ses négociations avec l'étranger...

Avec mille précautions, Cléry annonça à ses maîtres qu'on allait appeler le roi à comparaître devant la Convention. Le 11 décembre, de bon matin, on entendit battre le tambour. Le roi et la reine comprirent aussitôt ce que cela signifiait. Impassibles pendant le déjeuner, ils osaient à peine se parler. Avec l'inconscience des enfants de son âge, le dauphin demanda à son père de jouer avec lui. Le roi y consentit. Brutalement interrompu en pleine partie de siam, il fut contraint de suivre le maire de Paris qui lui annonça, tout de go, qu'il le conduisait devant les députés, devenus ses juges. Dévorée d'angoisse, Marie-Antoinette attendit le retour de son époux. Mais, ce soir-là, il ne vint pas rejoindre les siens comme à son habitude. Toute rencontre avec sa famille lui était interdite pendant la durée du procès. On eût consenti à ce que son fils s'installât chez lui à condition que l'enfant ne vît plus ni sa mère, ni sa tante, ni sa sœur. Louis XVI n'aurait jamais eu la cruauté de séparer le dauphin de la reine. Il se résigna donc à la solitude, tandis que Marie-Antoinette se laissait aller au désespoir. Se nourrissant à peine, elle dépérissait, ne parlait plus et passait des heures à pleurer. Le jour de Noël, il ne lui fut pas permis de voir son époux, qui profita de cette triste journée pour écrire son testament. Le roi ne se faisait guère d'illusions sur le sort qu'il l'attendait. Préoccupé par le salut de son âme, il s'abîmait dans la prière. Il avait obtenu la permission de recevoir, outre ses avocats, le prêtre de son choix, un prêtre réfractaire naturellement. Pour son plus grand réconfort, il reçut de ses mains la sainte communion. Le 1er janvier 1793, ce fut Cléry qui transmit les vœux de bonne année (!) de la famille royale.

L'angoisse de la reine était à son comble. Elle savait que le jugement de son époux était imminent. Elle s'attendait au pire lorsque, le soir du 20 janvier, elle fut enfin admise avec Madame Élisabeth et ses enfants à faire visite au prisonnier. Suivie par les deux princesses, elle entra la première chez lui, tenant le dauphin par la main. C'est le roi lui-même qui leur apprit qu'il était condamné à être guillotiné publiquement sur l'échafaud, place Louis-XV rebaptisée place de la Révolution [70]. « Tous se précipitèrent dans les bras du roi : un morne silence régna pendant quelques minutes et ne fut interrompu que par des sanglots », raconte Cléry. Ils s'assirent bientôt, restant étroitement embrassés et parlant à voix basse pendant près de deux heures. Les municipaux, qui les surveillaient par la porte vitrée, ne purent rien entendre de ce qu'ils se dirent au cours de ce déchirant entretien. Vers dix heures un quart, le roi se leva. Louis XVI et Marie-Antoinette tenaient le dauphin par la main et les princesses restaient accrochées aux bras du condamné. Tous pleuraient. « Je vous assure, leur dit le roi, que je vous verrai demain matin à huit heures. – Vous nous le promettez, répétèrent-ils tous ensemble. – Oui, je vous le promets. – Pourquoi pas à sept

70. Aujourd'hui place de la Concorde.

heures ? dit la reine. – Eh bien ! Oui, à sept heures, répondit le roi, adieu... » Il les embrassa tous longuement et rentra dans sa chambre. Les princesses sanglotaient en descendant chez elles. Tremblant de tous ses membres, Marie-Antoinette se coucha habillée sur son lit. Dès six heures, elle attendait qu'on vînt la chercher pour aller chez le roi. Mais personne n'entra chez elle. L'abbé Edgeworth, qui assistait le roi dans ses derniers moments, lui avait déconseillé de revoir sa famille. Il craignait qu'une nouvelle entrevue rendît la séparation trop inhumaine. Écoutant son confesseur, le roi appela Cléry : « Dites à la reine, à mes chers enfants, à ma sœur que je leur avais promis de les voir ce matin, mais que j'ai voulu leur épargner la douleur d'une séparation si cruelle ; combien il m'en coûte de partir sans recevoir leurs derniers embrassements... Je vous charge de leur faire mes adieux. » Il lui remit son cachet pour son fils et son anneau de mariage pour sa femme. « Dites-lui bien que je la quitte avec peine », lui manda-t-il. Il lui donna également un paquet de cheveux à l'intention de Marie-Antoinette. Cléry devait parvenir ultérieurement à déjouer la surveillance des gardiens pour transmettre les messages du roi et confier ces précieux objets à la reine.

Peu après neuf heures, Louis XVI partit pour l'échafaud. Les roulements de tambour avertirent Marie-Antoinette qu'elle ne reverrait jamais plus son mari. Au Temple, comme chaque matin, on avait servi le petit déjeuner. Les jeunes princes refusèrent de se restaurer malgré les prières de leur mère. La gorge serrée, ils attendaient tous le moment fatal. À dix heures, vingt-deux minutes, de nouveaux roulements de tambour et le son du canon leur apprirent que le roi venait d'être décapité. La famille royale se laissa aller à son désespoir. Quelques instants plus tard, la reine s'agenouilla devant son fils pour saluer l'avènement de Louis XVII.

Après la mort du roi, Marie-Antoinette sombra dans une totale prostration. Refusant de se nourrir et de sortir prendre l'air, sujette à de fréquentes crises de convulsions qui la laissaient épuisée, elle était méconnaissable. À trente-sept ans, la reine était devenue une vieille femme à la santé chancelante. L'un des municipaux, touché par ses malheurs, la força presque à faire quelques promenades. Comme elle refusait de descendre dans le jardin pour ne pas passer devant la porte de Louis XVI, chaque jour où il était de garde, il l'entraînait sur la galerie circulaire qui couronnait la tour. Elle s'y installait sur une chaise avec ses enfants et sa belle-sœur.

Pendant le procès du roi, personne n'avait évoqué le rôle de la reine. On semblait oublier cette femme qui avait catalysé les haines des Français depuis des années. Quant à ses parents et à ses anciens amis, ils se préoccupaient peu de son sort. Son neveu l'empereur n'avait pas l'intention de la réclamer aux autorités françaises. Il eût considéré ce geste comme une erreur stratégique. Les émigrés ne se souciaient guère de ses malheurs. Seul Fersen tentait l'impossible pour la délivrer. Peu après l'exécution du roi, le bruit avait couru que toute la famille royale avait été massacrée. Terrassé par cette nouvelle, il avait écrit une lettre pathétique à sa sœur : « Celle qui faisait mon bonheur, celle pour laquelle je vivais, oui, ma tendre Sophie, car je n'ai jamais cessé de l'aimer, celle que j'aimais tant, pour qui j'aurais donné mille vies, n'est plus. Jamais son image adorée ne s'effacera de ma mémoire. » Ayant appris que la reine vivait toujours, Fersen restait très anxieux sur son sort : « Tantôt j'espère, tantôt, je désespère et l'inaction forcée où je me trouve, le peu de moyens qu'il y a de la servir augmente encore mes peines. Dans ma société, nous ne parlons que d'elle, des moyens de pouvoir la sauver et nous ne faisons que nous affliger et pleurer sur son sort », dit-il encore à sa sœur. Il envisageait toutes les solutions imaginables pour sauver la veuve de Louis XVI. Avec le soutien, au demeurant fort modeste, de Mercy, il essayait de soudoyer Danton, pour la faire évader de sa prison. Il semble bien que le conventionnel ait touché l'argent sans pour autant avoir tenu d'hypothétiques promesses.

À Paris, quelques fidèles d'humble condition songeaient, eux aussi, à sauver la reine, sa belle-sœur et ses enfants. Émus par la détresse de l'ancienne souveraine, deux municipaux, Toulan et Lepître, s'étaient pris d'une sorte de vénération pour elle. Entrés en relation avec Jarjayes, qui acheminait naguère son courrier secret, ils avaient élaboré un plan d'évasion. Vêtues en gardes nationaux, la reine et Mme Élisabeth auraient franchi les portes du Temple en compagnie de Madame Royale habillée comme le fils de l'allumeur de quinquets pendant qu'on aurait transporté le petit roi dans un panier de linge. Les préparatifs traînèrent en longueur pendant le mois de février et le mois de mars, les sauveurs de la reine se demandant anxieusement où mettre à l'abri la famille royale après sa sortie du Temple.

À la fin du mois de mars, on soupçonna la reine de jouir de complicités à l'intérieur du Temple. Le personnel fut épuré. Tel qu'il avait été conçu, le projet devenait irréalisable. Lepître proposa toutefois à la reine de la faire évader, à condition qu'elle fût seule. Elle refusa mais profita de l'occasion qui s'offrait à elle pour confier à Jarjayes une nouvelle mission de confiance. Elle lui fit remettre le cachet du roi et son anneau de mariage à l'intention du comte de Provence. Elle le chargeait également d'une mission auprès de Fersen. « Quand vous serez en lieu de sûreté, disait-elle à Jarjayes, je voudrais bien que vous puissiez donner de mes nouvelles à mon grand ami, qui est venu me voir l'année dernière. Je n'ose pas écrire, mais voici l'empreinte de ma devise. Mandez, en l'envoyant, que la personne à qui elle appartient sente que jamais elle n'a été plus vraie. » Fersen ne reçut la lettre que le 21 janvier 1794 ! Il donne l'explication de cette devise dans son *Journal*, à cette date : « Cette devise était un cachet portant un pigeon volant avec la devise *Tutto a te mi guida*. Son idée avait été, dans le temps, de prendre mes armes et on avait pris le poisson volant pour un oiseau. L'empreinte était sur un morceau de carte. Malheureusement, la chaleur en avait absolument effacé l'empreinte. Je le conserve malgré cela précieusement dans ma cassette avec la copie du billet et le dessin du cachet. » « Tout me conduit vers toi... » Jamais la devise n'avait été plus vraie...

Marie-Antoinette se berçait d'illusions. Elle espérait, en effet, que sa famille allait négocier les conditions de sa libération. L'exécution de Louis XVI était bien apparue comme une provocation à tous les souverains qui voyaient dans la république un régime honni et dans la France une nation dangereuse. Mais que la reine fût exécutée ne les troublait guère. Une seconde victime, tout aussi auguste que la précédente, justifiait encore davantage leur action. Les députés comprirent parfaitement que la reine était un otage assez négligeable. Le 27 mars, pour la première fois, on évoqua le sort de Marie-Antoinette devant la Convention. « Le moment est venu pour les patriotes, dit Robespierre, de reprendre cette haine vigoureuse et immortelle dont ils s'étaient animés pour le nom des rois. La punition d'un tyran, obtenue après tant de débats odieux, sera-t-elle donc le seul hommage que nous ayons rendu à la liberté et à l'égalité ? Souffrirons-nous qu'un être, non moins coupable, non moins accusé par la nation et qu'on a ménagé jusqu'ici, attende tranquillement le fruit de ses crimes ? Une grande république, outragée avec tant d'insolence, trahie avec tant d'audace, attend de vous l'impulsion qui doit ranimer dans tous les cœurs une sainte antipathie pour la royauté et donner une nouvelle force à l'esprit public. » Il exigeait que l'ex-reine de France fût traduite devant le tribunal révolutionnaire comme « prévenue d'avoir participé aux attentats contre la liberté et la sûreté de l'État ».

Odieuse depuis toujours aux patriotes, Marie-Antoinette devait devenir leur victime. Mais, quelle que fût leur haine à son égard, ils devaient trouver un prétexte pour la traduire devant le tribunal révolutionnaire, créé le 10 mars pour juger les aristocrates et les suspects de royalisme. Alors que les armées étrangères menaçaient le territoire national et que plusieurs provinces se soulevaient contre les excès du nouveau régime, le député Cambon dénonça le complot du général Dillon : il prétendait que cet officier avait l'intention d'enlever le fils de Louis XVI afin de le proclamer roi sous le nom de Louis XVII. Il n'en fallut pas davantage pour décider les Conventionnels à séparer l'enfant de sa mère et de sa tante.

Le 3 juillet, vers dix heures, plusieurs municipaux firent irruption dans la chambre de la reine, arrachant les trois princesses à leurs paisibles occupations. L'un d'eux lut pompeusement un décret. Sur le moment, la reine ne comprit pas, puis la vérité lui apparut dans toute son horreur : on lui enlevait son fils ! Alors, retrouvant subitement ses forces, cette femme languissante se leva comme une furie et trouva tous les arguments possibles pour garder son enfant. Intraitables, les hommes s'approchèrent du lit du prince qui s'était réveillé et poussait des cris perçants. Sa mère le tenait étroitement serré contre elle. Mais lorsque les municipaux menacèrent de faire monter la garde pour s'emparer du petit garçon, la reine finit par céder. Elle le leva, l'habilla et l'embrassa en pleurant, avant de le confier à ces brutes. Elle atteignit le fond de la désolation en apprenant, le lendemain, que le « précepteur » de l'enfant était un savetier alcoolique, nommé Simon. Pendant deux jours, elle entendit pleurer son fils qu'on avait installé dans l'ancienne chambre de Louis XVI. Le troisième jour, l'enfant descendit dans le jardin. Semblable à un spectre dans ses vêtements de deuil, la reine errait dans son appartement sans dire un mot. Son seul désir était désormais de monter dans la tour pour guetter, à travers une fente de la muraille, le passage de l'enfant qu'elle apercevait de loin.

Pendant ce temps, les alliés poursuivaient leur avance et l'insurrection de l'intérieur, surtout celle de la Vendée, prenaient des proportions alarmantes pour les nouveaux dirigeants de la France. Prévoyant une coalition européenne, les Conventionnels prenaient des mesures radicales destinées à frapper de terreur tous les ennemis de la révolution. Dans un climat de panique exacerbée, les députés lançaient de vibrants appels pour les combattre. Au premier rang de ceux-ci figurait Marie-Antoinette, qu'on n'appelait plus que la veuve Capet[71]. On réclamait, de toutes parts, qu'elle comparût devant le tribunal révolutionnaire pour rendre compte de ses crimes.

Le 2 août, à deux heures du matin, on réveilla brutalement les princesses : on venait chercher la reine pour la conduire à la prison de la Conciergerie. Comme un automate, sans protester, Marie-Antoinette se leva, s'habilla et fit un baluchon des quelques affaires qu'on l'autorisait à emporter. Elle embrassa tendrement sa fille et sa belle-sœur. Et, sans se retourner, vêtue d'un long vêtement noir qui donnait encore plus d'éclat à sa pâleur, la reine quitta le Temple.

---

71. Depuis le 10 août 1792, les révolutionnaires qui ne voulaient plus nommer Louis XVI « Sire » lui avaient donné le nom de Capet, en souvenir d'Hugues Capet (Xe siècle), fondateur de la dynastie dont les Bourbons sont un rameau.

Chapitre XXXV

La Conciergerie

Un quart d'heure plus tard, le cabriolet qui conduit la reine s'arrête devant les sombres tours de la Conciergerie. Sans ménagements, on pousse l'ancienne souveraine jusqu'à un guichet pour la soumettre, telle une détenue de droit commun, aux formalités de l'écrou. Enregistrée sous le nom de « veuve Capet », elle devient la 280e prisonnière de cette maison. Avant de l'installer dans sa cellule, on ouvre son baluchon, dont le greffier note soigneusement le contenu. Les geôliers l'entraînent alors vers sa nouvelle demeure, un cachot de 15 m^2, aux murs couverts d'une vieille toile tachée de traces d'humidité. Située au niveau du sol, une étroite fenêtre laisse passer une lumière blafarde. Pour tout mobilier, Marie-Antoinette n'aura qu'un lit de sangle, une table, deux chaises couvertes de paille, un fauteuil de commodité et un bidet. Un paravent la cachera aux regards des deux soldats chargés de veiller sur elle, jour et nuit...

On interdit à la prisonnière de sortir de son cachot, alors que les autres détenus ont le droit de se promener dans la cour et dans les couloirs. Levée à six heures du matin, elle fait sa toilette et s'habille, aidée par Rosalie, une brave fille qui fait tout ce qu'elle peut pour adoucir les conditions de sa captivité. Mais, on s'en doute, ses moyens sont bien limités... La reine, à laquelle on a refusé plume, papier et crayons, serait condamnée à l'inaction totale, si on ne lui apportait quelques romans qu'elle dévore avidement. Le reste du temps, elle suit les parties de tric-trac des deux gendarmes, tout en faisant tourner ses bagues autour de ses doigts.

La Conciergerie passait, à juste titre, pour l'antichambre de la mort. Lorsqu'il apprit que la reine y avait été transférée, Fersen chercha désespérément le moyen de la sauver. Il voulait envoyer un important corps de cavalerie jusqu'à Paris pour la délivrer. Mais ses démarches auprès des plus hautes instances militaires austro-prussiennes demeurèrent vaines. « Je ne vis plus, car ce n'est pas vivre que d'exister comme je fais, et de souffrir toutes les douleurs que j'éprouve, écrivit-il à sa sœur Sophie. Si je pouvais encore agir pour sa délivrance, il me semble que je souffrirais moins, mais de ne pouvoir rien faire que par des sollicitations est affreux. Je ne puis m'occuper de rien, je ne puis penser qu'au malheur de cette infortunée et digne princesse. Mon plus grand bonheur serait de mourir pour elle. Je me reproche jusqu'à l'air que je respire quand je pense qu'elle est enfermée dans une affreuse prison.» À cette époque, Mme de Staël fit paraître anonymement une brochure larmoyante, intitulée *Réflexions sur le procès de la reine par une femme*. S'adressant à ses semblables, la fille de Necker, réfutait les calomnies qui pesaient sur Marie-Antoinette depuis le temps de sa splendeur et plaidait désormais pour la mère infortunée.

La lassitude de la reine était extrême. Épuisée par de graves hémorragies, elle semblait ne plus rien sentir. Chaque jour, des inconnus défilaient dans sa cellule. Elle remarquait à peine ces hommes et ces femmes qui la dévisageaient comme une bête curieuse. En permettant à tous ceux qui voulaient voir « l'Autrichienne » dans sa prison de passer quelques instants auprès d'elle, le concierge avait trouvé le moyen d'arrondir ses fins de mois. Cependant, un jour, Marie-Antoinette fut troublée. Elle reconnut, parmi ses visiteurs, le chevalier de Rougeville, l'un des officiers qui l'avaient protégée pendant l'horrible journée du 20 juin 1792. Profitant d'un moment d'inattention de ses gardiens, il lui fit un signe et jeta à ses pieds deux œillets qu'elle s'empressa de ramasser. Ils contenaient un message, l'informant que le chevalier avait l'intention de l'enlever. Le cœur battant, la reine tenta de lui répondre en essayant de former des lettres au moyen de piqûres d'épingle sur le papier. Le gendarme de garde s'aperçut de son manège, prit la pièce à conviction et la communiqua à ses supérieurs hiérarchiques. Rougeville avait eu le temps de s'enfuir.

La reine fut en proie à une telle anxiété qu'il fallut lui donner des tisanes pour la calmer. Bien plus encore que la captivité, elle redoutait les conséquences de la folle tentative de ce chevalier, au moment où les Conventionnels cherchaient à accumuler des preuves contre elle. Ses craintes étaient parfaitement justifiées. Dès que l'incident se fut ébruité, on se mit à raconter partout dans Paris qu'un nouveau complot avait été fomenté pour enlever la « veuve Capet » et restaurer la monarchie. De son côté, Fouquier-Tinville, l'accusateur public, qui se plaignait de ne pas avoir encore reçu les pièces lui permettant d'établir son réquisitoire, ne manqua pas d'exploiter l'affaire. Après une perquisition en règle dans la cellule de la reine, on confisqua ses derniers bijoux et sa montre. Deux députés furent ensuite mandatés pour interroger la prisonnière.

Le 3 septembre 1793, ils se présentèrent devant elle. Ayant commencé par l'interroger comme s'il se fût agi d'un fait mineur, ils passèrent bientôt à des questions d'ordre général. Ils lui demandèrent si elle savait que les armées françaises avaient remporté des victoires, si elle avait conservé des « relations au-dehors par des moyens cachés ». Faisant état de sa situation de détenue, Marie-Antoinette leur affirma qu'elle n'avait jamais eu d'autres informations que celles qu'elle avait entendu crier par les colporteurs de l'autre côté de l'enceinte du Temple. « Vous intéressez-vous au succès des armes de nos ennemis ? » lui demanda-t-on brusquement. « Je m'intéresse au succès de celles de la nation de mon fils ; quand on est mère, c'est la première parenté, » répondit-elle, non sans habileté. Et d'affirmer que son seul souci était le bonheur de la France. « Que la France soit grande et heureuse, c'est tout ce qu'il nous faut », déclara-t-elle calmement à ces hommes qui cherchaient à lui faire prononcer des paroles compromettantes. Après qu'elle leur eut déclaré qu'elle avait toujours accompli son devoir, ils abordèrent un point précis : la fuite de Varennes. Marie-Antoinette répéta ce qu'elle avait autrefois déclaré aux députés chargés de l'enquête, au lendemain du

21 juin 1791 : épouse soumise et obéissante, elle avait suivi son mari, qui d'ailleurs ne désirait pas quitter la France mais « revenir librement au milieu du peuple ». Elle n'avait fait que son devoir. Pour se disculper, elle avait décidé de se présenter sous les traits d'une femme soumise aux volontés de son mari, dont les décisions étaient souveraines.

On mena rondement l'enquête sur « le complot de l'œillet ». Pressée de questions, la reine finit par avouer qu'elle avait bien reçu un billet du mystérieux visiteur. À ce qu'elle prétendait, il ne contenait que quelques phrases assez vagues. Elle avait simplement répondu qu'elle était gardée à vue. Cette prétendue conspiration dont on essayait, sans grande conviction, de dénouer les fils n'était qu'un prétexte. Comme lors du premier interrogatoire, les enquêteurs ne s'en tinrent pas aux simples questions de routine. Ils demandèrent à Marie-Antoinette si elle avait eu des relations avec les députés de la Législative et si elle était instruite des affaires politiques avant le 10 août. De nouveau, elle se retrancha dans son rôle d'épouse soumise à la volonté du monarque. « Je ne savais que ce que me disait la personne à laquelle j'étais uniquement attachée », dit-elle, avant d'affirmer que le roi ne voulait que le bonheur du peuple.

L'enquête achevée, on jugea plus prudent de transférer la reine dans une autre cellule. On réaménagea, à cet effet, l'infirmerie de la Conciergerie, dont on barricada soigneusement toutes les issues. Épuisée par des hémorragies chroniques, Marie-Antoinette s'affaiblissait de jour en jour. Certains Conventionnels n'étaient pas pressés d'instruire son procès ; ils espéraient, sans doute, qu'elle mourrait de mort naturelle. Cependant la France était toujours menacée d'invasion, et, comme en 1789, à la même époque de l'année, on redoutait la disette. Des manifestations populaires houleuses agitaient la capitale et l'effervescence la plus vive persistait dans les provinces. Dénoncé dans un tel climat, « le complot de l'œillet » avait ranimé contre la reine déchue des haines à peine assoupies. Elle était bien la coupable toute désignée qu'il convenait d'immoler en ces temps de troubles. Des pétitions exigeant l'exécution de la « louve autrichienne » s'accumulaient à la Convention. Le 5 octobre, après que le député Billaud-Varenne eut prononcé une diatribe particulièrement violente contre la veuve Capet, qui était, affirmait-il, « la honte de l'humanité et de son sexe », Marie-Antoinette fut décrétée d'accusation.

L'instruction d'un tel procès aurait nécessité des mois de travail. Il aurait fallu reprendre toutes les pièces du procès de Louis XVI, étudier les papiers saisis chez la reine au lendemain de la prise des Tuileries, mener une enquête complexe sur ses agissements et réunir des témoins dignes de foi. Quoique mené très rapidement devant les députés de la Convention qui s'étaient érigés en juges, le procès de Louis XVI avait été un véritable procès. Tribunal d'exception par excellence, le tribunal révolutionnaire ne s'embarrassait pas des formes requises par la justice ordinaire, surtout pas pour une accusée dont le sort était décidé d'avance. Créée, au sens propre, pour terroriser en prononçant des sentences de mort, cette cour ne pouvait rendre qu'une parodie de justice. Pour « instruire » le procès de la reine, on se contenta de réunir à la hâte plusieurs comparses subalternes qu'on affubla de la qualité de témoins. Sur les quarante et une personnes appelées à la barre, cinq ou six à peine avaient une déposition de quelque importance à faire. Le 13 octobre, l'avant-veille de la première audience, Fouquier-Tinville se fit remettre les pièces « relatives au procès de Capet et celles devant servir au procès de sa veuve ». Comme on n'avait pas trouvé l'ensemble du dossier, mais uniquement les papiers saisis aux Tuileries chez la reine au moment de la fuite à Varennes, il dut s'en contenter ! Il semble bien qu'il ne les ait même pas consultés.

En outre, pour achever de convaincre l'opinion de la noirceur des crimes de « l'Autrichienne », Fouquier-Tinville voulut se servir des accusations infâmes prononcées par le petit Louis XVII contre sa mère. L'histoire est odieuse. Chargé de « l'éducation » de l'enfant-roi, le cordonnier Simon avait surpris l'enfant en train de se masturber et l'avait questionné sur ses mauvaises habitudes. L'enfant n'avait pas hésité à répondre que c'était sa mère qui lui avait enseigné de telles pratiques. Simon avertit les autorités de sa découverte. Le 6 octobre, une commission officielle, composée du maire, du procureur de la commune, de deux membres du conseil général et d'un administrateur de police, se rendit au Temple pour procéder à l'interrogatoire de Louis XVII, de sa sœur et de sa tante.

Assis dans un grand fauteuil, balançant ses petites jambes qui ne pouvaient toucher terre, l'enfant affirma que sa mère et sa tante avaient eu des entretiens secrets avec certains municipaux dont il donna précisément les noms. Il dit que ces hommes leur faisaient parvenir des informations du dehors et qu'ils payaient des colporteurs pour crier, bien fort dans la rue, les dernières nouvelles. Il ajouta qu'aux

Tuileries « Pétion, Bailly et La Fayette s'étaient comportés très mystérieusement avec les femmes » et qu'il pensait que sa mère avait reçu d'eux des lettres lorsqu'elle était encore au Temple. Enfin il raconta complaisamment qu'il avait été instruit dans ses « habitudes très pernicieuses par sa mère et sa tante et que, différentes fois, elles s'étaient amusées à lui voir répéter les pratiques devant elles et que, bien souvent, cela avait lieu lorsqu'elles le faisaient coucher entre elles. Que de la manière dont l'enfant s'est expliqué, dit le rapport, il nous a fait entendre qu'une fois sa mère le fit approcher d'elle ; qu'il en résulta une copulation et un gonflement à un de ses testicules pour lequel il porte un bandage et que sa mère lui a recommandé de ne jamais en parler. Que cet acte a été répété plusieurs fois depuis. »

Le lendemain, 7 octobre, on interrogea la fille de Louis XVI en présence des mêmes enquêteurs, auxquels s'était joint le peintre David, membre du Comité de sûreté générale. La jeune fille nia que sa mère eût des intelligences avec les municipaux de service. Elle se rappelait seulement avoir entendu crier des colporteurs, alors qu'elle était couchée. À plusieurs reprises, son frère donna des détails précis prouvant qu'elle ne disait pas la vérité. Marie-Thérèse ne trouva d'autre moyen de parade que de prétendre que son frère avait plus d'esprit qu'elle, et qu'il était doué d'un meilleur sens de l'observation. Enfin, lorsqu'on lui demanda si sa mère et sa tante ne faisaient pas coucher l'enfant entre elles, elle répondit que non. D'après le procès-verbal, Louis XVII n'ajouta rien d'autre.

Les enfants ayant été renvoyés, on fit venir Madame Élisabeth. Naturellement, elle se défendit d'avoir eu le moindre entretien particulier avec les municipaux pour en obtenir des informations ou pour faire passer des messages. On fit alors entrer le petit prince qui soutint le contraire. Puis on lut la déclaration de l'enfant « au sujet des indécences mentionnées » par lui. La princesse fut atterrée. « Une pareille infamie était trop au-dessus et trop loin d'elle pour pouvoir y répondre ; que d'ailleurs l'enfant avait cette habitude depuis longtemps ; et qu'il devait se rappeler qu'elle et sa mère l'en avaient grondé plusieurs fois. » Comme l'enfant persistait dans ses dires, la princesse refusa d'ajouter quoi que ce fût. On pressa le prince de nouvelles questions. Qui l'avait donc initié à de telles pratiques ? « Les deux ensemble », répondit-il.

– Si cela arrivait le jour ou la nuit ?

– Qu'il ne s'en souvenait pas ; mais qu'il croit que c'était le matin. »

À la Conciergerie, Marie-Antoinette semble avoir ignoré qu'on « instruisait » son procès. Le 12 octobre, à six heures, Hermann président du tribunal révolutionnaire, fait comparaître « la veuve Capet » dans la grande salle d'audience, en présence de Fouquier-Tinville et du greffier Fabricius. Il s'agit d'un interrogatoire secret destiné à préparer l'audience prévue pour le surlendemain. Hermann va droit au but. Les questions n'appellent d'ailleurs pas de réponse. Ce sont déjà des accusations. « Vous avez eu avant la révolution des rapports politiques avec le roi de Bohême et de Hongrie et ces rapports étaient contraires aux intérêts de la France qui vous comblait de biens », déclare Hermann. Marie-Antoinette répond n'avoir eu d'autres rapports que « des rapports d'amitié » avec son frère. Elle ne s'est jamais entretenue de politique avec lui. D'ailleurs, depuis le début de la révolution, « elle s'est interdit toute correspondance au-dehors et ne s'est jamais mêlée de l'intérieur ». Elle affirme n'avoir jamais entretenu d'agents secrets pour correspondre avec sa famille et les autres puissances étrangères. Elle se défend d'avoir été l'âme de la contre-révolution aux Tuileries. Et naturellement, elle nie avoir fait passer de l'argent à l'empereur. Seule cette dernière réponse est exacte.

Après avoir évoqué clairement la haute trahison, Hermann accuse la reine d'avoir exercé une influence pernicieuse et décisive sur Louis XVI. « C'est vous qui avez appris à Louis Capet cet art d'une profonde dissimulation avec laquelle il a trompé trop longtemps le bon peuple français, qui ne se doutait pas qu'on pût porter à un tel degré la scélératesse et la perfidie. » « Oui, le peuple a été trompé, répond-elle ; il l'a été cruellement, mais ce n'est ni par mon mari ni par moi. » Réponse parfaitement sincère de la part de Marie-Antoinette, qui reste toujours persuadée que le seul pouvoir légitime demeure celui du roi incarnant l'État, et que quiconque ose se rebeller contre lui est un criminel passible de la peine capitale. La logique de la monarchie et celle de Révolution s'opposent. Irréconciliables.

Hermann l'accuse également d'avoir été « l'instigatrice principale de la trahison de Louis Capet. C'est par vos conseils et peut-être vos persécutions qu'il a voulu fuir la France pour se mettre à la tête des furieux qui voulaient déchirer leur patrie ». Marie-Antoinette se retranche alors dans l'attitude adoptée lors des précédents interrogatoires. Elle a obéi à son mari qui n'avait pas l'intention de sortir hors des frontières. Elle ose même affirmer que, « dans ce cas, elle aurait employé tous les moyens pour l'en dissuader ». Comme Hermann l'accuse d'avoir encouragé le roi à déclarer la guerre, elle lui rappelle que Louis XVI a été conduit à prendre cette mesure sous la pression de la majorité des députés. Cette évocation de la déclaration de guerre la conduit, de nouveau, à se défendre d'avoir eu la moindre relation avec l'étranger. Le président évoque enfin les journées d'octobre 1789, les responsabilités de Marie-Antoinette dans le déclenchement et la préparation du 10 août et enfin l'affaire de l'œillet.

L'interrogatoire terminé, le président demande à l'accusée si elle souhaite l'assistance d'un avocat pour son procès qui doit s'ouvrir le surlendemain. Épuisée, la reine répond qu'elle ne connaît personne. Le tribunal lui commet d'office deux avocats, Chauveau-Lagarde et Tronçon-Ducoudray. Affolés par la mission qui leur incombe, bien qu'ils connaissent les intentions du Tribunal révolutionnaire devant lequel ils vont plaider, les deux hommes supplient la reine de solliciter un délai de l'Assemblée afin qu'ils aient le temps d'étudier le dossier. La lettre de la reine restera sans réponse. Le procès devait bien s'ouvrir le 15 octobre au matin.

Chapitre XXXVI

Procès et mort de la reine

Le mercredi 15 octobre 1793, à huit heures du matin, dans l'ancienne grand chambre du Palais de justice, où siégeait naguère le Parlement, celle qui fut jadis reine de France s'avance, pâle et majestueuse. Elle comparaît aujourd'hui devant le tribunal révolutionnaire. Vêtue de noir, coiffée d'un bonnet de veuve en linon blanc rehaussé d'un crêpe de deuil, elle s'assied sur le fauteuil qu'on lui a préparé, devant la table de l'accusateur public assisté des autres juges. Derrière les juges, les jurés viennent de s'installer. Ils sont tous dévoués à Robespierre et à Fouquier-Tinville. Il y a là un chirurgien, un libraire, un perruquier, un sabotier, un cafetier, un chapelier, un musicien, deux menuisiers, un commissaire-priseur, un journaliste, un ancien procureur et le marquis d'Antonelle, ex-député de la Législative, acquis à la Révolution depuis ses débuts. Une simple balustrade de bois sépare le prétoire du public avide de contempler

« l'Autrichienne », dont il attend la condamnation. Ceux qui avaient déjà vu Marie-Antoinette ont peine à la reconnaître dans cette femme amaigrie, au visage ravagé par la souffrance.

Après avoir sommé la reine de décliner ses nom, prénoms, âge et profession, le greffier donne lecture de l'acte d'accusation. Un chef-d'œuvre de rhétorique révolutionnaire. Comparant Marie-Antoinette aux reines maudites de l'Antiquité et du Moyen Âge, l'accusateur public lui attribue tous les malheurs de la France depuis son arrivée dans ce pays. De ce très long exposé on retient essentiellement trois chefs d'accusation, ceux « d'avoir épuisé le trésor national », « d'avoir entretenu des intelligences et des correspondances » avec l'ennemi et « d'avoir tramé des conspirations contre la sûreté intérieure et extérieure de l'État ». Le procès intenté à Marie-Antoinette est bel et bien un procès de haute trahison. Reprenant enfin la déclaration de l'enfant-roi, il charge l'ancienne souveraine du crime d'inceste avec son fils. Impassible, le regard perdu dans le lointain, la reine pianote sur le bras de son siège pendant l'énoncé de ses « forfaits ». Pas un muscle de son visage ne trahit la moindre émotion.

Commence alors le défilé des quarante et un témoins. Misérables comparses, leurs dépositions ne pourraient être sérieusement retenues par aucun tribunal digne de ce nom. Ainsi, un chirurgien nommé Rossillon prétend avoir trouvé, aux Tuileries, sous le lit de la reine, après la journée du 10 août, des bouteilles de vin destinées à remonter le moral des troupes. Il l'accuse, sans l'ombre d'une preuve, d'avoir été l'inspiratrice du massacre du Champ-de-Mars ainsi que d'avoir fait passer de l'argent à son frère. Une servante, nommée Reine Millot soutient avoir entendu dire par le duc de Coigny, en 1788, que la reine faisait passer deux cent millions à son frère l'empereur. Un autre témoin racontera qu'elle portait des pistolets pour assassiner le duc d'Orléans...

La reine se défend vigoureusement. À aucun moment le président ne parvient à la prendre en flagrant délit de mensonge ou à la mettre en contradiction avec elle-même. Les débats se poursuivent, longs et vides. La salle reste silencieuse. On s'ennuierait presque. Vient alors le tour d'Hébert. Rédacteur en chef du *Père Duchesne,* journal ordurier qui lance quotidiennement des appels au meurtre, c'est lui qui a poussé le savetier Simon à dénoncer à Fouquier-Tinville la scandaleuse conduite de la reine avec son fils. D'un air satisfait, à haute et intelligible voix, il répète la monstrueuse accusation à laquelle il juge bon de donner une explication. « Il y a lieu de croire, déclare-t-il, que cette criminelle jouissance n'était point dictée par le plaisir, mais bien par l'espoir politique d'énerver le physique de cet enfant, que l'on se plaisait encore à croire destiné à occuper un trône, et sur le moral duquel on voulait, dès lors, s'assurer de régner. »

La reine est restée impassible. Alors, l'un des jurés exige une explication de l'accusée, sur ce point précis. Très émue, cette fois, Marie-Antoinette se lève et répond à haute voix : « Si je n'ai pas répondu, c'est que la nature se refuse à répondre à une pareille inculpation faite à une mère. J'en appelle à toutes celles qui peuvent se trouver ici. » Les femmes du peuple, qui pourtant haïssent l'ancienne souveraine, qu'on leur a dépeinte, depuis des années, sous les traits les plus noirs, sont soudain prises de compassion pour la mère honteusement calomniée. En lançant cette accusation ignoble contre Marie-Antoinette, c'est comme si on avait voulu les atteindre toutes. La salle devient houleuse et Hermann doit suspendre l'audience pendant dix minutes. « N'ai-je pas mis trop de dignité dans ma réponse ? » murmure la reine à son avocat. Il la tranquillise : « Madame, soyez vous-même et vous serez toujours bien. » Cette observation, dira Chauveau-Lagarde, prouvait qu'elle avait encore l'espoir de ne pas être condamnée à mort. Lorsqu'il apprendra cet incident de séance, Robespierre maudira Hébert, auquel il reprochera d'avoir donné à la reine l'occasion d'obtenir son « dernier triomphe public ».

À quatre heures de l'après-midi, on interrompt pour une heure ces débats qui n'ont pas connu la moindre trêve depuis le matin. La reine a juste le temps de boire un bouillon et d'échanger quelques mots avec ses avocats qu'elle intimide grandement, en dépit de la douceur résignée qu'elle manifeste à leur égard. À cinq heures, l'audience reprend. Les témoins qu'on entend sont tout aussi médiocres que les précédents. Leur audition terminée, le président demande à la reine si elle n'a rien à ajouter pour sa défense. « Hier, répond-elle, je ne connaissais pas les témoins. J'ignorais ce qu'ils allaient déposer. Eh bien, personne n'a articulé contre moi aucun fait positif. Je finis en observant que je n'étais que la femme de Louis XVI, et qu'il fallait bien que je me conformasse à ses volontés. »

Les débats sont achevés. Après une brève suspension d'audience, Fouquier-Tinville prononce un réquisitoire dans lequel il déclare regarder « Antoinette comme l'ennemie déclarée de la nation française ». On laisse enfin parler les avocats. Ayant juste eu le temps de jeter quelques notes sur le papier, ceux-ci sont contraints d'improviser. Chauveau-Lagarde plaide « sur la prétendue conspiration avec les puissances étrangères », Tronçon-Ducoudray « sur la prétendue conspiration avec les ennemis de l'intérieur ». Reprenant les principaux griefs énumérés contre la reine, ils opposent à la gravité des accusations l'absence de preuves. « N'ai-je pas vu ces deux avocats du diable, non seulement se démener comme des diables dans un bénitier, pour prouver l'innocence de la guenon, mais oser pleurer la mort du traître Capet et dire aux juges que c'était assez d'avoir puni le gros cochon, qu'il fallait au moins faire grâce à sa saloperie de femme », écrira le lendemain *Le Père Duchesne.* Émue par la fougue de Chauveau-Lagarde, Marie-Antoinette remercie chaleureusement son défenseur[72].

Cependant, le dernier mot ne devait pas appartenir à la défense. Après avoir fait sortir l'accusée et avant que les jurés se retirent pour délibérer, le président Hermann prononce un long discours qui constitue, en quelque sorte, un second réquisitoire. Assimilant le procès de la reine à celui du roi, il accuse Marie-Antoinette d'avoir été « la complice ou plutôt l'instigatrice de la plupart des crimes dont s'était rendu coupable ce dernier tyran de la France ». Il soumet quatre questions au jury :

« 1. Est-il constant qu'il ait existé des manœuvres et intelligences avec les puissances étrangères et autres ennemis extérieurs de la république, lesdites manœuvres et intelligences tendant à leur fournir des secours en argent, à leur

72. Arrêté en plein prétoire, il sera libéré après l'exécution de la reine, non sans avoir subi un interrogatoire.

donner l'entrée du territoire français et à y faciliter le progrès de leurs armes ? »

« 2. Marie-Antoinette d'Autriche est-elle convaincue d'avoir coopéré à ces manœuvres et d'avoir entretenu ces intelligences ? »

« 3. Est-il constant qu'il a existé un complot et une conspiration tendant à allumer la guerre civile dans l'intérieur de la République ? »

« 4. Marie-Antoinette d'Autriche [...] est-elle convaincue d'avoir participé à ce complot et à cette conspiration ? »

Les jurés se retirent pour délibérer. La reine est épuisée, mais espère être condamnée à la déportation. Certes, elle se croyait innocente des crimes dont on l'accusait car elle avait fait tout ce qui était en son pouvoir pour sauver la monarchie telle qu'elle la concevait. Mais, nous le savons aujourd'hui par quantité de pièces d'archives, elle s'était bien rendue coupable de haute trahison en livrant les plans d'attaque militaire de la France. Toutefois, si l'accusation des républicains était fondée, elle n'était pas prouvée. Aucune preuve de cette trahison n'avait été produite. Juridiquement, le procès était inique. Mais les jurés ne s'embarrassèrent pas de telles considérations. Ils feignirent de passer une heure à délibérer pour laisser croire que le verdict n'était pas décidé d'avance.

Hors des murs du Palais de justice, en dépit d'un froid assez vif, une foule nombreuse et anxieuse piétine en attendant le verdict. Lorsqu'on annonce la fin des délibérations, le plus profond silence règne aussitôt dans la salle qui regorge de monde. « Antoinette, voilà quelle est la déclaration du jury », lui annonce Hermann. Et Fouquier-Tinville de clamer haut et fort que l'accusée est condamnée à la peine de mort pour crime de haute trahison. Les jurés ont répondu positivement aux quatre questions posées.

La reine entend l'arrêt prononcé contre elle sans un mot, sans un geste. « Elle ne donne pas le moindre signe ni de crainte, ni d'indignation, ni de faiblesse », dit l'un de ses avocats. Comme anéantie par la surprise, elle traverse le prétoire. Arrivée devant la balustrade où se trouve le peuple, elle relève la tête avec majesté. Soudain, dans le couloir, elle chancelle. « Je n'y vois plus pour me conduire », est-elle obligée de dire au gendarme de service. Il lui tend le bras secourable, ce qui lui vaudra d'être arrêté le lendemain.

Aussitôt arrivée dans son cachot, la reine demande une plume, du papier et de l'encre et se met à écrire une longue lettre d'adieu à l'intention de Madame Élisabeth : « C'est à vous ma sœur que j'écris pour la dernière fois. Je viens d'être condamnée non pas à une mort honteuse, elle ne l'est que pour les criminels, mais à aller rejoindre votre frère, comme lui innocente. J'espère montrer la même fermeté que lui dans ces derniers moments. Je suis calme comme on l'est, quand la conscience ne reproche rien ; j'ai un profond regret d'abandonner mes pauvres enfants ; vous savez que je n'existais que pour eux et vous, ma bonne et tendre sœur, vous qui avez par votre amitié tout sacrifié pour être avec nous. Dans quelle position je vous laisse ! [...] Que mon fils n'oublie jamais les derniers mots de son père, que je lui répète expressément, qu'il ne cherche jamais à venger notre mort. J'ai à vous parler d'une chose bien pénible à mon cœur : je sais combien cet enfant doit vous avoir fait de peine, pardonnez-lui, ma chère sœur, pensez à l'âge qu'il a et combien il est facile de faire dire à un enfant ce qu'on veut et même ce qu'il ne comprend pas. [...]

« Il me reste à vous confier mes dernières pensées. [...] Je meurs dans la religion catholique, apostolique et romaine, dans celle de mes pères, dans celle où j'ai été élevée et que j'ai toujours professée, n'ayant aucune consolation spirituelle à attendre, ne sachant pas s'il existe encore des prêtres de cette religion, et même le lieu où je suis les exposerait trop, s'ils y entraient une fois. [...] Je pardonne à tous mes ennemis le mal qu'ils m'ont fait. Je dis ici adieu à mes tantes et à tous mes frères et sœurs. J'avais des amis, l'idée d'en être séparée pour jamais et leurs peines sont un des plus grands regrets que j'emporte en mourant ; qu'ils sachent, du moins, que jusqu'à mon dernier moment j'ai pensé à eux. Adieu ma bonne et tendre sœur, puisse cette lettre vous arriver ! Pensez toujours à moi. Je vous embrasse de tout mon cœur ainsi que ces pauvres et chers enfants. Mon Dieu ! qu'il est déchirant de les quitter pour toujours. Adieu ! Adieu !... » Cette lettre ne devait jamais atteindre sa destinataire. Elle fut donnée par le concierge de la prison à Fouquier-Tinville. Sous la Restauration, en 1815, un ancien député de la Convention, qui avait conservé bon nombre de papiers importants, la fera remettre à Louis XVIII, monté sur le trône de France. Elle se trouve aujourd'hui aux Archives nationales.

Le jour était levé lorsque Rosalie, la petite servante trouva la reine en pleurs, étendue sur son lit dans sa robe de deuil. Comme elle refusait de prendre la moindre nourriture, la jeune fille la supplia d'accepter un peu de bouillon dont elle ne put avaler que quelques gorgées. Vers huit heures, elle l'aida à se changer. La reine ne devait pas être conduite au supplice dans sa tenue de veuve. « Sa Majesté passa dans la petite ruelle que je laissais ordinairement entre son lit de sangle et la muraille. M'ayant fait signe de me tenir devant son lit pour ôter la vue de son corps au gendarme, elle se baissa dans la ruelle et abattit sa robe afin de changer de linge pour la dernière fois. L'officier de gendarmerie s'approcha de nous à l'instant et, se tenant auprès du traversin regarda changer la princesse. Sa Majesté aussitôt remit son fichu sur ses épaules, et, avec une grande douceur, elle dit à ce jeune homme : « Au nom de l'honnêteté, permettez, Monsieur, que je change de linge sans témoin. – Je ne saurais y consentir », répondit le gendarme... Aidée par Rosalie, la reine revêtit un déshabillé de piqué blanc et se coiffa d'un petit bonnet de linon.

Vers dix heures, Larivière, le porte-clés entra dans la cellule de la reine. « Vous savez qu'on va me faire mourir ? » lui murmura-t-elle. Il n'eut pas le temps de lui répondre. Les juges et le greffier étaient déjà là pour faire entendre une seconde fois la lecture de l'acte d'accusation à la condamnée. Alors entra Henri Sanson, le bourreau. Il s'approcha de la reine et lui dit : « Présentez vos mains. » Horrifiée, elle recula et, toute troublée, lui répondit : « Est-ce qu'on va me lier les mains, on ne les a pas liées à Louis XVI. » Mais les juges dirent à Sanson : « Fais ton devoir. » Le bourreau attacha brutalement les mains de la reine derrière son dos, lui enleva son bonnet et lui coupa les cheveux au ras du cou. Elle était prête. Il n'y avait plus qu'à partir pour le supplice.

Il est onze heures du matin lorsque les grilles de la prison s'ouvrent pour laisser passer la victime. Dès l'aube, on a battu le rappel ; la force armée est sur pied, des canons garnissent les places et les carrefours ; des patrouilles parcourent les rues. Trente mille hommes sont sur pied pour accompagner au supplice l'ancienne reine de France. Tenue au bout d'une longue corde par le bourreau, Marie-Antoinette monte dans la misérable charrette qui doit la mener à l'échafaud, place de la Révolution. À ses côtés un prêtre constitutionnel a pris place et lui prodigue des exhortations auxquelles la condamnée s'abstient de répondre. Pour elle, un prêtre constitutionnel n'est qu'un traître. Selon une légende assez vraisemblable, la reine avait reçu les secours d'un prêtre réfractaire pendant sa détention à la Conciergerie.

Au milieu d'une foule très dense qui attend son passage depuis le petit matin, la voiture s'ébranle lentement. Au coin de la rue Saint-Honoré, d'un crayon cruel, le peintre David fixe pour l'éternité la dernière image de la reine de France. Très droite, le visage pâle où brillent des pommettes rouges de fièvre, les yeux injectés de sang, les cheveux blancs grossièrement coupés sortant du bonnet, Marie-Antoinette ne voit rien ni personne. Elle ne semble même pas entendre les cris de « Vive la république ! À bas la tyrannie ! » Arrivée sur l'ancienne place Louis-XV, la reine tourne ses regards vers le jardin des Tuileries, aperçoit l'échafaud et pâlit. Feignant toujours d'ignorer la présence du prêtre, elle n'écoute pas ses ultimes paroles, descend de la charrette avec légèreté et gravit « à la bravade » les marches raides qui conduisent à la guillotine. D'un brusque mouvement de tête, elle laisse tomber son bonnet et s'abandonne aux mains des bourreaux. Les apprêts du supplice durent quatre minutes interminables. La planche bascule, la couperet tombe. Sanson saisit la tête sanglante. « Vive la République ! » hurle la foule. Il est midi un quart.

Le jour même de l'exécution, le corps mutilé de la reine fut transporté dans le petit cimetière de la Madeleine où avait été déposé celui du roi, neuf mois plus tôt. Le 1er novembre, le fossoyeur y déposa les restes de la suppliciée et adressa sa note ainsi rédigée, aux autorités municipales : « La veuve Capet. Pour la bière, 6 livres. Pour la fosse et les fossoyeurs, 15 livres, 35 sols. » Telles furent les funérailles de la dernière reine de France[73].

73. Les dépouilles mortelles du roi et de la reine furent transportées en grande pompe à la basilique de Saint-Denis, le 21 janvier 1815. Ils y reposent encore.

ÉPILOGUE

Que sont-ils devenus ?

La nouvelle de l'exécution de la reine fut bientôt connue de toute l'Europe. Les cours prirent le deuil, mais cette mort tragique causa peu d'émotion. Seul Fersen pleura Marie-Antoinette. « Quoique j'y fusse préparé et que, depuis la translation à la Conciergerie, je m'y attendisse, cette certitude m'accabla, écrit-il dans son *Journal*, le 20 octobre 1793. Je n'eus pas la force de rien sentir. Je sortis pour parler de ce malheur avec mes amis et Mme de Fitz-James et le baron de Breteuil que je ne trouvai pas. Je pleurai avec eux, surtout Mme de Fitz-James. [...] Sans cesse je pensais à elle, à toutes les circonstances horribles de ses souffrances, au doute où elle aura peut-être été sur moi, sur mon attachement, mon intérêt. Cette idée me déchirait. Ensuite, je sentais tout ce que je perdais de tant de façons différentes : sentiment, intérêt, existence, tout était réuni en elle et tout était perdu. [...] J'avais même des moments de dégoût pour Éléonore. Ce n'était pas le même sentiment, cette délicatesse, ce soin, cette tendresse... »

21 octobre : « Je ne pouvais penser qu'à ma perte. Qu'elle ait été seule dans ses derniers moments, sans consolation, sans personne à qui parler, à qui donner ses dernières volontés, cela fait horreur. Les monstres d'enfer ! Non, sans la vengeance, jamais mon cœur ne sera content. »

Ce même jour, il adressa une lettre éplorée à sa sœur : « Celle pour laquelle je vivais, car je n'ai jamais cessé de l'aimer, celle que j'aimais tant, pour qui j'aurais donné mille vies, n'est plus. Oh, Mon Dieu ! pourquoi m'accabler ainsi bet par quoi ai-je mérité ta colère ? Elle ne vit plus, ma douleur est à son comble et je ne sais comment je vis encore ; je ne sais comment je supporte ma douleur. Elle est extrême et rien ne pourra l'effacer jamais. Toujours, je l'aurai présente à ma mémoire et ce sera pour la pleurer toujours. »

Et Fersen, généralement si laconique, couvrit les pages de son *Journal* de ses déchirants regrets :

24 octobre. « Son image, ses souffrances, sa mort et mon sentiment ne me sortent pas de la tête, je ne puis penser à autre chose. »

26 octobre. « Tous les jours j'y pense, et tous les jours mon chagrin augmente. Tous les jours je sens davantage tout ce que j'ai perdu. »

5 novembre. « Oh, combien je me reproche mes torts envers elle, et combien je sais à présent que je l'aimais. Éléonore ne la remplacera pas dans mon cœur. Quelle douceur, quelle tendresse, quelle bonté, quels soins, quel cœur aimant, sensible et délicat !... »

Le chagrin d'Axel ne s'apaisa pas avec le temps. Un an après la mort de la reine, sa douleur devint encore plus vive : « Ce jour était un jour mémorable et terrible pour moi. C'est celui où j'ai perdu la personne qui m'aimait le plus au monde et qui m'aimait véritablement. »

Toute sa vie, il resta attaché à la mémoire de Marie-Antoinette, malgré les nombreuses conquêtes féminines qu'il ne manqua pas de faire. Pendant quelque temps, il pensa épouser Éléonore Sullivan, mais elle lui préféra Crawfurd. Comblé d'honneurs, grand maréchal du royaume de Suède, il finit massacré par la foule à Stockholm, alors qu'il suivait le convoi funèbre de l'héritier présomptif du trône. On le soupçonnait d'avoir empoisonné le prince. Ce drame se déroula le 20 juin 1810, jour anniversaire de la fuite de Varennes ! Réhabilité quelques mois après sa mort par la Cour suprême, il eut droit à des obsèques solennelles.

Seules les détenues de la tour du Temple ignoraient le sort de la reine. Madame Élisabeth et Madame Royale vécurent ensemble jusqu'au 9 mai 1794, date à laquelle on vint chercher la sœur de Louis XVI pour la faire comparaître devant le tribunal révolutionnaire. Elle fut guillotinée le lendemain. Avant de partir pour l'échafaud, elle apprit par ses compagnes d'infortune la fin tragique de sa belle-sœur.

La jeune Marie-Thérèse demeura au Temple, d'où elle avait vu partir tous les siens. Ses conditions de détention devinrent inhumaines. Pendant plus d'un an, elle ne vit âme qui vive. Sa nourriture lui était distribuée à travers un guichet. En décembre 1795, la France et l'Autriche ayant négocié un échange de prisonniers, elle fut remise en liberté et conduite à Vienne. Elle vécut en exil auprès de son oncle, le comte de Provence, qui s'était proclamé roi sous le nom de Louis XVIII, puis épousa son cousin, le duc d'Angoulême, fils aîné du comte d'Artois. Elle revint avec eux en 1814, lors de la Restauration de la monarchie en France, après la chute de Napoléon Ier. Après la révolution de 1830, elle repartit en exil où elle mourut en 1851.

Le destin du petit Louis XVII, qui avait été placé sous la garde du cordonnier Simon, a constitué l'une des grandes énigmes de l'histoire de France. Il mourut le 8 juin 1795, d'une « maladie scrofuleuse », dit le procès-verbal de son décès. Très tôt cependant, on mit en doute l'identité du jeune garçon mort au Temple, et l'on parla d'évasion, de substitution d'enfant... Beaucoup de faux dauphins sont apparus au début du XIXe siècle, surtout pendant la Restauration. La duchesse d'Angoulême, qui n'avait plus revu son frère depuis qu'il avait été arraché à la reine en juillet 1793, ne voulut jamais recevoir aucun de ces prétendants. Ce que l'on appelle communément l'« énigme du Temple » a produit une littérature abondante, plus soucieuse de romanesque que de vérité historique.

SOURCES ET BIBLIOGRAPHIE

SOURCES MANUSCRITES

PRINCIPAUX FONDS D'ARCHIVES CONSULTÉS

Archives nationales

BB 30 82.
C 45, 182, 186, 192, 220-223.
K 160-164, 505-506, 528.
OI 598, 1708, 1873-1887, 3250-3264, 3276, 3745, 3790 à 3799.
F7 6413, 3870.
X2 B 1417.
W 290.
AD1 74-76, 108.
AP. 440.
AP. 306, fonds Castries.

Archives des Affaires étrangères

Correspondance politique, Autriche, vol. 285 à 363.
Correspondance politique, Prusse, vol. 188 à 212.
Mémoires et documents, France, vol. 426, 429, 1897.

Bibliothèque nationale

Collection Joly de Fleury, Mss. 2088-2089.

Archives Breteuil

Haus Hof und Staatsarchiv. Wien

Familienakten Vermalhungen, 54-55. Ces dossiers concernent essentiellement l'éducation des archiducs et des archiduchesses et comprennent les « instructions données à la reine de France » par Joseph II.

Familienakten Vermalhungen, 50, concerne les préparatifs du mariage de Marie-Antoinette et du dauphin.

Familienakten Sammelbande, 7, comprend les lettres de Joseph II relatives à la succession de Bavière. Quelques lettres de l'empereur concernant sa sœur au moment de la mort de Louis XV ne manquent pas d'intérêt. Les lettres de Joseph à Léopold contenues dans ce carton éclairent les relations intimes de Louis XVI et de Marie-Antoinette.

Familienkorrespondenz, 26, comprend les lettres de Marie-Antoinette à Joseph II et à Léopold II, les réponses de Léopold II, ainsi que quelques lettres de Louis XVI.

Familienkorrespondenz, 27 A, comprend quelques lettres de Louis XVI et de Marie-Antoinette datées de 1788.

Frankreich Berichte : Dans cette série se trouve la correspondance de Mercy-Argenteau avec Marie-Thérèse, Joseph II, Léopold II, Kaunitz, Colloredo, Neny, Cobenzl. Cette correspondance, écrite en français (à l'exception des rapports d'office de Mercy dont Flammermont donne en traduction de larges extraits), a donné lieu à plusieurs publications qui sont essentiellement dues au chevalier d'Arneth, à Gustave Geffroy et à Jules Flammermont (cf. Sources imprimées). Ces travaux érudits dont les auteurs n'ont cependant pas donné les cotes restent la base fondamentale pour toute étude sérieuse sur Marie-Antoinette. La plupart des biographes de la reine se sont surtout servis des lettres confidentielles de l'impératrice et de l'ambassadeur pour évoquer la vie quotidienne de la reine et l'intimité du jeune couple, négligeant leur portée politique. Une nouvelle lecture de ces textes s'imposait.

1769, carton 141.

1770, carton 142, 144.

1771, carton 147.

1772, carton 148.

1770-1780, cartons 149, 150. Ces deux cartons comprennent toutes les lettres de Marie-Thérèse à Mercy.
1773-1774, carton 154.
1775-1776, carton 155.
1777, carton 157.
1778, carton 158.
1779, carton 160.
1780, carton 162. Cette liasse contient également les lettres de Mercy à Joseph II pour les années 1773, 1774, 1776, 1777, 1778, 1779, 1780.
1773-1780, carton 163. Comprend des lettres confidentielles de Mercy à Marie-Thérèse.
1781, carton 165.
1782, carton 166.
1783, carton 168.
1784, carton 169.
1784-1785, carton 173.
1787-1788, carton 176.
1788-1789, carton 177.
1790-1792, carton 178.
1791-1793, carton 180.

SOURCES IMPRIMÉES

Correspondances, Journaux, Mémoires

ANONYME, *Journal pour servir à l'histoire du XVIII*[e] *siècle,* Paris 1788-1789, 4 vol.
ANONYME, *Bulletin à la main pour les années 1787-1789*, 3 vol. (B.N. Réserve, Lc2 2225).
ALLONVILLE (Armand-François, comte d'), *Mémoires secrets de 1770 à 1830,* Paris, 1838-1841, 6 vol.
AMIGUET (Philippe), *Lettres de Louis XV à son petit-fils, l'infant de Parme...*, Paris, 1938.
ARGENSON (René-Louis de Voyer, marquis d'), *Journal et Mémoires,* publ. par E.J.B. Rathery, Paris, 1859-1867, 9 vol.
AUGEARD (J.-M.), *Mémoires secrets* de J.-M. Augeard, secrétaire des Commandements de la reine Marie-Antoinette, publiés par E. Bavoux, Paris, 1866.

BACHAUMONT (Louis Petit de), *Journal ou Mémoires secrets pour servir l'Histoire de la République des Lettres depuis 1762,* Londres, 1777-1789, 36 vol.
BAILLY (Jean-Sylvain), *Mémoires,* Paris, 1804, 4 vol.
BARENTIN (Charles-Louis-François de Paule de), *Mémoire autographe de M. de Barentin, Chancelier et Garde des Sceaux, sur les derniers Conseils du Roi Louis XVI,* publié par M. Champion, Paris, 1844.
BARNAVE (Pierre-Joseph-Marie), *Introduction à la Révolution française,* présenté par F. Rudé, Paris, 1960 (voir également MARIE-ANTOINETTE).
BEAUCHAMP (comte de), *Les Comptes de Louis XVI,* s. 1., 1909.
BAUDEAU (Abbé), *Chronique secrète de Paris sous le règne de Louis XVI,* publ. par Taschereau, *Revue rétrospective,* Paris, 1833-1838, première série, vol. 3.
BEAUCOURT (marquis de), *Captivité et derniers moments de Louis XVI, récits originaux et documents officiels,* recueillis et publiés pour la Société d'histoire contemporaine, Paris, 1892, (voir t. I, récits originaux).
BERTRAND DE MOLEVILLE (A.F.), *Histoire de la Révolution de France pendant les dernières années du règne de Louis XVI,* Paris, 1801, 3 vol.
BESENVAL (Pierre Victor, baron de), *Mémoires du baron de Besenval,* publ. par Berville et Barrière, Paris, 1821, 2 vol.
BEUGNOT (comte), *Mémoires du comte Beugnot,* publiés par le comte A. Beugnot, son petit-fils, 1866, 2 vol.
BOIGNE (Adèle d'Osmond, comtesse de), *Mémoires... Récits d'une tante,* éd. J.-Cl. Berchet, t. I : *Du règne de Louis XVI à 1820,* Paris, rééd. 1979.
BOISLISLE (A. de), *Choix de lettres adressées à Mgr de Nicolay, évêque de Verdun par le dauphin, la dauphine et divers princes, princesses ou personnages de la Cour (1750-1767),* Nogent-le-Rotrou, 1875.
BOMBELLES (Marc de), *Journal du marquis de Bombelles,* t. I, Genève, 1977 ; t. II, Genève, 1982.
BOUILLÉ (marquis de), *Mémoires du marquis de Bouillé,* éd. F. Barrière, Paris, 1859.
BRIENNE (comte de LOMÉNIE de), *Journal de l'Assemblée des Notables de 1787,* par le comte de Brienne et Étienne-Charles de Loménie de Brienne, archevêque de Toulouse, publ. par Pierre Chevallier, Paris, 1960.

BRISSOT (J.-P.), *Correspondance et Papiers,* publ. par C. Perroud, Paris, 1912.

–, *Mémoires,* publié par C. Perroud, Paris, 1910, 2 vol.

BURCKE (Edmund), *Reflexions pour être envoyées à la Reine de France par l'intermédiaire du comte de Mercy-Argenteau...,* publ. dans *Revue rétrospective,* t. I, deuxième série.

CAMPAN (Jeanne-Louis Genet, Madame), *Mémoires sur la vie privée de Marie-Antoinette,* Paris, 1822, 2 vol.

CHATEAUBRIAND (vicomte René de), *Mémoires d'outre-tombe,* Paris, 1949.

CHOISEUL (Claude Antoine Gabriel, duc de), *Relation du départ de Louis XVI le 20 juin 1791,* Paris, 1822.

CLÉRY (J.-B.), *Journal de ce qui s'est passé à la Tour du Temple pendant la captivité de Louis XVI, roi de France,* Londres, 1798.

CROŸ (Emmanuel, duc de), *Journal inédit...,* Paris, 1906, 4 vol.

CARS (Jean-François de Pérusse, duc des), *Mémoires,* Paris, 1890, 2 vol.

DESMOULINS (Camille), *Correspondance inédite,* publ. par Matton, 1836.

DUFORT DE CHEVERNY (comte Jean-Nicolas), *Mémoires,* éd. R. de Crèvecœur, Paris, 1909, 2 vol.

DUQUESNOY (Adrien), *Journal d'Adrien Duquesnoy, député du Tiers État de Bar-le-Duc, sur l'Assemblée Constituante,* Paris, 1894, 2 vol.

ESCHERNY (comte François-Louis d'), *Correspondance d'un habitant de Paris avec ses amis de Suisse...,* Paris, 1791.

ESTERHAZY (comte Valentin), *Mémoires...,* Paris, 1905.

FERNAN NUÑEZ (comte de), *Un témoin ignoré de la Révolution : le comte Fernan Nuñez, ambassadeur d'Espagne à Paris,* par Albert Mousset, Paris, 1924.

FERRIÈRES (marquis de), *Mémoires,* Paris, 1822.

–, *Correspondance inédite,* publiée par H. Carré, 1932.

FERSEN (comte Axel de), *Le Comte de Fersen et la Cour de France, extraits des papiers du Grand Maréchal de Suède, comte Jean Axel de Fersen, publiés par son petit-neveu, le baron R.M. de Klinckowström,* Paris, 1877, 2 vol. Le baron Klinckowström a « censuré » bien des passages des papiers de Fersen. L'archiviste Alma Söderhjelm a publié ultérieurement de nombreux inédits dans un ouvrage qui demeure aujourd'hui un travail de référence : *Journal intime et Correspondance du comte Axel de Fersen,* Paris, 1930.

FLAMMERMONT (Jules), *Les Remontrances du Parlement de Paris au XVIIIe siècle,* Paris, 1898.
–, *Louis XVI et le baron de Breteuil,* Paris, 1885.
–, *Les Correspondances des agents diplomatiques étrangers en France avant la Révolution,* Paris, 1896.
FRENILLY (Auguste-François Fauveau de), *Souvenirs du baron de Frénilly, pair de France...,* Paris, 1908.
GEFFROY (A.), *Gustave III et la Cour de France,* Paris, 1867, 2 vol.
GENLIS (Félicité du Crest de Saint-Aubin, comtesse de), *Mémoires sur le XVIIIe siècle,* Paris, 1825, 10 vol.
GOGUELAT (François, baron de), *Mémoires,* Paris, 1823.
GEORGEL (Abbé), *Mémoires pour servir à l'histoire des événements de la fin du XVIIIe siècle,* Paris, 1820, 6 vol.
GORET (Charles), *Mon témoignage sur la détention de Louis XVI et de sa famille dans la Tour du Temple...,* Paris, 1825.
GOUBERT (Pierre) et DENIS (Michel), *1789. Les Français ont la parole. Cahiers des États généraux...,* Paris, 1964.
GRÉGOIRE (Abbé Henri-Baptiste), *Mémoires de Grégoire, ancien évêque de Blois...,* Paris, 1837, 2 vol.
GRIMM, DIDEROT, RAYNAL, MEISTER, *Correspondance littéraire, philosophique et critique,* éd. Tourneux, Paris, 1877-1882, 16 vol.
HARDY, *Mes loisirs ou Journal d'événements tels qu'ils parvinrent à ma connaissance, de 1764-1789,* BN. Ms.fs. 6680-6687.
HÉZECQUES (Félix comte de France d'), *Souvenirs d'un page de la Cour de Louis XVI,* Brionne, Gérard Montfort, reprint, 1983.
HOLLAND (Lord Henry Richard), *Souvenirs diplomatiques publiés par son fils* et traduits par H. de CHOMSKI, Paris, 1851.
HUE (Baron François), *Dernières Années du règne et de la vie de Louis XVI,* Paris, 1860.
JOSEPH II, *Correspondance secrète du comte de Mercy-Argenteau avec Joseph II et le prince de Kaunitz,* publ. par Arneth et Flammermont, Paris, 1889-1891, 2 vol.
–, *Joseph II und Graf Ludwig Cobenzl, ihr Briefwechsel, herausgegeben von Adolf Beer und Joseph Ritter von Fiedler...,* Wien, 1901, 2 vol. in-8.
–, *Joseph II und Leopold von Toscana, ihr Brieficechsel von 1781 bis 1790,* herausgegeben von Alfred Ritter von Arneth..., Wien, 1872, 2 vol. (I : *1781-1785* ; II : *1786-1790*).
–, *Joseph II, Leopold II und Kaunitz, ihr Briefwechsel,* herausgegeben von Adolf Beer, Wien, 1873.

–, *Marie-Antoinette, Joseph II und Leopold II, ihr Briefivechsel,* herausgegeben von Alfred Ritter von Arneth, Leipzig, 1866.
–, *Maria Theresia und Joseph II, ihre Correspondenz, sammt Briefen Joseph's an seinen Bruder Leopold,* berausgegeben von Alfred Ritter von Arneth..., Wien, 1867-1868, 3 vol. (I : *1761-1772* ; II. *1773-Juli 1778* ; III. *August 1778-1780.*)
–, *Correspondances intimes de l'empereur Joseph II avec son ami le comte de Cobenzl et son premier ministre le prince de Kaunitz...,* avec une introduction et des notes historiques, par Sébastien Brunner, Mayence, F. Kirchheim, 1871, in-8°, 168 p.
LA FAYETTE (Gilbert Motier, marquis de), *Mémoires, correspondances et manuscrits du Général Lafayette,* publiés par sa famille, Paris, 1837, 6 vol.
LAGE DE VOLUDE (Béatrix, Étiennette d'Amblimont, marquise de), *Souvenirs d'émigration... 1792-1794,* Paris, 1869.
LA MARCK (prince Auguste d'Arenberg, comte de), *Correspondance entre le comte de Mirabeau et le comte de La Marck, pendant les années 1789, 1790, 1791,* publiée par A. de Bacourt, 1851, 3 vol.
LAMETH (Alexandre de), *Histoire de l'Assemblée Constituante (1789-1790),* Paris, 1828, 2 vol.
LAMETH (Théodore de), *Mémoires,* publ. par E.. Wervert, Paris, 1913.
LA TOUR DU PIN-GOUVERNET (Lucie Dillon, marquise de), *Journal d'une femme de cinquante ans,* Paris, rééd. 1989.
LAUZUN (Armand-Louis de Gontaut, duc de Biron et duc de), *Mémoires,* éd. préfacée par G. d'Heylli, Paris, 1880.
LA VAUGUYON (Paul-François de), *Portrait de feu Monseigneur le Dauphin,* 1766.
LEFEBVRE (Georges), *Recueil de documents relatifs aux séances des États Généraux, mai-juin 1789,* t. I : 1. *Les préliminaires, la séance du 5 mai,* Paris CNRS, 1953 ; 2. *La séance du 23 juin*, Paris, 1962.
LESCURE (M. de), *Correspondance secrète inédite sur Louis XVI, Marie-Antoinette, la Cour et la ville de 1777 à 1792,* publiée par Lescure, Paris, 1866, 2 vol.
LÉVIS (Gaston, duc de), *Souvenirs et portraits (1780-1789),* Paris, 1813.
LIEDEKERKE-BEAUFORT (comte de), « Souvenirs d'un page du comte de Provence », *Revue de Paris,* 5, 1952, pp. 52-84.
LIGNE (Charles-Joseph-Lamoral, prince de), *Fragments de l'Histoire de ma vie,* Paris, 1928.
–, *Œuvres,* publ. par Lacroix, Bruxelles, 1860, 4 vol.

LOUIS XVI, *Description de la Forêt de Compiègne telle qu'elle était en 1765...*, Versailles, 1766.
–, *Maximes morales et politiques tirées de Télémaque,* Versailles, 1766.
–, *Réflexions sur mes Entretiens avec M. le duc de La Vauguyon,* par Louis-Auguste dauphin, précédées d'une introduction par M. de Falloux..., Paris, 1851.
–, *Journal,* éd. L. Nicolardot, Paris, 1873.
LUYNES (duc de), *Mémoires du duc de Luynes sur la Cour de Louis XV (1735-1758)...*, Paris, 1765.
MADAME ROYALE (Marie-Thérèse de France dite), *Journal de la duchesse d'Angoulême, corrigé et annoté par Louis XVIII,* Paris, 1893.
MALLET DU PAN (Jacques), *Journal historique et politique,* Genève, 1784-1787, 12 vol.
–, *Mémoires et correspondances pour servir à l'histoire de la Révolution française, recueillis et mis en ordre* par A. Sayous, Paris, 1851, 2 vol.
MALOUET (Pierre-Victor, baron), *Mémoires de Malouet,* 2e éd., Paris, 1874, 2 vol.
MARIE-ANTOINETTE (voir également JOSEPH II), *Correspondance secrète entre Marie-Thérèse et le comte de Mercy-Argenteau, avec les lettres de Marie-Thérèse et de Marie-Antoinette,* publiées avec une introduction et des notes par M. le chevalier Alfred d'Arneth et M. A. Geffroy, Paris, Firmin Didot Frères, Fils et Cie, 1874, 3 vol.
–, *Correspondance entre Marie-Antoinette et Marie-Thérèse,* publ. par Georges Girard, Paris, 1933.
MARIE-ANTOINETTE, JOSEPH II UND LEOPOLD II, *Ihr Briefwechsel* 1, herausgegeben von Alfred, Ritter von Arneth, Leipzig, Paris und Wien, 1866.
–, *Marie-Antoinette et Barnave, Correspondance secrète (juillet 1791-janvier 1792)* publ. par Alma Söderhjelm, Paris, 1934.
MARIE-THÉRÈSE (voir également JOSEPH II, MARIE-ANTOINETTE), *Briefe der Kaiserin Maria Theresia an ihre Kinder und Freunde,* herausgegeben von Alfred, Ritter von Arneth, Wien, W. Braumüller, 1881, 4 vol.
–, *Maria-Theresa und Marie-Antoinette,* Vienne, 1866 (cette édition comporte les lettres de Vermond).
MARMONTEL (Jean-François), *Mémoires,* publ. par M. Tourneux, Paris, 1891, 3 vol.
MARTANGE, *Correspondance inédite,* publ. par Charles Bréard, Paris, 1898.

MERCIER (Louis-Sébastien), *Tableau de Paris,* Amsterdam, 1781-1789, 12 vol., Le Nouveau Paris, An VII, 6 vol.
MÉTRA, *Correspondance secrète...,* Paris, 1787-1790, 18 vol.
MIOT DE MELITO (comte), *Mémoires,* Paris, 1858, t. I.
MIRABEAU (cf. Ouvrages consultés, Guy CHAUSSINAND-NOGARET).
MONTBAREY (prince de), *Mémoires autographes de M. le Prince de Montbarey,* Paris, 1826, 3 vol.
MONTJOYE, *Histoire de la conjuration de Louis-Philippe-Joseph d'Orléans, surnommé Égalité,* Paris, 1796, 3 vol.
MONTLOSIER (comte de), *Mémoires de M. le comte de Montlosier sur la Révolution française...,* Paris, 1830.
MONTYON (baron Antoine de), *Particularités et observations sur les ministres des Finances de France les plus célèbres, depuis 1660 jusqu'à 1791,* Paris, 1812.
MOREAU (Jacob-Nicolas), *Mes souvenirs,* publiés par C. Hermelin, Paris, 1898-1901, 2 vol.
MORELLET (abbé), *Mémoires inédits de l'Abbé Morellet sur le XVIIIe siècle et sur la Révolution,* Paris, 1822, 2 vol.
–, *Lettres à Lord Shelburne,* Paris, 1898.
MORRIS (Gouverneur), *Journal pendant les années 1789, 1790, 1791, 1792,* publ. par Pariset, Paris, 1901.
MOUFFLE D'ANGERVILLE, *La Vie privée de Louis XV,* Londres, 1781, 4 vol.
NECKER (Jacques), *Œuvres de Necker,* publiées par le baron de Staël, Paris, 1820-1821, 15 vol.
NICOLARDOT (Louis), *Journal de Louis XVI,* Paris, 1873.
NOUGARET (P.J.B.), *Anecdotes du règne de Louis XVI,* Paris, 1791, 6 vol.
OBERKIRCH (baronne d'), *Mémoires sur la Cour de Louis XVI et la société française avant 1789,* publ. par Suzanne Burkard, Paris, 1970.
PAPILLON DE LA FERTÉ (Denis, Pierre, Jean), *Journal intime 1766-1780,* Paris, 1887.
PASQUIER (Étienne-Denis), *Histoire de mon temps. Mémoires...,* t. I, 6e éd., Paris, 1894.
PILCHER (baron de), cf. *Maria-Theresa und Marie-Antoinette,* publ. par von Arneth, éd. de 1866.
RABAUT-SAINT-ÉTIENNE, *Œuvres...,* publ. par Collin de Piancy, Paris, 1825, 2 vol.

ROCHAMBEAU (Jean-Baptiste Donatien de Vimeur, comte de), *Mémoires militaires, historiques de Rochambeau,* Paris, 1824, 2 vol.
ROEDERER (comte P.L.), *Œuvres,* publ. par son fils, le baron A.M. Roederer, Paris, 1853-1859, 8 vol.
ROLAND (Mme, née Marie-Jeanne Phlipon), *Mémoires de Mme Roland,* éd. Paul de Roux, Paris, 1966.
SABRAN (comtesse de), *Correspondance inédite (1778-1788),* Paris, 1875.
SAINT-PRIEST (Guillaume Emmanuel Guignard, comte de), *Mémoires,* Paris, 1929, 2 vol.
SALLIER, *Annales françaises depuis le commencement du règne de Louis XVI jusqu'aux États généraux (1774-1789),* Paris, 1813.
SÉGUR (comte Louis Ph. de), *Mémoires ou Souvenirs et Anecdotes,* Paris, 1843, 5e éd., 2 vol.
SÉNAC DE MEILHAN (Gabriel), *Le Gouvernement, les mœurs et les conditions en France avant la Révolution,* éd. Lescure, Paris, 1862.
SOULAVIE (Abbé), *Mémoires historiques et politiques du règne de Louis XVI,* Paris, 1801, 6 vol.
STAËL (Mme de), *Considérations sur les principaux événements de la Révolution française,* ouvrage posthume publié par le duc de Broglie et le baron de Staël, Paris, 1843.
STAËL-HOLSTEIN (baron de), *Correspondance diplomatique du baron de Staël-Holstein...,* publiée par L. Léouzon le Duc, Paris, 1881.
STEDINGK (feld-maréchal Curt von), *Mémoires posthumes..., rédigés sur les lettres, dépêches et autres pièces authentiques..., par le général comte de Björnstjerna,* Paris, 1844-1847.
TALLEYRAND (Charles-Maurice de), *Mémoires,* Paris, 1957, 2 vol.
TERRAY (Abbé), *Mémoires...,* Paris, 1776.
THIÉBAULT (Paul Charles François, général baron), *Mémoires,* Paris, 1893-1895.
TILLY (comte Alexandre de), *Mémoires,* Paris, 1929, 2 vol.
TOURZEL (Louis-Joséphine de Croÿ d'Havré, duchesse de), *Mémoires...,* publ. par le duc des Cars, Paris, 1883.
TOURZEL (Pauline de), *Souvenirs de quarante ans (1789-1830).* Son récit des journées qui suivirent le 10 août 1792 est publié dans les Mémoires de la duchesse de Tourzel.
TURGOT, *Œuvres* de Turgot et documents le concernant avec biographie et notes par Gustave Schelle, Paris, 1913-1923, 5 vol.
VÉRI (Joseph-Alphonse, abbé de), *Journal,* publié par le baron Jehan de Witte, Paris, 1928, 2 vol. Quelques fragments postérieurs à

1781 ont été publiés par le duc de Castries dans *la Revue de Paris,* novembre 1953.
VIVENOT, *Vertrauliche Briefe von Thugut,* Vienne, 1872.
WALPOLE (Horace), *Lettres d'Horace Walpole,* traduites par le comte de Boillon, Paris, 1873.
WRANGEL (comte F.U.), *Lettres d'Axel Fersen à son père,* Paris, 1929.
YOUNG (Arthur), *Voyages en France en 1787, 1788 et 1789...,* Paris, 1931, 3 vol.

OUVRAGES CONSULTÉS

Actes du colloque sur le bicentenaire de Vergennes, 1er-2 octobre 1987 in *Revue d'histoire diplomatique,* Paris, 1987, 3-4.
ALMERAS (Henri d'), *Marie-Antoinette et les pamphlets royalistes et révolutionnaires,* Paris, 1907.
ANTOINE (Michel), *Louis XV,* Paris, 1989.
–, *Le Dur Métier de roi. Études sur la civilisation politique de la France d'Ancien Régime,* Paris, 1986.
ARNAUD (Claude), *Chamfort,* Paris, 1988.
ARNAUD-BOUTELOUP (Jeanne), *Le Rôle politique de Marie-Antoinette,* Paris, 1924.
–, *Marie-Antoinette et l'art de son temps,* Paris, 1924.
ARNETH (Alfred Ritter von), *Geschichte Maria-Theresia's,* Vienne, 1863-1879, 10 vol.
AULARD (Alphonse), *Histoire politique de la Révolution française,* Paris, 1901.
–, *La Société des Jacobins. Recueil de documents pour l'histoire du club des jacobins de Paris,* Paris, 1889-1897, 6 vol.
BABELON (Jean-Pierre), *La Vie quotidienne à Paris dans la seconde moitié du XVIIIe siècle,* Paris, 1973.
BADINTER (Élisabeth), *Les Remontrances de Malesherbes (1771-1775),* Paris, 1978.
BADINTER (Robert et Élisabeth), *Condorcet, un intellectuel en politique,* Paris, 1988.
BAECQUE (Antoine de), *La Caricature révolutionnaire,* Paris, 1988.
BAKER (Keith Michaël), *The Political Culture of the Old Regime,* Oxford, 1987.

–, *Condorcet,* University of Chicago, 1975.
–, *Inventing the French Revolution,* Cambridge-New York, 1990.
BARRET-KRIEGEL (Blandine), *Les Historiens et la monarchie,* Paris, 1968, 4 vol.
BARTON (H. Arnold), « The origins of the Brunswick Manifesto », *French Historical Studies,* n° 5, 1967.
–, *Count Hans Axel von Fersen,* Boston, 1975.
BÉRENGER (Jean), *Histoire de l'Empire des Habsbourg,* Paris, 1990.
BERTAUD (Jean-Paul), *Les Origines de la Révolution française,* Paris, 1971.
–, *Les Amis du roi : journaux et journalistes royalistes en France de 1768 à 1792,* Paris, 1984.
BLUCHE (François), *Le Despotisme éclairé,* Paris, 1968.
–, *La Vie quotidienne de la noblesse française au XVIIIe siècle,* Paris, 1973.
–, *La Vie quotidienne au temps de Louis XVI,* Paris, 1980.
BLUCHE (Frédéric), *Danton,* Paris, 1984.
–, *Les Massacres de septembre,* Paris, 1987.
BODINIER (Gilbert), *Les Officiers de l'armée royale, combattants de la guerre d'indépendance des États-Unis, de Yorktown à l'An II,* Paris, 1983.
BOTTINEAU (Yves), *L'Art d'Ange Jacques Gabriel à Fontainebleau,* Paris, 1962.
BOURGEOIS (Émile), *La Diplomatie secrète au XVIIIe siècle,* Paris, s.d., 3 vol.
BOUTRY (Maurice), *Autour de Marie-Antoinette,* Paris, 1907.
BREILLAT (Pierre), *Ville nouvelle, capitale modèle, Versailles,* Versailles, 1986.
BROGLIE (duc de), *L'Alliance autrichienne,* Paris, 1895, 2 vol.
–, *Marie-Thérèse, impératrice,* Paris, 1888.
BUTLER (Rohan), *Choiseul, Father and son,* Oxford, 1980.
CAMPARDON (Émile), *Marie-Antoinette et le procès du collier,* Paris, 1863.
–, *Marie-Antoinette à la Conciergerie. Pièces originales conservées aux Archives, suivies du procès imprimé de la reine,* Paris, 1864.
CAPEFIGUE (G.B.), *Louis XVI, son administration, et ses relations diplomatiques avec l'Europe,* Paris, 1844, 4 vol.
CARON (Pierre), *Les Massacres de septembre,* Paris, 1935.
–, « La tentative de contre-révolution de juin-juillet 1789 », *Revue d'histoire moderne et contemporaine,* vol. 8 (1906-1907).

CARRÉ (Henri), SAGNAC (Philippe) et LAVISSE (Ernest), *Louis XVI (1774-1789),* Paris, 1911.
CHAGNIOT (Jean), *Paris et l'armée au XVIIIe siècle,* Paris, 1985.
CHAUMIÉ (Jacqueline), *Le Réseau d'Antraigues et la Contre-Révolution,* Paris, 1965.
CHAUSSINAND-NOGARET (Guy), *La Noblesse au XVIIIe siècle : de la féodalité aux Lumières,* Paris, 1976.
–, *Mirabeau,* Paris, 1982.
–, *Mirabeau entre le roi et la Révolution. Notes à la Cour suivies de discours,* Paris, 1986.
CHEVALLIER (Jean-Jacques), *Barnave ou les deux faces de la Révolution,* Paris, 1936.
CHEVALLIER (Pierre), *Histoire de la franc-maçonnerie française,* Paris, rééd. 1984, 3 vol.
COBBAN (Alfred), *The Social Interpretation of the French Revolution,* New York, 1968.
Colloque international de Sorrèze.
CRANKSHAW (E.), *Maria-Theresia,* Londres, 1969.
DARNTON (Robert), *The Literary Underground of the Old Regime,* Harvard University Press, 1982.
–, *La Fin des Lumières,* Paris, 1984.
DECHÊNE (Abel), *Un enfant royal, le duc de Bourgogne,* Paris, 1933.
–, *Le Dauphin, fils de Louis XV,* Paris.
DESJARDINS (Gustave), *Le Petit Trianon,* Paris, 1885.
DIESBACH (Ghislain de), *Madame de Staël,* Paris, 1983.
–, *Histoire de l'émigration,* Paris, 1975.
DOYLE (William), *Origins of the French Revolution,* Oxford University Press, 1980.
–, « The Parlements of France and the Breakdown of the Old Regime », *French Historical Studies,* n° 6, 1970, p. 415-458.
ÉGRET (Jean), *La Révolution des notables. Mounier et les monarchiens,* Paris, 1950.
–, *Louis XV et l'opposition parlementaire (1715-1774),* Paris, 1970.
–, *Necker, ministre de Louis XVI,* Paris, 1975.
ERNOUF (Alfred-Auguste), *Maret, duc de Bassano,* Paris, 1878.
EUDE (M.), « Breteuil, Bombelles, Castries en 1791 », *Annales historiques de la Révolution française,* vol. 34 (1962).
FAGNIEZ (Gustave), « La politique de Vergennes et la diplomatie de Breteuil (1774-1787) », *Revue historique,* Paris, 1922.
FAURE (Edgar), *La Disgrâce de Turgot,* Paris, 1961.

FAŸ (Bernard), *L'Esprit révolutionnaire en France et aux États-Unis à la fin du XVIIIe siècle,* Paris, 1925.
–, *Louis XVI ou la fin d'un monde,* Paris, rééd. 1981.
FAYARD (Jean-François), *La Justice révolutionnaire,* Paris, 1988.
FEJTÖ (François), *Joseph II,* Paris, 1953.
FILLEUL (Paul), *Le Duc de Montmorency-Luxembourg,* Paris, 1939.
FLAMMERMONT (Jules), *Négociations secrètes de Louis XVI et du baron de Breteuil avec la cour de Berlin, décembre 1791-juillet 1792,* Paris, 1885.
FLEISCHMANN (Hector), *Les Maîtresses de Marie-Antoinette,* Paris, 1910.
–, *Les Pamphlets libertins contre Marie-Antoinette,* Slatkine Reprints, Genève, 1976.
FLEURY (vicomte), *Les Derniers Jours de Versailles,* s.l.n.d.
FRANQUEVILLE (comte de), *Le Château de La Muette,* Paris, 1915.
FUNCK-BRENTANO (Franz), *La Mort de la reine,* Paris, 1901.
–, *Marie-Antoinette et l'énigme du collier,* Paris, 1926.
FURET (François), *Penser la Révolution française,* Paris, 1978.
– et RICHET (Denis), *La Révolution française,* Paris, 1973.
– et OZOUF (Mona), (sous la direction de), *Dictionnaire critique de la Révolution française,* Paris, 1988.
GAXOTTE (Pierre), *Le Siècle de Louis XV,* Paris, 1933.
–, *La Révolution française,* rééd. 1962.
GIRAULT DE COURSAC (Pierrette), *L'Éducation d'un roi, Louis XVI,* Paris, 1972.
GODECHOT (Jacques), *La Contre-Révolution,* Paris, 1961.
–, *La Prise de la Bastille,* Paris, 1965.
–, *Les Révolutions, 1770-1779,* Paris, 1963.
GROSCLAUDE (Pierre), *Malesherbes, témoin et interprète de son temps,* Paris, 1961, 2 vol.
GRIFFITHS (Robert H.), *Le Centre perdu. Malouet et les monarchiens dans la Révolution française,* Grenoble, 1988.
GRUBER (Alain-Charles), *Les Grandes Fêtes et leurs décors à l'époque de Louis XVI,* Genève-Paris, 1972.
HARDMAN (John), *Louis XVI,* Yale University Press, 1993.
HARRIS (R.D.), *Necker and the Revolution of 1789,* Londres, 1986.
HAZARD (Paul), *La Pensée européenne au XVIIIe siècle. De Montesquieu à Lessing,* Paris, 1963.
HOURS (Bernard), *Madame Louise, princesse au Carmel,* Paris, 1987.
HUART (Suzanne d'), *Brissot, la Gironde au pouvoir,* Paris, 1986.

HUNT (Lynn), *The Family Romance of the French Revolution,* Berkeley, University of California Press, 1992.
–, « The Many Bodies of Marie-Antoinette : Political Pornography and the Problem of the Feminine in the French Revolution », in *Eroticism and the Body Politic,* Baltimore – New York, 1991.
JALLUT (Marguerite), *Marie-Antoinette et ses peintres,* Paris, 1955.
JULLIEN (Adolphe), *La Cour et l'Opéra sous Louis XVI,* Paris, 1878.
KERMINA (Françoise), *Hans-Axel de Fersen,* Paris, 1985.
KHEVENHÜLLER-METSCH (Joseph), *Aus des Zeit Maria-Theresia's, 1742-1776,* Vienne, 1907-1917, 5 vol.
LABOURDETTE (Jean-François), *Vergennes, ministre de Louis XVI,* Paris, 1990.
LACOUR-GAYET (Robert), *Calonne, financier, réformateur contre-révolutionnaire (1734-1802),* Paris, 1963.
LANDES (Joan B.), *Women and the Public Sphere in the Age of French Revolution,* Cornell University Press, 1988.
LECESTRE (Léon), *Les Tentatives d'évasion de Marie-Antoinette au Temple et à la Conciergerie,* Paris, 1886.
LECLERCQ (Dom H.), *Les Journées d'octobre et la fin de l'année 1789,* Paris, 1924.
–, *La Fédération (janvier-juillet 1790),* Paris, 1929, 2 vol.
–, *L'Église constitutionnelle (juillet 1790-avril 1791),* Paris, 1934.
–, *La Fuite du roi (avril-juillet 1791),* Paris, 1936.
–, *L'Œuvre de la Constituante (juillet-décembre 1791),* Paris, 1938.
–, *Feuillants et Girondins (août 1791-avril 1792),* Paris, 1940.
LEFEBVRE (Georges), *La Révolution française,* Paris, rééd., 1963.
LENOTRE (G.), *La Captivité et la mort de Marie-Antoinette,* Paris, rééd., 1951.
–, *Le Vrai Chevalier de Maison-Rouge,* Paris, rééd., 1959.
LEVER (Évelyne), *Louis XVI,* Paris, 1985.
–, *Louis XVIII,* Paris, 1988.
–, *Marie-Antoinette,* 1991.
–, *Philippe Égalité,* 1996.
–, *L'Affaire du collier,* 2004.
–, *Correspondance de Marie-Antoinette, 1770-1793,* 2005.
LOMBARES (Michel de), *Enquête sur l'échec de Varennes,* Paris, 1988.
MANSEL (Philippe), *Louis XVIII,* Paris, 1983.
–, *La Cour sous la Révolution,* Paris, 1989.
MATHIEZ (Albert), *La Révolution française,* rééd. 1960.

–, « Étude critique sur les journées des 5 et 6 octobre 1789 », *Revue historique,* t. 67, 1898, p. 241-281 ; t. 68, p. 258-294 et t. 69, 1899, p. 41-66.

MAUGRAS (Gaston), *La Disgrâce du duc et de la duchesse de Choiseul. La vie à Chanteloup, la mort,* Paris, 1903.

–, *La Fin d'une société : le duc de Lauzun et la Cour de Marie-Antoinette, Paris,* 1893.

MAUZI (Robert), *L'Idée du bonheur dans la littérature et la pensée française au* XVIII*e* *siècle,* Paris, 1960.

MAZA (Sarah) *Private Lives and Public Affairs : The Causes Célèbres of Prevolutionary France,* University of California Press, 1993.

MÉTHIVIER (Hubert), *L'Ancien Régime en France,* XVI*e*, XVII*e*, XVIII*e* *siècle,* Paris, 1981.

MORTIMER-TERNAUX, *Histoire de la Terreur,* Paris, 1862-1869, 8 vol.

MOSSIKER (Frances), *The Queen's Necklace,* New York, 1961.

MOUSNIER (Roland), *Les Institutions de la France sous la monarchie absolue : 1698-1789,* Paris, 1974-1980, 2 vol.

NOLHAC (Pierre de), *Histoire du château de Versailles,* Paris, 1911 1918, 3 vol.

–, *Versailles et la cour de France,* Paris, 1925-1930, 10 vol.

–, *Le Trianon de Marie-Antoinette,* Paris, 1914.

NORDMANN (Claude), *Gustave III, un démocrate couronné,* Paris, 1986.

Orateurs de la Révolution française. Les Constituants, textes établis et annotés par François Furet et Ran Halévi, Paris, 1989.

OZOUF (Mona), *Varennes. La mort de la royauté,* 2005.

PETITFILS (Jean-Christian), *Louis XVI,* 2005.

PETITFRÈRE (Claude), *Le Scandale du « Mariage de Figaro »,* Bruxelles, 1989.

PIMODAN (comte de), *Le Comte de Mercy-Argenteau, ambassadeur impérial à Paris sous Louis XVI,* Paris, 1911.

POIGNANT (Simone), *Les Filles de Louis XV, l'aile des princes,* Paris, 1970.

POISSON (Georges), *Choderlos de Laclos, ou l'obstination,* Paris, 1985.

PRICE (Munro), *The Comte of Vergennes and the Baron of Breteuil : French Politics and Reform in the Reign of Louis XVI,* Cambridge University, Ph. D., ex. dactyl.

–, « The "Ministry of a hundred hours" : A Reappraisal », *French History,* n° 4, septembre 1990, p. 317-339.

PROYART (Abbé), *Louis XVI et ses vertus aux prises avec la perversité de son siècle...,* Paris, 1805, 5 vol.

QUETEL (Claude), *Histoire vraie d'une prison légendaire,* Paris, 1988.
RAMPELBERG (R.M.), *Le Ministre de la maison du roi, baron de Breteuil, 1783-1788,* Paris, 1975.
REINHARD (Marcel), *La Chute de la royauté,* Paris, 1907.
RENOUVIN (Pierre), *Les Assemblées provinciales de 1787...,* Paris, 1921.
REVEL (Jacques), « Marie-Antoinette in Her Fictions : The Staging of Hatred », *in Fictions of the French Revolution,* éd. par Bernadette Fort, Evanston III, Northwestern University Press, 1991.
ROUSSELET (Marcel), *Les Souverains devant la justice,* Paris, 1946.
RUDE (Georges), *The Crowd in the French Revolution,* Oxford, 1959.
SAGNAC (Philippe), *La Chute de la royauté,* Paris, 1907.
SÉGUR (marquis de), *Au couchant de la monarchie,* t. I ; *Louis XVI et Turgot,* t. II ; *Louis XVI et Necker,* Paris, 1909.
SELIGMAN (Edmond), *La Justice en France pendant la Révolution,* Paris, 1901-1913.
SEVIN (A.), *Le Défenseur du roi, Raymond de Sèze,* Paris, 1936.
SOBOUL (Albert), *La Révolution française,* Paris, 1964, 2 vol.
–, t. I ; *La Crise de l'Ancien Régime,* Paris, 1970.
–, *Le Procès de Louis XVI,* présenté par Albert Soboul, Paris, 1966.
SOLÉ (Jacques), *La Révolution en questions,* Paris, 1988.
SOLNON (Jean-François), *La Cour de France,* Paris, 1987.
SOREL (Albert), *L'Europe et la Révolution française,* Paris, 1885-1911, 8 vol.
–, *La Question d'Orient au XVIIIe siècle,* Paris, 1878.
SORG (Roger), « Fersen officier français et Marie-Antoinette », *Mercure de France,* 15 juillet 1933.
–, « Le véritable testament de Marie-Antoinette », *Historia,* août-septembre 1955.
STRYIENSKI (Casimir), *La Mère des trois derniers Bourbons. Marie-Josèphe de Saxe et la cour de Louis XV, d'après les documents inédits tirés des archives royales de Saxe,* Paris, 1902.
–, *Mesdames de France, filles de Louis XV,* Paris, 1910.
SUTHERLAND (Donald M.G.), *France 1789-1815, Revolution and Counter-Revolution,* Londres, 1985.
SYDENHAM (M.-J.), *The Girondins,* London, 1961.
TOCQUEVILLE (A. de), *Coup d'œil sur le règne de Louis XVI,* Paris, éd., 1952.
TACKETT (Timothy), *La Révolution, l'Église, la France,* Paris, 1986.
TAILLEMITE (Étienne), *La Fayette,* Paris, 1989.

TAPIÉ (Victor-Lucien), *L'Europe de Marie-Thérèse. Du baroque aux Lumières,* Paris, 1973.
THOMAS (Chantal), *La Reine scélérate. Marie-Antoinette dans les pamphlets,* Paris, 1989.
TULARD (Jean), FAYARD (Jean-François) et FIERRO (Alfred), *Histoire et Dictionnaire de la Révolution française, 1789-1799,* Paris, 1987.
VAISSIÈRE (Pierre de), *La Mort du roi,* Paris, 1910.
VATEL (Charles), *Histoire de Madame du Barry,* Versailles, 1883, 3 vol.
VERLET (Pierre), *Le Château de Versailles,* Paris, 1985.
–, *Le Mobilier royal français,* Paris, 1946-1955, 2 vol.
VIDALENC (Jean), *Les Émigrés français, 1789-1795,* Caen, 1963.
VINOT (Bernard), *Saint-Just,* Paris, 1985.
VOVELLE (Michel) (dir.), *L'État de la France pendant la Révolution, 1789-1799,* Paris, 1988.
–, *La Chute de la Monarchie, 1787-1792,* Paris, 1972.
VUAFLART et BOURIN, *Les Portraits de Marie-Antoinette,* Paris, 1909.
WADDINGTON (Richard), *Louis XV et le renversement des alliances, Paris,* 1896.
WALLON (H.), *Histoire du tribunal révolutionnaire,* Paris, 1880-1882, 6 vol.
WALZER (Michaël), *Regicide and Revolution, Speeches at the trial of Louis XVI,* Cambridge University Press, 1974
–, « Le procès du roi et la culture politique », in *French Revolution and Creation of Modern political culture,* vol. 2, 1988, Pergamon Press.
WELVERT (Eugène), « L'éminence grise de Marie-Antoinette », *Revue d'histoire de Versailles,* 1921-1922.
WINOCK (Michel), *1789, L'année sans pareille,* Paris, 1988.
–, *L'Échec au roi (1791-1792),* Paris, 1991.
WRANGEL (F.V.), *Origines et débuts du Royal-Suédois,* s.1.n.d. [1914].

PRINCIPALES BIOGRAPHIES DE MARIE-ANTOINETTE

Les biographies de Marie-Antoinette sont extrêmement nombreuses et, pour la plupart, ouvrages de seconde main. Nous nous contenterons donc ici de rappeler les plus connues d'entre elles.

BERTIÈRE (Simone), *Marie-Antoinette l'insoumise,* 2002.
CASTELOT (André), *Marie-Antoinette,* rééd. 1956.

CHALON (Jean), *Chère Marie-Antoinette,* Paris, 1988.
DUNLOP (Ian), *Marie-Antoinette,* London, 1993.
GONCOURT (Edmond et Jules de), *Histoire de Marie-Antoinette,* Paris, 1859.
HUISMAN (Philippe) et JALLUT (Marguerite), *Marie-Antoinette, l'impossible bonheur,* Paris-Lausanne, 1970.
KUNSTLER (Charles), *La Vie privée de Marie-Antoinette,* Paris, 1938.
NOLHAC (Pierre de), *Marie-Antoinette dauphine,* Paris, 1929.
–, *La Reine Marie-Antoinette,* Paris, 1929.
VALLOTTON (Henri), *Marie-Antoinette et Fersen,* Paris-Genève, 1952.
WALTER (Gérard), *Marie-Antoinette,* Paris, 1946.
WEBSTER (Nesta), *Marie-Antoinette intime,* Paris-Genève, 1957.
ZWEIG (Stefan), *Marie-Antoinette,* Paris, 1937.

Table des matières

Impression réalisée sur CAMERON par
BRODARD ET TAUPIN
La Flèche

pour le compte des Éditions Fayard
en avril 2006

Imprimé en France
Dépôt légal : avril 2006
N° d'édition : 67671 – N° d'impression : 35394
ISBN : 2-213-62769-X
35-14-2969-0/01